Anna Haag

Leben und gelebt werden

Anna Haag

Leben und gelebt werden

Erinnerungen und Betrachtungen

Herausgegeben von
Rudolf Haag

Silberburg-Verlag

Redaktion: Maja Riepl-Schmidt

1 2 3 4 5 07 06 05 04 03

Umschlaggestaltung: Frank Butzer, Tübingen,
unter Verwendung eines Fotos von Horst Rudel, Stuttgart.
Foto Seite 369: Ilse Steinhoff.
Alle anderen Bilder stammen aus dem Privatbesitz
von Rudolf Haag.
Druck: Gulde-Druck, Tübingen.
Printed in Germany.

ISBN 3-87407-562-1

Inhalt

Vorwort des Herausgebers

Als mir vor einigen Jahren meine Schwester Sigrid ein Stück Verantwortung für den literarischen Nachlass unserer Mutter übertrug, lagen mir vor allem Anna Haags Erzählungen aus ihrem Leben am Herzen und dabei besonders das Mosaik von Episoden, das sie in hohem Alter niederzuschreiben begann. Kleine Begebenheiten, große Entscheidungen, Zeitbilder, Erinnerungen aus behaglichen, schweren und stürmischen Jahren. Sie reihten sich zu einem umfangreichen Manuskript, das sie mit der Überschrift »Ein Bilderbuch« versah. Der größte Teil davon erschien 1968 als Buch mit dem Titel »Das Glück zu leben« im Adolf Bonz Verlag, Stuttgart, und erlebte eine unveränderte Neuauflage 1978 im Steinkopf Verlag, Stuttgart.

Eine Auswahl dieser Episoden bildet auch den Grundstock des vorliegenden Buches. Dabei habe ich mir erlaubt, an einigen Stellen nach eigenem Ermessen geringfügige Kürzungen vorzunehmen. Dazu kommen Auszüge aus Anna Haags Kriegstagebuch von Mai 1940 bis Mai 1945 (stark komprimiert) und verschiedene Schriften, die etwas vom Wesen und Denken Anna Haags vermitteln. In einem eingeschobenen Kapitel aus meiner Feder, genannt »Nachlese«, versuche ich – neben einigen biographischen Ergänzungen –, das Umfeld der Familie in den dreißiger Jahren aus meiner Perspektive darzustellen.

Zum Titel des Buches: Die Formel »Leben und gelebt werden« benutzte Anna Haag in ihren letzten Lebensjahren oft und gern; manchmal bezogen auf alltägliche Widrigkeiten, oft aber auch im Rückblick auf schlimme Zeiten und politische Fehlentwicklungen, die Jahrzehnte ihres Lebens überschattet hatten.

Ich hoffe, dass durch die Auswahl der Texte ein abgerundetes Bild entstanden ist, ein Bild, das acht Jahrzehnte einer Umbruchzeit im Erleben einer Frau von wachem Geist, lebendiger Anteilnahme und zupackender Art spiegelt.

Herbst 2003 *Rudolf Haag*

Der Herausgeber:
Professor Dr. Dr. h. c. Rudolf Haag, Sohn von Anna Haag, wurde am 17. August 1922 in Tübingen geboren und wuchs zunächst in Nürtingen, dann in Stuttgart-Feuerbach auf. Er ist theoretischer Physiker, Autor von einflussreichen Arbeiten zu Grundlagenfragen, Begründer der algebraischen, lokalen Quantenphysik. Er lehrte an der Princeton University (1957 bis 1959), der University of Illinois (1960 bis 1966) und der Universität Hamburg (1966 bis 1987) und lebt jetzt in Schliersee. Haag wurde unter anderem mit der Max-Planck-Medaille geehrt, der höchsten Auszeichnung der Deutschen Physikalischen Gesellschaft, sowie mit dem Henri-Poincaré-Preis der International Association of Mathematical Physics.

Zum Geleit

Es war an einem milden, so überaus versöhnlich stimmenden Spätsommertag. Losgelöst von äußerer und innerer Unruhe lag ich auf meinem Balkon. Ungerufen erschienen mir Bilder aus meinem Leben, einem Leben, das vor mehr als einem Dreivierteljahrhundert begonnen hatte. Ein großes Verwundern über die sich in dieser Zeitspanne sozusagen unter meinen Augen vollzogene Veränderung auf allen Gebieten der Welt erfasste mich. Ich begann, die Bilder aufzuschreiben.

Jedes Menschenleben ist angefüllt von Millionen Beobachtungen, Gedanken, Erlebnissen. Daraus bildet sich das Werten, formen sich die Ideale, speist sich der Glaube oder Unglaube.

Warum ich aus der Unzahl meiner Erlebnisse, Beobachtungen und Gedanken gerade die hier vorliegenden aufgezeichnet habe? Ich weiß es nicht. Die Auswahl erscheint mir, nun ich das Aufschreiben vorläufig abgeschlossen habe, ziemlich willkürlich zu sein. Aber wenn die hier festgehaltenen Episoden den Leser gelegentlich lachen und zwischendurch ein bisschen weinen machen, wenn sie dartun, dass der Mensch seiner Angst vor eigener Unzulänglichkeit Herr werden kann, wenn diese Geschichten ihm zeigen, dass bei unerwarteten Aufgaben Kräfte in ihm lebendig werden können, wenn sie ihm die Weisheit vermitteln, dass er trotz begeisterter Hingabe zu schwach ist, um die weltweite Unvernunft von ihrem Thron stürzen zu können, und er erkennt, dass er eben infolge dieser Unvernunft sich oft mehr leben lassen muss, als dass er selber leben kann oder leben darf, wenn die kleinen Geschichten letzten Endes zeigen, dass das Leben auch anno dazumal, da es weder elektrisches Licht noch Autos, geschweige denn Elektronengehirne und Reisen nach dem Mond gegeben hat, lebenswert, dass es menschlich, ja, dass es zuweilen sogar begeisternd gewesen ist, und wenn die Aufzeichnungen den Leser darüber hinaus noch entdecken ließen, dass nicht äußerer Glanz Voraussetzung für ein erfülltes Menschenleben ist, und diese Entdeckung ihm Zufriedenheit und Harmonie des Herzens schenkte, dann wäre dies großer Lohn für kleine Geschichten.

Herbst 1967 *Anna Haag*

Tausend Wochen

Der Herr Pfarrer

Annas Leben begann im Welzheimer Wald in den achtziger Jahren des 19. Jahrhunderts. Sie war ein zartes Kind. Im Winter hatte sie oft Fieber und schlimme Husten. Dann schickte die ängstliche Mutter, die Schulmeistersfrau Karoline, einen von Annas Brüdern zum Pfarrer und ließ sagen, das Töchterchen habe wieder einmal einen »bellenden Husten«. In ihrer Herzensangst tat sie das, obwohl zwischen ihrem Mann und dem Pfarrer wegen der damals gesetzlich angeordneten »geistlichen Ortsschulaufsicht«, die den Schulmeister Jakob in seiner Berufsehre kränkte, nicht gerade freundliche Beziehungen bestanden. Der Pfarrer kam aber immer sofort, wie es sich für einen Christen geziemt, nahm seine schwarzen Gehrockschöße auseinander, setzte sich an das Bett des Kindes, fühlte seinen Puls und gab der Mutter weiße Pülverchen, wofür er das merkwürdige Wort »Chinin« gebrauchte.

Es ist nicht zu leugnen, dass die kleine Anna sich wichtig fühlte und dass ihr dieser Krankenbesuch ungemein gefiel. Er gefiel ihr so gut, dass sie das Erlebnis so lang wie möglich ausdehnen wollte: Sie provozierte einen Hustenanfall.

Das gelang ihr so großartig, dass das schüchterne Gesicht des noch jungen Pfarrers kreidebleich wurde. Seine an den Schläfen anliegenden Haare sträubten sich und der an einem schwarzen

Schnürchen befestigte goldene Zwicker fiel ihm von der Nase. Entsetzt sprang er auf und sagte: »Aber das ist ja fürchterlich! Das ist ja fürchterlich!«

In der Tat, es war fürchterlich. Ein großer Hund hätte beim Aufspüren eines Verbrechers nicht eindrucksvoller bellen können, als die zarte Anna dies im Angesicht des Herrn Pfarrers fertig brachte. Als sich das Kind aufrichtete, blies ein Huster die kleine Petroleumlampe aus, die die Mutter neben dem Krankenlager aufgestellt hatte. Der Herr Pfarrer stand im Dunkeln, die Mutter tastete nach Streichhölzern und Anna hustete. Je mehr sie nämlich gehustet hatte, umso leichter fiel es ihr, aber umso schmerzhafter wurde die Sache. Die Atmungsorgane wurden wund und der Pfarrer sagte noch einmal: »Das ist ja fürchterlich! Das ist ja fürchterlich!«

Der gute Herr Pfarrer erzählte seiner Frau von der leibarmen Kleinen im Schulhaus und alsbald kam die Pfarrmagd, das Rösle, und brachte nicht nur ein gutes Süppchen mit goldgelben Klößchen darin, sondern auch – was Anna ungleich mehr beeindruckte und alle weltflüchtigen Gedanken bei ihr mit einem Schlage verscheuchte – eine große Portion Kuchen und Chaudeau-Sauce.

Es war doch gut vom lieben Gott, dass er Kindern die Fähigkeit gegeben hatte, zu husten und das Mitgefühl des Herrn Pfarrers wachzurütteln, dachte Anna, während sie die köstliche Weinsauce schlürfte. Sie legte sich auf die Seite, dankte in kindlichem Gebet für die leckeren Dinge und – schlief ohne Husten ein.

Annas Gebete

Anna war ein frommes Kind. In uneingeschränkter Gläubigkeit packte sie alle Sorgen in ihre nächtlichen Gebete. Sie hatte viele Sorgen: dass es der Mutter gelingen möge, das Essen Punkt zwölf Uhr auf den Tisch zu stellen, damit der Vater, des-

Anna im Kreise ihrer Geschwister, um 1898.
Von links nach rechts: Eugen, Adolf, Vater Jakob, Emil, vorn Gertrud, Mutter Karoline, auf ihrem Schoß Helene, Anna.

sen Unterricht um ein Uhr wieder begann, nicht in jenes eisige Schweigen verfalle, das alle Heiterkeit das Lebens verscheuchte; dass sie beim Schönschreiben in der Schule besser werde, damit der Vater keinen Grund mehr habe, sich in Zorn und Scham von der eigenen Tochter abzuwenden; dass die großen Brüder ihren Hasenstall, für den sie eine Kammer auf dem Boden benützten, doch misten möchten, bevor die Eltern den grässlichen Zustand und Gestank dieses Gelasses entdeckten; dass ein Wunder geschehen und die Mutter mit ihrem Wirtschaftsgeld auskommen möge; dass die kleinen Schwestern ihre Haarschleifen nicht verlieren möchten. Anna stand auf so vertrautem Fuß mit dem lieben Gott, dass sie ihm sonder Scham alles darlegte, was ihr kindliches Herz beschwerte.

Ein Sonntagvormittag

Anna war vielleicht elf Jahre alt, als Anwandlungen von Scham sie befielen. Der Name »Anna« machte doch gar nichts aus ihr. Das war wohl um dieselbe Zeit, als die ersten Autos auf der zwischen dem Tannenwald und dem Schulhaus entlangführenden Straße dahinbrausten, wie es den Dorfkindern erschien, und Wolkenberge von Staub auftürmten.

In diesen hochbeinigen offenen Zauberfuhrwerken saßen neben Herren mit steifen Hüten und mit Backenbärten sehr schöne Damen. Einmal hatte eine dieser Damen einen hochroten Sonnenschirm aufgespannt. Das erregte Anna so, dass sie schleunigst ihre Barfüße unter ihren Rock zu verstecken versuchte. Die noblen Leute in der Motorkutsche sollten nicht denken, sie sei eines Rechenspitzers Tochter wie die anderen Kinder, die mit ihr am verstaubten Grasrain saßen. Sie sollten vielmehr zueinander sagen: »Das Mädel dort mit den blonden Zöpfen gehört sicher ins Pfarrhaus oder ist des Schulzen Kind.«

Anna dichtete den Ausflüglern noch eine Menge Gedanken an, die sie sich über sie machen würden. Lauter gute Gedanken natürlich. Alles passte ja an diesem Sonntagvormittag zusammen, um Träumereien nachzuhängen. Die Sonne schien vom blanken Himmel, Schmetterlinge gaukelten unbeschwert durch die Luft, der Wald sandte freigebig Wogen würzigen Tannenduftes aus, und drüben im Schullokal übte der Gesangverein des Vaters das Lied von den zwei Königskindern, die einander so lieb hatten. Jubilierend mischten die Vögel ihre Melodien in das Konzert. Wer hinderte Anna daran, sich mit dieser unglücklichen Königstochter zu identifizieren oder wenigstens zu hoffen, dass die feinen Leute in dem Auto sie für das Pfarrtöchterlein hielten?

Die Mutter rief: »Anna, Salat waschen!« Der Traum von Glanz und Königsschloss und wunderschönem Leben war zerstoben. Ernüchtert schlich Anna zum Brunnen, pumpte das Wasser über den Salat in die kupferne Gölte, einmal, zweimal, dreimal, wie die Mutter es sie gelehrt hatte. Warum eigentlich hieß sie nicht Rotraut? Oder Ricarda? Oder Leonore? Anna war ihrer Selbsteinschätzung und dem, was sie vom Leben erwartete, doch gar nicht angepasst. Sie seufzte. Es war immer dasselbe: Vermutlich hatten die Eltern nicht genügend Geld gehabt für einen teureren Namen. Anna war sicher sehr billig gewesen.

Beim Leichensingen versagt

Anna lag mit schwer belastetem Gewissen im Bett. Sie hatte beim Leichensingen versagt und dazuhin bei der Beerdigung des Buben eines reichen Bauern, wo es für jeden Schüler des Chors außer dem üblichen Brötchen und dem Most vor der Beerdigung am Hause des Toten sechs Pfennige Singgeld pro Sänger gab.

Aber als Anna auf dem Friedhof ein Zittern in der Stimme des Vaters wahrzunehmen glaubte, da war's um sie geschehen. Zwar sang sie das Lied »Ach wie flüchtig, ach wie nichtig ist des Menschen Leben« tapfer weiter mit, aber wenige Sekunden später artete dieses Singen plötzlich in ein unartikuliertes Geheul aus. Das griff auf die anderen Kinder über, teils brachten auch sie nur noch schluchzende Töne hervor, oder sie glotzten schweigend und völlig verdutzt über das, was sich da ereignete, von einem zum anderen.

Die Weiber der Trauergemeinde, die zuvor still vor sich hingeweint hatten, wie sich das bei einer vornehmen Beerdigung geziemte, brachen in ungehemmtes Wehklagen aus, was wiederum die Männer zu lautem Schnäuzen, Räuspern und Husten veranlasste. Die weißen Taschentücher, die, wie es der Brauch war, halb entfaltet und ihrer Länge nach sozusagen als Dekoration von den sie haltenden Händen an den Weiberröcken abwärts flatterten, waren ihrer nur zierenden Aufgabe plötzlich enthoben und befanden sich an den Nasen und Augen der Frauen. Die Leichenträger nahmen die traditionellen Rosmarinzweiglein aus dem Mund und wischten ihren Schnauzbart.

Es war eine Katastrophe, und Vater Jakob hatte Recht, wenn er seiner Tochter am Abend rundheraus erklärte, dass sie nicht zum Leichensingen tauge und von nun ab bei Beerdigungen zu Hause zu bleiben habe. Das war ein harter Schlag für Anna. So traurig eine Beerdigung und das Leichensingen auch waren, so bedeuteten sie doch Erleben.

Die Lichtleskirch

Das schönste Erlebnis um jene Zeit war für Anna die »Lichtleskirch«, der alljährliche Gottesdienst am Silvesterabend. Jeder Besucher hatte eine kleine Kerze mitzubringen. An seinem Platz angekommen, hielt der Kirchgänger das Lichtlein schräg und klebte es dann auf dem abgetropften Wachs fest.

Bei diesem Gottesdienst durften die Schulkinder auf der Empore Platz nehmen. Gewiss, es war ein armes Kirchlein mit roh gezimmerten Bänken und wenig Schimmer und Flimmer, aber wenn die hundert kleinen Kerzen brannten und bei jedem Lufthauch hin- und herwogten, wenn dann der feierliche Augenblick kam, da Annas Vater auf der Orgel intonierte »Ach, wiederum ein Jahr verschwunden, ein Jahr und kehrt nicht mehr zurück«, und wenn die Gemeinde singend einfiel, dann hätte Anna sich nichts in der Welt vorstellen können, was erhebender gewesen wäre. Viele Stunden lag sie dann noch wach in ihrem Bett und erlebte alles noch einmal. In ihrem Herzen sang sie das Lied und erschauerte bei dem Vers »Gedanken, Worte, Tatenheere, wie, dürft ihr Gottes Licht nicht scheun? Wenn ich die Nacht gestorben wäre, wo würd jetzt meine Seele sein?«

Anna war dann voller guter Vorsätze.

Kein Engel

Aber Anna war kein Engel. Jedermann, der in das helle Blau ihrer Augen blickte, war überzeugt, dass das Kind ohne jedes Arg sei. Besonders der Herr Pfarrer dachte so. Darum konnte Adolf, der um ein Jahr jüngere Bruder Annas, manche Ohrfeige kassieren, auf die eigentlich Anna Anspruch gehabt hätte. Aber wie konnte der Herr Pfarrer denken, dass die zarte und beim französischen Unterricht in seiner Studierstube so eifrige Schülerin Anna es war, die ihm bei dieser Gelegenheit auf seine unter dem Tisch aufgestützten Füße tappte. Natürlich war das der Lauser Adolf! Und klatsch! hatte er eine auf der Backe sitzen; er wusste nicht wofür.

Und Anna war es auch, die vom sicheren Versteck des Schulhauses aus den Pfiff der Lehrersfrau im Hause nachahmte und die sich stets diebisch freute, wenn der gehorsame, im Garten arbeitende Ehemann wie von der Tarantel gestochen den Spaten hinwarf, ins Haus eilte und schon unter der Türe flötete: »Liebling! Ich komme schon! Ich bin schon d-a-a-a!«

Nein, Anna war kein Engel, und sie hatte allabendlich, ehe sie dem lieben Gott ihre vielen Sorgen vortrug, ihn erst um Verzeihung zu bitten für die mannigfachen, von ihr weidlich ausgenützten Möglichkeiten, große und kleine Leute aufs Eis zu führen.

Beim Wundarzt

Da war ihre Neugier! Einmal in der Woche hielt der Wundarzt eines benachbarten Dorfes Sprechstunde im Rathaus. Unter allen Umständen musste Anna sehen, wie das auf dem Rathaus vor sich ging. Roch es dort tatsächlich nach Apotheke? Und wie roch eine Apotheke überhaupt? Wie sah der Dr. Schlokerz als Doktor aus? Bislang kannte sie ihn nur, wie er sein Kütschlein kutschierte, und einmal hatte sie sich fast krank gelacht, als sich die Peitschenschnur in seinen langen Backenbart verwickelte. Am Abend vor der Sprechstunde betete sie unter anderem um ein bisschen Krankheit, nicht viel, nur gerade ausreichend, um von der Mutter in die Sprechstunde aufs Rathaus geschickt zu werden.

Aber der liebe Gott tat ihr den Gefallen nicht. Anna hatte Verständnis für den lieben Gott. Es war ja leicht zu begreifen, dass er eine solch freventliche Bitte nicht ernst nehmen konnte, und sie kam ja auch ohnedies zu ihrem Ziel. Sie erzählte der Mutter, dass sie heftige Zahnschmerzen habe. Sie glaubte ehrlich an diese Schmerzen, denn sie konnte etwas so überzeugend darstellen, dass es für sie selbst zur Wahrheit wurde. Die weichherzige Mutter band dem leidenden Kind das große schwarze gestrickte Tuch um den Kopf und sagte genau das, was das Töchterchen erhofft hatte, nämlich: »Geh zu Dr. Schlokerz, Kind!«

Schon der Weg zum Rathaus war ein Triumph für Anna. Wer immer sie sah in ihrer Vermummung, fragte nach der Ursache. Oh, es war erhebend, der Nachbarin, dem nach Kunden ausschauenden Kaufmann, dem Bäcker, der Waschfrau und gar dem Herrn Schultheiß, den sie auf seinem Weg zum Rathaus einholte, zu erzählen, dass Zahnschmerzen sie zwängen, den Herrn Dr. Schlokerz aufzusuchen. Alle schienen nur allzu gut zu wissen, was Zahnschmerzen für einen Menschen bedeuten können.

Nur als sie von weitem des Herrn Pfarrers ansichtig wurde, bullerte ihr Gewissen, und sie beeilte sich, durch die Rathaustüre zu schlüpfen, ehe es Zeit war, die würdevolle Gestalt zu grüßen.

Dr. Schlokerz war ein jovialer Herr, der allen Bedrängten gern und gründlich half. Kaum hatte er sich von Anna erzählen lassen, dass sie Zahnschmerzen habe, sie wisse nur nicht genau an welchem Zahn, vielleicht sei es auch nur eine Erkältung, meine die Mutter, da schlüpfte aus seinem Ärmel eine dort geheim gehaltene Zange, und ritsch, ratsch klirrten zwei Backenzähne in die emaillierte Waschschüssel am Boden.

Nun konnte Anna genau sagen, wo es ihr wehtat. Der Herr Doktor lobte das tapfere Kind sehr. Wie gut das tat! Darum schluckte Anna die Tränen. Sie lernte, dass alles im Leben seinen Preis kostet, auch die Befriedigung der Neugier.

Mutters Schinkenärmel

Die Mutter war von der Frau Pfarrer zur Kaffeevisite geladen. Das war eine großartige Gelegenheit für sie, Mut zu beweisen und erstmals das von Tante Minnerl abgelegte großkarierte Kleid mit den gewaltigen Schinkenärmeln zu tragen. Zwar hatte die Mutter sich gegen das Kleid gewehrt, nicht so sehr, weil Tante Minnerl üppigeren Wuchses war als sie und das Kleid trotz der Einnäher, die Annas Mutter da und dort angebracht hatte, noch immer zu völlig war für ihre zarte Gestalt, als vielmehr wegen des Pfarrers Flattich. Pfarrer Flattich spielte eine große Rolle in Mutters Lebensphilosophie. Insbesondere war es die Geschichte von den silbernen Schuhschnallen, die ihm von seinem Landesfürsten geschenkt worden waren, eine Geschichte, die die Mutter zu Annas Verdruss wieder und wieder und nicht ohne pädagogischen Hintergedanken erzählte.

Pfarrer Flattich hatte das Geschenk abgelehnt, nicht weil es zu teuer gewesen wäre für seinen Landesherrn, sondern weil es für ihn selbst zu teuer geworden wäre. Hätte er die Silberschnallen angenommen, hätte er dazu neue Schuhe, zu den noblen Schuhen noble Strümpfe, seidene Hosen und einen feinen Tuchrock anschaffen müssen. Kurz, der Ausgaben wäre kein Ende gewesen.

Annas Mutter war aber trotz aller Prinzipien eine gütige Frau. Sie widerstand dem Drängen ihrer Kinder nicht lange und zog das Großkarierte mit den bauschigen Schinkenärmeln an. Was für ein Triumph für Anna! Niemand im Dorf hatte bislang Schinkenärmel getragen, nicht einmal die vornehm tuende Frau des Lehrers in der unteren Wohnung.

Die Mutter bürstete noch einmal über ihr schwarzes Haar und wandelte dann, begleitet von der stolzen Anna und einigen Geschwistern, dem Pfarrhaus zu.

Der Rock dieses Prachtkleides war der damaligen Mode entsprechend lang genug, um die mangelnde Eleganz von Mutters Knopfstiefelchen zu verhüllen. Die am Saum angebrachte »Besenlitze« machte ihrem Namen Ehre. Bei jedem Schritt wirbelte sie eine kleine Staubwolke auf.

Anna hätte gar zu gern gesehen, dass die Mutter es Tante Minnerl und anderen Damen in der Stadt nachtun und den Rock zierlich hochraffen würde. Aber dieses Ansinnen scheiterte aus zwei Gründen: einmal wegen der schief getretenen Stiefelchen, aber mehr noch wegen Mutters schüchterner Art. Sie hatte zu Annas geheimem Kummer so gar keine Begabung, eine Dame zu mimen.

Als die Mutter ein paar Stunden später wieder nach Hause kam, trug ihr Gesicht jenen Ausdruck des Entspanntseins, der Annas Lebensangst mit einem Mal löste. Wie weggeblasen waren die senkrechten nervösen Falten auf Mutters Stirn und die hektische Röte auf ihren Wangen und am Halsausschnitt.

Im Übrigen erzählte die Mutter, dass die Frau Pfarrer gefragt habe, ob Anna an ihren schulfreien Nachmittagen nicht das Emma-Kind, ihr Baby, spazieren fahren würde.

Was für ein Ereignis! Das in Spitzen gehüllte Pfarrkind in dem federnden Kinderwagen spazieren fahren, bestaunt und beneidet von allen Mädchen des Dorfes! Mochten die älteren Zwillingsbrüder und der um ein Jahr jüngere Bruder Adolf nun allein mit dem Wischen der endlosen Stiefelreihen zurechtkommen, in die Schachtel aus Span spucken, um die Wichse aufstrichbereit zu machen, bis ihnen die Zunge trocken wurde! Mochten sich die Brüder streiten darüber, wie viele Teller der eine abzutrocknen habe, wie viele der andere! Sie ging das alles nichts mehr an. Sie spazierte wichtig mit dem süßen Emma-Kind des Herrn Pfarrers durch die nadelübersäten Waldwege.

Aber einmal kippte der Wagen um, das Emma-Kind fiel heraus und brüllte höchst unpfarrlich. Anna erschrak fast zu Tode. Hastig sammelte sie alles wieder ein, Bettzeug und Kind. Dem Säugling war offenbar nichts passiert. Er war gleich wieder still und lächelte seine Kindsmagd freundlich an. Aber Anna konnte es nicht über sich bringen, das Malheur der Pfarrfrau zu beichten. Und als die Gute ihr zu Weihnachten nach den damaligen Begriffen von Eleganz ein halbes Dutzend Schirtinghemden mit Klöppelspitzen schenkte, da konnte sie das beschämende Gefühl lange nicht loswerden, für eine jämmerliche Leistung großmütig belohnt worden zu sein, und sie nahm sich für alle Zukunft vor, sich durch eigene Fehlleistung keine solche Demütigung mehr zu bereiten.

Am Ruhm geleckt

Anna durfte zwar nicht mehr mittun beim Leichensingen, aber sie durfte zusammen mit dem jüngeren Bruder, begleitet von den Flöten der Zwillingsbrüder, bei den jährlichen Festen des vom Vater dirigierten Gesangvereins zweistimmige Lieder vortragen. Das war immerhin etwas. Es brachte zwar kein Geld, aber es brachte Ruhm. Und Ruhm war süß. Wenn das ganze versammelte Dorf Beifall klatschte und bravo schrie und alte Männer vor Begeisterung über die Leistung der Schulmeisterkinder stampften, dass aus dem rohen Bretterboden Staubwolken aufstiegen und sich mit dem Pfeifenqualm und dem Dampf des in dem eisernen Ofen sprudelnden Wassers mischten, dann verschwamm die Szene vor Annas Augen. Die Begeisterung darüber, dass sie – sie selbst – dazu beigetragen hatte, so viel Freude zu erzeugen, machte sie taumeln. Was wollte sie nicht alles vollbringen in ihrem Leben, um die Menschen glücklich zu machen! Es war für sie keine Frage, dass sie das können würde. Wie leicht war es ihr hier gelungen. Wie es später und woanders vonstatten gehen würde, das grämte sie in diesem erhabenen Augenblick nicht. Selbstverständlich war ihr nur, dass sie alles können würde, wenn sie nur ernstlich wollte.

Eines Tages aber geschah doch etwas, was Annas Selbstsicherheit aufs Schwerste erschütterte. Ein Wohltäter hatte einen Waschkorb voll warmer Laugenbrezeln gestiftet und einen Wettlauf unter den Kindern veranstaltet. Es liefen immer zwei Gleichaltrige miteinander, und der jeweilige Sieger bekam eine Brezel. War eine Laugenbrezel damals schon ein beträchtlicher Preis, um den anzustrengen sich wohl lohnte, so war diese materielle Begleiterscheinung des Unternehmens doch nichts gegenüber dem Ruhm, Sieger zu sein.

Anna lief und lief. Sie schlug die kurzen Beine hoch, keuchte, schlug sie noch höher, gab ihr Letztes und konnte nicht begreifen, wie Gott es zulassen konnte, dass die Konkurrentin, die sich sichtlich weit weniger anstrengte, die keine Beine hochschleuderte, sondern leichtfüßig wie ein Reh über den bemoosten Weg lief, sie weiter und weiter zurückließ.

Anna fühlte einen Knollen im Hals. Am liebsten hätte sie sich ins Gras geworfen und den Jammer ihrer verwundeten Seele und die Scham über diese Niederlage ausgeweint. Damals wusste sie ja noch nicht, dass Scham unter Umständen ein notwendiger und heilsamer Erziehungsfaktor sein kann.

Vesperpause im Schulhaus

Um neun Uhr, im Winterhalbjahr um zehn Uhr war Vesperpause in der Schule. Dann kamen Anna und die Geschwister zur Glastüre hereingestürmt und holten ihr Vesper: ein Stück Schwarzbrot und einen Apfel dazu. Manchmal gab es auch ein paar Nüsse. Auch der Vater kam. Er trat in die Stube, aß ein paar Bissen, trank aus einem Deckelkrüglein ein wenig Most, nahm die Zeitung zur Hand, schlug mit der Faust auf den Tisch und sagte erbost: »Diese Burschen!«

Mit diesen Burschen meinte er die Herren Abgeordneten des damaligen Königlich Württembergischen Landtags, die wieder einmal indirekte Steuern beschlossen hatten. War es gerecht, Salz und Streichhölzer zu besteuern? »Wenn sie das mit Kaviar und Sekt tun würden!«, rief der ergrimmte Vater, aber Dinge besteuern, die jeder braucht!

Sicher wusste Annas Vater nicht mehr über Kaviar und Sekt, als dass diese Dinge existierten und es Leute gab, die sich diese Schleckereien leisten konnten.

An solchen Tagen ging Anna mit ihrem Vesperbrot nicht auf die Gasse, um mit den Klassenkameradinnen zu spielen. Sie musste vom Vater unbedingt hören, was in der Welt vorging. Traurigerweise schien es viel zu oft falsch zuzugehen, wo bei etwas gutem Willen und rechtlichem Verstand alles doch so leicht und richtig zu regeln wäre, wie der Vater im Anschluss an seine politischen Ausführungen immer wieder betonte.

Bei derartigen Gelegenheiten schwor sich Anna: »Wenn ich einmal groß bin, werde ich bestimmt helfen, dass die Welt vernünftiger geordnet wird! Auf alle Fälle werde ich dafür sorgen, dass die ärgerlichen indirekten Steuern abgeschafft werden!«

Welch lächerliches Vorhaben! Anna war ja nur ein Mädchen, und Mädchen standen um jene Zeit herzlich schlecht im Kurs. Von passivem und aktivem Wahlrecht der Frauen und einer dadurch möglichen Einflussnahme war ja noch lange nicht die Rede. Aber das kümmerte Anna nicht. Ihr Herz war immer wach, wenn irgendwo Falsches oder Unrechtes geschah, und mit einer Menge heiliger Vorsätze und völlig unbegründetem Machtgefühl war sie dann schnell bei der Hand.

Schulausflug

Anna war vielleicht zwölf Jahre alt. Sie durfte mit ihrer Schulklasse einen Ausflug in die benachbarte kleine Stadt machen. Zu Fuß, drei Stunden Wegs hin, drei Stunden zurück.

Bei dieser Gelegenheit begegnete sie dem Sohn von Bekannten, der in einem Kaufladen als Lehrling arbeitete. Er hieß Ludwig. Seine Mutter sagte betrübt von ihm, dass er kein »Lernkopf« sei. Wegen dieser Tatsache und weil er keinen Ton richtig singen konnte, mit Vorliebe aber tagaus, tagein den Choral zu pfeifen versuchte »O dass ich tausend Zungen hätte und einen tausendfachen Mund«, hatte Anna, solange er noch zur Schule ging, oft ihre spitze Zunge an ihm gewetzt. Als sie ihn jedoch nun inmitten all der im Laden aufgehäuften Gottesgaben wiedersah, war sie plötzlich von Ehrfurcht erfüllt. Dies wiederum berauschte Ludwig so sehr, dass er die linke Hand in eine Kiste mit »goldenen Bällen« tauchte, die rechte in eine Zuckerbüchse von märchenhaften Ausmaßen gleiten ließ und beides, den goldenen Ball und den Zuckerkandis, mit unvergleichlichem Augenzwinkern – hast du mich gesehen? – in Annas Beutelchen verschwinden ließ.

Ludwig ist ein großer Kaufmann geworden, und seinem Gedächtnis ist jener Diebstahl, den er um Annas willen begangen hatte, sicher längst entschwunden. Anna aber hat es nie vergessen, denn durch des damaligen Lehrbuben ruchlose Tat kam die erste Orange in das Schulmeisterhaus. Die Ehrfurcht vor Gott, der den Menschen solche überirdische Genüsse bereit hält, das Entzücken der Geschwister beim gemeinsamen Verspeisen der köstlichen Frucht und der Respekt vor Ludwig, der inmitten dieser Herrlichkeiten sein interessantes Leben verbringen durfte, obwohl er kein Lernkopf war und nicht richtig singen konnte, ließen Annas Verwunderung lange nicht zur Ruhe kommen.

Angst in der Nacht

Anna konnte nie einschlafen, ehe der Vater zu Hause war. Was konnte ihm alles zustoßen auf seinem nächtlichen Heimweg vom Nachbardorf, wo er auch einen Gesangverein leitete. Darüber hinaus war noch etwas, was sie peinigte: Wenn der Vater später heimkam als erwartet, konnten zwischen den Eltern aufgeregte Worte fallen. Zweimal in der Woche, wenn die Singstunde im Nachbardorf den Vater dorthin rief, zitterte Anna so lange, bis sie die Eltern friedlich ihre Betten aufsuchen hörte. Wie gern hätte Anna gleich den Geschwistern auch geschlafen, aber wie konnte sie das, solange noch von irgendwoher Gefahr drohte! Heute war der Vater nicht bei der Singstunde im Nachbardorf, sondern bei der Bezirksschulversammlung in der Stadt.

Endlich kam er. Er schien sehr aufgeräumt zu sein, obwohl er einen dreistündigen Fußmarsch durch die Nacht hinter sich hatte. Die Mutter schob das Buch »Ut mine Stromtid«, in dem sie gelesen hatte, beiseite. »Iss doch noch was!«, mahnte sie, als er aufhörte, nachdem er ein halbes hart gesottenes Ei verspeist hatte. »Du sparst am falschen Zipfel«, drängte die Mutter. Aber der Vater stopfte bereits seine Pfeife. Nach einigem Räuspern und ein paar aufmunternden Worten der Mutter und wiederholten kräftigen Zügen aus der kleinen Pfeife begann er zu erzählen.

Anna wollte nun wirklich schlafen, aber da hörte sie ihren Namen nennen. Ihre krankhafte Neugierde erwachte. Das blöde Herzklopfen! Sie setzte sich auf, schlich an die Tür und horchte. Da erfuhr sie, dass der Herr Bezirksschuldirektor ihren kleinen Aufsatz über den »Verlorenen Sohn« öffentlich gelobt habe und dass dieser Herr am Ende der Konferenz gemeinsam mit dem Pfarrer dem Vater angeboten habe, für Anna um eine Freistelle am Königlichen Katharinenstift in der Residenz einzukommen und auch für einen Freitisch in der Stadt zu sorgen. Das Herz der unartigen Horcherin klopfte, sie fürchtete, man könnte es draußen in der Stube hören.

Die Eltern kamen bald überein, dass selbst bei Schulgeldbefreiung und einem Freitisch es noch eine zu große finanzielle Belastung für sie bedeuten würde, wenn sie das Mädchen in die höhere Schule geben würden. Zudem war Anna die älteste Tochter und als Hilfe im Haus unentbehrlich. Ferner gab der Vater zu bedenken: Sollte seine Tochter das Arme-Leute-Brot an fremden Tischen essen? Nein. Man lebte ja noch in der Zeit, da Armut ein Makel war. Niemand wäre auf den Gedanken gekommen, dass das Angebot eines Studien-Stipendiums oder einer Freistelle am Gymnasium Ehre bedeuten könnte.

Anna sah durch den Türspalt, wie sich die schmalen Lippen des Vaters hinter seinem Bart zusammenpressten. Seine Brillengläser funkelten. Er hatte seinen Stolz. Was er als Vater für seine Kinder nicht leisten konnte, das sollte ihnen auch nicht als Almosen zuteil werden.

Als glückvolles Finale gab die Mutter Folgendes zu bedenken: »Überhaupt, Anna wird heiraten.« Wenn ihre Anna keinen Mann fände, welches Mädel dann? »Sicher wird sie heiraten!«, sagte die Mutter noch einmal wie im Selbstgespräch. Um ihren Mund spielte bereits das Lächeln einer wohlwollenden Schwiegermutter. Sie nahm so gern Vorschuss auf eine glückliche und sorgenfreie Zukunft, die gute Mutter. Mit einem verträumten Lächeln wickelte sie ihr Strickzeug zusammen und blies die Petroleumlampe aus. Die Eltern gingen schlafen. Über Anna war beschlossen worden: Sie blieb in der Volksschule, lernte beim Herrn Pfarrer weiterhin Französisch, erfuhr auf nächtlichen Spaziergängen mit ihm oder seinem gelehrten alten Vater einiges von der Wunderwelt der Sterne, bekam vom Vater – mehr gedacht als eine amüsante Art des Rätselratens denn als eine konsequente Schulung – knifflige Rechenaufgaben und dazuhin Unterricht im Klavierspiel. Was Anna darüber hinaus von den Rätseln und Wundern der Welt erfuhr, entnahm sie der »Lesemappe«, die der Vater für seine »Weibsleute« abonniert hatte, und der kleinen Kinderbücherei des Dorfes.

Wöchentlich einmal stand Anna inmitten eines Haufens anderer Dorfkinder vor der Studierstube des Herrn Pfarrers. Ihr Herz klopfte dann vor Spannung. Was für ein Buch würde sie heute wohl ergattern? Vielleicht den Rulaman? Oder einen Band Mark Twain, oder würde der Herr Pfarrer ihr gar zwei Bücher zuschieben? Noch eines von Christoph Schmid? Wonne wäre das.

Der Onkel aus Amerika

Ein Brief war gekommen. Er meldete, dass Mutters Bruder Ottmar mit seiner Familie in wenigen Tagen zu Besuch kommen werde. Was für ein Ereignis! Dieser Onkel war ja nicht irgendein Onkel aus Amerika, wie es Dutzende gab, vielmehr war er ein weltberühmter Mann. Er hatte eine Maschine erfunden, mit der alle großen Zeitungen und auch Bücher gesetzt wurden und die den merkwürdigen Namen »Linotype« hatte.

Mit vor Stolz geschwellter Brust standen Anna und die Geschwister vor dem Haus und warteten auf die zwei Kutschen, die die Gäste bringen sollten. Dem einen Wagen entstieg der Amerika-Onkel. Wie sah der bloß aus! Anna war enttäuscht. Ihre Phantasie hatte aus diesem Onkel so etwas wie einen König mit wehendem Purpurmantel und Federbusch gemacht. Nun stieg da ein kleiner, bescheiden aussehender Mann aus der Kutsche, in einem grauen Anzug, wie alle Männer, auch ganz unberühmte, ihn tragen konnten. Und mit einem Umlegekragen! Das war das peinlichste an der Sache, denn im Dorf trugen die »Herren« steife Kragen, die »Männer« aber, das waren die kleinen Bauern und Rechenspitzer, trugen solche Kragen, wie der Onkel aus Amerika einen hatte. Anna warf einen belämmerten Blick auf die vielen Freundinnen, denen sie die vorangegangenen Tage ein so prächtiges Bild von diesem Onkel entworfen hatte. Es wurde auch schon mächtig getuschelt unter der Schuljugend, und Anna wusste nur zu gut, was getuschelt wurde.

Da aber entstiegen dem Wagen die Amerika-Tante und Tante Minnerl. Das war nun einfach wunderbar. Es glänzte und schillerte und jedes Getuschel verstummte. Aus dem anderen Wagen sprangen die drei Amerika-Vettern. Sie hatten weiße Anzüge an, die ganze Brust war nackig. Die Füße aber steckten in »abgeschnittenen« Strümpfen und in breiten, weichen Lederschuhen.

So etwas hatte das Dorf überhaupt noch nicht gesehen. Diese Strümpfe waren Anna und auch ihren Geschwistern wieder äußerst peinlich. Sollte der Onkel doch nicht so reich sein, wie sie ihn in ihrem Hang zum Prahlen den Kameraden geschildert hatten? Die Begrüßung dauerte sehr lange. Die Mutter sagte immer wieder: »Das ist aber schön! Das ist aber schön!«

Endlich hantierte sie in der Küche, und bald trug sie eine Platte mit lockeren Dampfnudeln auf. Anna und die Brüder weckten in den Vettern neugierige Spannung auf dieses leckere Gebäck. Mit unverhohlener Enttäuschung sagte jedoch der mittlere der kleinen Amerikaner: »Das ist ja Brot«. Die anderen kosteten auf dieses Urteil des Bruders hin die Gala-Dampfnudeln überhaupt nicht.

Wenn die Ehrfurcht vor den reichen und berühmten Verwandten bei Anna und ihren Brüdern bislang auf wackeligen Beinen gestanden hatte, so war sie durch diese Einschätzung ihres Lieblingsgerichtes absolut befestigt worden. Wenn das Brot war, von welchen Götterspeisen mussten diese Amerikaner dann leben!

Die Hochzeit des Schneiders

Es war um das Jahr 1901 herum, als der Schneider des Dorfes Hochzeit hatte. Mit Augen, erfüllt von Verwunderung und Sehnsucht, stand Anna unter der Tür des Tanzbodens. Es war ein roher Holzboden mit zahllosen Ästen und zentimeterbreiten Rinnen zwischen den einzelnen Dielen. Aber das Schuhwerk war auf dem Land um jene Zeit entsprechend. Das Eleganteste, was man haben konnte, waren kalblederne Stiefel, solide gearbeitet, von beträchtlichem Gewicht und Format.

Die primitive Blasmusik verletzte Annas empfindliches Ohr seltsamerweise nicht. Vielmehr juckte es sie mächtig in den Beinen, es den Tanzenden gleichzutun, sich genauso zu drehen, zu stampfen, zu wiegen. Was hätte sie darum gegeben, wenn einer oder eine sie gepackt hätte und mit ihr durch die von Staub und Menschengeruch angefüllte Luft gewirbelt wäre! Am liebsten hätte es der Bräutigam selber sein sollen. Ihn kannte sie am besten, denn er war jedes Jahr eine Woche lang Gast im Schulhaus, saß mit gekreuzten Beinen auf dem großen Tisch in der Wohnstube und fertigte oder wendete dem Vater einen Anzug und den Brüdern Hosen und Joppen. Das letzte Mal hatte er zum Vater gesagt, falls die Anna so weitermache, werde sie gut zum Anschaun sein, wenn sie einmal tausend Wochen alt sei. Anna hatte das gehört, und von dem Augenblick an hatte sie den Schneider mit anderen Augen betrachtet, mit Augen der Liebe sozusagen. Und nun heiratete dieser Mensch kurzerhand die dralle Kathrin. Das war bitter. Aber noch viel bitterer war, dass niemand von den Tanzenden, Wirbelnden daran dachte, zu rufen: »Komm doch herein, Anna! Ich zeig dir, wie das Tanzen geht!« Niemand beachtete sie, so beachtenswert und erwachsen sie sich auch vorkam. Niemand schälte sie aus dem Knäuel der anderen Dorfkinder, die gleich ihr das laute Treiben auf dem Tanzboden anstarrten.

Es war schon dunkel. Die in der Mitte des Raumes von der Decke herabhängende Petroleumlampe schaukelte und schwelte. Die Flamme schwärzte den Zylinder. Einer der Tanzenden drehte im Vorbeiwalzen den Docht zurück. Viel zu weit, das Licht ging aus. Da erst begann ein Kreischen, ein Schreien, ein Haschen, ein Lachen, ein Küssen, ein Sichwehren! Backpfeifen klatschten, und bald wusste niemand mehr, was Scherz und was Ernst war. Mädchen stoben ins Freie, verwickelten sich in die abgetretenen Besenlitzen ihrer langen Röcke, sie überrannten die gaffenden Dorfkinder. Die Burschen jagten hinterdrein.

In tiefen Gedanken trottete Anna heim. War das das Leben? Das Leben, das sie in den Tanzboden hineingedichtet, an dem teilzunehmen sie sich so gewünscht hatte? Das Leben, das später auch das ihre sein würde, wenn sie, wie der Schneider sagte, tausend Wochen alt war? Das Leben, auf das sie voller Neugier wartete?

Sie betete auf der Straße: »Lieber Gott, lass doch *das* das Leben nicht sein! Lass es doch edel sein! Über alle Vorstellungen wunderbar!«

Dann begann sie zu laufen, denn die Bäume vom Wald winkten gar dunkel und geheimnisvoll. Anna hatte auf einmal Angst.

Ein anderer Lehrer

Anna war dreizehn Jahre alt. Der Vater war in ein großes Dorf versetzt worden. Es lag in einem lieblichen Tal der Schwäbischen Alb. Als die Familie mit der putzigen Bimmelbahn in den kleinen Bahnhof einfuhr und Anna vom Bahnsteig aus mit einem raschen Blick die neue Heimat umfasste, da dachte sie »grandeur« und vergaß weiterzugehen.

Offenbar schien ihr kein deutsches Wort glänzend genug zu sein, um auszudrücken, was sie empfand. Die felsengekrönten Berge, die das enge Tal umsäumten, stiegen, wie ihr schien, senkrecht himmelan. Es war ein wolkenloser Sommertag, die Felsenkronen leuchteten weiß in der Sonne. Ein Puff, verabreicht von einem der älteren Brüder, scheuchte Anna aus ihrer Verzauberung. Hastig strebte sie der ansehnlichen Gesellschaft nach. Das war die eigene Familie, sechs Kinder und die Eltern, dazu ein halbes Dutzend Kollegen des Vaters und einige Würdenträger der dörflichen Gemeinde. Sie hatten sich zum Willkomm auf dem Bahnhof eingefunden. Einer der Herren fragte Anna nach Namen und Alter. Dann sagte er, dass sie der Konfirmandenklasse angehöre, ergo seine Schülerin sei. Nichts schien Anna unmöglicher zu sein als das. Zeit ihres Lebens war sie zum Vater in die Schule gegangen. Das war gewiss nicht immer Wonne gewesen. Der Vater war seinen eigenen Kindern gegenüber mehr als streng. Es war für ihn selbstverständlich, dass sie die Rechnungen richtig lösten, keine orthographischen Fehler machten, im Aufsatz Logik und richtigen Satzbau walten ließen, und keinem hätte er raten mögen, dass er »Dur« nicht von »Moll« unterscheiden konnte. Anna und die Geschwister hatten sich manches Mal einen anderen Lehrer gewünscht, aber dass es dieser Mann da sein sollte mit der über einem Spitzbauch spannenden Lüsterjoppe, dieser da, den es offensichtlich dauernd an einer verbotenen Stelle juckte, so dass er auf dem Weg vom Bahnhof zum Schulhaus wieder und wieder mit seinem Finger dort bohren musste, das war ungeheuerlich. Anna vergaß ob dieser Entdeckung alle »grandeur« der Landschaft und trottete, was sonst gar nicht ihre Art war, scheu nebenher.

Indessen, der erste Schultag und die folgenden Wochen waren völlig anders, als sie auf dem Weg vom Bahnhof in die neue Wohnung befürchtet hatte. Natürlich sah der Mann so aus, wie er eben aussah. Aber konnte er etwas für seine rote fleischige Nase und die umfangreiche Mundöffnung? Natürlich blies er die Luft geräuschvoll durch die Nase, und natürlich juckte es ihn noch immer, wo es coram publico eigentlich niemanden jucken darf. Aber der Lehrer verschaffte Anna einen glänzenden Eintritt in die Klasse. Er ging vor den Bänken auf und ab. Das Meerrohr – untrügliches Zeichen der damaligen Volksschullehrer – hielt er spielerisch zwischen den auf dem Rücken verschlungenen Händen. Annas Antworten veranlassten ihn, zu der Klasse zu sagen: »Da seht ihr's. Hinter dem Berg haben die Leute auch kein Sägmehl im Kopf. Anna, zehn Lob!« Dabei machte er mit dem Finger eine Bewegung, die anzeigte, dass die also Belobte über ihre Nebensitzerin aufrücken solle.

Annas Vater hatte das System des Lob-Austeilens nicht gehabt. Es war völlig neu für sie. Bald hatte sie so viele Lobe gesammelt, dass ihr Siegeslauf zum ersten Platz außer Zweifel erschien. Anna wurde der erklärte Liebling dieses Lehrers. Diese Position war mit zahllosen Vergünstigungen verbunden. Die jeweilige Favoritin durfte die große Tafel auswischen, den Schwamm waschen, die Kreide spitzen, den Spucknapf ausleeren und die gefangene Maus aus der Falle nehmen. Unter grenzenlosem Verwundern lernte die Schülerin Anna, dass es irdische Götter gab, zum Beispiel diesen Lehrer, in deren Macht es lag, die seltsamsten Wertetafeln aufzustellen und die auf ihre Huld Angewiesenen hypnotisch zu zwingen, diese Werte anzuerkennen und etwa das Entleeren eines Spucknapfes als Auszeichnung zu empfinden. Anna wurde von vielen Mitschülerinnen beneidet.

Die Klasse dieses Pädagogen war jeweils unterteilt in ein halbes Dutzend, die er mit Gunstbezeugungen überhäufte, in dreißig, gegen die er indifferent war, und in ein paar Verfemte. Das grausame Leiden dieser Verfemten wurde dadurch gesteigert, dass keines der anderen Mädchen der Klasse es wagte, etwa in der Pause mit ihnen zu sprechen oder zu spielen. Anna litt darunter beinahe so sehr, als ob sie selbst zu diesen Ausgestoßenen gehörte. Mit diesem Wechsel von Wohnort und Schule öffnete sich vor ihr in grausamer Plötzlichkeit ein Vorhang, der bislang viele Rätsel um Menschliches, Allzumenschliches barmherzig verhüllt hatte. Wie ohnmächtig war sie doch! Viele Male nahm sie einen Anlauf, mit dem Herrn Lehrer zu sprechen und ihn anzuflehen, die Fülle seiner Huld doch gleichmäßiger zu verteilen. Aber so oft sie sich in dieser Absicht ihm zu nähern begann, wuchs ein Knoten in ihrem Hals blitzschnell zu einer Kugel, die keinen Ton aus ihrer Kehle entließ. Sie schämte sich ihrer Feigheit. Wie leicht war es ihr doch gefallen, etwa mit dem Herrn Pfarrer zu sprechen, wenn etwas ihr Herz bedrückt hatte. Oder sogar mit dem strengen Vater. Oder mit dem Professor in der Stadt, in dessen Klasse sie anlässlich längerer Aufenthalte bei Tante Minnerl und dem Onkel als Gastschülerin sein durfte. Aber mit diesem Mann hier? Trotz seiner Gönnerschaft ihr gegenüber hatte sie grenzenlose Furcht vor ihm.

Über eine kleine Weile hatte ihre Furcht einen schrecklichen, einen ganz persönlichen Grund: Von einer Stunde zur anderen war sie von dem Lehrer jener Hand voll Ausgestoßener zugeordnet worden. Anna litt. Sie litt so grausam, dass sie sich des Nachts verschiedentlich auf die Brücke schlich, unter welcher der weiße Gischt des Flusses schäumte. Aber auch hier war sie feige. Sie wagte nicht, hineinzuspringen. Noch nicht. Aber sie brachte auch nicht den Mut auf, ihren Eltern von ihrem Elend zu erzählen. Wie sollte sie das auch angreifen? Der Vater würde nicht das mindeste Verständnis dafür haben, denn er selbst war die personifizierte Gerechtigkeit. Keiner seiner Schüler würde je das Gefühl bekommen, bevorzugt oder weniger gut gelitten zu sein. Er würde seiner Tochter kurz und bündig erklären, sie möge sich gefälligst so benehmen, dass ihr Lehrer nichts gegen sie einzuwenden habe.

Doch für Anna kam von anderer Seite Hilfe. Die Frau eines Kollegen sagte zu Annas Eltern: »Passt auf Eure Anna auf!« Dann erzählte sie die ganze Tragödie, wie sie sie von Mitschülerinnen Annas und deren Müttern gehört hatte. Wie blau war plötzlich der Himmel wieder! Der Herr Lehrer mochte nun Anna zu quälen versuchen, so sehr er wollte, sie erwies sich als unverwundbar. Ihre Augen blickten wieder froh, denn zum ersten Mal in ihrem Leben erfuhr sie das Wunderbare, dass der Mensch an keinem Leiden zerbrechen muss, wenn er weiß, dass er irgendwo Anker werfen kann, dass jemand da ist, der ihn hält. Und bei ihr waren es die Eltern, die Anna in dieser schweren Krise ihres Lebens an der Hand hielten.

Zwei Cheviotkleider

Anna bekam zur Konfirmation zwei Kleider aus strabeligem Wollstoff, genannt Cheviot. Es war ein schwarzes Konfirmandenkleid und ein so genanntes Anderntagskleid von kornblumenblauer Farbe. Um jene Zeit, also im Jahre 1902, wurde man durch die Konfirmation von einem Tag zum andern den Erwachsenen zugeteilt. Als Mädchen bekam man einen fußlangen Rock und einen hohen, durch Beinstäbchen gestützten Stehkragen. Alles war verhüllt. Die Hausschneiderin bekam pro Tag eine Mark und achtzig Pfennige. Dafür lieferte sie am Abend ein fertiges Kleid ab. Anna fand die Kleider wunderbar. Was wusste sie davon, dass man trotz der damaligen ländlichen Mode nicht herumlaufen brauchte, als sei man in einen Sack gestopft. Das meiste, womit die Mutter und auch Anna bislang ihre Blöße gedeckt hatten, waren abgelegte, recht auffallende Stücke von Tante Minnerl gewesen. Man hatte daran herumgebastelt, um sie dem ländlichen Geschmack schlecht und recht anzupassen. Und nun hatte Anna mit einem Mal zwei Kleider eigens für sie gemacht! Sie war stolz und glaubte sich wohl gerüstet, um in die Stadt übersiedeln zu können. Tante Minnerl und der Onkel hatten sie eingeladen, nach der Konfirmation zu ihnen zu kommen und die höhere Mädchenschule dort zu besuchen. Die Eltern erlaubten es. Die kleineren Geschwister waren herangewachsen, die großen Brüder schon im Seminar. Das Experiment, die »große« Tochter vorläufig zu entlassen, konnte gewagt werden.

In der Stadt

In der neuen Schule hatte sich Anna rasch zurechtgefunden. Außerdem hatte die gute Tante gleich dafür gesorgt, dass Anna ihre ländlichen Eierschalen, die plumpen Cheviotkleider, hatte abstreifen können. So bekam sie unter anderem ein duftiges lichtblaues Batistkleidchen, das am Rücken mit einer riesigen Schleife zu knüpfen war. Dieses traumhafte Kleid trug sie an einem Sonntagvormittag, da sie mit dem Onkel und der Ulmer Dogge Pluto durch den nachtdunklen Tannenwald streifte und nach »Schwammerln« suchte. Wie aus der Erde gewachsen stand plötzlich ein junger Mensch vor ihnen, glutübergossen zog er die erdbeerfarbene Schülermütze, der Onkel rief ihm ein joviales Wort zu. Vorüber war er.

Anna wollte seinen Namen wissen. Ob er intelligent sei? Wofür begabt? Was der Onkel, als sein Lehrer, so im Allgemeinen von ihm halte?

Der Onkel antwortete zerstreut. Er war ein ausgezeichneter Mathematiker und logischer Denker und interessierter Techniker, der in jeder freien Stunde an einer Erfindung arbeitete. Da die Fragen der Nichte weder etwas mit Mathematik noch mit Technik zu tun hatten oder irgendwelche Begabung für logisches Denkvermögen offenbarten, schüttelte er sie rasch ab.

Am nächsten Tag steckte eine Mitschülerin Anna ein winziges rosa Brieflein zu. In steifen Buchstaben wurde darin erzählt, dass Karl Anna liebe und dass sie ihm bei der unerwarteten Begegnung gestern im Wald wie eine »Lichtgestalt des Himmels« erschienen sei oder als ob sie aus einem Märchen in die Wirklichkeit getreten wäre. Er habe nie geglaubt, dass es so etwas Wunderbares gebe. Der Brief schmeckte Anna wie Honigseim. Von da ab gingen Briefchen hin und her. Die gefällige Mitschülerin Annas, eine Base des Verliebten, machte den Postillon d'Amour.

Anna musste auf gewöhnliches Schulheftpapier schreiben. Welcher Kummer und welche Scham! Den Begriff »Taschengeld« für heranwachsende Kinder gab es in jenen Tagen nicht bei Annas Erziehungsberechtigten.

Trotz der äußeren Nüchternheit der Briefe Annas dauerte das »Liebesverhältnis« ungefähr drei Monate. Zwar sahen sich die Liebenden nicht. Es war damals eben alles ganz, ganz anders als heute. Es konnte sein, dass sich die beiden gelegentlich von ferne erspähten, etwa wenn es Anna gelang, einmal am Bahnhof vorbeizuwitschen zu der Zeit, da Karls Zug abfuhr, oder wenn er es wagte, am Haus des Onkels entlangzuflanieren und er Anna in einem der rosa Briefchen die ungefähre Zeit vorher mitteilte und Anna, trotz der mehr als wachsamen, ja argwöhnischen Augen Tante Minnerls, es zuwege brachte, sich ans Fenster zu schleichen.

Endlich – nach drei Monaten – war ihnen das Glück hold. Es bot sich eine Möglichkeit, miteinander zu sprechen, und zwar im Eisenbahnzug. Als Anna zu Beginn der Ferien nach Hause reiste, wollte Karl ein paar Stationen mitfahren.

Da saßen sie nun auf den nüchternen Holzbänken einander gegenüber wie das leibhaftige schlechte Gewissen. Sie wussten sichtlich nicht einmal, warum sie sich drei Monate lang in kindlichem Eifer Liebesbriefe geschrieben hatten. Beklommen entdeckten sie, dass diese Begegnung nicht zu jenem die Seele erschütternden Erlebnis wurde, als welches ihre Phantasie es ihnen vorgegaukelt hatte. Der Traum zerplatzte wie eine Seifenblase. Um sie herum saßen Leute und sprachen von den gleichgültigsten Dingen der Welt, vom besten Hühnerfutter und was man einer Magd zum Vesper gebe. Draußen flogen Bäume, Felder und Wälder vorbei.

Als Karl – völlig unvermutet – zwei Stationen früher ausstieg, als sie im letzten Liebesbriefwechsel vereinbart hatten, da waren beide zutiefst dankbar, dass alles so gut vorbeigegangen war.

Tante Minnerl

Im Hause des Onkels wurde im Wesentlichen französisch gesprochen. Das war ein großer Gewinn für Anna, sie lernte so die Sprache nicht nur aus dem Buch. Die Tante beherrschte fünf Sprachen: Deutsch, Französisch, Englisch, Italienisch und Spanisch. Wenn man ihr köstliches Bayerisch-Deutsch noch hinzurechnete, waren es sechs. Sie war hochelegant, besaß Hauskleider mit langer Schleppe und hatte eine Fülle von kostbaren gewagten Toiletten, die zu ihrem Ärger in der kleinen Stadt kaum zu tragen waren. Da Minnerl nicht nur von ebenmäßigem Wuchs war, sondern auch entzückend kleine Füße hatte, konnte sie sich zu ihren verwegenen Kleidern auch entsprechende Schuhchen mit hohen Stöckeln – zu Beginn des zwanzigsten Jahrhunderts eine Ungeheuerlichkeit – leisten.

Wenn die Tante vom »Kranz« kam, konnte Anna es nie erwarten, bis sie am Abend unter der traulich-behäbigen Azethylenlampe dem Onkel und ihr vom Tag, vom heute gewesenen Tag erzählte. Ihre Kunst der Mimik war so köstlich und überzeugend, dass Anna glaubte, sie sehe die Frau Fabrikant, die Frau Geheimrat, die Frau Apotheker und all die anderen Kränzchendamen leibhaftig durchs Zimmer gehen. Ihr glühender Wunsch war dann, auch einmal mit so viel Charme und gutmütiger Bosheit erzählen zu können.

Eine Heiratsmöglichkeit

Anna war knapp sechzehn Jahre alt, als Friederike, die Köchin, ihr eröffnete, dass der Untermieter, ein junger Jurist, ernsthafte Absichten auf sie habe. Er habe ihr dieses Buch anvertraut mit dem Auftrag, es an Fräulein Anna weiterzugeben. In

Annas Ohren begann es zu brausen. »Ernsthafte Absichten«? Was war das? Es war ihr bisher nicht in den Sinn gekommen, dass der Herr Doktor jemand sei, den man mit solchen Augen ansehen könnte. Er war doch ein Herr in Amt und Würden mit steifem Hut und Zwicker am Schnürchen, ein Herr, der sich sehr gebildet mit der Tante zu unterhalten wusste und der wohl um zehn Jahre älter war als Anna.

Friederike drängte: »Warum sagen Sie nichts? Sie sind ein Schäfchen«. Anna blickte auf das Buch in ihrer Hand. Es war David Copperfield. Als sie es am Abend in ihrer kleinen Stube aufschlug, fand sie ein Briefchen. Es war wohl eine Art Liebeserklärung. Auf alle Fälle war die Rede davon, dass er ihren jungen Geist formen wolle, dass es nichts Schöneres für ihn geben könne, und sie möge ihn doch wissen lassen, was sie über das Buch denke und was sie überhaupt so im Allgemeinen zu denken pflege, worüber sie nachdenke. Worüber dachte sie eigentlich nach? Über nichts, schien ihr, und sie schämte sich. Und – so hieß es weiter in dem Brief – ob sie nicht einmal für ein Viertelstündchen in sein Zimmer kommen wolle. Wenn sie sich nicht allein getraue, dann mit Friederike. Er warte gespannt darauf, dass sie an seiner Türe »pst« mache. Er werde sofort öffnen.

Als die Tante verreist und der Onkel einer Erkältung wegen früh schlafen gegangen war, drängte Friederike Anna, mit ihr zum Herrn Doktor zu gehen. Sonst – sie kenne die Männer – gehe er ihr mit Sicherheit durch die Lappen.

Anna machte einen Knicks, als sie den Herrn Doktor begrüßte, etwas, was ihn auflachen ließ.

Das Schäferstündchen verlief merkwürdig. Alle drei waren sicherlich schon nach den ersten fünf Minuten enttäuscht voneinander. Anna, weil alles so unpoetisch war, weil der Freier mehr als kurzsichtig zu sein schien und aus dem Mund roch. Der Herr Doktor, weil das Kind Anna zwar von weitem seine Phantasie erregte, in der Nähe aber nichts weniger als erregend war, und Friederike, weil sie ihren Kuppelpelz davonschwimmen sah.

Anna erzählte eifrig von David Copperfield, was den Herrn Doktor leicht ungeduldig machte. Schreiben solle sie ihm das. Jetzt solle sie die kostbaren Minuten nicht mit solchen Nebensächlichkeiten vergeuden.

Eine Viertelstunde nur dauerte diese seltsame »Liebesqual«. Dann gähnte Friederike ungehemmt, entzündete die Kerze, murmelte »Blödsinn! Das führt seiner Lebtag zu nichts!«, und sagte »Gute Nacht«. Der Herr Doktor gab Anna die Hand. Sie war feucht. Anna zog die ihre instinktiv zurück, machte aber wieder einen höflichen Knicks, worüber der Herr Doktor erneut sehr lachen musste. Friederike und Anna schlichen im Schein der flackernden Kerze die Treppe hinauf. O Schreck! Oben wartete der Onkel. Er sagte: »Ich werde es deinem Vater schreiben«.

Der Vater rief seine Tochter unverzüglich heim. Nicht nur, dass er unerbittlich strengen Hausarrest über sie verhängte, viel schlimmer war noch, dass Anna »Luft« für ihn war. Zwar schrieb der Herr Doktor dem Vater, dass nichts geschehen sei, dessen sich seine Tochter zu schämen habe oder das ihren makellosen Ruf trüben könnte. Anna habe ihm lediglich ihre Eindrücke von einem Buch, das er ihr zu schenken sich erlaubt habe, mitgeteilt. Im Übrigen möchte er sagen, dass er seine Werbung aufrecht erhalte und dass man ihm verzeihen möge, wenn er seine Annäherung an das Fräulein Tochter so ungeschickt angegriffen habe.

Im Elternhaus

Annas Stellung in der vom Vater befohlenen Gefangenschaft war der einer schwer arbeitenden Magd zu vergleichen, nur dass Mägde auch zur damaligen Zeit einen Lohn bekamen, wenn auch einen bescheidenen, die Töchter des Hauses aber nicht. Das heißt, die Stellung als Magd hatte eigentlich weniger mit Annas Gefangenschaft etwas zu tun, sie wurde dadurch nur verschärft. Es war die Stellung der meisten Töchter einfacher Familien um jene Zeit. Anna hatte die Riesenwäsche aller Familienmitglieder zu waschen, denn auch die großen Brüder sandten ihre Wäschesäcke nach Hause. Zum Stolz der ganzen Familie hatte der Vater zwar eine Waschmaschine angeschafft, wie die Waschmaschinen damals eben waren: einen Holzbottich mit einem in der Mitte einzusetzenden Holzkreuz. Dieses wurde durch einen seitlich am Bottich angebrachten Hebelarm bewegt. Dadurch wurde die Wäsche in der zuvor in einem großen Kessel vorbereiteten heißen Seifenlauge durcheinander gewirbelt.

Diesen Hebelarm musste Anna Hunderte von Malen hin- und herschwingen. Das machte müde. Noch mehr aber strengte das Auswringen der Wäsche an. Es musste mit der Hand gemacht werden. Ihr Puls klopfte, und nachts konnte sie die überanstrengten Hände nicht ruhig halten.

Im Frühling und Sommer war mit dem Auswringen die Qual des Waschtages überstanden. Man konnte im Freien aufhängen. Das empfand Anna als ein Vergnügen, denn es bedeutete für sie ja eine Gelegenheit, an die Luft zu kommen. Außerdem sah sie andere Menschen über den Schulhof gehen, konnte mit ihnen sprechen und scherzen. Wie wohl tat ihr diese Abwechslung in der Eintönigkeit jener Monate. Aber im Winter! Da musste die Wäsche auf dem Boden aufgehängt werden. Der Wind pfiff durch die Dachluken, die Wäschestücke gefroren schon im Korb steif wie ein Brett. Annas Hände froren mit. Es war eine Qual. Anna weinte. Sie weinte noch heimlich, als sie in der warmen Stube ihre Arme auf den Rücken schlug, um sie aus ihrer Starre zu lösen und das Blut durch sie zu jagen. Sie weinte aus hilflosem Mitleid mit sich selbst und auch aus Zorn darüber, dass eine solche

Pein offenbar mit dem Frau-Sein unentrinnbar verbunden sein musste.

Doch im Ganzen gesehen war sie auch während der Zeit des über sie verhängten Arrestes ein glücklicher Mensch. Sie bezog ihre Erlebnisse aus inneren Quellen. Vor allem las sie viel. Der Vater hatte für seine »Weibsleut« in einem Lesezirkel abonniert. Das bedeutete, dass alle zwei Wochen eine Mappe mit Zeitschriften ins Haus kam. Sie enthielt die »Gartenlaube« und das »Daheim«, aber auch »Westermanns Monatshefte«, die »Meggendorfer Blätter«, die »Jugend«, die »Fliegenden Blätter«, die »Berliner Illustrierte« und den »Simplizissimus«. Der Tag, an dem die Mappe gebracht wurde, war immer ein Festtag. Annas Vater war ein strenger Mann, aber an der Lesewut seiner Weibsleut prallten selbst seine Prinzipien ab. Da saß die Familie beim Frühstück, beim Mittagessen, beim Abendbrot: ein Vater und vier Weibsleut. Und die vier hatten alle eine Zeitschrift vor ihrem Teller ausgebreitet. So aßen sie und – lasen. Der große Tisch erwies sich oft als zu schmal, um außer dem geistigen Futter auch noch den Gefäßen für die leibliche Nahrung Raum zu geben. Dann brach der Vater entweder in ein Donnerwetter aus oder seine Oberlippe schob sich im rechten Mundwinkel in die Höhe. Das gab seinem Gesicht, das von schönem Ebenmaß war, einen sarkastischen Zug. »Hm?«, pflegte er dann zu sagen. Die vier Augenpaare seiner Weibsleut schnellten auf. In der Sekunde verschwand der Lesestoff hinter den Rücken, abgesehen vielleicht von Gertruds Magazin, die keinen Grund einsah, ebenfalls dergleichen zu tun, da ja nun Raum genug geschaffen war, um die Schüsseln aufstellen zu können.

Da man damals noch selbst gestrickte Strümpfe trug und die Familie auf sechzehn Füßen ging, gab es viel zu stricken. Das war sehr gut, denn dabei konnte Anna, ohne väterlichen Einspruch riskieren zu müssen, ein Buch vor sich auf den Tisch legen und strickend lesen. Lesen aber bedeutete, dass das Leben von draußen zu ihr in die Stube kam. Vielleicht lernte sie in diesen Monaten des Abgeschlossenseins mehr über Welt und Leben, als wenn sie selbst in deren Wirbel mitgedreht worden wäre. Und da war das Klavier! Sie war keine Künstlerin im Ausüben von Musik, aber sie war eine Künstlerin im Aufnehmen. Welche Fülle von Erleben schöpfte sie aus den Hunderten von Volksliedern und den Liedern von Schubert, Mendelssohn, Schumann, Brahms, von Wallbach und vielen anderen. Sie konnte fast alle leidlich gut spielen, und an Feierabenden sang sie dazu. Ihre Stimme war klein und ungeschult, aber wesentlich war für Anna, was sie fühlte. Und das war Reichtum.

Dann saß wohl der Vater, die Pfeife im Mundwinkel, eine Schulzeitung vor sich, in der Sofaecke, die Mutter mit Strickzeug und Buch in der andern. Alles war ein von nirgendwoher bedrohter wunderbarer Friede.

Kamen die großen Brüder in den Sommerferien aus dem Seminar oder als Junglehrer nach Hause, so bedeutete das zwar vermehrte Arbeit für Anna, insbesondere, da der rechte Arm der Mutter seit einiger Zeit nahezu gelähmt war; aber die Mehrarbeit wurde durch eine Fülle erregender Beobachtungen aufgewogen. Was für interessante Erlebnisse hatten doch die jungen Männer! Sie musste dahinter kommen! Ihre Neugier war durch das Abgeschlossensein eher gewachsen als auf ein vernünftiges Maß zurückgeschraubt worden. Sooft sie konnte, belauschte sie die Gespräche der Brüder. Deren Zimmer lag Wand an Wand mit dem der drei Schwestern. Annas Augen brannten vor Überanstrengung, und ihr Kopf schmerzte vom Horchen. Die Namen der Mädchen, über die ihre Brüder sprachen, waren ihr bald geläufig, und sie wusste vielleicht mehr über sie als jene Mädchen selbst. Mindestens erfuhr sie viel über ihre Wirkung auf junge Männer.

Aber auch die Freunde der Brüder lernte Anna auf ihrem nächtlichen Horchposten kennen. Ihre Phantasie wob um jeden derselben eine Glorie und schuf Idealgestalten aus ihnen, die sich nur in Einzelheiten voneinander unterschieden.

Ansichtskarten

Die in Annas Jungmädchenzeit gebräuchliche Art junger Männer, sich einem Mädchen zu nähern, waren Ansichtskarten. Im Wesentlichen nicht etwa Bilder von Städten oder Landschaften, wohin der Verehrer gereist war oder Ausflüge gemacht hatte. So viele Ausflüge konnte man gar nicht machen, wie Ansichtskarten verschickt wurden. Oft waren es irgendwelche Phantasiebilder oder so genannte Studienköpfe.

Wenn sich zwischen der Post eine solche Karte für Anna befand, verdunkelte sich des Vaters Miene, und es fehlte nicht an einem Seitenblick, begleitet von einer galligen Bemerkung über »diese Jugend von heute«.

Anna versuchte, den Briefträger abzufangen. Doch das ging nicht immer, ohne dass des Vaters Argwohn geweckt worden wäre. Zwar war ihr Hausarrest ohne viele Worte aufgehoben worden. Der Vater hatte seine Tochter während dieser Monate scharf beobachtet und wohl allmählich eingesehen, dass ein Heiratsantrag, den eine Sechzehnjährige erhält, nicht unbedingt durch ein herausforderndes Betragen der Umworbenen ausgelöst gewesen sein musste. Er hatte nichts mehr dagegen, dass Anna einkaufen ging, dass sie an Sonntagen den Gottesdienst besuchte und an dem dafür festgesetzten Wochenabend an den Zusammenkünften des Jungfrauenvereins teilnahm und im Kirchenchor mitsang. Ja, er sagte nicht einmal etwas, wenn sie gelegentlich mit den Brüdern einen Ausflug auf die Albberge machte.

Aber wenn er eine solche an sie adressierte Ansichtskarte in die Hand bekam, so lieferte er sie nicht ab, oder wenn er eine bei Anna entdeckte, konfiszierte er sie kurzerhand.

Das war etwas, was Annas Zorn wachrief und die ersten frauenrechtlerischen Regungen in ihr weckte. Aber Zorn und Rebellion zu äußern, das war um jene Zeit für ein Mädchen undenkbar. Außerdem verehrte sie den Vater trotz seiner unerbittlichen Strenge. Es war ihr auch nicht so sehr um die Ansichtskarten als solche zu tun, aber erstens glaubte sie, Anspruch zu haben auf ihre Post (ein verwegener Gedanke zu Beginn des zwanzigsten Jahrhunderts!) und zweitens hätte sie an diesen Postkarten gar zu gern die Briefmarke abgelöst, denn das Wesentliche stand ja meist in winzigen Buchstaben auf dieses kleine Rechteck gekritzelt. Da war vielleicht zu lesen: »Darf ich Ihnen schreiben?« Oder: »Ich bete Sie an.« Oder: »Ich bin verliebt in Sie!« und ähnliche Stammeleien echt oder vermeintlich Verliebter.

Eine Liebeserklärung

Es blieb nicht aus, dass Anna eines Tages eine richtige Liebeserklärung in Händen hielt. Sie begann mit dem stimmungsvollen Rückertschen Gedicht:

> O du mein Stern,
> der vom Herrn
> mir gesetzt ward an des Himmels Bogen:
> soll ich ewig fern deinen sänftigenden Strahlen schreiten?

Anna erschauerte. Sollte dies am Ende die Liebe sein, das große, das hehre, das alles überstrahlende Gefühl?

Ihr ehrfürchtiger Schauer verebbte jedoch, sobald sie fertig war mit Rückert und zu des Verliebten eigenen Worten kam. Er schrieb ungefähr, es hätten ihr gewiss schon andere Männer Liebenswürdiges über ihre äußere Erscheinung gesagt. Er wolle dieses läppische Liebesgezwitscher nicht wiederholen. Das sei doch alles höchst nebensächlich. (»Tölpel«, dachte Anna. Ihr war dies keineswegs nebensächlich, es erschien ihr nicht im mindesten läppisch, sie hätte es damals am liebsten tausendmal gelesen.) Weiter schrieb er, sein Gefühl entspringe realen Überlegungen. Schönheit vergehe, Intelligenz aber bleibe. Er kenne sie selbst in dieser Hinsicht zwar nicht, aber er kenne ihre Brüder und wisse um deren Begabungen. Daraus schließe er auf ihren, Annas, Verstand. Er suche bewusst nach einer geistig lebendigen Frau als Lebensgefährtin, denn er mit seinem Ia-Examen wolle diesem Triumph einen zweiten anfügen. Kurz gesagt, er sehe nicht auf Geld bei der Wahl seiner Gattin, aber er wolle eine bildungsfähige Braut und Frau. Natürlich wisse er, dass Annas Verstand noch völlig ungebildet, sozusagen noch roh sei. Das aber gerade gebe ihm die Chance, daraus etwas zu machen. Er schlage daher vor, dass sie sich nicht die üblichen langweiligen Liebesbriefe schreiben, dass er ihr vielmehr in jedem Brief eine Aufgabe stelle, die sie ihm nach gewissenhafter Vorbereitung beantworten möge. Heute zum Beispiel bitte er sie, ihm in ihrem Brief sechs Städte am Bosporus zu nennen und ihm zu beantworten, wann der Dreißigjährige und wann der Siebenjährige Krieg gewesen sei.

Als Anna am Abend das Feuer im Herd anzündete, hängte sie den Kartoffeltopf nicht gleich ein. Vielmehr hielt sie die seltsame Liebeserklärung über die herauszüngelnden Flammen und sah verträumt und ein wenig hochmütig zu, wie das Blatt Feuer fing, verkohlte, sich krümmte und schließlich auseinander fiel. Städte am Bosporus? Jahreszahlen von Kriegen? Sie hatte eine andere Vorstellung von der Liebe.

Robert

Anna war zwischen siebzehn und achtzehn Jahre alt, als sie liebte, besser, als sie glaubte zu lieben. Es begann auf einem der erwähnten Albausflüge mit den Brüdern und einem ihrer Freunde. Die Brüder hatten nie Eile, wenn es darum ging, ein Vergnügen abzubrechen und nach Hause zu gehen. Besagter Freund – er hieß Robert – trieb erst recht nicht zum Aufbruch. Anna wurde nervös. Sie mahnte zum großen Ärger der Brüder, den Heimmarsch anzutreten, denn sie fürchtete die Verstimmung der Mutter und den Zorn des Vaters und die daraus entstehenden möglichen Konsequenzen. Es dunkelte bereits, als die Gesellschaft dem kleinen Gasthaus auf dem Berg Valet sagte. Auf einem schmalen, geröllübersäten Weg mit zahllosen scharfen Kehren ging es im Trab abwärts. Der Pfad war so schmal, dass eines hinter dem anderen gehen musste. Robert bildete die Vorhut, dann folgte Anna. Im Wald war es beträchtlich dunkel. Der Mond hatte schon Kraft genug, sein Silber durch das Geäst zu streuen und es den Wanderern hier und dort vor die Füße zu zaubern. Robert begann zu singen: »Gut Nacht, gut Nacht mein feines Lieb ...« Die Brüder pfiffen dazu, und Anna fragte sich, an wen er wohl denken mochte bei den Worten »mein feines Lieb«, und spürte einen Stich im Herzen. Sie stolperte in dem Geröll. Robert wendete sich und fasste sie am Arm. Bruder Eugen rief: »Nichts da! Wenn sie geführt werden muss, ist einer ihrer Brüder zuständig! Emil«, kommandierte er seinen Zwillingsbruder, »führ sie!«, und nach einer winzigen Pause fuhr er ergrimmt fort: »Ein für alle Mal ist festzuhalten: Weibsleute sind Zimperliesen.«

Anna hätte sich der Autorität des Erstgeborenen ohne weiteres gefügt. Sie wollte stehen bleiben und auf Emil warten. Robert aber lachte übermütig, setzte sich in Galopp und zog Anna mit. Als der Pfad in einen Fahrweg einmündete, schob er ihren Arm durch den seinen. Sie gingen nun nebeneinander. War es ihr Herz, das sie so überlaut pochen hörte? War es das seine? Oder waren es beide?

Robert flüsterte: »Was für eine köstliche Nacht! Extra für uns! Sieh doch den Mond und die Sterne. Ännchen! Ännchen! Und du und ich ...!« Als er das gesagt hatte, drückte er einen scheuen Kuss auf Annas Mund und flüsterte: »Jetzt sind wir verlobt.«

»Verlobt?«, fragte Anna. Des Himmels Seligkeit schien sich in sie zu gießen. »Wenn wir uns treu bleiben könnten!«, flüsterte Robert noch. Anna wunderte sich, warum er dies überhaupt in Frage stellte und wollte entsprechend antworten. Da aber hatten die Brüder sie eingeholt. Anna zog ihren Arm an sich. Sie wollte keine Mitwisser ihres Glückes haben. Wie sollte sie die Anspielungen ertragen, Neckereien oder gar inquisitorische Fragen, wo sie selber nicht wusste, wie ihr geschehen war und sie einer Wolke gleich durch den Äther segelte.

Die Meinung der Eltern und Schwestern

Robert war ein hübscher Mensch, er war heiteren Gemüts, war musikalisch und konnte schön singen. Er war kein Grübler, und es sah aus, als nähme er alle Dinge von der besten Seite, lauter Eigenschaften, die Gewähr für ein unkompliziertes Wandern zu zweit zu geben schienen. Sein Lieblingsdichter war Eduard Mörike; viele der wundersam zarten Gedichte trug er auswendig vor. Das war etwas, was insbesondere Annas Mutter für ihn gewann. Auch besaß er eine Dachshündin, von der demnächst Junge zu erwarten waren. Diese Tatsache ließ ihn in den Augen der jüngeren Schwestern zum Bewerber par excellence aufrücken. Robert wusste dies auszunützen und sich die Gunst der Schwestern zu sichern. Man konnte ja nie wissen, wann und wo man Hilfstruppen würde brauchen können. Schon beim Briefe-Schmuggeln konnte das notwendig werden. Er versprach den beiden eines der jungen Dackelchen.

Die Gunst des Vaters hatte Robert ohnedies, wenngleich sich diese höchstens darin äußerte, dass der Vater die vom Schreiber Robert nun anfliegenden Ansichtskarten mit der schräg aufgeklebten Marke, was einen Kuss bedeuten sollte und öffentliches Geheimnis war, zwar nicht gerade freundlichen Gesichtes, aber doch ohne sarkastische Bemerkung an die Tochter weiterreichte.

Vermutlich gefiel den Eltern außer dem heiteren, gewinnenden Wesen des jungen Mannes und seinen liebenswerten Beziehungen zu Mörikes Poetik noch, dass er auch Lehrer war, dass Anna also in vertraute Verhältnisse kommen würde, ohne allerdings die ewige Geldknappheit mit sich schleppen zu müssen, denn Robert galt als wohlhabend. Als weiteren Vorzug registrierten die Eltern die beruhigende Tatsache, dass der Bewerber fünf Jahre älter war als Anna, somit als annähernd heiratsfähig gelten konnte, eine Situation, die die Aussicht auf eine öffentliche Verlobung freigab. Dies wiederum würde bedeuten, dass Schwärme junger Männer, die zurzeit unter irgend einem Vorwand in das Schulhaus einbrachen, die Schüsseln und Platten der Mutter kahl fraßen und so ihr Haushaltsgeld jämmerlich dezimierten, erkennen mussten, dass Anna in festen Händen war. Ein Besuch in dem Lehrerhaus würde nicht mehr so verlockend sein, mindestens so lange nicht, bis die jüngeren Schwestern herangewachsen waren. Es würde Ruhe einkehren und für Mutter die Aussicht, wieder mit ihrem Wirtschaftsgeld zurechtzukommen.

Trotz all dieser Überlegungen, die die Nerven der Eltern wohltuend beruhigten, war ihnen eine erneute Einladung des Onkels und Tante Minnerls für Anna hochwillkommen.

Das Mädchen war dadurch dem stürmischen Freier aus den Augen gerückt, und es konnte sich erweisen, ob das nicht gleichbedeutend wäre wie aus dem Sinn. Anna schnürte ihr Bündel und reiste ab. Die Ansichtskartenflut ergoss sich nun in des Onkels Briefkasten. Anna selbst hatte nur eine einzige Karte erwischt. Der Schlüssel zum Briefkasten blieb in Tante Minnerls kleiner, aber energischer Hand. Nachdem die Tante dem Kasten einmal einen solchen Kartengruß und ein Briefchen Roberts entnommen hatte, wurde Anna niemals mehr an das Tor geschickt, um die Post zu holen.

Der Onkel und die Tante sammelten alle Posteingänge für Anna säuberlich, bündelten sie, und nach einigen Wochen schickten sie sie mit einem Begleitbrief an Annas Eltern. Der Onkel schrieb darin, der Vater möge den jungen »Springinsfelden«, insbesondere aber dem einen, der die Post Tag für Tag beschäftigte, bedeuten, dass sie ihre Gedanken auf Nützlicheres konzentrieren möchten, als den Leumund seiner Nichte durch Briefe und Postkarten zu schädigen. Anna brauche ihre Gedanken zum Lernen und nicht dazu, sich von einem solchen Springinsfeld Flausen in den Kopf setzen zu lassen. Im Übrigen habe Tante Minnerl andere Pläne. Man solle es ruhig ihrer Geschicklichkeit überlassen. Wenn es Zeit sei für Anna – noch sei sie ja viel zu jung -, werde man schon eine gute Partie für sie arrangieren.

Als Anna nach einem halben Jahr wieder nach Hause kam, war sie Robert zwar »aus den Augen« gewesen, aber aus »Sinn und Herz« hatte er sie nicht entlassen.

Der so ganz anders aussehende Intellektuelle

Emil, einer der Zwillingsbrüder, war an derselben Schule angestellt wie der Vater. So viele Freunde gibt's ja gar nicht, wie dich immer besuchen, zischte der Vater in seinen schwarzen Vollbart, als wieder einmal ein Freund Emils auftauchte. Er war ein Seminargenosse der Zwillinge, der nach seinem Lehrerexamen das Abitur gemacht hatte und sich nun anschickte, auf der Universität das Studium der Mathematik zu beginnen. Anna erfuhr aus gelegentlichen Gesprächen der Brüder, dass er ein »Röhrle«, das heißt sehr gelehrt sei. Er hieß Albert und stammte aus einer unbemittelten Handwerkerfamilie mit einem runden Dutzend Kinder. Annas Phantasie hatte ihr sein Äußeres schon im Voraus vermittelt. Selbstverständlich war er lang und schlank und von blasser Gesichtsfarbe. Er hatte blondes, schütteres Haar, seine Stubenhockerei und die daraus resultierende Gelehrsamkeit hatten schon in seinen jugendlichen Jahren die meisten Haare ausfallen lassen. Es war auch klar, dass er Asket war, also unberührt von irdischen Wünschen. Den Gedanken an Liebe und an ein Mädchen hielt er für absurd.

Nun war er gekommen und sah völlig anders aus. Wohl war er schlank und von zartem Körperbau, aber er war eher klein zu nennen. Er hatte eine buschige dunkle Mähne, einen dichten Schnurrbart, eine frische Farbe und wenn er lachte, was er erstaunlicherweise sichtlich gern tat, formte sich ein Grübchen in der rechten Wange. Außerdem schmeckten ihm Wurst und Bratkartoffeln beim Abendbrot beinahe mehr, als es der Anstand erlaubte.

Anna war völlig aus dem Konzept gebracht. Es war doch ausgeschlossen, dass ein hochgeistiger Mensch einen solch ungenierten Appetit auf Wurst und Bratkartoffeln demonstrieren konnte! Zudem schien er ziemlich keck zu sein. Ja, noch mehr, er war von einer merkwürdigen Mischung aus Keckheit und Schüchternheit zugleich. Nach Tisch machte er nämlich den in jenen Zeiten absurden Vorschlag, Anna beim Abwaschen der Berge von Geschirr helfen zu wollen. »Wollen wir nicht, Emil? Komm!«, sagte er.

Hinter Vaters Brillengläsern blitzte es, die Mutter sagte »Larifari«, und runzelte missbilligend die Stirn, der Bruder Emil lachte und gebrauchte die aus dem Soldatendeutsch übernommene Redensart: »Wozu hat man denn die gefasst?« Anna verzog sich in die Küche, der Bruder ging mit Albert zu einem Viertele ins Gasthaus »Zum Fass«, wo ein hübsches junges Töchterchen mit rotblondem Kraushaar und allzeit bereitem Lachen den Wein kredenzte, eine Hebe, mit der es sich in Ehren schäkern ließ.

Es war das erste Mal in Annas jungem Leben, dass sie sich innerlich ernsthaft gegen ihr Schicksal, nur ein Mädchen zu sein, auflehnte. Sie hatte die vielen Hausarbeiten allezeit mit innerer Fröhlichkeit verrichtet, aber sich noch lustig zu machen über ihre Rolle als Dienstmagd, wie es der Bruder soeben getan hatte, das ging zu weit. Sie nahm den Topf mit dem siedenden Wasser vom Herdfeuer und schüttete es in die Schüssel.

Vielleicht war es der aufsteigende Wasserdampf, der so unwiderstehlich in ihren Augen biss, dass sie feucht wurden. Wahrscheinlich aber war es der Zorn über die ihr zudiktierte und von allen als eine Art göttlicher Ordnung betrachtete Rolle unentwegten Dienens. Als Anna aber dann den Wasserhahn aus glänzendem Messing aufdrehte, um das nötige Kaltwasser zufließen zu lassen, da schämte sie sich ihrer Empörung. War nicht seit vergangenem Donnerstag, seit sie eine Wasserleitung im Hause hatten, alles viel, viel leichter geworden? Seit sie das Wasser nicht mehr in der Gölte vom Dorfbrunnen auf dem Kopf nach Hause schleppen musste, eine Aufgabe, die ihr stets das grässliche Gefühl gegeben hatte, als schwabble ihr Gehirn im Rhythmus des im Kübel schwankenden Wassers mit? Es war Unrecht, ja undankbar von ihr, rebellischen Gedanken Raum zu geben. Bald sang sie darum während der Bewältigung der Berge aufgehäufter Teller, Platten, Tassen und Töpfe mit überzeugtem Jubel in der Stimme: »Noch ist die blühende, goldene Zeit.«

Ein Brief an Emil

Anna bügelte. Sie tat das in dem großen Flur. Erstens konnte sie dort das Fenster öffnen, wenn es notwendig wurde. Die dem Bügeleisen entströmenden Kohlengase machten ihr oft übel bis zur Ohnmacht. Außerdem konnte sie das Eisen zum Fenster hinaushalten und die Asche ausblasen. Was weiterhin für den Flur als Arbeitsplatz sprach, war die Tatsache, dass sie hier die Chance hatte, den Briefträger abzufangen.

Seit drei Stunden stand sie nun schon, plättete und plättete und glänzte die gestärkte Wäsche von Vater und drei Brüdern. Vorhemden, Manschetten und Kragen. Berge türmten sich auf dem Tisch nebenan. Aber noch lange war kein Ende abzusehen. Da lag noch ein dicker Ballen eingerollter Vatermörder und jener tückischen Doppelkragen. Handballen und Handgelenke taten ihr weh, ihr Kopf schmerzte von den Kohlengasen. Und nun flogen aus dem Eisen auch noch schwarze Flocken auf zwei Vorhemden! Sie stampfte mit dem Fuß und weinte vor Zorn. Musste, durfte, konnte das sein, dass man sich derart plagen musste wegen der Mode der Männer, die hohe steife Kragen, Röllchen und wie ein Brett steif gestärkte Vorhemden diktierte? Anna war in diesem Augenblick dem Zustand einer offenen Rebellion nahe. Es war gut, dass sie die Schritte des Postboten hörte. Er hatte zwar nichts für sie, aber einen Brief für Emil von seinem Freund Albert. Sie betrachtete die zierliche, völlig unkonventionelle Schrift, sie wog das Schreiben in der Hand und hielt es gegen das Licht. Wie töricht! Es war doch ausgeschlossen, dass sie auf diese Weise etwas vom Inhalt des Briefes würde erfahren können.

Am andern Tag fragte sie Emil wie von ungefähr und mit gespielter Gleichgültigkeit in der Stimme: »Nun, was schreibt er?« – »Nichts von dir!« Die Antwort klang verdächtig unwirsch.

Emil fügte noch hinzu: »Der muss vor allem nun mal studieren. Fünf Jahre lang. Schreib dir das hinter die Ohren.«

Anna glaubte Grund zu haben, des Bruders Kleider auszubürsten. Dabei fand sie – ganz zufällig natürlich – den Brief. In rasender Eile überflog sie die Seiten. Ankunft in der Universität, Vorlesungen belegen, Bude suchen, Keilereien studentischer Verbindungen. Tatsächlich auf drei Seiten nichts von ihr. Emil hatte Recht. Aber da unten – da stand doch etwas. Sie las: »Was mir die Hauptsache ist an diesem Brief: Das Bild deiner Schwester steht unauslöschbar vor meinen Augen.« Es folgten dann einige überschwängliche Beschreibungen dieses Bildes. »Teile mir mit, lieber Freund, ob ich ihr direkt schreiben kann, oder ob ich dich als Postillon d'Amour installieren darf. Du kennst mich. Ich bin kein Leichtfuß. Ihr Seminargenossen habt mich dieser Veranlagung wegen oft geneckt. Bitte nimm die Sache so ernst, wie ich es tue. Es geht um mein Lebensglück. Lieber würde ich auf das Studium verzichten, wenn ich Gefahr liefe, aus dem Wettlauf um Anna ausscheiden zu müssen. Ich habe mich geprüft. Du weißt, was das für mich bedeutet.«

Die Nebenaufgabe des Strohsacks

Um jene Zeit fing Anna an zu dichten, gereimt und ungereimt. Die meisten ihrer Ergüsse waren durchtränkt von Weltschmerz, sie gipfelten in aufrührerischen Fragen an Gott wegen seiner in vielen Dingen so unverständlichen Weltordnung. Anna war damals achtzehn Jahre alt, ihr Weltschmerz war also legitim.

Dieser Zwang, Gedanken und Gefühle niederzuschreiben, bereitete Anna Sorgen. Woher sollte sie das Schreibpapier nehmen? Und vor allem, wo sollte sie ihre Bekenntnisse verstecken? Sie teilte das Zimmer mit den beiden jüngeren Schwestern, die aber doch nicht jung genug waren, um nicht an allem höchst interessiert zu sein, was die ältere Schwester bewegte und erlebte. Ohnedies wachten sie mit Argusaugen darüber, ob nicht Anna eines Tages den Gedanken in sich aufkommen lasse, sich von dem netten jungen Mann mit dem erwarteten Dachshund-Nachwuchs zu entfernen.

Man schlief damals auf Strohsäcken. Diese hatten in der Mitte einen langen Schlitz, damit man das zusammengelegene Stroh aufrichten und es von Zeit zu Zeit durch neues ersetzen konnte. Dieser Schlitz im Strohsack schien Anna der sicherste Platz zu sein, um ihren in gewaltige Worte gebannten Weltschmerz zu verstecken.

Wieder mal ein Brief

Es war ein Brief an Annas Vater. Er trug die Handschrift des stud. math. Albert. Der Vater überflog den Bogen, sagte: »Der hat aber ein feines Gewissen!« und reichte das Schreiben der Mutter. Sein Gesicht trug den bekannten sarkastischen Zug.

Der stud. math. schrieb, er reise demnächst nach Hause. Dort werde er seinen Freund Eugen treffen. (Annas Bruder Eugen war in der Heimat des stud. math. als Seminarlehrer angestellt.) Er, der stud. math., könne es nicht mit seinem Gewissen vereinbaren, sozusagen an Eugens elterlicher Stubentür vorbeizufahren und ihm keine direkten Grüße von seinen Eltern und Geschwistern zu bringen. Eugen würde ihm das bestimmt sehr verübeln. Er werde sich deshalb erlauben, übermorgen Vormittag vorzusprechen.

»Hm?«, sagte der Vater, als die Mutter ihm den Brief zurückgab. »Nun«, sagte diese, »das ist ja sehr aufmerksam von dem jungen Mann.« Sie sagte es aber mehr als gedehnt und keineswegs mit sichtlicher Freude.

»Aufmerksam?«, sagte der Vater. »Unsere Stubentüre, von der der Herr spricht, ist meines Wissens hier und nicht zwei Stationen entfernt an der Hauptlinie. Diese Jugend von heute! Überhaupt, dieser Studiosus scheint übriges Geld für Abstecher auf seinen Reisen zu haben. Außerdem teilt er uns seinen Besuch kurzerhand mit, fragt nicht einmal, ob er willkommen sei, und lässt auch keine Zeit für eine Absage. Diese Jugend!«

Übermorgen Vormittag

Der Übermorgen-Vormittag war da. Es war ein kalter Februartag. Das Wasser im eisernen Ofen strudelte und staubte Dampf in die Stube. Anna war um fünf Uhr aufgestanden, um die Wohnung in Ordnung, alle Schuhe geputzt und eine warme Stube zu haben, bis das Neun-Uhr-Zügle den Mann mit dem feinen Gewissen bringen würde.

Sie hatte einen heillosen Schnupfen, eine verquollene rote Nase und entzündete Augen. Ein Blick in den Spiegel: Sie fand sich scheußlich. Warum das ausgerechnet heute? Heute, wo alles davon abhängen konnte, wie sie aussah! Was alles? Sie gab sich keine Antwort. Auf jeden Fall war ihr Schnupfengesicht wieder einer der unbegreiflichen Ratschlüsse Gottes. Aufrührerische Gedanken wirbelten durch ihr Gehirn, als bereits das Züglein aufwärts bimmelte. In drei Minuten konnte er da sein, wenn er es sich nicht noch einmal anders überlegt hatte und sich seines fadenscheinigen Grundes wegen schließlich doch genierte. Aber da klopfte es schon mit hartem Knöchel an die Tür: »Ti – Ti.« Er genierte sich also nicht.

Die Mutter saß bereits mit dem unvermeidlichen Strickzeug in der Sofaecke. Sie räusperte sich, warf einen raschen Blick auf

Anna, die den Staub vom Klavier wischte und die unsichtbar zu machen sie keine Macht hatte, und rief »Herein.« Der stud. math. trat ein, murmelte wieder etwas von Eugen, der es ihm nie verzeihen würde, wenn ...

Anna deckte den Tisch, verschwand in die Küche und kochte Kaffee. Das Gespräch zwischen ihm und Mutter schleppte sich hin. Die Mutter, sonst äußerst lebendig und interessiert, war merkwürdigerweise genauso befangen wie der Mann mit dem schlechten Gewissen.

Als die Mutter die Stube für einen Augenblick verließ, fragte er Anna schnell: »Können wir nicht eine Stunde spazieren gehen miteinander?«

»Wo denken Sie hin? Spazieren gehen mit einem jungen Herrn?«

»Ich finde nichts dabei. Eine halbe Stunde nur«, bettelte er. »Da, den Weg hinauf! Ihre Mutter kann uns vom Fenster aus bewachen.«

Das war ein Versuch zu scherzen, aber es klang kläglich. Schon kam die Mutter zurück und wieder schien es nichts zu geben, was das Gespräch in Fluss halten könnte. Sie meinte, er könne Eugen sagen, dass sein Wäschepaket angekommen sei und dass man ihm die Dinge so rasch wie möglich wieder senden werde. Er antwortete, er werde das Eugen heute noch sagen.

Pause.

Dann fragte er: »Spielen Sie Klavier, Fräulein Anna?«

»Ein bisschen«, sagte sie.

»Warum sind Sie so bescheiden? Ihre Brüder sind doch große Musiker ...«

Die Brüder, ja. Nicht aber sie selbst. Anna wehrte entsetzt ab. Dieser junge Mann schien alles Schöne und Großartige auf Erden von vornherein in sie hineinzudichten.

Pause.

»Wollen nicht Sie ein wenig spielen?«, fragte die Mutter den Gast. Er sei kein Klavierspieler, sagte er. Dann nahm er einen Band Volkslieder vom Notenständer. Ob Fräulein Anna nicht ein paar Lieder spielen würde? Sie spielte. Er zog seinen Stuhl herbei und setzte sich neben sie. Die Mutter hatte Sorgenfalten auf der Stirn, was Anna in dem Spiegel über dem Klavier sah. Es war das Gesicht von jemandem, der eine Lawine auf sich zukommen sieht und keine Möglichkeit entdeckt, ihr auszuweichen.

Albert wendete das Notenblatt um. Dann fühlte Anna Abwehr und Anziehung zugleich. In grenzenloser Verwirrung spielte sie falsch. Sie nahm die Noten weg und schloss das Klavier.

Die Mutter blickte sie streng fragend an. Mit dem Mut der Verzweiflung sagte er: »Ich würde sehr gern einen Spaziergang machen, bis mein Zug geht. Hier, den Berg hinauf.« Er deutete durch das Fenster.

»Das ist ein sehr hübscher Spazierweg«, pflichtete die Mutter eifrig bei.

»Würden Sie mich begleiten, Fräulein Anna?«

»Begleiten?«, sagte die Mutter in einem Ton, als wäre sie vom Mond in eine Welt unvorstellbarer, unsittlicher Wirklichkeiten gefallen. Sie fügte aber rasch gefasst bei: »Meine Tochter ist sehr erkältet, und es ist kalt draußen.«

Der Gast blieb zäh. Er sagte: »Ein Professor der Medizin hat kürzlich nachgewiesen, dass bei einem Schnupfen nichts heilsamer ist als gemäßigte Bewegung in frischer Luft.«

»Larifari!«, sagte die Mutter. Sie sagte das immer, wenn sie eine Debatte zu beenden wünschte. Aufmunternd fügte sie hinzu: »Lassen Sie sich nicht abhalten, wenn Sie gern spazieren gehen wollen. Der Weg da hinauf ist wirklich reizend.«

Aber der Gast wollte nicht mehr. »Wahrscheinlich haben Sie recht«, gab er zu, »es ist vermutlich doch zu kalt.«

»Für Anna, meine ich, nicht für Sie selber«, erklärte die Mutter in der Hoffnung, der Gast werde diesen Wink mit dem Zaunpfahl verstehen. Er tat jedoch, als merke er nichts und setzte sich wieder an den Tisch. Doch so sehr er dies auch gehofft haben mochte, die Mutter verließ die Stube nicht, bis es Zeit war für ihn, wieder zur Bahn zu gehen.

Seine Frage: »Begleiten Sie mich nicht zur Station, Fräulein Anna?« jagte dieser erneut Röte in das von Schnupfen und Erregung ohnedies heiße Gesicht. Dieser junge Mann war wirklich unglaublich! Die Mutter sagte: »So etwas ist bei uns nicht Sitte. Ich wünsche Ihnen eine gute Reise. Grüßen Sie Eugen.«

Die Werbung

Es war im Frühling 1905. Als die Veilchen blühten, brachte der Postbote Anna einen Brief von Albert. Ihr Schnupfengesicht an jenem Februarmorgen und die frostige Aufnahme seines Besuches hatten seine Bezauberung durch die Schwester seiner Freunde nicht gewandelt. Der Brief enthielt eine stürmische Werbung. Anna hatte noch nie einen solchen Brief gelesen, auch nicht in Romanen. Die Mutter fragte, was der junge Mann schreibe. Anna reichte ihr den Brief und verließ die Stube.

Als sie am späten Abend mit der Mutter allein war, sagte diese: »Du solltest ihn nicht vom Studium abhalten. Die Brüder sagen das schon immer.«

In diesem Brief hatte Albert Anna alles zu Füßen gelegt, auch seinen Wunsch zu studieren. Wenn er nicht studiere, könnten sie in zwei Jahren heiraten. Zwei Jahre seien doch keine lange Zeit. Die einzige bange Frage für ihn sei nur, ob sie ihn lieben könne. Alles andere sei Nebensache.

»Er muss fünf Jahre studieren«, ereiferte sich die Mutter. »Und dann könnte er noch nicht gleich heiraten. Zwischendurch muss er auch seinen Militärdienst absolvieren. Sieben Jahre warten? Wie eine Vikarsbraut? Ich würde dir etwas anderes wünschen, Kind. Außerdem, wer weiß, ob sein Sinn sich nicht wandelt während der langen Jahre!« Und dann fiel noch der Name »Robert«.

Anna sagte nichts. Die Mutter fuhr fort: »Zudem studiert er auf Schulden. Ein Bekannter seiner Eltern hat ihm das Geld geliehen. Du aber bist ein armes Mädchen.«

»Weiß ich alles! Alles und noch viel mehr weiß ich!«, sagte Anna, ging aus der Stube, setzte sich auf ihre Bettkante und kritzelte eine von Vernunftgründen strotzende Absage. Seinen Brief aber barg sie an ihrer Brust. Sie dachte dabei an Robert. Warum hatte sie bislang keinen seiner von warmer Zärtlichkeit erfüllten Briefe an ihrer Brust geborgen, sondern sie dem Versteck im Strohsack anvertraut? Unbeantwortbare Frage! Anna fühlte sich ungeachtet der vielen soeben niedergeschriebenen vernünftigen Worte ohne Vernunft, ohne Kompass.

Trotz aller Vernunft wollte auch hier wie in so vielen Liebeshändeln die Unvernunft siegen. Albert schrieb wieder und argumentierte gegen ihre Vernunftgründe. Sie seien lauter Gründe der Unvernunft, wenn sie ihn ein wenig lieb habe. Darauf aber habe sie überhaupt nicht geantwortet. Was seien ein halbes Dutzend Jahre im Verhältnis zu einem langen Menschenleben! Und keine Macht der Erde könne sie daran hindern, auch diese Jahre mit Liebe zu erfüllen. Der einzige Grund für ein Nein, den er als vernünftig, gleichzeitig aber als sein Leben zerstörend annehmen müsste, wäre der, wenn sie ihm klipp und klar sagen müsste, dass sie ihn nicht lieben könne. Dieser Entscheidung würde er sich zu beugen haben. Dass sie aber davon in ihrem Brief nichts geschrieben habe, lasse ihn hoffen.

Selbstverdientes Geld

Die frühere Lähmung an Mutters Arm wiederholte sich. Nervenentzündung. Das bedeutete für sie selbst nicht nur schlimme Schmerzen, sondern absolutes Nichtstun. Für Anna aber hieß es, dass sie den »Karren« im Wesentlichen allein ziehen musste. Und der Karren war schwer beladen. Für ein rundes Dutzend Menschen mit meist jugendlichem Appetit war zu kochen, denn seit einiger Zeit hatten die Eltern halbwüchsige Buben als Pensionäre aufgenommen.

Eines Abends kam Annas Vater in die Küche, gab ihr ein Markstück und sagte: »Ich will dir jede Woche eine Mark geben. Es hängt viel an dir, und du machst deine Sache gut.«

Damit ging er eilends wieder hinaus. Vermutlich sollte Anna seine innere Bewegung nicht sehen. Er war ja ein Bauernsohn von der Alb, wo es nicht üblich war, Gefühle zu zeigen. Dies war übrigens wohl die längste direkte Anrede, die Anna bislang von ihrem Vater gehört hatte. Aber nichts in der Welt, kein Orden, keine Tausender hätten Anna stolzer und innerlich reicher und sicherer machen können als dieser Beweis der Anerkennung von ihrem Vater. Dieses eine Markstück!

Lohengrin

Albert hatte hundert Möglichkeiten versucht, eine Begegnung mit Anna herbeizuführen. Alle schlugen fehl. Er war ein schüchtern-bescheidener Mensch, aber um Anna zu erringen, benahm er sich wie eine Naturgewalt.

Schließlich gelang es, Anna ein Brieflein zuzuschmuggeln. Darin schlug er kühn den Besuch der Oper Lohengrin in der Haupt- und Residenzstadt vor.

Anna hatte noch nie eine Oper gehört, war noch nie im Theater gewesen, es sei denn in den kleinen Laientheatern im Dorf, bei denen sie gelegentlich mitgespielt hatte. Was für eine Lockung war dieser Vorschlag!

Sie wagte der Mutter zu sagen, dass sie sooo gern einmal ins Theater oder – noch besser – in eine Oper gehen würde. Sie habe sich von Vaters wöchentlicher Gabe fünf Mark gespart. Damit möchte sie sich das Erlebnis des Lohengrin verschaffen. Annas Eltern waren keine Unmenschen. Sie sahen ein, dass der unverdrossen arbeitenden großen Tochter ein geistig-seelisches Erlebnis wohl tun würde. Daher willigten sie ein, schrieben aber ohne Annas Wissen an den zur damaligen Zeit in der Hauptstadt angestellten Bruder Emil, er möge Anna unter seine Fittiche nehmen.

Es war ein strahlender Vorsommertag, an dem Anna reiste. Eben entfalteten sich die ersten Rosenknospen. Auf der Umsteigestation stand Albert. Sein grüner Hut war mit einem Zweig hochroter Crimson Rambler geschmückt, in der Hand hielt er eine halb erblühte samten dunkelrote Rose. So ungestüm er sich in seinem werbenden Brief gebärden konnte, so schüchtern und unbeholfen war er jetzt, als er Guten Morgen sagte und Anna die Rose überreichte.

Auf dieser Fahrt im Eisenbahnzug nahm Anna den Duft der dunklen Blüte unverlierbar für ihr ganzes Leben in sich auf. Er war geheimnisvoll und schwer und voll köstlicher Verheißungen. Was sie während der Stunde Eisenbahnfahrt gesprochen hatten, daran konnte sie sich nicht mehr erinnern. Nicht viel wahrscheinlich. Sooft sie während ihres langen Lebens jedoch an diese Reise dachte, umschwebte sie unmittelbar der Duft jener dunklen Rose. Nur an eine Bemerkung erinnerte sie sich. Sie hatte etwas über den Rosenbusch auf seinem Hut gesagt, weil sie beobachtet hatte, wie die Mitreisenden darüber lächelten. Albert war so rot geworden wie die Rosen selbst und hatte gestammelt: »Ich war so voller Jubel heute Morgen. Der Zweig da ist über einen Gartenzaun gehangen. Direkt in meine Nase. Ich habe ihn abgeschnitten. Er schien mir ein gutes Vorzeichen zu sein.«

Als sie in die Bahnhofshalle der Residenz eingefahren waren, bot Albert ihr beim Aussteigen die Hand. Welch süßer Schreck! Noch zitterte diese Handreichung nach in ihr, da erblickte sie Emil. Aber nicht nur Emil. Neben ihm stand, einen Strauß Heckenrosen in der Hand – Robert. Seine Augen blickten bange spähend in die Menge. Nun hatte er sie gesehen. Aber gleichzeitig hatte er die dunkle Rose in ihrem Gürtel entdeckt und – Albert. Über sein Gesicht stürzte hoffnungslose Traurigkeit. Anna war erschüttert. Was hätte sie darum gegeben, umkehren zu können! Mit wehem Lächeln überreichte Robert seinen Strauß. Als Emil und Anna sich von den beiden jungen Männern verabschiedeten, flüsterte er: »Wirst du heute Abend meine Blumen tragen?« Damit fiel Anna in tiefe Ratlosigkeit.

Am Abend trafen sich die vier in der Oper: Stehplatz auf der Zwetschgendörre. So hieß damals der vierte Rang. Die anderen Plätze waren ausverkauft oder für ihre Verhältnisse zu teuer. Anna trug nicht die Heckenrosen, sondern die nun schon den Kopf hängende, aber noch immer berückend duftende dunkle Rose. »Nun weiß ich alles«, flüsterte Robert. Sein Gesicht war von abgrundtiefer Traurigkeit erfüllt. Seine Augen umflorten sich. »Darum also ...«

Ja – darum also hatte er von Anna während der vergangenen Wochen kein Echo auf seine vielfachen Rufe erhalten.

Annas Herz war wund und wie betäubt. Der Glanz unten auf der Bühne, die schwüle und doch aufpeitschende Musik, ihr erstes Erlebnis einer Oper, die körperliche Nähe Alberts, der seinen Platz hinter ihr zäh behauptete und sich von den Theaterbesuchern nur allzu gern näher an Anna hindrängen ließ, die todtraurigen Augen Roberts, der in Emils Gesicht unverhohlen deutliche Missmut über diese heillose Situation – all das zusammen ergab eine Last des Erlebens, die sich wuchtig und unenträtselt auf Annas Seele senkte.

Es war hoher Sommer geworden, als Anna sicher wusste, dass ihr Schicksal das Leben mit Albert sein würde. Sie schrieb dies, so schonend sie es vermochte, an Robert. Sie schämte sich, und das Mitleid mit dem von ihr Verlassenen quälte sie. Die Schwestern hatten längst entdeckt, wie sie Annas Geheimnissen auf die Spur kommen konnten. So fanden sie auch sehr bald den Abschiedsbrief Roberts.

Anna blieb ungerührt bei der schwesterlichen Empörung wegen des Verlustes des jungen Dachshundes, keineswegs aber wegen deren Vorwurf der Grausamkeit, den sie ihr ins Gesicht schleuderten. Sie war grausam. Wie sehr litt sie selbst darunter! Das ganze Leben schien ihr voller Konflikte und unausweichlichem Zwang zur Grausamkeit zu sein.

Ständchen

Anna wachte auf. Hatte sie geträumt? Sie hatte Gesang gehört. Eine Männerstimme. Sie richtete sich auf und lauschte. Blau funkelten die Sterne über den massig-dunklen Bergen. Der Mond war als silberne Sichel dazwischen gezeichnet. Kein Traum! Jemand sang: »Du Diandle tief drunt im Tal ...« Sie spähte hinaus zum offenen Fenster. Eine dunkle Gestalt stand an die hohe Gartenmauer gelehnt.

»Pst«, sagte Anna.

»Pst«, sagte er.

Jenseits der Gartenmauer öffnete in der gleichen Sekunde der hellhörige Herr Pfarrer den Laden vor seinem Fenster.

Rasch zog Anna sich an, schlich hinaus zum Stübchen und trat in die elterliche Schlafstube. Als sie diese auf leisen Sohlen durchquerte, hätte sie sich durch einen plötzlichen Lachkitzel beinahe verraten. Der Vater war offenbar viel zu lang für seine Bettlade, er streckte zwei Riesenfüße zehn Zentimeter über das untere Ende der Bettstelle hinaus, während sich auf dem oberen Rand vom Weiß des Kopfkissens der schwarze Backenbart abzeichnete.

Im Garten wurde an einer den spähenden Augen des Herrn Pfarrers verborgenen Stelle der erste Kuss zwischen den Liebenden getauscht. Was für ein Kuss! Anna war zutiefst erschrocken. Sie hatte bislang nicht gewusst, dass Küsse so lange dauern können.

Als sie wieder zu Atem kam und nach dem Woher und Wieso fragen konnte, flüsterte er, er habe mit seinem Freund in einem fünfstündigen Marsch die Entfernung zwischen der Universitätsstadt und Annas Heimat bezwungen. Auf seiner Bude hätten sie zuerst philosophiert, dann hätten sie Gedichte gelesen, und plötzlich habe er nicht mehr schweigen können und dem Kameraden seine Liebe zu Anna gebeichtet. »Warum marschieren wir nicht sofort zu ihr?«, habe der in begeistertem Pathos gerufen. So hätten sie sich kurzerhand ihre Pelerinen umgehängt und – hier seien sie.

Wo der Freund sei, wollte Anna wissen.

»Ich habe ihn auf der Kirchenstaffel drüben abgelegt«, sagte Albert übermütig, »wenn er schlau ist, schnarcht er inzwischen ein paar Runden.«

Anna lachte. Gleich aber fügte sie erschrocken hinzu: »Ich muss schleunigst wieder hinauf. Gnad mir Gott, wenn eine der Schwestern aufwacht! Sie sind dir ohnedies nicht grün.« Damit riss sie sich los und ließ den Verdutzten stehen.

Richtig! Gertrud saß aufgerichtet in ihrem Bett. Wie ein Inquisitor fragte sie: »Wo bist du gewesen?«

Drunten klirrte das Gartentörchen.

»Da ist jemand im Garten«, sagte Gertrud und richtete sich jäh wieder auf.

»Quatsch«, sagte Anna aus einem Spalt ihrer Decke hervor. Vom Kirchplatz herüber aber hallten gleich darauf die festen Wanderschritte zweier Männer. Das Fenster des Herrn Pfarrers schloss sich hörbar, missbilligend.

Heiratsplan

Albert hatte auf Annas damaligen, mit Vernunftgründen gespickten Absagebrief jugendlich-kühnen Mutes geschrieben, dass doch nichts in der Welt sie daran hindern könne, sich auch in der Zwischenzeit, also während der Jahre, da ihnen das Zusammenleben noch versagt bleiben müsse, lieb zu haben. Das schien logisch und ganz leicht zu sein, und zunächst fanden sie auch volles Genüge bei der Befolgung dieses Rezeptes. Nach einigen Jahren des Verlobtseins jedoch wuchs ihre Liebe – wie alle vollgültige Liebe – über Romantik, Schwärmerei, gegenseitige Begeisterung und die immer erneute Bestätigung des gleichen Denkens und Wertens hinaus. Küsse, Händehalten, gemeinsames Lesen und Diskutieren, Arm in Arm durch den Wald schlendern, das alles war noch immer Wonne. Mit der Zeit aber verlangte ihre Liebe heftigere Beweise. Nach vier Jahren des Verliebt-Verlobtseins beschlossen sie zu heiraten, obwohl Albert das Examen noch nicht abgelegt hatte. Das war im Spätsommer 1909. Albert hatte ja die vorgeschriebene Semesterzahl. Warum also sollte das Wagnis nicht gelingen? Wenn man alles genau überlegte, war es ja gar kein Wagnis. Warum sollte Albert nicht eine Stelle annehmen und sich nebenher auf das Examen vorbereiten? Sowieso würde das Leben zu zweit, wenn Anna kochte und Al-

Anna und Albert als Brautleute, 1909

bert nicht mehr im Gasthaus essen musste, kaum teurer sein als für ihn allein.

Ihnen beiden schien dies alles so klar und einfach, nicht aber vielen anderen. Das Kultusministerium des Landes verlangte, dass Albert sich im Lande anstellen lasse, statt die Stelle an einem schlesischen Pädagogium anzunehmen, die ihm angeboten worden war. Das aber schien finanziell ungünstig zu sein. Überdies entsprach es nicht dem Drang in die Ferne, der damals insbesondere Anna beseelte. Der stärkste Widerstand jedoch kam von dem Mann, der Albert das Geld zum Studium geliehen hatte. Wer wusste, ob er es unter solchen Umständen überhaupt zurückerhalten würde? Er ließ wissen, im Falle der Heirat wolle er sein Kapital sofort zurückhaben. Bis zum Hochzeitsmorgen wussten Albert und Anna noch nicht, ob das Fest überhaupt stattfinden könne, ob sich der Gläubiger mit einer Bürgschaft von Annas Onkel zufrieden geben würde. Eine düstere Wolke hing über diesen vorhochzeitlichen Tagen.

Die Hochzeit konnte stattfinden. Albert und Anna fuhren mit vollen Segeln in das wunderbare reiche Leben zu zweien. Reich dünkten sie sich nicht nur im Hinblick auf das erreichte Ziel, reich waren sie auch materiell gesehen. Hundert Mark Monatsgehalt bei freier Wohnung und Verpflegung! Auch Anna würde sich freie Verköstigung verdienen durch Dienstleistungen im Internat. Konnten sie da nicht den Studienschulden zu Leibe rücken? Jeden Monat die hundert Mark unangetastet erübrigen?

Verheiratet: Wanderjahre – Bukarest – Krieg

Das Pädagogium

Nun waren sie also verheiratet. Das Ereignis war auf einen goldenen Septembertag im Jahr 1909 gefallen. Der erreichte Gipfel bot wunderbare Aussicht auf zurückliegendes, gegenwärtiges und zukünftiges Erleben. Ihre Überzeugung, füreinander geschaffen zu sein, hatte jeder Probe der langen Wartezeit standgehalten. Unkereien, die etwa in den Worten zusammengefasst waren: »Um seine Studentenjahre flatterten ihre Mädchenhaare« oder: »Was aber sind Weiberschwüre?«, die bald in Anna, bald in Albert Misstrauen gegeneinander säen sollten, hatten ihren Zweck nicht erreicht. Anna kam es auch jetzt nie in den Sinn, dass irgendetwas schief gehen könnte. Ihre Lebenssicherheit und ihr Glaube an Albert waren ohne Grenzen. Er war in ihren Augen ein Wundermensch, für den es etwa Examensschwierigkeiten selbstverständlich nie geben würde. Sie konnte es daher nach der Verheiratung nicht verstehen, wenn er über den Mangel an Zeit klagte, um sich für das Staatsexamen vorzubereiten, wenn er sagte, dass er sich von dem Pädagogium ausgenützt fühle, weil ihm der Leiter der Anstalt zu der Vielzahl der Unterrichtsstunden noch Arbeitsaufsicht, Schlafsaalaufsicht, Aufsicht bei Hausarbeiten, Sportaufsicht und andere Aufsichten zudiktierte. Und sicher konnte Albert seinerseits nicht begreifen, wenn Anna seine diesbezüglichen Klagen mit der Frage beantwortete: »Aber du bist doch auch froh, dass wir verheiratet sind?« Oder wenn sie ihn nach einem langen Arbeitstag – kaum war er in die Stube getreten – zu sich auf das altmodische grünsamtene Sofa zog und als selbstverständlich voraussetzte, dass er nach nichts anderem verlangte, als den französischen Roman mit ihr weiterzulesen oder die am Vortag begonnene Schachpartie zu Ende zu spielen. Mit dem Mut der Verzweiflung suchte er ihr zu erklären, dass er binnen Jahresfrist ein Examen abzulegen habe und unbedingt nachts noch eine oder mehrere Stunden dafür arbeiten müsse. Über Annerles Gesicht huschte dann der Ausdruck grenzenloser Enttäuschung, ja des Zweifels an seiner Liebe. Wären sie doch besser unverheiratet geblieben! Jede Minute ihres Zusammenseins hatte damals ihr gehört. Es war nicht zu leugnen, dass Anna trotz ihrer Lebenskünstlerschaft hier zunächst versagte und Albert von einem Dilemma ins andere stürzte.

Der Besitzer der Lehranstalt, ein älterer Professor, und seine um zwanzig Jahre jüngere Frau waren Anna sehr freundlich entgegengekommen. Insbesondere war es die Frau Professor gewesen. Sie hatte wohl gehofft, in Anna trotz des Altersunterschieds – sie war Mitte vierzig, Anna Anfang zwanzig – eine Art Freundin oder Arbeitsgenossin zu finden oder auch nur einen Menschen, mit dem sie vielleicht gelegentlich ein Stündchen verplaudern könnte, jemanden, der von der Atmosphäre des Pädagogiums noch nicht durchtränkt war, denn ihr Leben an der Seite des aschgrauen, Geld raffenden Professors war mehr als glanzlos. Vielleicht gar hatte sie im Geheimen darauf spekuliert, Anna könnte in die Rolle der Frau Knaist hineinwachsen. Diese war das alte Faktotum des Internats. In der Kunst gieriger Geldzwackerei übertraf sie sogar den Professor beträchtlich. Unter der Fuchtel dieser Dame zitterte vom Zögling über die Hausangestellte bis zur Frau Professor jedermann im Haus. Dieser in Vollkommenheit gehüllten Person endlich den Laufpass geben zu können, würde das Leben im Pädagogium wesentlich freundlicher gestalten.

Aber so reif sich Anna als verheiratete Frau auch vorkam, für diese verschiedenen ihr zugedachten Rollen war sie entschieden zu unreif. Von den tausendfältigen Möglichkeiten der Menschen und ihrem Drang, gegeneinander zu intrigieren, und von den vielen Situationen, in denen es galt, »weise« zu sein, wusste sie gar nichts. In ihrer bisherigen Welt hatte sie gewusst, wie Schwieriges zu meistern war. In der neuen Umwelt aber haperte es hier und haperte es dort. Um die Vergünstigung ihrer freien Station zu rechtfertigen, hatte Anna kleine Pflichten in dem Internat übernommen. Abgesehen davon, dass sie das Klavierüben einer Anzahl Zöglinge überwachte, arbeitete sie mit der tüchtigen Frau Knaist zusammen. Sie half, den Tisch für die Mahlzeiten herzurichten und oben an jeden Teller das kleine Schälchen mit dem Nachtisch zu stellen. In der Regel waren dies vier gekochte Backpflaumen. Darüber hinaus sollte Anna bei der Ausgabe des Essens helfen. Es zeigte sich jedoch bald, dass Anna auch dafür nicht taugte. Wenn ihr beispielsweise die Backpflaumen sehr klein erschienen, schmuggelte sie zum Entsetzen des Faktotums Knaist eine fünfte dazu. Oder wenn einer der Zöglinge ihr zuzwinkerte, gab sie statt einen Schöpfer Suppe anderthalb auf seinen Teller. Annas Hilfe bedeutete für die arme Frau Knaist eine mehr als fragliche Unterstützung. Eine Backpflaume, ein halber Schöpfer Suppe mehr verursachten ihr Pein.

Eines Tages sagte Anna zu einer Hausangestellten, die Knödel, die es zum Mittagessen gegeben habe, seien ihr an den Zähnen hängen geblieben. An dem Knödelteig seien offenbar die Eier vorbeigesprungen. Welch ein Herrenfressen muss es für die

Hausangestellte gewesen sein, diese ungeheuerliche Bemerkung weiterzutragen und dafür zu sorgen, dass sie Frau Knaist zu Ohren kam. Albert musste zu einer äußerst peinlichen Aussprache in des Professors Amtszimmer kommen, sich dort belehren lassen, dass Frau Knaist unter Eid auszusagen bereit sei, dass sie sechzehn Eier herausgegeben habe für die fraglichen Knödel und dass Albert seiner Frau nahe legen möge, sich derartiger Verunglimpfungen zu enthalten.

Sechzehn Eier für fünfundsiebzig Personen! Anna wollte lachen. Aber als sie in Alberts hilfloses Gesicht blickte, da ...

Er sagte: »Sachlich hast du freilich recht. Aber ... «

Nein, er brauchte sich nicht abzumühen, die Worte zu suchen für das, was er seiner Frau nahe legen sollte. Anna hatte verstanden. Sie würde ihren vorlauten Mund in Zukunft hoffentlich zähmen können.

Gänseviertel in Hirschberg

Der Geruch des Internats, der Speisen, der Toiletten, der Frau Knaist, auch der Anblick mancher Gesichter machten Anna nach einigen Monaten sterbensübel. Sie konnte nichts mehr essen. Was sie hinunterwürgte, blieb nicht bei ihr. Magengeschwüre? Sie fuhren zum Arzt nach Hirschberg. »Schwanger«, stellte dieser lakonisch fest.

An einem Gasthaus hing die Speisekarte: Gänseviertel und Rotkraut. »Ich glaube, das könnte ich essen«, sagte Anna unvorsichtig. Lange entbehrte Esslust weitete ihre Augen und ließ sie das Wasser im Munde schlucken. Sie traten ein. Es war herrlich! Was tat es, dass Albert bei anschließendem Kassensturz feststellen musste, dass das Geld nicht mehr reichte, um Fahrkarten nach Hause zu kaufen, dass sie den Weg unter die Füße nehmen mussten. Sie marschierten vier Stunden durch die Nacht, sangen und waren guten Mutes wie seit langem nicht mehr. Was für eine Wunderkraft für Leib und Seele lag doch in einem Gänseviertel!

Erstes Weihnachten in der Ehe

Das erste Weihnachten in der Ehe und zwar im Riesengebirge in Schlesien. Albert und Anna schlenderten auf dem fest gefrorenen Schnee durch die Straße des Städtchens. Sie bogen links ab und gingen über die Boberbrücke. Es war ein Spazierweg, auf dem sie oft wandelten.

Anna war in poetischer Stimmung, auch Wehmut und Heimweh gehörten dazu. Albert sprach wie immer auf solchen gemeinsamen Gängen über ein philosophisches Problem, das ihn gerade beschäftigte. Jetzt war es die Frage »Determinismus« oder nicht. Anna war sonst eine aufmerksame Zuhörerin und Schülerin. Heute aber war sie nicht bei der Sache. Immer wieder versuchte sie auszubrechen. »Es ist so feierlich still«, sagte sie.

»Ja«, sagte Albert zerstreut und kehrte zurück zu der Frage, ob alles vorausbestimmt sei im menschlichen Dasein oder inwieweit der Mensch von Freiheit des Handelns sprechen könne.

Anna sagte: »Schnee ist doch etwas Wunderbares!«

»Ja«, gab Albert zu, aber ohne zu wissen, wozu er ja gesagt hatte. Was den Menschen zu tun und zu lassen freigestellt war, das bewegte ihn im Augenblick ungleich mehr, als ob Schnee wunderbar oder scheußlich sei.

»Horch, es läutet!«, begann Anna wieder einzubrechen in das philosophische Problem. »Die Leute gehen zur Kirche. Sieh doch! Die vielen kleinen Laternen. Wie ein Bild aus einem Märchen! Die Kinder haben Kerzen in der Hand.«

»Wenn man diese Frage bis zum Letzten durchdenkt ...«, fuhr Albert unbeirrt fort.

Anna blieb entschlossen stehen. »Ich möchte einen Lichtergottesdienst erleben«, sagte sie mutig. »Komm!«

Albert hielt es für ein kindliches Ansinnen. »Was hast du davon? Des Pfarrers Reden kennt man auswendig. Voller Widersprüche alles!«

Freilich, was würde Anna davon haben? Sie jagte wohl wieder einer Illusion nach. Vielleicht hatte Albert Recht. Albert hatte ja meistens Recht. Die »ratio« regierte sein Leben bis auf einen Punkt, seine Liebe zu Anna. Wenn sie ihn mit diesem Widerspruch neckte, so antwortete er ernsthaft oder mit Leidenschaft, dass eben gerade dies das Allervernünftigste und die beste Philosophie gewesen sei in seinem Leben, jeden Widerstand zu überwinden und eine Vereinigung mit ihr durchzusetzen.

Anna trottete weiter neben ihm den dunklen, gefrorenen Boberfluss entlang. Aber sie hörte nur noch mit einem Viertelsohr auf seine von haarscharfer Logik durchleuchteten philosophischen Überlegungen. Sie lauschte den verhallenden Kirchenglocken, dem Knistern des Schnees von den eilenden Schritten drüben auf der Straße. Ein Gefühl grenzenloser Einsamkeit überfiel sie. Mit einem Mal verstand sie das Gedicht Mörikes:

Kann auch ein Mensch des andern auf der Erde
ganz, wie er möchte, sein?
– In langer Nacht bedacht ich mir's und musste sagen: nein.

Anna erschrak. Welch kurze Zeitspanne lag zwischen heute und dem Tag, da sie in siegessicherer Selbstgewissheit Mörike lächelnd unrecht gegeben hatte. Worüber er da in der ersten Strophe des Gedichtes klagte, mochte für alle anderen Menschen gelten, niemals aber für sie und Albert und ihr grenzenloses Sich-Verstehen.

Isolde wird geboren

Im August 1910 reiste Anna zur Entbindung nach Hause. Sie hatte das Gefühl, nirgendwo in besserer Obhut zu sein als bei der Mutter, die selbst sechs Kinder geboren hatte. Trotz der liebevollen mütterlichen Fürsorge ging nicht alles gut. Anna erholte sich schwer. Aber sie überlebte und erlebte in der Folge die erstaunlichste Wandlung ihres wortkargen und gefühlsverschlossenen Vaters. Stundenlang konnte der große bärtige Mann das kleine Wesen durch die Stube tragen, gegen den winzigen Popo tätscheln, weil es dem Kindlein gut tue und seine Verdauung fördere, sagte er. Er konnte sich mit ihm vor die Wanduhr stellen, um ihm das hin- und herschwingende Pendel zu zeigen, oder sich mit ihm ans Klavier setzen und mit einer Hand die lustigsten Schelmenliedchen spielen und dazu singen. Dieser verschlossene Mann wurde durch seine »Beförderung« zum Großvater ein völlig anderer Mensch. Er erzählte Erstaunliches von der Reaktionsfähigkeit des Säuglings. Wenn man ihm glauben durfte, so war das Kind ein Wunder an Intelligenz und Musikalität. Ein wenig davon war vielleicht zu glauben, denn die kleine Isolde verzog sehr bald das Mündchen zum Lachen, wenn der Großvater sang: »Ei, so komm doch, komm doch in mein Kämmerlein herein« oder: »Sie hat ein Hütlein auf, eine wunderschöne Feder drauf« und was derlei Scherzlieder mehr waren. Aber als die Großmutter väterlicherseits das Lied »Alles neu macht der Mai« sang, fing sie zum Ärger der Ahne an zu weinen.

Der junge Vater kam, um Frau und Tochter nach Schlesien heimzuholen. Wenn er ehrlich war, musste er zugeben, dass dies nur ein Nebengrund für die weite und teure Reise war. Für Vaterstolz und Vatergefühle war zunächst nicht viel Raum in seinem Geist: Er musste ins Examen steigen.

Wie sie dann als richtige Familie nach Schlesien zurückreisten, schätzte Albert, dass er das Examen mindestens bestanden haben müsse. Spekulationen über das Wie lehnte er ab.

Bewerbung um Treptow an der Rega

Albert hatte sein Examen mit »vorzüglich« bestanden. Das Kultusministerium seines Landes, des Königreichs Württemberg, sann jedoch immer noch auf Bestrafung. Warum hatte dieser Querkopf die vorjährige ministerielle Aufforderung ignoriert, sich als Hilfslehrer im Schwabenländle anstellen zu lassen, statt ins schlesische Ausland zu gehen? Solchen sich ungut unabhängig gebärdenden jungen Leuten musste demonstriert werden, wer er war. Das Examenszeugnis trug daher den Vermerk: »Dieses Dokument berechtigt nicht zur Anstellung im Königlich Württembergischen Höheren Schuldienst.«

Was tun? An dem schlesischen Pädagogium bleiben? Um einen Hungerlohn arbeiten? Nie Zeit haben zum Privatstudium? Immer beim Fleischer anschreiben lassen müssen? Ein Leben lang in unterwürfiger Abhängigkeit vom Arbeitgeber leben? Immer Klavierunterricht geben, wo die Schüler die Lehrerin Anna zu überflügeln drohten?

Nein, das wollte Albert nicht, und Anna wollte es mindestens ebenso wenig. Albert bewarb sich darum um eine Stelle an einer städtischen Schule im hohen Norden Deutschlands. Den Bewerbungspapieren war ein Foto beizufügen. Außer einem sehr guten Bild, das ihn mit Anna in der Glorie jugendlicher Liebe zeigte, war keines vorhanden. Ebenso wenig vorhanden war Geld, um zu einem guten Fotografen zu gehen.

Anna hatte keine Bedenken, das liebliche, so viel gegenseitige Freude aneinander verratende Doppelbildnis der Bewerbung beizulegen. Albert dachte anders. Wenn das Bild für die hochamtlichen Herren, die mit der Stellenvergabe zu tun hatten, ein Grund wäre, ihn abzulehnen? Es sage doch viel zu viel aus über sie beide.

Ein Bild, das nichts aussage, sei kein Bild, meinte Anna dagegen. Außerdem sage es doch höchstens Gutes über sie aus.

So packte Albert seine Bewerbungspapiere und legte kurzerhand das Foto bei, das überstrahlt war vom Glanz sieghafter Jugend, ein Dokument gegenseitigen seelischen Geborgenseins und grenzenlosen Vertrauens.

Albert erhielt die Stelle. Und wieder fühlten die beiden jungen Menschen, als ob nichts in der Welt ihnen etwas anhaben könnte. Hatten sie doch alles erreicht, was im Menschenleben als Glück angesprochen wird: eine sichere und auskömmliche Pfründe, ein gemütliches Daheim, wenn auch mit schrägen Wänden, ein gesundes Kind, im Städtchen zog man den Hut vor ihnen. Ihre soziale Stellung gab ihnen ihrerseits das Recht, etwa den Oberbürgermeister und die anderen Honoratioren des Städtchens durch Hutabnahme und Verbeugung zu grüßen, so, wie sich Gleichgestellte damals eben grüßten. Das war der äußere Rahmen. Darüber hinaus aber lebten in ihrem Geiste große Ideen, die sie zu schöpferischem Tun drängten.

Spätzle und Mettwürste

Überall auf der Welt verbindet man mit anderen Ländern bestimmte Vorstellungen. So wussten die Kollegen Alberts in Treptow an der Rega, dass man in dessen Ländle fern im Süden mindestens einmal am Tage Spätzle esse. Auf dieses Nationalgericht waren sie sehr neugierig. Anna lud zu Sauerbraten und Spätzle ein und musste erleben, dass die Anerkennung für den Sauerbraten höchstens mit »höflich« bezeichnet werden konnte und dass sie sämtlichen Gästen die Erlaubnis geben musste, die eiergelben Spätzle auf dem Teller liegen zu lassen. Es sei sehr »interessant« gewesen, sagte man der Hausfrau beim Abschied. Aber Kassler Rippenspeer und Salzkartoffeln zöge man der Kochkunst des Südens doch vor.

Ob es nun anlässlich einer Einladung zum Herrn Schuldirektor, zum Pfarrer, zu Kollegen oder zum Herrn Bürgermeister war, die Speisung bestand in der Regel aus solide gesalzenem Kassler Rippenspeer und einigen beigegebenen Variationen.

Bei solchen Abendgesellschaften trennten sich nach Tisch die Männlein fein säuberlich von den Weiblein. Während die Männer vielleicht über das damals noch geltende und Anna zutiefst empörende Dreiklassenwahlrecht in Preußen sprechen mochten, ging es bei den Gesprächen der Damen im Wesentlichen um Eigenarten oder um originelle Aussprüche von Kindern und Enkeln, um den Austausch von Koch- und Strickrezepten und natürlich und vor allem um die ungemein wichtige Frage der Zubereitung der Fleisch- oder Mettwurst.

Traditionsgemäß bereiteten nämlich alle Frauen der Hautevolee dieser Stadt einmal im Jahr bei einem Metzger diese pommersche Nationalwurst. Je nach Größe der Familie, des Appetits auf Fleischliches und des Geldbeutels ergab dies fünfzig bis hundert Würste in verschiedenen Längenmaßen. Auch Anna fügte sich dieser Tradition. Sie wollte sich keinesfalls nachsagen lassen, dass sie eine nicht vorsorgende Hausfrau sei, eine, die nicht zu sparen verstehe, die aus Bequemlichkeit oder gar aus süddeutscher Überheblichkeit den Vorteil, fünfzig armlange Würste auf einmal herstellen zu können, nicht wahrnahm.

Nach dieser Wurst-Zeremonie besuchte man sich reihum, kostete sachverständig die Erzeugnisse und wusste immer etwas ganz Besonderes daran zu rühmen. Anna war überzeugt, dass sie alle ziemlich gleich schmeckten, die Tausende von Würsten waren ja alle bei demselben Fleischer zubereitet worden. Die jeweils Wurst machende Hausfrau des Städtchens erschien an diesem historischen Tag bei dem Hautevolee-Metzger in einer großen weißen Schürze. Sie benahm sich höchst amtlich und wurst-sachverständig und harrte aus, bis alle ihre Würste sicher im Rauchfang hingen und von dort ihren betörend appetitanreizenden Duft aussandten.

Anna hatte sich durch ihren vorlauten Mund schon manche bittere Suppe eingebrockt, und Albert hatte sie, um sie rasch aus der Welt zu schaffen, immer tapfer mit ausgelöffelt. Zwischen solchem Suppen-Schlucken hatte er ihr erklärt, dass es im menschlichen Zusammenleben mannigfache Tabus gebe. Dank ihrer wachsenden Fähigkeit, Situationen rasch zu durchschauen, hatte sie in der Mettwurstkomödie der pommerschen Damen ein solches Tabu gewittert.

Und sooft es sie juckte, sich über diese »Wursterei« oder »Hanswursterei« lustig zu machen, biss sie sich auf die Zunge, kostete rundum ernsthaft weiter die Würste der guten Gesellschaft des Städtchens und gab ihr sachverständiges Urteil darüber ab. In ihrem langsamen schwäbischen Akzent klang dies offenbar besonders ehrlich. Sie war beträchtlich stolz auf ihren Erfolg in der schweren Kunst der Selbstbeherrschung, und Albert zollte ihr nach einem wohltuenden Gelächter über ihre Schilderung der Wurst-Zeremonie uneingeschränkte Anerkennung.

Nach Bukarest

Das Kultusministerium des Königreichs Württemberg schmollte noch immer. Eine Bewerbung Alberts um eine Stelle im schwäbischen Beutelsbach kam mit einem ablehnenden Vermerk zurück. Albert bewarb sich darum im Herbst 1912 um die Stelle eines Mathematik-Professors an den deutschen Schulanstalten in Bukarest. Eines Morgens lag ein Telegramm von dort im Briefkasten mit der Mitteilung, dass die Wahl auf ihn gefallen sei. Auf also mit Sack und Pack nach Rumänien!

Isolde war schon zwei Jahre alt. Sie schlief auf der weiten Reise in einer aufgespannten Hängematte. In Krakau mussten sie umsteigen. Wie fremd die Welt hier schon aussah! Albert eilte in die Bahnhofswirtschaft, um Milch für das Kind zu bekommen. Nie zuvor hatte Anna Männer gesehen wie hier im Wartesaal: mit langen Bärten, Korkenzieherlocken an den Schläfen und angetan mit mattglänzenden schwarzen Kaftanen. In unbezähmbarer Neugier fragte sie einen der Herren, woher sie kämen und wer sie seien. Als Antwort kam die nicht minder verwunderte Gegenfrage: »Sein Sie nix kein jiddisch Kind?«

Ein Kollege Alberts empfing sie in Bukarest und brachte sie ins Hotel in der Calea Victorei, der elegantesten Straße Bukarests. Der Nachtdienst in diesem Hotel funktionierte ausgezeichnet. Von Zeit zu Zeit klopfte es oder die nicht verschließbare Türe wurde einen Spalt geöffnet: Eine Dame, wenig bekleidet, begehrte Einlass. In einer Sprache, die Albert nicht verstand, begleitet von in die Luft praktizierten Küssen, wandte sie sich an ihn. Sie bequemte sich erst zum Rückzug, als auch Anna ihrem Bett entstieg und dem ratlosen Eheliebsten an der Türe zu Hilfe eilte und der Dame bedeutete, zu verschwinden.

Aus Gründen gebotener Sparsamkeit, aber auch um einer ungestörten Nachtruhe willen jagte Anna bald nach ihrer Ankunft in Bukarest nach einer camera mobilata, einem möblierten Zimmer, um in diesem die Ankunft der Möbel aus Deutschland abzuwarten und von dort aus nach einer Wohnung zu fahnden, in der man diese Möbel würde aufstellen können. Sie fand eine solche camera in der Strada Bercej, in die die Familie noch an demselben Tag umsiedelte. Aber fragt nicht nach der Nachtruhe. Es war offensichtlich, dass sie alle drei von einer fürchterlich juckenden Nesselsucht befallen waren. Die kleine Tochter wimmerte und warf sich in ihrem Bett hin und her.

Als sie sich am Morgen gegenseitig betrachteten, waren nicht nur ihre Körper verschwollen, auch ihre Gesichter waren bis zur Unkenntlichkeit entstellt. Einen Arzt kommen lassen? Wie entmutigend, gleich am Anfang in einem fremden Land krank zu sein! Und gleich zu dritt!

Anna mit Isolde in Bukarest, 1913

Da kam der Kollege, um Albert den Weg zur Schule zu zeigen und ihm den einen und anderen nützlichen Rat für das Leben auf dem Balkan zu geben, zum Beispiel, wie die Droschkenkutscher und die vielen fliegenden Händler zu behandeln seien, das heißt, dass man, ohne sich eine Virtuosität im Handeln anzueignen, hier nicht durchkomme.

Was aber tat der grässliche Mensch, als er die verschwollene Familie sah und ihren Krankheitsbericht hörte? Er lachte schallend. Warum man nicht im Hotel geblieben sei? Er habe dieses nach ganz bestimmten Gesichtspunkten ausgewählt. Die Antwort, den nächtlichen Besuch betreffend, amüsierte ihn noch mehr. »Balkan«, sagte er.

»Einen Arzt!«, rief Anna und deutete auf die deformierten Gesichter. »Wegen Wanzen konsultiert man hierzulande keinen Doktor«, entgegnete er lachend. An diese nächtlichen Gäste werden sich die Neuankömmlinge gewöhnen, meinte er. Man könne diesen flachen Stinktierchen ihre Reise ins Bett ja ein bisschen erschweren. Die Betten seien von der Wand abzurücken und ihre vier Pfosten in mit Wasser gefüllte Schüsseln zu stellen. Da aber rumänische Wanzen höchst intelligente Wesen seien, ließen sie sich in diesem Fall von der Decke herab ins Bett fallen. Darum sei eine Art Regenschirm aufzuspannen oder ein mit besonderem Stoff getränktes Zelt über das Bett zu ziehen.

Das poetische Häuschen in der Strada Virgiliu

Die Wohnungssuche war erfolgreich. Anna fand ein bezauberndes kleines Haus zu erschwinglichem Mietpreis in der Strada Virgiliu. Es war abseits vom Zentrum und doch nahe der Stadtmitte. Sogar die Pferdebahn, das damalige Beförderungsmittel, bimmelte durch diese Straße. Anna war selig über ihre Entdeckung. Hier würde die richtige Atmosphäre sein, das Neue, das Fremde, das auf sie einstürmte, aufzuschreiben. Das Häuschen war von herbstlich buntem Wein üppig umrankt. Sein Mauerwerk war kaum sichtbar. An der einen Hälfte der Längsseite war ein »pridvor«, eine Art Holzterrasse, ein schmaler überdachter Gang, auf dem Isolde gleich selig auf und ab hüpfte.

Albert willigte ein, das Haus zu mieten. Der Besitzer versprach, die nasse, abbröckelnde Mauer im Schlafzimmer bis zur

Fensterhöhe ausbrechen und ersetzen zu lassen, ehe die Möbel aus Deutschland angekommen sein würden.

Die Mauer war auch ausgebrochen, als Anna nach wenigen Tagen wiederkam, um mit dem zukünftigen Daheim zu liebäugeln. Isolde schlüpfte durch das Riesenloch hinein und stieg durch das Fenster wieder heraus. Das Kind war eitel Jubel. Weniger in Jubilate-Stimmung war Anna. Die Ankunft der Möbel war gemeldet. Wo sollten sie mit dem Zeug hin, wenn das Haus hier noch keine Mauer hatte? Sie versuchte, dies dem »proprietar«, dem Besitzer, der weiter hinten im Hof in einem hübschen Haus wohnte, klarzumachen. Aber es war ihr nicht gegeben, ihn zu verstehen. Er antwortete zwar und ließ seine Stimme dabei durch mehrere Oktaven sausen, sparte auch nicht mit erklärenden Gesten und zog beim Reden die Schultern hoch bis an die Ohren. Vermutlich erklärte er, dass er das seine tun werde, um das Mauerwerk geflickt zu bekommen. Aber der Handwerker? Das Material?

Natürlich war die Mauer nicht eingesetzt, als die Möbel zugefahren wurden. Und Möbel aus Deutschland mit ihren gewaltigen Ausmaßen in ein rumänisches Miniaturhäuschen! Anna hatte diesen Widerspruch nicht bedacht, und Alberts Gesicht zuckte, ein Reflex, der außerhalb seines Willens lag, der aber immer dann eintrat, wenn eine ausweglose, irreparable Situation geschaffen zu sein schien, oder auch schon, wenn er im Gespräch mit jemandem dessen Ansicht zwar ohne Widerspruch tolerierte, sein Gesichtszucken aber das Gegenteil verriet. Das konnte dann recht peinlich werden.

In diesem Fall jedoch ging das Zucken nur Anna an und die von ihr tatsächlich geschaffene ausweglose Situation. Da standen die Möbel im Freien vor einem Haus mit kleinen Türen, viel zu schmalen Innenräumen und einer dem halben Haus entlang ausgebrochenen Mauer.

Die Möbel wurden durch recht bescheiden geschulte Handwerker zerlegt, da und dort wurde einiges abgesägt, und wo die Teile nicht durch die Türen gezwängt werden konnten, wurden sie durch die Fenster dirigiert. Schließlich war das Notwendigste unter Dach, anderes kam in den hinter dem Häuschen angehängten primitiven Schuppen.

In das so genannte Esszimmer musste man durch das vom Gang aus lichtspendende Fenster klettern. Die Türe hatte zugestellt werden müssen. Da die Fensterbrüstung aber niedrig war, bedeutete dies selbst für gelegentliche Gäste Spaß. In ein Bett der Schlafstube konnte man nur gelangen, wenn man einen Salto über das Kinderbett machte. Das Bett mit dem Salto war Alberts Lager. Zwar zuckte sein Gesicht einige Male, als er feststellte, dass er würde versuchen müssen, auf der verkehrten, das heißt auf der rechten Seite von Anna den Schlaf zu finden. Aber er war – im Gegensatz zu Anna – ein ausgezeichneter Turner, folglich musste ihm das Bett mit dem Salto zugesprochen werden. Das Töchterchen würde nichts zu fürchten haben, der Vater würde sich mit Eleganz über ihr Kinderbett hinwegschwingen und würde wohlbehalten auf seinem Lager landen.

Aber da war noch die ausgebrochene Mauer. Doch wozu hatte man die Klavierkiste und die große Geschirrkiste? Diese konnten wohl als provisorische Wand gegen die Öffnung gelehnt werden. Jeden Morgen – Albert und Anna lagen noch – schob sich in der Folge ein schwarzer Kopf durch diese Mauer und sprach in Vehemenz und gewaltiger Tonweite und unter theatralischem Mienenspiel auf die Langschläfer ein. Es war der Maurer, der die Wand bauen sollte. Albert und Anna verstanden in seinem Redefluss nur das eine, aber sehr häufig und betont wiederkehrende Wort »bacşiş«, ein Wort, das man auf dem Balkan zuallererst lernte. Wenn er bacşiş bekäme, würde er Zement holen, wenn er bacşiş bekäme, wären vielleicht auch Steine aufzutreiben. So machte Albert seinen Salto hinaus aus dem Bett, kramte nach dem Geldbeutel und gab den geforderten bacşiş, worauf der jäh bis zu Tränen gerührte dunkelhäutige Gast mit vielen »multumesce domnule« und »sărút mână, cocóană« (Küss die Hand, gnädige Frau) blitzschnell verschwand, bis am nächsten Morgen das Spiel wieder begann. Immerhin war das Mauerstück tatsächlich eingefügt, ehe die strenge Kälte einsetzte.

Im Cişmigiu

An den unwahrscheinlich schönen Sommerabenden, deren es in diesem südöstlichen Teil Europas ungezählte gibt, schlenderten Anna und Albert oft durch den Cismigiu, einen Park im Herzen Bukarests mit einem See und Schwänen darin, mit Bänken an lauschigen Plätzchen, mit Verkaufsbuden aller Art und mit – einem Roulettespiel.

Welch ein Zauber, sich in die Wogen der geputzten und nicht geputzten Menschen zu mischen, gleichsam mitgetragen zu werden und sich eins zu fühlen mit dem heiter pulsierenden Leben der in süßem Nichtstun wegauf, wegab Flanierenden und doch das Bewusstsein zu genießen, unverlierbar ein Wesen für sich selbst zu sein, ohne verpflichtende Intimität den Tausenden anderer Spazierenden gegenüber. Man sah sich, lächelte sich an, ging vorüber. Das Roulette übte eine magische Anziehungskraft auf Anna aus. Immer wieder blieb sie davor stehen, immer zog Albert sie weiter. Aber eines Abends zog er vergeblich an ihrem Rock: Anna war entschlossen, ihr Glück zu versuchen.

Sie gewann. Sie gewann noch einmal. Jetzt sollten sie weggehen, sagte Albert. Anna spielte weiter. Sie verlor. Sie verlor ein zweites Mal und noch einmal und in der Hoffnung, das Verlorene zurückholen zu können, verlor sie so lange, bis ihre eigene und Alberts Börse leer waren.

Sie konnte das alles nicht begreifen. Ganz abgesehen von dem Verlust des Geldes bekam ihre kindliche Gläubigkeit an das Wunderbare, das Märchenhafte einen empfindlichen Stoß. Vielleicht, wenn sie noch ein einziges Mal, nur noch ein einziges Mal hätte spielen können! Da aber beider Taschen leer waren, war dies eine müßige Spekulation.

Albert tröstete nach vorausgegangenem Gesichtszucken, wie er immer tröstete, wenn etwas schief gegangen war. Das sei nur halb so schlimm, philosophierte er. Wenn wir nur unsere Lektion daraus lernen. Er sagte »wir«. Machte Anna einen Fehler, schloss er immer sich mit ein, bei einem Erfolg wollte er von der Teilung der Ehre nichts wissen. So war er.

Demütig, erfüllt von heilsamer Scham und guten Vorsätzen wanderte die Spielerin anderntags mit Alberts und ihrer Uhr und noch ein paar kleinen Schmuckstücken zum Pfandleihhaus. Schließlich mussten sie doch die Woche bis zur neuen Gehaltszahlung überbrücken. Als brenne Feuer in ihren Sohlen, eilte Anna am nächsten Ersten mit dem zur Auslösung der Pfänder notwendigen Geld denselben Weg. Als sie wieder auf der Straße stand, die bescheidenen, aber so vertrauten Wertgegenstände in der Hand, atmete sie tief auf. Wie oft hatte sie sich früher geschworen, dass es in ihrem Hauswesen einmal eine scharfe Einteilung geben werde, dass sie sich zum Leitsatz machen wolle, lieber einen Groschen weniger als einen zu viel auszugeben. Und nun hatte sie selbst ... ! Welche Schande! Albert hatte Recht: Wenn sie nur ihre Lektion daraus lernte! Und sie lernte sie. Gründlich.

Auf an die Adria!

Zu Beginn der langen Sommerferien 1913 sahen sich Albert und Anna im Besitz von so viel Geld wie nie zuvor in ihrem Leben. Zwei Monatsgehälter waren vorausgezahlt worden. Albert hatte durch gut bezahlte Privatstunden noch Erkleckliches hinzuerworben, und Anna hatte, wenn auch nicht weise, so doch klug und sparsam gewirtschaftet.

Was tun mit dem vielen Geld? Studienschulden abzahlen? Während der heißen Sommerwochen in Bukarest bleiben? Zwischendurch vielleicht ein paar Ausflüge in die nähere Umgebung machen oder auch ein paar Tage in die Karpaten fahren, wo man, wenn man Glück – oder Pech – hatte, einem Bären begegnen konnte? Albert sagte nein. Schulden abzahlen könne man noch lange, aber über den Karst etwa an die Adria reisen und dort im blauen Meer schwimmen, das könne man später von Deutschland aus nicht mehr unternehmen.

Anna war schwach. Sie sagte ja. Sie war eigentlich gern schwach, obwohl sie die Schulden moralisch und der dafür aufzubringende Zins finanziell drückten.

In einem kleinen Badeort mieteten sie ein Zimmer mit Küchenbenützung. Im Großen und Ganzen lebten sie billig. Fünf Wochen wollten sie bleiben und den Rest der Ferien in Bukarest verbringen.

Alles war gewissenhaft kalkuliert, und alles wäre auch gut gegangen, wenn in Bukarest nicht die – Cholera ausgebrochen wäre. Die Einreise nach Rumänien war aus diesem Grunde gesperrt worden, die Familie musste an der Adria bleiben. Es war in dieser Lage nicht mehr zu umgehen, dass Anna an ihre Mutter schreiben und um Geld bitten musste. Was für eine Schande!

Albert empfand dies zwar nicht so, denn was konnten sie in Kraljevica dafür, dass in Bukarest die Cholera wütete? Im Gegenteil, es zeige sich jetzt, wie klug es von ihnen gewesen sei, die Ferien nicht in Bukarest verbracht zu haben. Wer weiß, was ihnen dort widerfahren wäre! Im Übrigen sei das Leben immer noch lange genug, um Schulden abzuzahlen.

Beinahe hätte es ein ernsthaftes Zerwürfnis gegeben, denn Anna sagte, offenbar müsse man im Leben mit unvorhersehbaren Ereignissen rechnen und sich dafür Reserven schaffen. Das Leben sei nun mal keine Mathematikaufgabe, wo alles geordnet aufgehe.

Zum Verdruss Alberts konnte sie sich nicht mehr an der Traubenfülle und am blauen Meer freuen, und mit der Kugel Ziegenkäse – der Hauptnahrung der Familie – hätte sie am liebsten ein Fenster eingeworfen, um ihre Erregung über die unglückliche Situation abzureagieren.

Endlich ging die Grenze auf. Was aber geschah auf der Station Ploesti? Sämtliche Reisende mussten den Zug verlassen und samt ihrem Gepäck zur Desinfektion gehen.

Albert und Anna sprachen nun genügend rumänisch, sie hatten sich auch die landesüblichen Gesten und die ungeheure Tonskala angewöhnt, um sich mit den Bahnbeamten in einen Streit über das Unlogische dieser Anordnung einlassen zu können. Es habe doch keinen Sinn, es sei gegen alle Logik, durch heiße Dämpfe den Leuten ihr Hab und Gut zu ruinieren, die aus einem nichtverseuchten Gebiet in eine verseuchte Stadt zu reisen beabsichtigten. Die Beamten verstünden die Anordnung völlig falsch, versuchte Albert zu erklären. Logischerweise müssten sie nur das Gepäck derjenigen entseuchen, die von der Cholerastadt ausreisen und die Seuche verschleppen könnten. Nichts regte den an sich so friedfertigen Albert mehr auf, als wenn er irgendwo auf Unlogik stieß. Der Tolerante aus Prinzip wurde intolerant, sein Mienenspiel begann zu zucken. Er versuchte aufgebracht, sich mit den Beamten auseinanderzusetzen.

Indessen half aber keines seiner großartig logischen Argumente. Der Ruf »Wenn Sie mit dem Zug weiterwollen, dann façe façe!«, machte ihnen Beine. Koffer und Taschen wurden herausgezerrt, und als sie, vom Dampf selbst pudelnass, Wiedersehen feierten mit ihren Sachen, waren diese in der Eile nicht mehr hineinzuquetschen in die Behälter, obwohl alles Lederzeug, insbesondere Alberts neue Hausschuhe aus Juchtenleder, der Stolz der Familie, zusammengeschrumpft war wie gedörrte Pflaumen. Der Koffer platzte auf dem Bahnsteig, die intimsten Dinge lagen ausgestreut. Albert und Anna sammelten sie ein, Isoldchen half, herumlungernde Burschen halfen auch, der Zugführer pfiff.

Als sie, wenigstens mit dem größten Teil ihrer Habe, außer Atem wieder im Abteil ankamen, lächelte ihr Gegenüber sie freundlich an. Er war trocken, sein Gepäck lag unberührt im Netz.

Albert ereiferte sich noch immer gegen das Unlogische im Allgemeinen und im Besonderen. Da sagte der Herr schlicht und freundlich: »Warum aben logisch geben nich fünf Lei? Ich abe. Is sein viel billiger als ruinieren alles. Logisch, is doch, nich?«

Ein Brief vom Königlich Württembergischen Kultusministerium

Bald nach ihrer Heimkehr von der blauen Adria kam völlig unerwartet ein Schreiben vom Königlich Württembergischen Kultusministerium. Nach seiner nunmehrigen »Bewährung« im ausländischen deutschen Schuldienst seien die Vorbehalte gegen seine Anstellung im Württembergischen Höheren Schuldienst fallen gelassen worden. Einer Bewerbung des ... stehe nun nichts mehr im Wege.

Sie blickten einander an und lachten. Albert sagte: »Vorläufig ist mir's noch sehr wohl hier!«

Anna pflichtete ihm bei. Konnten sie es irgendwo auf Erden schöner haben als in dem sonnigen Bukarest, wo die Kollegen nett waren zueinander, wo man enger zusammenrückte, als dies in der Heimat unter Kollegenfamilien und anderen Bekannten üblich war? Wo man mit den seltsamsten, etwas ungewöhnlichen, aber immer interessanten Menschen in nahe Berührung kam und in dem »blauen Zimmer« Annas offen und streitbar über tausend Dinge diskutierte, vornehmlich über Fragen des literarischen Geschmacks, über Eigenarten der Rumänen, über das Verhalten Deutscher hierzulande, wo man über den einen oder andern gutmütig ein wenig klatschte, wo man musizierte und mit Inbrunst auch vertraute Volkslieder sang! Über alles und jedes sprach man in diesem blauen Zimmer, nur nicht über Politik. Politik existierte damals nicht für sie. So blau wie Annas Augen war der Himmel! Nirgendwo ein Wölkchen zu entdecken. Das Leben erschien ihnen unerhört bunt und frei innerhalb des Völkergemisches, das in der rumänischen Zentrale zusammengewirbelt lebte, gut, ja glücklich lebte. Und was zu allem gar nicht unwesentlich war: man hatte Geld in Händen. Oder wenn man es nicht allzu lange in Händen hatte, so war es doch wunderschön, es auszugeben und dafür köstliche Erlebnisse eintauschen zu können. Nein, es hatte noch lange Zeit, diesem Lockruf aus der Heimat zu folgen.

Noch ein Brief

Anna deckte den Tisch. Unter den Teller Alberts schob sie einen Brief. Nun wartete sie mit Herzklopfen darauf, dass er komme. Als er sich an seinen Platz gesetzt und die Serviette entfaltet hatte, fragte Isoldchen: »Merkst du eigentlich nichts, Papa?«, und schob seinen Teller beiseite.

Er nahm das Schreiben. Es bestand aus einem Brief und einem angehefteten Scheck. Dieser kam von einer großen Berliner Zeitung und war an Anna gerichtet. Anna hatte versucht, eine heitere Donaufahrt von Giurgiu aufwärts nach Semlin zu beschreiben und hatte das handgeschriebene Manuskript eingesandt. Nun hatte sie mit der Nachricht der Veröffentlichung die Aufforderung erhalten, gelegentlich doch weitere Plaudereien aus Rumänien zu schicken.

Ihr erster Erfolg als Schriftstellerin. Was für ein Tag! Der im Grunde seines Wesens so ernste Albert fasste sie um die Taille, wirbelte mit ihr durch die Stube und rief: »Ich sag's doch immer! Ich sag's doch immer!« Isolde lachte ihr kindlich speckiges Lachen so lange, bis ihr dicke Tränen über die Backen kugelten.

Umzug

Poesie ist schön, solange man sich in der Realität nicht an ihr stößt. Aber in dem poetischen Häuschen in der Strada Virgiliu stieß man jede Minute irgendwo an. Zudem litt Albert oft an Hexenschuss, wohl eine Folge der neuen, noch nassen Schlafzimmermauer. Daher konnte er häufig den Salto über das Kinderbett nicht machen, was das Zubettgehen äußerst erschwerte.

Sie hörten von einer frei werdenden Wohnung drüben über der Dumbowitza, dem kleinen Bächlein, das durch Bukarest rinnt. Es war zwar kein Häuslein, es war eine unpoetische Etagenwohnung. Sie war nicht elegant, aber sie war geräumig. Das Haus gehörte einer deutschen Handwerkerfamilie, die seit zwanzig Jahren in Bukarest wohnte. Kurz entschlossen mieteten sie, sagten der Poesie Valet, zogen um und nahmen Pauline in ihre Dienste, eine junge dralle Ungarin aus Siebenbürgen. Dadurch waren sie gezwungen, rumänisch zu sprechen und so die Sprache zu erlernen.

Leider zeigte es sich, dass Pauline weder lesen noch schreiben konnte noch zu erklären wusste, wo in einem Satz das eine Wort endete und das andere anfing. Die geplanten Sprachübungen blieben deshalb unbeleckt von jeder Grammatik.

Heimweh

Es war im Vorsommer 1914. Anna musste Albert Recht geben: Es war gegen die Ratio, jetzt heim nach Deutschland zu reisen, statt die Sommerferien auf den Prinzeninseln zu verbringen und Konstantinopel, den Bosporus und andere Herrlichkeiten des östlichen Europas zu sehen. Im nächsten oder übernächsten Jahr werde er sich sowieso um eine Stelle im heimatlichen Schuldienst bewerben. Warum also jetzt nicht noch die Welt hier genießen? Er hatte tausendmal Recht. Aber so aufgeschlossen und willig Anna auch der im Hause regierenden Göttin der Vernunft folgte, so gern sie meistens das Vernünftige tat und das Unvernünftige belächelte, diesmal wollte sie unvernünftig sein. Unter allen Umständen. Sie hatte Heimweh. Heimweh aber ist etwas sehr Unvernünftiges, insbesondere dann, wenn sich jemand davon erfassen lässt, dem es in der Fremde gut geht, sehr gut sogar, und der sozusagen überhaupt nicht in der Fremde lebt, denn er hat die Menschen um sich, die ihm Heimat bedeuten, in Annas Fall Mann und Kind. Aber allen traditionellen Überlegungen zum Trotz – Anna hatte Heimweh. Im Jahr zuvor war ihr Vater gestorben, sie hatte damals nicht nach Hause eilen können. Nun aber musste sie die Mutter wiedersehen und auch nachschauen, wie die Geschwister mit dem Leben und seinen Aufgaben zurechtgekommen waren. Sie musste gleich Archibald Douglas »atmen wieder aufs neu die Luft im Vaterland«.

Albert konnte das nicht verstehen, aber er beugte sich der Entschlossenheit Annas und willigte ein. Am 23. Juni reisten sie in die Heimat. Zuerst besuchten sie Alberts Familie. In dem Städtchen, eingebettet in weinbewachsene Hügel, war alles wie einst: das »Jugendquartett« (um einige Jahre älter natürlich), das Mittag-Blasen vom Turm, der Singkranz, die Turnerriege, der Schoppen im »Vogt« und – das von der unermüdlichen Mutter vorbereitete traditionelle Festessen der Familie: gefüllte Tauben und Riesenschüsseln goldgelben Kopfsalats.

Wie vertraut die niedere Stube war und wie ganz von selbst alle die alten gegenseitigen Neckereien aufflammten, wie man von Jugendstreichen sprach, so als ob die Jugend für diese Schar blühender junger Menschen eine Zeit sei, die weit zurückliege. Alles war wunderbar heiter und sicherlich dachte auch Albert mit keinem Gedanken des Bedauerns an die Prinzeninseln.

Eines Morgens berichteten die Zeitungen von der Ermordung des österreichischen Thronfolgers und seiner Gattin in der serbischen Stadt Sarajewo. Es war, als ob ein kühler Lufthauch über den mit heimatlichen guten Dingen besetzten Frühstückstisch wehe. Für eine Minute sprach niemand. Dann äußerte sich das Mitleid mit den Opfern und Großmutters vehementer Abscheu vor der verderbten Menschheit. Politisieren aber, mutmaßen und politische Zusammenhänge und Folgen ahnen oder befürchten, das war einer späteren Zeit vorbehalten, in der die Menschen durch schreckliche Erfahrungen hellhörig geworden waren. Um jene Zeit glaubte kaum jemand daran, dass dem Wort Krieg noch eine reale Bedeutung zukomme. Man lebte unbeschwert, man glaubte an die Ratio und daran, dass die Menschheit ihrem Gesetz gehorche.

Reise zur Mutter

Anna reiste mit Isolde zunächst ohne Albert weiter, um ihre Geschwister, die über das Land verstreut waren, zu besuchen. In den letzten Julitagen war sie bei ihrem ältesten Bruder in Stuttgart. Hier fiel es ihr wie Schuppen von den Augen. Eugen war Reserveoffizier. Er war dabei, seine Uniform herauszukramen, er begutachtete seinen Degen. Freunde von ihm kamen, der Bruder Emil, gleichfalls Reserveoffizier, tauchte auf. Die Wellen der Begeisterung gingen hoch. Beklemmung, ja Angst durfte man sich nicht eingestehen.

Anna konnte alles nicht begreifen. Sie versuchte, Kontakt mit Albert zu bekommen. Es war, als ob sie ins Leere griffe. Die Post schien stillzustehen. Dazuhin war es ihr sterbensübel, und sie dachte mit Wehmut an den Gänsebraten und das Rotkraut in Hirschberg. Sie nahm an, dass sie schwanger sei.

Dann reiste sie weiter zu ihrer Mutter. Diese wohnte in einem kleinen Dorf auf der Albhochfläche. Die Mutter schickte den Strickenfrieder, einen Bauern des Dorfes, mit seinem Kütschle an die eine Stunde entfernt liegende Bahnstation. Das Pferdchen trabte munter durch die Nacht. Da, kurz ehe das Sträßlein steil aufwärts stieg, dort, wo Wiesenhänge den Wald ablösten, sprangen plötzlich ein paar Männer mit Gewehren auf die Straße. »Halt, oder es wird geschossen!«, riefen sie mit fürchterlicher Stimme, und einer kreischte: »Spione, haltet sie fest!«

»Ihr Allrnachtslompa«, rief der Strickenfrieder und knallte mit seiner Peitsche nach ihnen. »Gucket doch z'erscht, auf wen ihr Allmachtsdackel schieasset!«

Sie ließen ihn und damit Isolde und Anna passieren.

Das so lang ersehnte und damit in der Phantasie so oft vorweggenommene Erlebnis des Wiedersehens mit der Mutter ging unter im Ungeheuerlichen, im Unfassbaren des Drohenden.

Anna fand einen Brief von Albert vor. In seinem Militärpass stehe, er dürfe sich nicht mehr von dem Ort entfernen, an dem er sei. Falls die Mobilmachung angeordnet werde, habe er sich am dritten Tag zu stellen. Sie solle nicht verzagt sein.

Den Zug verpasst

Zwei Tage, nachdem Albert von einer Kaserne in Ulm verschluckt worden war, bekam Anna einen Brief von ihrem Schwiegervater. Er enthielt ein Telegramm des Auswärtigen Amtes in Berlin, Albert solle sich mit seiner Familie am Soundsovielten um die und die Uhrzeit auf dem Bahnhof München einfinden, um dort einem Sonderzug nach Bukarest zuzusteigen. Der Schwiegervater teilte Anna mit, er habe an das Auswärtige Amt telegrafiert: »Mein Sohn ist zu den Fahnen eingerückt.«

Nützte es etwas, sich gegen die Eigenmächtigkeit eines Schwiegervaters aufzubäumen? Ach nein. Gegen nichts, was von nun ab geschah, gab es Auflehnung. Der Einzelmensch zählte nicht, er war ein Stäubchen, das man zur Seite blies, wenn es lästig wurde. Nicht ohne bittere Ironie dachte Anna an ihre ungezählten Gespräche mit Albert über die Freiheit des Menschen, über die Menschenwürde, über die ihm gegebene Möglichkeit oder seine Fähigkeit, sein Leben von der Ratio lenken zu lassen.

Besuch in Ulm

Die Dinge gingen ihren Lauf, ihren bösen Lauf. Anna und Isolde besuchten ihren liebsten Menschen in der Kaserne. Ach Gott, wie erbarmungswürdig sah er aus! Mager war er, erschreckend mager. Eine viel zu weite Uniform schlotterte um seine zarte Gestalt. Zwar waren die Hosen »hineingespitzt« in ein Paar Riesenstiefel, etwas, was dem jungen Mann vermutlich ein martialisches, ein gefährlich kriegerisches Aussehen verleihen sollte, was aber an ihm, wie an vielen anderen, nur äußerst komisch wirkte. Er sah aus wie eine Karikatur. Die hohe vergeistigte Stirn ersoff in einem Kübel von Mütze. Er war einer unter Millionen uniformierter Feldgrauer.

Bei seinem Anblick wurden Annas Augen feucht, und Isolde weinte ungehemmt. Aber nie wird Anna Alberts Mitleid mit ihr vergessen, nie die Trompetenstöße des Zapfenstreichs, die ihn von ihr rissen.

»Armes Annerle«, sagte Albert und streichelte überwältigt von Erbarmen und darum völlig unsoldatisch ihre Wange.

Wenige Tage nachher war er ein Pünktchen in der endlosen feldgrauen Schlange, die sich westwärts bewegte. Sein Regiment hieß Reserve-Infanterieregiment Nr. 248, und er gehörte zur 8. Kompanie.

Das Regiment machte halt vor Ypern in Belgien und erhielt gleich in den ersten Tagen seine Feuertaufe, wie die Presse in einem schwülstigen Deutsch stolz berichtete. Das Regiment wurde dabei zu 75 Prozent aufgerieben. Das aber stand nicht in den Zeitungen.

Feldpostbriefe

Anna lebte von einem Feldpostbrief zum andern. Mittags um 12.45 Uhr stand sie täglich vor dem kleinen Fensterchen der ländlichen Post und wartete, ob der schnauzbärtige Postler ihr etwas herausreichen würde oder nicht. Wenn mehrere Tage oder gar eine ganze Woche lang nichts kam, wagte sie den Gang zur Post nicht mehr. Sie hatte Angst, grässliche, den Atem raubende Angst. Sie fürchtete sich davor, dass der Beamte in einem unbeteiligten sachlichen Tonfall durch den Spalt des Fensterchens wieder rufen würde: »Nichts da für Sie!«

Isolde, die tapfere, nun fünfjährige Tochter, ging dann allein zur Post. Aber änderte das etwas an dem Grauen?

Sigrid

Frühjahr 1915. Anna wurde von ihrer zweiten Tochter entbunden. Sie wurde Sigrid getauft.

Der Mensch ist ein merkwürdiges Wesen. Er lebt in einer Welt, in der alles wankt und schwankt, da Töten und Getötet-werden das Selbstverständliche zu sein scheint, da das Leben jeglichen Sinnes entbehrt. Aber da ist ein Neugeborenes, und flugs erwachsen Riesenkräfte, erwacht neuer Lebensmut. Anna fühlt das. Sie fühlt, sie wird die beiden Kinder großziehen und ausbilden lassen können. Sie wird es schaffen. Auch wenn Albert nicht wiederkehren sollte. Wie? Das weiß sie allerdings nicht. Sie hat keinen Beruf erlernen dürfen. Aber sie weiß es trotzdem. Es singt in ihr: »... der wird auch Wege finden, da dein Fuß gehen kann.«

»Warum weinst du, Mamale?«, fragt die kleine Isolde. »Unser Kindlein ist ja nun auf der Welt, und es ist doch sooo ein schönes Kindlein, Papa wird sich schrecklich freuen! Du sollst doch daran denken.«

»Nein, ich brauche nicht zu weinen«, sagt Anna. Sie wehrt ihren Tränen und nimmt des so warm tröstenden Kindes feste Hand. Isolde sagt: »Und ich helfe dir ja auch immer, ich bin doch schon ziemlich groß.«

Der Hausherr und Bruder Emil

Im oberen Stockwerk von Großmutters Haus wohnten junge Lehrersleute. Der Mann war natürlich auch Soldat, aber er war noch nicht an die Front geschickt worden. Er war Gebirgsjäger, da er ein ausgezeichneter Schiläufer war. Sie hatten einen kleinen Jungen in Isoldes Alter.

Im August 1915 erhielt der junge Mann einen Tag Urlaub, Abschiedsurlaub. Er hatte seinen Marschbefehl in der Tasche. Die Frau schlich mit dickverweinten Augen durchs Haus. Der Marschbereite begann, auf dem Klavier den Psalm zu spielen: »Wer unter dem Schirm des Höchsten sitzet und unter dem Schatten des Allmächtigen bleibet, der spricht zu dem Herrn: meine Zuversicht und meine Burg, mein Gott, auf den ich hoffe ...« Hier brach das Spiel jäh ab, der Mann sprang auf, ging mit heftigen Schritten durch die Stube, rief etwas in die Küche, nahm sein Spiel wieder auf: »... ob tausend fallen zu deiner Seite und zehntausend zu deiner Rechten, so wird es doch dich nicht treffen ...« Wieder sprang er auf, rannte durch die Stube. Anna konnte die Worte nicht verstehen, die er rief. Sie hörte die tränenerstickte Stimme seiner Frau, die zu trösten, zu beruhigen versuchte.

Der Mann setzte sich wieder ans Klavier. Er wiederholte: »... so wird es doch dich nicht treffen. Denn er hat seinen Engeln befohlen über dir, dass sie dich auf den Händen tragen und du deinen Fuß nicht an einen Stein stoßest ...«

Er schlug den Klavierdeckel zu, sprang auf und fragte so laut, dass Anna es hören konnte: »Glaubst du das, Frau? Glaubst du das?«

Wenn der Postbote zu einer Zeit außerhalb seines täglichen Postganges sich einem Hause näherte, so zitterten die Menschen. Ihre Augen blickten in starrem Entsetzen, ihre Hände machten eine abwehrende Geste, als ob sie sich instinktiv weigerten, das Papier anzunehmen, das der Bote ihnen auszuhändigen versuchte.

Zehn Tage nach jenem erschütternden Klavierspiel – es war ein langer sonnendurchglühter Augusttag im Kriegsjahr 1915 – brachte dieser Bote der Frau oben ein Telegramm: »... erlitt tapfer den Heldentod fürs Vaterland.«

Die Mutter Annas eilte hinauf, nahm die völlig Gebrochene in die Arme und versuchte das Unmögliche, ein junges Weib angesichts der Zertretung aller Lebenserwartungen zu trösten oder wenigstens zu beruhigen.

Für einen Augenblick kam sie herunter und sagte: »Ich kann die Hausfrau jetzt nicht allein lassen, wartet nicht auf mich mit dem Abendbrot.«

Bei Sonnenuntergang hörte Anna den Schritt des Todesboten noch einmal Kurs auf das Haus nehmen. Starr blickte sie ihn an. »Nichts für Sie«, sagte der Mann, »für Ihre Mutter!« und drückte Anna das Papier in die Hand. Sie öffnete die Depesche: »... in Russland fürs Vaterland gefallen ... Kopfschuss!«

Dieses Mal war es Annas Bruder Emil.

»... fallen wie Gräser im Maien!« Dieses grausamste aller heldischen Lieder kam ihr in den Sinn. Wann, wann endlich würde diesem sadistischen Mähder die Sense aus der Hand genommen werden?

Zurück nach Bukarest

Im Sommer 1916 geschah das Unglaubliche: Das Auswärtige Amt in Berlin siegte in einem Papierkrieg mit den hohen Militärinstanzen. Es musste Albert erlaubt werden, die Uniform auszuziehen und seine Stelle als Lehrer der Mathematik in Bukarest wieder anzutreten.

So reiste die Familie mitten im Krieg quer durch Europa, vom Westen nach Osten. Jeder Vernünftige schüttelte den Kopf. Aber man war ja längst an allerlei Extratänze dieser sich keiner Ordnung Fügenden gewöhnt: heiraten vor dem Examen! Eine Stelle an einer ausländischen Privatschule im fernen Schlesien annehmen, statt den geordneten Gang innerhalb des Landesüblichen trotten! Sich gar im »richtigen« Ausland anstellen lassen! Im unpassendsten Augenblick, das heißt im Sommer 1914, nach der Heimat zurückkehren, Soldat werden und ein Kind in die vom Krieg durchtobte Welt hineingebären! Und nun kurzerhand dem Kommis entschlüpfen und ausgerechnet auf den Balkan zurückkehren, wo es ohnedies dauernd brodelte und kein Mensch voraussagen konnte, was da unten noch alles geschehen mochte! Nun, von diesen ... – man fügte das Substantiv nicht an, aber man tippte ergänzend an die Stirne – war ja nichts anderes zu erwarten.

Anna jedoch kam sich keineswegs bar jeder Vernunft vor. Zahllose Gespräche über das Wesen der Vernunft mit Albert hatten unter anderem das Ergebnis gebracht, dass das Vernünftigste keineswegs immer dem Gewohnten oder Selbstverständlichen zu entsprechen brauche. Augenblicklich hatte sie nur eine Sorge: Würde sie wirklich wieder heimkommen? Heim in ihre eigene Wohnung in Bukarest, wo sie ihre Kinder würde erziehen können, wie sie es für richtig hielt? Heim, wo sie die unablässige Angst um Albert würde abschütteln dürfen? Heim! Was alles umschloss diese einzige Silbe!

An der Grenze gab es noch ein hochnotpeinliches Verhör. Auch die rumänischen Beamten konnten sichtlich nicht begreifen, wieso eine Familie mit zwei kleinen Kindern im Sommer 1916 von Deutschland nach Bukarest reisen wollte. Vielleicht wussten diese Männer schon mehr über die Entwicklung der nahen Zukunft. Sie drehten und wendeten den Pass. Indessen, er schien einwandfrei zu sein. Ein Geldschein von Annas flinken Fingern unter das Löschblatt auf dem Pult des Beamten geschoben (sie hatte die Lektion von Ploesti nicht vergessen) half vollends, das Wunder zuwege zu bringen: Das goldene Tor zum eigenen Daheim tat sich auf.

Als sie jedoch daheim ankamen, fanden sie ihre Wohnung in einem unbeschreiblichen Zustand. Kollegen hatten, in des Wortes schlimmster Bedeutung, darinnen gehaust. Mehr war es wohl das halbe Dutzend Dachshunde gewesen, die diese Leute gezüchtet, aber nicht erzogen hatten, denen die bösen Überraschungen zu verdanken waren. Polstermöbel, Teppiche, Betten waren zerzaust, das Klavier hatte jemand »leihweise« aus der Wohnung geholt, in der Küche sah es übel aus. Kein Zweifel: Wer an der Front stand, wurde abgeschrieben. Sein Nachlass gehörte den Lebenden.

Die Hauswirtin aber, eine derbe, rührselige Bayerin, sagte »Jesses! Jesses! Dass bloß wieder da seids!« und wischte eine echte Träne von der Backe. Dieses eine Tröpfchen bewirkte Zauberei. Weggewaschen war mit einem Mal die Bitterkeit. Man würde die Ärmel aufkrempeln, das Daheim wieder säubern und wohnlich machen. Was bedeutete es schon, wenn ein Sessel zerschlissen, ein Teppich zernagt und die Betten unappetitlich geworden waren! Nichts bedeutete all das im Verhältnis zu dem Wunderbaren, daheim sein zu dürfen.

Ins Krankenhaus – Böse Zeichen

Es wollte Anna scheinen, als sei es nicht mehr dasselbe Bukarest wie vor zwei Jahren, in dem es sich so frei und unbeschwert hatte atmen lassen. Die Scheiben der Laternen an den Straßen waren schwarz angestrichen, manche Wege waren für

Passanten gesperrt, die Begrüßung seitens der Nachbarn schien ihr frostig oder gar versteckt feindlich.

Albert sagte, Anna bilde sich das ein. Ihre Ängste hingen mit ihrer Nervosität und Überarbeitung wegen des verwahrlosten Heimes zusammen. Die geschwärzten Lampen hätten nichts zu bedeuten, haben ihm Kollegen gesagt. Das sei seit zwei Jahren so. Die Rumänen wollten auch ein bisschen Krieg spielen, das sei alles.

Kein ungläubiges Sich-dagegen-Stemmen half, Anna musste ins Krankenhaus. Noch war die verlotterte Wohnung nicht wieder heimelig gemacht, noch fremdelten die Kinder und wollten sich weder von der gutmütigen Hauswirtin noch von sonst jemandem füttern oder kämmen lassen, als ein Krankenwagen Anna ihren vielfältigen Pflichten entführte. Nach zehn Tagen wurde sie entlassen. In der Stille des Krankenhauses hatte sie Muße gehabt, die Zeitungen gründlich zu studieren und auch zwischen den Zeilen zu lesen. Sie konnte mit den Schwestern darüber sprechen und vor allem mit dem Chirurgen, einem jüdischen Arzt, der ihr als einer Deutschen seine besondere Aufmerksamkeit zuwendete. Das Ergebnis ihrer eigenen Kombinationen, addiert zu dem, was die Krankenschwestern von draußen brachten und zu der pessimistischen Auffassung des Arztes, überzeugte sie, dass der Kriegseintritt Rumäniens bevorstehe und zwar gegen die »Achse«.

Aus dem Krankenhaus entlassen, schrieb sie sofort einen entsprechenden Bericht und sandte ihn an den Schwäbischen »Merkur«, der ihre gelegentlichen Arbeiten über Rumänisches abzudrucken pflegte. Die Zeitung sandte den Artikel zurück mit dem Vermerk, dass Anna gewisse Vorgänge offensichtlich falsch deute. Der deutsche Gesandte habe dem Auswärtigen Amt in Berlin berichtet, Rumänien werde eine wohlwollende Neutralität bewahren.

Trotzdem eilte Albert mit einem Kollegen auf die deutsche Gemeindekanzlei und erklärte, dass er heute noch mit seiner Familie nach Deutschland zurückreisen werde. Der anwesende Pfarrer und der Gemeindebeamte fanden eine Menge beruhigender Worte. Das sei schon immer so gewesen. Rumänien werde nie und nimmer etwas gegen Deutschland unternehmen. Man möge doch ruhig bleiben und keine Panikstimmung hervorrufen.

Da traten zwei rumänische Kriminalisten ein und verhafteten den Pfarrer und den Beamten. Der Krieg war erklärt.

Am Abend desselben Tages

Anna kniete, umgeben von Bergen von Wäsche und Kleidern, auf dem Fußboden und schnürte beim Schein der Lampe Bündel, packte Rucksäcke und Koffer. Albert half. Immer wieder brachte er etwas, was unbedingt mitmüsse. Jetzt waren es fünf kleine Bändchen Schopenhauer, die er keinesfalls zurücklassen wolle.

In einer Stunde wollten sie mit den beiden Kindern in den Schulhof gehen und von dort am andern Tag zur Bahn, um mit dem letzten noch fahrenden Zug nach Deutschland zu entkommen.

Haben Sie schon einmal so gepackt? Man stopft hinein, wirft heraus, greift nach Wichtigerem, scheidet das wieder aus, um Platz zu schaffen für noch Unentbehrlicheres. Trostloses Packen! Mutloses Sich-Abquälen!

Es war elf Uhr nachts. Sie weckten die Kinder und machten sich marschbereit. Ein paar Schritte vor dem Hoftor trat ihr rumänischer Nachbar, ein gutmütiger Polizeibeamter, auf sie zu und warnte sie. Sie sollten in der Nacht hier bleiben, riet er.

Bestimmt würden sie sonst nicht im Schulhof, sondern in einem Internierungslager landen. Sie legten die Kinder wieder ins Bett und versuchten, die aufgescheuchten Nerven und Gedanken zu beruhigen. Da, dumpfes Dröhnen der Mitropolie-Glocken! Lang gezogene gellende Pfiffe der Polizisten! Ein Krachen und Blitzen, als ob die Hölle ihren Schlund geöffnet hätte.

Es war der Zeppelin, begleitet von einem Fliegergeschwader, der der feindlichen Stadt die ersten Grüße brachte.

Am andern Morgen

Wer hätte nicht schon Schritte von Wanderern gehört, die im Morgengrauen durch eine schlafende Stadt eilen! Heute noch hört Anna das überlaute Klapp-Klapp, tönt ihr noch das Laufen anderer ebenso verschüchterter und mit phantastischen Packen beladener Flüchtlingsgruppen ins Ohr, die gleich ihnen durch die Straßen Bukarests eilten, alle in der Hoffnung, ein Plätzchen im Zug zu erreichen, der angeblich noch nach Deutschland fahren sollte, sei es auch nur ein Plätzchen auf dem Dach eines Wagens, auf der Plattform, in einem Güterwagen. Nur fort aus dem feindlichen Land! Fort um jeden Preis!

Aber es ging kein Zug mehr. Im Schulhof kauerte die deutsche Gemeinde beisammen, stillten Mütter ihre Säuglinge, brachen sich größere Kinder Brocken von Brotlaiben ab, rackerten sich Männer, um Kostbarkeiten zu verstecken, weinten Weiber und schrien Kinder. Es war ein unbeschreibliches Durcheinander, eine wirre Ratlosigkeit.

Die Zeitung brachte etwas Sicheres. Die Männer sollten interniert werden und zwar nach Distrikten, die einen schon heute, die anderen morgen und wieder andere übermorgen. Albert kam übermorgen an die Reihe.

Die Familie wanderte mit ihren Packen und Bündeln heim. Sie hatten noch zwei Tage vor sich, zwei lange schöne Tage! Es war seltsam: In ihre Herzen kehrte Stille ein und Ergebung. Albert und Anna hätten nie geglaubt, dass ihre Liebe füreinander noch eine Steigerung erfahren könnte. Diese zwei geschenkten Tage aber brachten ihnen mehr Tiefe des Glücks, als den meisten Menschen während eines langen Lebens zuteil wird. Es war die absolute Sicherheit, dass das eine im Herzen und Wesen des andern unlösbar verankert war.

Allein in Bukarest

Albert war schon mehrere Tage weg, da kam ein Bote von der Deutschen Gesandtschaft, Anna solle ihre Koffer packen und sich mit den Kindern vor Mitternacht im Gesandtschaftsgebäude einfinden, um über Russland und Schweden in die Heimat zu fahren. Die Reise dauere mindestens sechs Wochen. Mit Wäsche solle sie sich und die Kinder gut versorgen.

Der jungen Frau eines Kollegen, die in der Nachbarschaft wohnte, wurde dieselbe Botschaft zugestellt. Die beiden Frauen berieten sich und beschlossen, nicht mitzureisen, sondern in Bukarest gemeinsam zu wirtschaften und nach Kräften für die internierten Männer zu sorgen. Reisten sie mit, so war eine Front zwischen ihnen und den Männern. Es war dann unmöglich, noch etwas von ihnen zu erfahren, geschweige denn, etwas für sie zu tun.

Nachts um zehn Uhr klingelte es an Annas Haustüre. Die Kollegenfrau stand unten, ihr Wickelkind auf dem Arm, den voll gestopften Rucksack auf dem Rücken. »Ich reise doch mit«, rief sie zu Annas Fenster hinauf. »Schützen Sie meine Wohnung! Den Schlüssel habe ich in Ihren Briefkasten geworfen. Gott befohlen!« Damit war sie zum Hoftor hinausgejagt. Anna war allein.

Fliegerangriffe, Spionage- und Diebstahlverdacht

Fliegerangriffe! Das war damals schon erfunden. Bukarest hatte sie im Herbst 1916 zeitweise jeden Tag und jede Nacht zu durchleiden. Natürlich waren diese Angriffe mit denen des Zweiten Weltkriegs nicht zu vergleichen, die Angst aber war dieselbe. Annas Kinder schliefen in ausgehöhlten halben Baumstämmen, Alben genannt. Man benutzte sie damals in Rumänien als Waschbottiche. So konnten die Kinder bei Alarm von Anna und der Hauswirtin leicht in den Keller getragen werden. Anna schlief auf dem Fußboden.

Betty, der ängstliche, mit Flöhen gesegnete Foxterrier, kuschelte sich dicht an sie, und Narziss, der schwarzweiße Kater, krallte sich bei jeder Bewegung, die sie machte, in ihren Waden fest. Die Tiere erlebten das Unheimliche mit und suchten Schutz bei den Menschen.

Die Zeitungen schrieben, für jeden durch eine Fliegerbombe umgekommenen Rumänen sollten zehn Deutsche erschossen werden. Es sind viele Rumänen umgekommen, wenn auch wenige, gemessen an den Bombenwirkungen des Zweiten Weltkriegs.

Zu diesen Ängsten kam der Verdacht des Diebstahls und der Spionage. Der Hauswirtin waren 1200 Lei gestohlen worden. Sie meldete dies der Polizei. Diese folgerte: Wer anders sollte das Geld haben als Anna, die dort wohnte und schlief und in jedem Winkel Bescheid wusste. Es war selbstverständlich, dass jemand, der stahl, auch bereit war, noch anderes Böse zu tun. Hatte Anna nicht schon vor dem Kriege für deutsche Zeitungen geschrieben? War sie darum nicht verdächtig? Bestimmt verbarg sie irgendwo einen »telegraf fara fir« (einen drahtlosen Telegraphen).

Der rumänische Nachbar, der der Polizei angehörte, war mit dabei, als die Haussuchung vorgenommen wurde. Er machte es so schonend wie möglich.

Der Dieb der 1200 Lei wurde bald darauf gefasst. Es war der Schwiegersohn der Hausbesitzerin.

Auf der Amerikanischen Gesandtschaft

Anna stand auf der Amerikanischen Gesandtschaft in Bukarest. Amerika befand sich damals noch nicht im Krieg mit Deutschland. Es hatte den Schutz der Deutschen in Rumänien übernommen. Hunderte anderer deutscher Frauen drängten sich im Vorraum. Sie alle wollten Unterstützung, denn niemand verdiente etwas, niemand besaß mehr Geld als das, was er im Augenblick der rumänischen Kriegserklärung in der Tasche gehabt hatte. Das deutsche Eigentum auf den Banken war sequestriert. Zwischen Rumänien und Deutschland aber lag eine Front, niemand also konnte seine Lieben in der Heimat um Hilfe anschreiben.

Anna wollte von dem amerikanischen Gesandten noch etwas anderes als Geld. Hatte sie nicht den besten Fürsprecher und Helfer auf der Gesandtschaft: einen Kollegen Alberts, der sich rechtzeitig auf den neutralen Boden des Gesandtschaftsgebäudes hatte retten können, einen Mann, der sowohl für Albert als auch für Anna große Freundschaft demonstriert hatte? Dieser Mann hatte nun in der Amerikanischen Gesandtschaft die Aufgabe übernommen, die Anträge der Deutschen zu bearbeiten. Er wird mir bestimmt helfen, dachte Anna. Aber sie dachte falsch. Als sie von der Notwendigkeit sprach, für die Internierten zu sorgen, da war es beinahe, als habe dieser Mann Anna nie gekannt, als seien er und seine Frau nicht Dutzende Male auf Annas blauen Sesseln gesessen und hätten mit ihr und Albert über tausend heitere und ernste Dinge geplaudert.

Anna erinnerte sich an das Wort: »Freunde in der Not gehen hundert auf ein Lot.« Aber sie ließ sich nicht abweisen. Zum großen Entsetzen des deutschen Freundes im Vorraum, der die Bittsteller abzufangen hatte, drang sie vor bis zum Gesandten selbst. In Anna erwachte damals dankbare Liebe für Amerika. Das Wort Demokratie war um jene Zeit noch nicht in ihr Bewusstsein eingedrungen, das kam erst viel, viel später. Aber dass sie 1916 die Möglichkeit hatte, im feindlichen Rumänien bis zum Allerhöchsten einer amerikanischen Behörde vorzudringen, hat sie später unter dem Begriff Demokratie eingeordnet.

Die Unterhaltung zwischen ihr und dem Gesandten wurde teils in Französisch, teils in Rumänisch geführt. Die englische Sprache beherrschte Anna damals noch nicht. Herr von Vopitzka versprach, den Internierten Geld anweisen zu lassen und überdies dafür zu sorgen, dass ein Transport mit Winterkleidern in die Lager abgehe, ehe die strenge Kälte einsetze. Pakete an die Internierten wurden von der Post laut Vorschrift – nicht befördert.

Herr von Vopitzka konnte sein Versprechen aber nur teilweise einlösen. Eine Geldhilfe an die Internierten wurde zwar unverzüglich abgesandt – für jeden künftigen Monat wurde eine gewisse Summe festgesetzt –, aber der Kleidertransport ging nicht mehr ab, denn kurz darauf trat Amerika in den Krieg ein.

Das Postpaket

Alles konnte davon abhängen für Albert und Anna, ob es ihr gelingen würde, dem geliebten Menschen warme Kleidung und derbe Schuhe zukommen zu lassen. Sie schleppte einen Riesenpacken auf die Post, die letzten zehn Lei im Beutel. Mit einem bittenden Blick ließ sie dem Beamten den Schein in die Hand gleiten, schob den Packen durch den Schalter und verschwand mit einem »Gott soll dir's lohnen«. Nach eineinhalb Jahren hat Anna erfahren, dass der Packen den auf dem Marsch moldauwärts befindlichen Internierten von Station zu Station nachgeschickt worden war, dass er Albert erreicht und ihm das Waten durch den Morast auf den damaligen rumänischen Straßen erleichtert habe, auf denen sich das rumänische und das russische Heer vor der vordringenden deutschen Armee flüchtend nordwärts wälzten.

Flüchtlinge

Das rumänische Heer und die ihm angeschlossenen russischen Einheiten waren in vollem Rückzug begriffen. Das bei Kriegsbeginn allüberall gerufene Wort »Romania mare« (das große Rumänien) wurde in beißender Selbstironie in »Romania moare« (Rumänien stirbt) umgewandelt.

Flüchtlinge aus der Dobrudscha und aus Siebenbürgen irrten, Entsetzen auf den Gesichtern, durch die Stadt. Oft genug hatten sie an Stelle von Schuhen nur Sackfetzen um die Füße gewickelt. Flüchtlingselend! Konnte es etwas Ergreifenderes geben als diese entwurzelten Menschen, die wie dürres Laub vom Herbstwind planlos durcheinander gewirbelt waren, als hätten sie überhaupt keinen Sinn, keine Bedeutung, keine Spur von Recht auf eine Bleibe? Mit irren Blicken trabten sie durch die Straßen der Hauptstadt. Überall waren sie im Wege. Der eine trieb ein paar Ochsen vor sich her, ein anderer schleppte auf dem Buckel mehr von seiner Habe, als er verkraften konnte, Mütter keuchten unter der Last von umgebundenen Kindern, Kinder schrien nach ihren Eltern, Eltern suchten jammernd ihre Kinder. Rumänische Soldaten, mit dem Ausdruck wahnsinnigen Entsetzens in den Gesichtern, mischten sich in das Durcheinander. Sie waren geflohen und bettelten mit bewegten Worten um ein Versteck. Sie erzählten von »Feuerspritzen«, die die Deutschen am Bauch trügen, denen kein Gott und kein Teufel widerstehen könne. Dazwischen erzwangen sich Autos ihren Weg, elegante Wagen, beladen mit riesigem Gepäck. Alle rollten nordwärts, dem Sereth zu. Sie versuchten, vor dem Einzug der feindlichen Truppen hinter die neue Frontlinie zu entkommen. Anna wurde es todesbang, wenn sie daran dachte, dass in diesem ungeordneten Rückzugsgetümmel vermutlich die Internierten und damit auch Albert nordwärts getrieben wurden.

Einzug der deutschen Armee

Nach bangen Tagen, während welcher nicht entschieden war, ob die Stadt kampflos übergeben werden würde, zogen am 6. Dezember 1916 die Deutschen in Bukarest ein. Die Lust der Rumänen an Sensationen kam auf ihre Kosten. Der auf einem weißen Apfelschimmel reitende Generalfeldmarschall von Mackensen in einer Husarenuniform und mit pelzverbrämter Mütze, die vielen anderen Offiziere zu Pferd, die endlosen Kolonnen marschierender Soldaten, die vielen Musikkapellen: Alles das war Glanz, war Schaustück, bedeutete selbst für die Besiegten ein Ereignis. Sichtlich war es ein großer Tag für sie, denn in vielen Dingen waren sie wie Kinder. Liebenswürdig und alles Schöne von Herzen genießend: Das war damals der hervorragende Wesenszug der Rumänen. Aber als des Schauspiels erster glänzender Akt vorüber war, begann zitternde Angst. Anna beruhigte die Nachbarn. Sie sollten sich doch nicht fürchten, sagte sie. Es seien ja die Deutschen, die gekommen seien. Niemandem werde ein Haar gekrümmt, niemals Eigentum angetastet werden. Anna war felsenfest überzeugt von dem, was sie sagte. Es war bitteres

Erleben für sie, feststellen zu müssen, dass Krieg auch bei vielen Deutschen den Begriff von bürgerlicher Moral oder von Gut und Böse verwischte.

Socken für Holz

Mit dem Einzug der Deutschen in Bukarest zog auch der endgültige Winter in die Sonnenstadt ein. Anna hatte noch immer kein Holz. Die meisten Menschen hatten keines. Ein paar Feldgraue, die Anna darum anhielt, versprachen ihr, für Brennmaterial zu sorgen. Aber sie wollten Geld dafür. Das hatte sie nicht. Dann wollten sie wollene Socken, das werde sie doch haben von ihrem Mann? Und warme Hemden?

Sie gab von Alberts Sachen weg. Sie gab gern. Aber sie wunderte, ja sie grämte sich: Wurden diese armen Burschen so schlecht mit dem für sie Unentbehrlichen versorgt, dass sie darum betteln mussten?

Früh am nächsten Morgen klingelte es an ihrer Türe. Da sei das Holz, sagten zwei Soldaten. Annas Herz klopfte vor Freude und Dankbarkeit. Aber sie sah das Holz nirgends. »Wo?«, fragte sie.

»Da!«, sagten die Feldgrauen und deuteten auf zwei Räder, die Hälfte eines Langholz-Fuhrwerks. Sichtlich hatten sie die Räder irgendwo geklaut und wollten sie nun Anna als Holz verschachern. Sie konnten sich nicht genugtun mit Rühmen der hölzernen Speichen. Wie warm diese geben würden! Anna aber schüttelte den Kopf und schloss das Fenster.

Ihr »Laptar«, das Bäuerlein, das – als ob die Welt nicht unter Kriegsgedröhne erbeben würde – täglich die Büffelmilch brachte, das nicht lesen und nicht schreiben konnte und mit Kreide Kreise für einen vollen oder Striche für einen halben Liter auf die an der Küchenwand hängende Schiefertafel malte, schleppte die zwei Räder ab und brachte Anna ein wenig Holz dafür.

Im Flüchtlingsheim

Annas Barschaft war aufgezehrt. Sie meldete sich bei der Deutschen Militärverwaltung und bat um Arbeit. Der Soldat in dem Büro schrieb ihren Namen auf wie den anderer, die gleich ihr um Arbeit nachsuchten.

Wochenlang erfolgte nichts. Die gutmütige bayerische Hausbesitzerin drängte Anna jedoch nicht wegen der Bezahlung der Miete. Eines Tages – es war im Februar – kam ein Feldgrauer. Er meldete: »Sind Sie die Anna Haag? Sie soll'n och heide um dreie im Hotel Daçia sein zwecks Eenrichtung eenes Fliechdlingsheims. Ich wer ooch drbei sein. Diensdlicher Befehl.«

Es war der Gefreite Schulze, ein biederer Sachse mit viereckigem Schädel, rotem Haar und Sommersprossen, der Anna diesen dienstlichen Befehl überbrachte.

Matschiger Schnee lag auf den Straßen, als sie nach dreiviertelstündigem Marsch, Isolde an der Hand und das Kleine im Sportwagen, im Hotel Daçia anlangte. Der sächsische Gefreite war schon zur Stelle. Mit einem Körbchen voll Spielsachen schob Anna die beiden Kinder in ein verhältnismäßig sauber aussehendes Zimmer. Isolde bekam den Auftrag, auf das Schwesterchen aufzupassen, eine Aufgabe, die das Kind mit vorbildlicher Gewissenhaftigkeit erfüllte.

Das Hotel Daçia war im Viereck um einen dazwischenliegenden Hof gebaut. Drei Seiten des Gebäudes waren den Flüchtlingen vorbehalten, die vierte war mit deutschem Militär belegt. Auf Annas Frage, was nun wohl zu tun sei, zuckte der Gefreite Schulze die Achseln. »Wees ich ooch nich. Aber, mr werrn's schon schaugeln.«

Anna machte den Vorschlag, zunächst das Inventar des Hotels aufzunehmen, damit man eine Kontrolle habe und die Dinge jederzeit an den Besitzer zurückgeben könne.

Schulze grinste. Dann sagte er wohlwollend: »Mr gennen's ja moch'n, wenn mr nu gerade so hibsch Zeit ham. Aber verschbrech'n du ich mr nicht allzu viele drvon.«

Und so machten sie sich an eine völlig überflüssige Arbeit, an eine Arbeit, die Anna in den ersten Stunden ihres Amtes als Flüchtlingsmutter beinahe den Verstand und vor allem jeden Mut raubte. Die Flöhe, die halb verhungert in den leeren Stuben hausten, hüpften auf sie zu, sobald sie eines der Zimmer betrat.

Das Hotel Daçia, ein Hotel dritten Ranges, was auf dem Balkan im Jahre 1916 einiges bedeutete, war zuerst von russischem, nach der Eroberung von Bukarest von deutschem und österreichischem Militär belegt gewesen. Leider hatten weder die russischen noch die deutsch-österreichischen Truppen das lebende Inventar der Stuben mitgenommen. Hunderte von Flöhen krabbelten an Anna, zwickten, bissen, kitzelten sie und ließen sie schließlich laut aufheulend in das Zimmer flüchten, das sie für sich und ihre Kinder bestimmt hatte, ein Vorgang, der dem Gefreiten Schulze die halblaute Bemerkung entlockte: »So eene Babierdiede!« Mit Hilfe einer Putzfrau schleppte sie einen Bottich herbei, füllte ihn mit Wasser, stellte sich hinein, tauchte und fühlte sich wieder etwas wohler. Zur Selbstbemitleidung über ein so unerwartetes Schicksal blieb ihr keine Zeit. Die ersten Flüchtlinge kamen und bald waren es mindestens hundert. Es kamen viel mehr, als Anna unterbringen konnte. Sie flehten um ein Bett, um ein Kissen, um ein Obdach wenigstens.

Annas Kopf wirbelte vor so viel Elend, so viel eigener Ohnmacht. Sie brauchte nun nicht mehr nach Richtlinien zu fragen, keine Befehle mehr für das, was zu tun sei, zu erwarten. Es wäre Arbeit gewesen für hundert Hände und liebevoll tröstende Herzen.

In derselben Nacht gebar eine junge Bulgarin und starb ein alter Mann an Entkräftung.

»Mila, cocóană, mila!«
(Mitleid, gnädige Frau, Mitleid!)

Anna trat in das winzige Stübchen einer alten Frau. Es war ausgefüllt mit dem Bett und einem Stuhl für die Waschschüssel. Das Licht bekam der Raum vom Gang, der an allen Zimmern des im Viereck gebauten Hotels entlangführte. Ein Aasgeruch hatte Anna schon wiederholt eindringliche Fragen an die Bewohnerin tun lassen. Jetzt endlich war das Mütterchen zu einem Gespräch zu bewegen. Es flehte: »Mila, cocóană, mila!« und zeigte sein rechtes Bein. Das Weiblein hatte sich auf der Flucht eine Wunde zugezogen. Jetzt war nicht nur das Fleisch, es war auch schon der halbe Knochen weggeeitert. Es sah furchtbar aus, und es roch noch viel furchtbarer.

Ob das, was Anna tat, richtig war? Sie weiß es bis heute nicht. Sie wusch mit einer Lösung übermangansauren Kalis die Wunde aus und band sie mit einem sauberen Lappen zu. Ein anderes Mittel besaß sie nicht.

Aber kein Bitten, kein Flehen der Frau, sie doch hier zu lassen und nicht ins Krankenhaus zu schicken, durfte Anna rühren. Die Frau jammerte, im Spital werde man ihr bestimmt das Bein wegschneiden und niemals mehr werde sie dann nach Hause können in ihr schönes Siebenbürgen.

Anna tröstete sie damit, dass nach dem Krieg ja wieder Eisenbahnzüge fahren werden und dass sie dann schlimmstenfalls auch mit einem Bein in ihre liebe Heimat kommen könne.

Das Weiblein ist auch mit einem Bein nicht mehr heimgekommen. Die Operation kam zu spät.

Verpflegung aus dem Kessel

Einer von Annas Schutzbefohlenen brachte auch ihr und ihren beiden Kindern eine Portion aus dem Kessel. Irgendwo wurde für die Flüchtlinge gekocht. Dort konnten sie ihr Essen fassen und bekamen ihre tägliche Brotration zugeteilt.

Annas Kinder wurden bleich, als sie sahen, was in dem Topf war. Sie wagten nicht, etwas zu sagen, denn so klein sie waren, so sehr fühlten sie doch die Schwere der Zeit und die Notwendigkeit, die Mutter nicht mit Launen zu quälen. Auf der Suppe schwammen unzählige schwarze, kleine Käfer. Ihr Leben lang wird Anna den dankerfüllten Blick ihrer Kinder nicht vergessen, als sie sahen, dass die Mutter den Topf beiseite schob und ihnen Brot und ein Schälchen Milch als Mahlzeit reichte.

Die Flüchtlingsmutter Anna versuchte einzuschreiten gegen diese Art der Verköstigung ihrer Schutzbefohlenen. Zutiefst beschämt musste sie jedoch erkennen, wie wenig ein Mensch vermochte und wie groß der Mangel an einwandfreien Lebensmitteln auch in diesem an sich so reich gesegneten Lande schon war und wie das Wort »Vogel friss oder stirb« in seiner buchstäblichen Bedeutung grausame Wahrheit geworden war.

Im Hotel Regal

Es war Mai. Anna hatte sich verbessert. Man hatte sie in ein anderes, um einige Grade gepflegteres Hotel, in das Hotel Regal geholt, das auch als Flüchtlingsheim eingerichtet war. Sie hatte dort zwei kleine Räume für sich und die Kinder. Ein paar Feldgraue holten ihr Klavier aus dem Schuppen, in dem sie ihre Habseligkeiten untergestellt hatte. Ihre Wohnung bei der gutmütigen Bayerin hatte sie schließlich doch räumen müssen, denn jede Gutmütigkeit hat ja ihre Grenzen, wenn man nicht weiß, ob und wann man mit der Bezahlung der Miete rechnen kann.

Welch einen sozialen Aufstieg bedeutete dieser Umzug von einem Hotel dritten Ranges in ein Hotel zweiten Ranges! Wie viele schöne Stunden verschaffte ihr das Klavier! Vergangenes konnte sie durch ein wenig Musik wieder zum Leben erwecken, von schönem Zukünftigen ließ sich träumen. An Abenden und an Sonntagen spielte sie alte vertraute Lieder. Dann war der Gang vor ihrer Türe gedrängt voll mit Flüchtlingen, und einer hatte dann immer den Mut, die Klinke leise niederzudrücken und zu stammeln: »Nur ein Spältchen, cocóană!« An einem solchen Abend kam Isolde aus ihrem Bett, schlang die Arme um die Mutter und sagte ernsthaft: »Nun können wir doch noch viel besser an den Papa denken.«

Das Beamtinnenheim

Es war ein Sonntagvormittag im Juli. Anna saß wie üblich um diese Stunde am Klavier. Die Kinder standen neben ihr und sangen aus voller Kehle das haydnsche Lied mit: »Liebes Mädchen, hör mir zu, öffne leis das Gitter.« Draußen auf dem Gang drängten sich Annas Schutzbefohlene. Der eine oder andere, der das Lied kannte, summte mit.

Da kam ein Offizier. Es war Annas Vorgesetzter. Er sagte: »Setzen Sie schleunigst Ihren Hut auf und kommen Sie mit mir zur Kommandantur. Aber fix. Wir müssen um zehn Uhr dort sein.«

Anna erschrak. Was sollte sie auf der Kommandantur? Hatte sie etwas falsch gemacht?

»Keine Fragen jetzt. Ich werde Ihnen im Wagen alles erklären.«

Unterwegs, in der offenen Kutsche, erfuhr Anna Folgendes: Die vor sechs Wochen aus Deutschland hierher verschriebene Dame, die das deutsche Beamtinnenheim einrichten sollte (Beamtinnen oder Helferinnen waren deutsche Damen, die auf den Büros und wo immer möglich Soldaten ersetzen mussten), habe noch nichts zuwege gebracht. Sie fahre lediglich in ihrem mit zwei Hengsten bespannten Dienstwagen stadtaus und stadtein. In einer Woche wolle nun Generalfeldmarschall von Mackensen die Meldung haben, dass das Heim in Betrieb sei. Es sei ihre, Annas, Chance, das zuwege zu bringen. »Ich fahre Sie jetzt zum Platzmajor«, sagte er, »und stelle Sie als die geeignete Person für den Posten vor. Aber einen Rat gebe ich Ihnen schon jetzt: Fragen Sie nicht, wie Sie die Sache angreifen sollen. Sagen Sie nie, das kann ich nicht. Im Krieg fragt man nicht. Man macht die Dinge gut oder schlecht, aber man macht sie. Und können tut man im Krieg prinzipiell alles. Verstanden?«

Anna wurde es bange. Wie oft hatte sie die Dame im wallenden blauen Schleier, einer Art vornehmer Schwesterntracht, mit aufgespanntem Sonnenschirm in ihrer Chaise fahren sehen. Nicht ohne Neid, denn sie hatte an das neue, elegante Hotel gedacht, das für diesen Zweck ausersehen war, und nun sollte ihr das zufallen, wenn sie nur keck genug sein würde, die Rolle einer Hochstaplerin zu spielen und dem Platzmajor zu sagen, dass sie sich dem Amt gewachsen fühle.

Als sie beim Platzmajor eintraten, musterte dieser Anna mit einem sie nicht übermäßig hoch taxierenden Blick. Der Begleiter stand stramm und sagte: »Klein, aber oho, Herr Major!«

Anna dachte an die Kinder, an die Möglichkeit, in der neuen Stellung unter sauberen und auskömmlich ernährten Menschen leben zu können. Sie dachte an die für sie in dem Hotel bereite Wohnung. Und als sie gar die Summe des ihr gebotenen Gehaltes vernahm, da erinnerte sie sich unwillkürlich an die Studienschulden Alberts, die sie noch immer mitschleppten, und wie leicht es mit diesem Einkommen sein würde, den Klotz am Fuß abzuschütteln. Rasch entschlossen griff sie zu.

Aber sie konnte es sich doch nicht versagen, um einige Richtlinien zu bitten.

»Kann ich Ihnen nicht geben, gnädige Frau! Das eben ist ja Ihre Sache. In acht Tagen will der Generalfeldmarschall Meldung, dass die Schäfchen alle bei Ihnen untergebracht und verpflegt sind. Machen Sie's also! Aber ohne fromme Wandsprüche, bitte.«

Diese angehängte Bemerkung war der einzige positive Wink.

Anna musste sich mit technischen Fragen befassen, musste die Heizung des Riesenhotels von Öl auf Kohle umstellen lassen. Die Ölsonden in Campina und sonst im Lande waren infolge des Krieges zerstört. Sie musste einen Aufzug bauen lassen von der Küche in den Speisesaal und nach wenigen Wochen schon eine Riesenküche und eine entsprechende Speisehalle in Betrieb nehmen. Ach Gott, was musste sie nicht alles! Dabei verstand sie weniger als nichts von diesen technischen Fragen. Sie konnte sich nur auf ihren gesunden Menschenverstand verlassen und auf den Rat von Mitarbeitern und deren redliches Bemühen, die ihnen gestellte Aufgabe zu bewältigen. Es gab Stunden, da sie sich am liebsten in ein Kissen gewühlt und geweint hätte in dem Bewusstsein eigener Unzulänglichkeit, ja Ohnmacht. Aber da war wenig Zeit zum Weinen. Und im Krieg kann man ja alles. Ganz gleich, ob man es kann oder nicht.

Die Helferinnen

Das Heim war bald voll mit Bewohnerinnen, die aus Deutschland gekommen waren. Es waren Damen aus den höchsten aristokratischen Kreisen bis herab zu solchen einfacher Herkunft. Der Küchenbetrieb funktionierte. Es wäre beinahe alles in wundervoller Ordnung gewesen und gar nicht so ungeheuer schwierig, wie Anna es sich zuvor gedacht hatte, wenn – ja wenn es in einem Hotel lauter gleich schöne Zimmer mit lauter gleich eleganten Möbeln gegeben hätte und wenn Rumänien noch das Schlaraffenland gewesen wäre, als das man es vor seinem Eintritt in den Krieg gekannt hatte und als das es viele Helferinnen von ihren Verwandten und Freunden, den Offizieren, hatten rühmen hören. Aber Rumänien war im Sommer 1917 ein ausgeblutetes Land mit vielen Hungrigen, mit Fleisch-, Milch-, Brot- und Kartoffelkarten. Wohl war es im Helferinnenheim noch um vieles besser als in Deutschland um jene Zeit, aber es war bei weitem nicht so üppig wie in den Offizierskasinos. Die Zuteilungen an das Helferinnenheim waren wesentlich bescheidener und die verschieden geräumigen Zimmer, die mit und die ohne Balkon, blieben ein ewiger Zankapfel. Wie harmonisch war es dagegen bei ihren Flüchtlingen zugegangen! Sie waren so dankbar gewesen für jede Hilfe, für jeden Versuch einer Hilfe.

Anna hätte oft am liebsten die ganze Arbeit hingeworfen und wäre heimgefahren, es gingen ja wieder Züge nach Deutschland.

Natürlich hatte Annas neue Stelle auch viele Vorzüge. Dazu gehörte die moderne Wohnung mit einem eleganten Bad. Ihre Arbeit brachte sie mit vielen gebildeten Frauen in Kontakt, mit Menschen, die nicht nur in die rumänische Etappe gekommen waren, weil sie hier einen Freund hatten. Das Letztere war in Annas Augen weiß Gott nichts Tadelnswertes, wenn das Wort »Freund« seinen ihm zukommenden Wert auch wirklich hatte.

Viele der Damen waren gekommen, weil sie hier mehr verdienten und weil sie hofften, dass es doch möglich sein könnte, in Rumänien noch Lebensmittel zu kaufen und sie den Hungernden nach Hause zu senden.

Ein weiterer großer Vorzug von Annas neuer Stelle war, dass sie stets einen Wagen zur Verfügung hatte, eine »birja« mit zwei schönen schwarzen Pferden bespannt und einem jener glattrasierten Kutscher im langen blauen Samtmantel. Diese Kutscher gehörten einer russischen Sekte an, den »Lipowenern«.

Annas Lipowener war ein mehr als freundlicher und hilfsbereiter Mann. Von früh bis spät wartete er vor dem Haus, bis die cocóană irgendwo hingefahren zu werden wünschte. Sein größtes Entzücken war, wenn Annas Kinder mitgenommen werden konnten. Dann fuhr er ganz langsam und mit sichtlichem Stolz durch die Straßen und freute sich diebisch, wenn rumänische Kinder mit dem Finger zeigten und vergnügt riefen: »Uitite, Kleinele, vine!« (Schaut mal, das Kleinele kommt!) Dank seiner Vermittlerrolle hatten Isolde und das Kleinele, das war Sigrid, manche Bekanntschaft mit rumänischen Kindern schließen können.

Zu all diesen angenehmen Dingen kam noch, dass Anna so viel verdiente, dass sie eigens für die Kinder ein Mädchen nehmen konnte, eine liebenswerte junge Siebenbürgerin.

Besuch des Herrn Gouverneurs

Jedermann im Helferinnenheim war in Aufregung. Ein Inspektionsbesuch des Herrn Generalfeldmarschall von Mackensen und seines Stabes war angekündigt. Die im Heim wohnenden Damen wünschten, dass dieser Besuch auf den Abend verlegt werde, damit auch sie daran teilnehmen könnten, doch die von Anna durch das Telefon der entsprechenden Dienststelle vorgetragene Bitte wurde mit schallendem Gelächter quittiert.

Es kam jedoch nicht der Generalfeldmarschall, wohl aber der Gouverneur von Rumänien, Herr Tülff von Tscheppe und Weidenbach, mit einem glänzenden Gefolge.

Annas Kindermädchen hatte strenge Weisung, die Kinder um die Zeit des angesagten Besuches unsichtbar zu halten. Als aber Seine Exzellenz, der Herr Gouverneur, und nach ihm respektvoll seine Begleiter auf den Sesseln und Stühlen in und vor dem Büro Annas Platz genommen hatten, Seine Exzellenz nach einigem Räuspern ein paar wohlvorbereitete Sätze abzulesen begann, kam es stapf-stapf die Stiege herauf, und da standen die zwei kleinen Sünder in ihrer köstlich kindlichen Lieblichkeit und warfen das ganze Zeremoniell über den Haufen. Nachdem Seine Exzellenz ein leutseliges Lachen angestimmt und das Kleinele auf den Schoß gesetzt hatte, lachten die Herren Offiziere ebenfalls. Einer von ihnen nahm das Bild Alberts vom Schreibtisch und flüsterte Anna diskret zu: »Wohl der Herr Gemahl? Ist Offizier der Reserve, nicht wahr?«

Anna flüsterte zurück: »Mein Mann war Gefreiter.«

Erstarrten Gesichtes stellte der Herr Oberst das Bild an seinen Platz zurück. Von Annas »Herrn Gemahl« war mit keiner Silbe mehr die Rede. Es war, als ob es ihn nicht gebe, nie gegeben habe, obwohl hier zwei entzückende kleine Mädchen von seiner Existenz erzählten und dokumentierten, dass man sehr wohl nach ihrem Vater fragen dürfe, auch wenn er nur Gefreiter gewesen war.

Sorgen über Sorgen

Das Kindermädchen – sie hieß Maria – hatte eines Tages einen kranken Mund. Das wurde so schlimm, dass Maria nichts mehr schlucken und kaum mehr sprechen konnte.

Anna schickte das Mädchen zum Arzt. Diagnose: Syphilis.

Es war Anna, als wanke die Erde unter ihren Füßen. Das Kleinele, damals zweieinhalbjährig, hatte ein Bläschen im Mundwinkel. War das Kind angesteckt? Anna jagte von einem Arzt zum andern. Sie fuhr ins Lazarett wegen einer Wassermannschen Reaktion. Das Ergebnis war negativ. Das Kind war gesund. Eine turmhohe Sorgenlast war von Anna genommen.

Da harrte schon ein neuer Schrecken. Anna wurde auf ein deutsches Amt bestellt. Der Feldgraue nahm umständlich ein Schreiben aus der Mappe. Es sei aus der Moldau über Schweden in die Schweiz gekommen. Das Schweizer Konsulat in Jassy teile mit, dass Annas Mann Flecktyphus gehabt habe, dass es ihm nun aber besser gehe.

Anna wusste, was Flecktyphus ist. Ein vom Flecktyphus und gar ohne jegliche Pflege Genesener ist ein vom Tode Erstandener.

Von den sechs mit Albert in demselben Bauernhaus Internierten waren fünf an der Seuche erkrankt. Vier von ihnen mussten sterben. Der Einzige, der aus seinen Fieberdelirien wieder erwachen durfte, war Albert.

Eine liebe Freundin von Anna erwartete sie. »Weißt du nichts von ihm?«, fragte sie und meinte damit ihren Verlobten.

Anna konnte nicht gleich antworten.

»Gestorben?«, fragte die Freundin.

Anna nickte und sagte »Flecktyphus«. Er war einer von den vier anderen gewesen.

Anna ging hinaus aus der Stube. Auch die beste Freundin muss man allein lassen in einem solchen Augenblick.

Sigrid im Lazarett

Das Kleinele wurde krank: Ruhr. Das Kind musste ins Lazarett. Anna verbrachte ihre Zeit zwischen dem Heim und dem Krankenhaus. Jede Nacht war sie im Seuchenlazarett.

Die Kleine wurde liebevoll gepflegt. Was für ein ungewohnter Patient war das Kind zwischen all den Soldaten! Ein Anblick, der die Krieger weich und heimwehkrank stimmte.

Eine Bekannte, die Anna während der Krankheit Sigrids im Heim zeitweise vertrat, kam auf die menschenfreundliche Idee, den Helferinnen einmal etwas Außerordentliches zum Abendbrot zu bieten und ihnen damit eine besondere Freude zu machen. Sie ließ Omeletten backen.

Omeletten für mehr als 80 Personen, die alle zur selben Stunde essen wollten! Die Folge dieses Unternehmens war, dass viele Damen ihr Abendprogramm entweder ohne Essen beginnen mussten, oder dass sie zu spät zu ihren Verabredungen kamen.

Ein Sturm elementarer Gewalt brauste durch das Hotel. Die Bewohnerinnen telefonierten den dem Heim vorgesetzten Offizier herbei, damit der an Ort und Stelle sehe, was für eine Wirtschaft hier sei. Rädelsführerin der Revolution war eine Dame, die schon lange den Eindruck hatte, dass Annas Aufgabe als Direktorin eines solchen Heimes sehr viel besser durch jemanden von aristokratischer Herkunft gelöst werden könnte. Eine solche Dame könnte dann auch Klubabende mit den deutschen Offizieren einrichten, und es würde ihr leicht fallen, das Heim zu einem gesellschaftlichen Mittelpunkt zu machen. Außerdem könne eine Frau mit zwei Kindern am Hals sich doch niemals so restlos einsetzen, womit sie zweifellos Recht hatte. Dazuhin einen Mann zu haben, der es nicht weiter als bis zum Gefreiten gebracht habe, das schließe schon von vornherein ein Gleich auf Gleich mit Offizieren aus.

Anna hatte keine Kraft und auch keine Lust, gegen diese Brandung anzuschwimmen. Sie kündigte und studierte den Fahrplan nach Deutschland.

Da begegnete sie einem ihrer besten Freunde unter den Offizieren in Bukarest, dem Intendanturrat G. Er sagte: »Jetzt wollen Sie durchbrennen? Ausgerechnet jetzt, wo wir die Chance haben, Ihren Mann aus der Internierung loszueisen.«

Das Gerücht »Die Internierten kommen« war schon seit Wochen im Umlauf. Es kamen auch ein paar Männer, aber nur solche, die über 65 Jahre alt waren. Dazu aber gehörte Annas Albert leidergottseidank nicht. Trotzdem hatte Anna sich von dem Intendanturrat bereden lassen zu bleiben und eine neue Stelle anzunehmen. Aber schon nach wenigen Wochen gab sie diese wieder auf. Es war ja ganz gleichgültig, ob sie dort war oder nicht; darum wurde nicht mehr und nicht weniger gearbeitet. Es war ein Posten, der nur dazu geschaffen worden war, jemandem (in diesem Falle Anna) ein gutes Gehalt zahlen zu können. Anna schämte sich.

Dagegen nahm sie den Vorschlag des Intendanturrats an, ein Bekleidungsdepot für Helfer und Helferinnen zu leiten. Sie sollte Buch führen über das, was die Einzelnen von dieser Einrichtung schon bezogen hatten, wie viele Stiefelsohlen der oder die Hilfsdienstwillige zu verschleißen berechtigt sei, wann ein Kleid, eine Schürze, eine Hose, ein Mantel, ein Hemd bzw. Stoff zu diesen Dingen genehmigt werden könne.

Alles ging mittels vorgedruckter Formulare. Es war ein (zweifellos notwendiger) Bürokratismus ohnegleichen.

Natürlich war es auch hier völlig unmöglich, gerecht zu sein, geschweige denn, es allen recht zu machen. Anna war unglücklich. Ihr Zerrissensein übertrug sich auf die Kinder. Isolde ging zwar in die wieder eröffnete deutsche Schule, aber das Kleinele war unleidlich. Jeden Morgen, wenn Anna aufbrach, um in ihr Amt zu gehen, gab es eine Katastrophe. Joana, das zuverlässige rumänische Kindermädchen, wusste sich keinen Rat. Das Kind schrie so lange, bis Joana es an der Hand nahm und mit ihm zur Mutter wanderte. Fast jeden Vormittag tauchte Joana dort auf und erklärte dann kategorisch, dass sie keinen Tag länger bleibe. Aber die Gute blieb dann doch.

Ein Befehl Mackensens

Der Intendanturrat sagte zu dem seine Büros leitenden Beamten, einem Offizierstellvertreter aus Schlesien: »Sie haben jetzt die Aufgabe, unserer Frau Anna ihren Gatten herbeizuschaffen. Besorgen Sie ein Schreiben vom Generalfeldmarschall des Inhalts, dass der in der Moldau internierte H. im Austausch gegen den hier internierten Rumänen Br. dringend angefordert wird.« Solche Dinge waren nun möglich, da zwischen den Achsenmächten und Rumänien Friedensverhandlungen im Gange waren.

Herr Obst – so hieß der kommandierte Helfer – feixte und hängte sich ans Telefon. Nach zwei Tagen schon hatte er den Durchschlag eines Schreibens, unterzeichnet von Mackensen. Das Original sei an die rumänischen Behörden im Distrikt Moldau gegangen, das war an der russischen Grenze. In dem Schreiben war gesagt, dass der Internierte H. sofort nach Bukarest in Marsch zu setzen sei, wo er dringend benötigt werde. Nach seinem Eintreffen in Bukarest werde der von der rumänischen Behörde angeforderte Oberst Br. nach der Moldau entlassen werden.

Ungefähr zwei Monate später kam die Antwort, ein Internierter namens H. sei nicht dort. Die Nachforschungen würden aber fortgesetzt.

Wieder nach einer Woche kam die lakonische Mitteilung: »Der Internierte H. ist uns vor zwei Wochen entsprungen.«

Das Wort »entsprungen« klang unleugbar humoristisch, der Intendanturrat und sein Adlatus lachten darum auch ungehemmt. Erst als sie in Annas Gesicht blickten, hielten sie erschreckt inne. Anna war blass wie ein Gespenst. Zwei Wochen schon! War Albert auf der Flucht erschossen worden? Auf andere Weise umgekommen? Der Intendanturrat ordnete an, dass Herr Obst nichts anderes zu tun habe, als ausfindig zu machen, wo sich der Entsprungene befinde.

Ein Lebenszeichen

Ein aus der Internierung entlassener Alter brachte Anna ein Brieflein. Es war auf hauchdünnes Papier gekritzelt und nicht größer als drei Fingernägel breit, auch war es schon alt. Albert hatte es gekritzelt, als er wusste, dass er Flecktyphus hatte, aber noch ehe die furchtbaren Delirien eingesetzt hatten. Es begann: »Liebs, liebs Annerle, liebe Kinder, nicht dass ich sterben muss, ist so schlimm, aber dass ich euch in dieser schrecklichen Welt schutz- und mittellos zurücklassen muss«.

Der Mann hatte diesen Brief schon lange mit sich herumgetragen. Er hatte ihn unter der Brandsohle seines Stiefels geschmuggelt. Monate hatte es gedauert, bis er durch die Front gekommen war und Anna endlich gefunden hatte. Er wusste nichts von Albert, nicht einmal, dass er Flecktyphus gehabt hatte, gleich gar nichts natürlich davon, dass er entsprungen sei.

Anna fragte ihn, wie das denn sei mit dem Fliehen.

Er sagte, das sei praktisch unmöglich, man riskiere Kopf und Kragen.

Fähnchen am Telefon

Jeden Morgen, ehe Anna in ihr eigenes Büro ging, klopfte sie an Herrn Obsts Türe. Eines Morgens sagte er: »Nun?«

»Was, nun?«, fragte Anna gereizt.

»So sehen Sie doch!«

»Was soll ich denn sehen?«

Herr Obst deutete auf den Telefonapparat. Er war mit ein paar Fähnchen geschmückt. Der Unermüdliche hatte Albert gefunden. Er war in einem Quarantänelager in Galatz, also diesseits der Front. Dort sollte er noch sechs Wochen festgehalten werden.

»Mal sehen!«, lachte Freund Obst.

Nach zwei Tagen schon – dank dem Schreiben des Generalfeldmarschall von Mackensen, das Herr Obst jedem Widerspenstigen auf den vielen zu passierenden amtlichen Stationen und Bahnhöfen zwischen Galatz und Bukarest eindringlichst vorbuchstabierte – wurde telefoniert, dass Albert nach Bukarest in Marsch gesetzt worden sei.

Albert

April 1918. Es war zwei Uhr nachts. Anna stand auf dem Bahnsteig in Bukarest und wartete auf Albert. Er ging, einen Sack mit seinen Habseligkeiten über die Schulter geworfen, an Anna vorbei. Sie erkannte ihn nicht. Erregung hatte sie blind gemacht. Als sie eben zutiefst enttäuscht in die ihr vom Intendanturrat zur Verfügung gestellte Chaise steigen wollte, traf sie ihn.

Zu Hause angekommen, wachte das Kleinele auf. Das Kind fragte: »Wer ist der Mann?«

»Das ist doch der Vater«, antwortete der Heimgekommene schmerzlich bewegt. »Du kennst mich natürlich nicht«, fügte er bei.

»Morgen werde ich Sie höchstwahrscheinlich kennen«, antwortete der kleine Mensch. »Jetzt aber muss ich schleunigst schlafen. Mama kann nicht leiden, wenn ich nachts nicht schlafe.«

Sommer 1918

Noch immer war Krieg. Friedrich Naumann, der vorbildliche Demokrat, kam zu einer Vorlesung ins Athenäum nach Bukarest.

Sein Thema war »Das Wunder der deutschen Mark«. Gedacht war dieser Vortrag als eine Art Studium generale für die der Balkanarmee zugehörigen Studenten.

Atemlose Stille empfing den sympathischen Politiker. Was sagte er? Das Wunder der deutschen Mark, das die Bezahlung dieses ungeheuerlichen Krieges scheinbar zuwege bringe, sei kein Wunder. Es sei, so sagte er, mit dem deutschen Geld wie mit Tee: Man könnte ihn einmal, zweimal, dreimal aufgießen, und immer nenne man das Getränk noch »Tee«. Es frage sich nur, was für Tee diese vielfachen Aufgüsse seien. Genauso sei es mit der so genannten deutschen Wundermark. Sie sei viel zu oft verdünnt worden, um ernsthaft noch als Mark angesprochen werden zu können.

Als Albert und Anna das Athenäum verließen, sagte Albert: »Der Krieg kann nicht mehr lange dauern. Die hauchdünne deutsche Mark wird ihm das Lebenslicht ausblasen.«

»Oder umgekehrt«, meinte Anna. »Der Krieg wird der deutschen Mark das Lebenslicht vollends ausblasen. Gleichgültig! Hauptsache ist, der Krieg geht zu Ende und man darf wieder Mensch sein.«

Marschbefehl für Albert

Spätsommer 1918. Der Marschbefehl für Albert war gekommen. Albert war krank. Die obligate Balkankrankheit. Gottlob!, dachte Anna. Der Abmarsch wurde hinausgeschoben. Aber in wenigen Tagen würde das Fieber weg sein, Albert würde fort müssen, wenn nicht ein Wunder geschah, jenes Wunder, auf das Anna und auf das so viele, viele Menschen seit Jahren warteten, oder auf das sie schon gar nicht mehr warteten, weil sie jede Hoffnung verloren hatten. Wenn dieses Wunder auch jetzt nicht geschah, würde Albert wieder in den Krieg ziehen müssen. Welt ohne Vernunft! Welt ohne Trost!

Just in diesen Tagen war die mazedonische Front zusammengebrochen. Revolutions- und Waffenstillstandsgerüchte drangen von Deutschland auf den Balkan. Die Schornsteine amtlicher

Dienststellen in Bukarest rauchten und spien verkohlte Papierschnitzelchen aus. Aktenstöße und Tausende von Briefen und Briefchen wurden verbrannt. Kisten wurden vor den Gebäuden gestapelt. Mit schlecht verhehlter Schadenfreude beobachteten die Rumänen das Schauspiel. Anna musste in diesen Tagen fassungslos feststellen, dass das Wort »Der Friede bricht aus« viele hier in der Etappe mehr erschreckte, als 1914 die Kunde »Der Krieg ist ausgebrochen« hatte erschrecken können.

Albert brauchte dem Marschbefehl vorerst keine Folge zu leisten. Tausende drängten sich um die Litfaßsäulen, Zivilisten und Feldgraue.

Der Ausbruch des Friedens ließ jedoch lange auf sich warten. Albert musste doch marschieren. Welch ein Abschied! Er hatte sich an der mazedonischen Front, die gar nicht mehr existierte, bei irgendeinem Truppenteil zu melden.

Hohngelächter in Mazedonien

Albert wurde mit den von der mazedonischen Front zurückflutenden Truppen nach Bukarest geschwemmt. Hohngelächter hatte ihm geantwortet, als er sich bei dem Dienst tuenden Offizier gemeldet und gesagt hatte, dass er zur kämpfenden Truppe in Mazedonien zu stoßen habe.

»Diese Etappenhengste!«, hatte dieser ausgerufen. »Noch immer haben sie keine Ahnung von dem, was gespielt wird.«

Annas Mastsau

Anna hatte sich irgendwo ein Schweinlein mästen lassen. Sie hatte viel Geld dafür bezahlt. Der gute Intendanturrat versprach, es im Schlachthof gegen Speckseiten und Rauchwürste einzutauschen.

Zwei Feldgraue holten das liebe Tierchen aus seiner Pension ab. Unterwegs setzte sich Anna mit auf den Wagen. Sie war voller Neugierde und wollte von den Soldaten wissen, wie schwer schätzungsweise die Sau sei. Dann rechnete sie aus, wie viele Pakete sie von diesem Schatz an die Hungernden in Deutschland würde schicken können und wie viel sie für den eigenen Haushalt reservieren würde.

Die Feldgrauen sagten, schätzen könne da sehr fehlen. Sie kicherten. In wenigen Minuten werde man im Schlachthof sein, und sie könne dann das liebe Tier selbst taxieren.

Im Schlachthof angekommen, öffneten die Soldaten die Klappe des Lastwagens und schoben eine Planke herbei, auf der Annas Schwein seiner traurigen Bestimmung entgegenwatscheln sollte. Aber – es watschelte nicht. Hochbeinig und dürr wie ein Windhund und furchtsam, ja nervös eilte es die Planke hinab, begleitet von dem homerischen Gelächter der Soldaten und der das Tier erwartenden Schlächter. »Ein Windhund«, grölten sie. »Seht euch doch mal den Windhund an!«

Immerhin, der Intendanturrat hatte Anweisung gegeben, dass das Lebendgewicht des Tieres in Speck und Wurst umzutauschen sei. Diese Anordnung des sonst mehr als gewissenhaften Intendanturrats machte Anna stutzig. Wusste er bestimmt, dass die Etappenherrlichkeit tatsächlich zu Ende ging? Dass die vorhandenen Vorräte nicht würden mitgenommen werden können bei dem Rückzug aus Rumänien? Dass es gleichgültig war, wer diese Würste hatte? Dass er menschlicher handelte, wenn er sie jemandem zukommen ließ, statt sie bei dem zu erwartenden Wirrwarr sicherer Vernichtung auszusetzen?

November 1918

Die Etappenherrlichkeit war zu Ende. Das Gros des deutschen Heeres hatte Bukarest verlassen. Anna saß mit ihrer Freundin in einer Birja. Sie fuhren zum Proviantamt. Bei dem nun einsetzenden Chaos würde es schlimmer sein als zuvor. Wochenlang würde es nichts zu kaufen geben. Anna hatte vom Intendanturrat eine Anweisung an das Proviantamt auf Mehl, Zucker und Fett in der Tasche. Das Proviantamt war umlagert von hungrigem Volk. Sie alle wollten, nach Abmarsch der letzten Nachhut, sich an den zurückgelassenen Vorräten gütlich tun.

Anna und ihre Freundin gingen hinein. Alles könnten sie haben, zentnerweise Zucker, Kakao, Kaffee, Mehl, Fett, Teigwaren, Reis und so fort. Wenn sie nur wagten, es wegzubringen. Sie wagten es nicht. Mit leeren Säcken stiegen sie wieder in ihren Wagen. In einer Sekunde war dieser umzingelt von hungrigen, drohenden, von gefährlichen Menschen.

»Wir haben nichts«, sagte Anna. »Es ist noch alles drinnen. Ihr könnt alles holen. Gebt den Weg frei.«

Der Kutscher hieb auf die Pferde, sie rasten durch die zur Seite weichende Menge, Schüsse knallten.

In derselben Nacht stieß der das Proviant belagernde Mob einige Gierige in die Marmeladefässer, aus denen sie in ihre Eimer schöpfen wollten. Sie erstickten. Einer kämpfte gegen den andern. Schließlich steckte die wahnsinnig gewordene Menge das Proviantamt samt seinen köstlichen Vorräten in Brand. Es wäre doch sonst möglich gewesen, dass der eine mehr weggeschleppt hätte als der andere. So sollte lieber alles weg sein und niemand etwas davon haben. Dies schien den durch Entbehrung getrübten Gehirnen offenbar die größere, die sinnvollere Gerechtigkeit zu sein. Anna dachte an Alberts Hohes Lied auf die ratio.

Wieder interniert

Wenige Tage später. Anna wartete. Es war elf Uhr nachts, es wurde zwölf Uhr, Albert kam nicht. Statt seiner kam ein rumänischer Schutzmann und brachte ihr heimlich einen Zettel. Darauf stand: »Ich bin wieder interniert. Sobald ich über das Wo und das Wie Bescheid weiß, versuche ich, dir Nachricht zu geben. Vergiss in nächster Zeit die hilfreiche Einrichtung des ›bacsis‹ nicht. Sei vorsichtig.«

Die abermals verwaisten deutschen Frauen zogen zusammen in die deutsche Mädchenschule und machten gemeinsame Küche. Annas Speckseiten und Würste bewährten sich trefflich. Anna bekam ein winziges Stübchen. Es fasste genau ein Bett. Ihre beiden Kinder bettete sie in einen Waschbottich, der drüben über dem kleinen Flur stand.

Anna kauft sich eine Grippe

Es ist kein Scherz: Anna kaufte sich eine Grippe. Eine Bekanntmachung in der Zeitung besagte, dass alle, die Dienste bei der Deutschen Militärverwaltung genommen hatten, sich »zwecks Verbringung in ein Internierungslager« zu melden hätten.

Anna war entschlossen, diese Bekanntmachung zu ignorieren. Joana, die intelligente und ihr treu ergebene Rumänin, kam jeden Tag, um Anna und die Kinder mit dem zum Leben Notwendigen zu versorgen und ihr über die Stimmung in der Stadt zu berichten. Anna lebte in Angst, sie könnte jeden Augenblick von irgendwem entdeckt und der rumänischen Polizei gemeldet werden. Sie wurde jedoch von niemandem behelligt. Da wurde sie mutiger und machte mit den Kindern kleine Gänge in die

Stadt. In deren Begleitung fühlte sie sich sicher, denn die Rumänen waren kinderlieb. Man würde nur ihre Kinder sehen, spekulierte Anna, und sie hatte Recht. Außerdem passten Hass und Rachsucht nicht zu den Rumänen. Täglich wanderte sie zweimal mit den Kindern an der Aula der deutschen Oberrealschule vorbei. Dort war Albert mit seinen Kollegen auf das angenehmste interniert. Die Rumänen hatten damals den allergrößten Respekt vor studierten Leuten. »Stie carte« (er kann lesen). Darin lag mehr Ehrfurcht, als viele von uns jemandem gegenüber aufbringen, der mit dem Nobelpreis ausgezeichnet worden ist.

Allerdings verließ Anna ihre Behausung nie, ohne einen Laib Brot und ein Stück Speck unter den Arm geklemmt und genügend Geld zu sich gesteckt zu haben.

Bald wagte sie noch mehr. Die deutsche Kirche lag im Bereich der Schulanstalten. Der Gottesdienst durfte abgehalten werden. Fromm strebten die sonntäglich geputzten Menschen in das Gotteshaus. Auch Anna. Dort hinter der Orgel feierte sie stilles Wiedersehen mit ihrem internierten Gatten, der mit den anderen Internierten unter militärischer Bewachung in die Kirche geführt worden war. Die warmherzigen Rumänen wollten denen, die danach verlangten, die Segnungen der Religion nicht vorenthalten.

Keck geworden, wollte Anna noch von einer anderen menschenfreundlichen Einrichtung profitieren. Seit kurzem konnte man sich auf der Polizei Ausweise holen, die jeweils zu einem einmaligen Besuch internierter Angehöriger berechtigten. Auch Anna ging auf die Polizei. Als sie jedoch zum vierten Mal das Papier holen wollte, war auf der Präfektur ein rumänischer Leutnant, der völlig unerwartet die unangenehme Frage stellte: »Sind Sie nicht bei der Kommandantur angestellt gewesen?«

»Nein, Herr Leutnant.«

»Ich habe Sie doch auf der Liste.« Er kramte auf seinem Schreibtisch. In diesem Augenblick trat ein rumänischer Oberst ein, gefolgt von einigen anderen Offizieren. Der Leutnant schnellte auf, Anna aber erhob sich, die Sekunde wahrnehmend, mehr als bescheiden hinter den Herren zur Türe hinaus und lief was das Zeug hielt, nach Hause.

»Joana«, sagte sie, »schwören Sie, dass Sie meine Kinder nicht verlassen werden, bis ich oder mein Mann aus der Internierung zurück sind.«

Joana schwor. »Aber«, sie zwinkerte mit den Augen, »Sie haben ja Grippe, cocóană! Marsch ins Bett!«

Anna wehrte sich. Sie habe keine Grippe. Joana aber sagte: »Ich verstehe mich besser darauf. Klein und harmlos fängt es an, und plötzlich ist man gestorben. Ich suche einen Arzt, einen Grippespezialisten.«

Joana packte ihre Herrin ins Bett, lief in die Stadt und hatte nach kurzer Zeit Name und Adresse eines Arztes und Dozenten an der Universität erfahren, der bereit war, Anna auf Grippe zu untersuchen. Das Certifikat (Zeugnis) koste aber 100 Lei und keinen Bani weniger.

Anna erhob sich und wickelte sich in dicke Tücher. Damit Hals und Brust bei der bevorstehenden Untersuchung wenigstens Reizungen aufweisen konnten, hustete sie auf dem Weg zum Doktor und Dozenten ausgiebig. Die Kunst des Hustenkönnens hatte sie ja schon im zarten Kindesalter geübt. Diese von ihr sich selbst auferlegte Strapaze hatte den Vorzug, dass alle Leute in weitem Bogen vor ihr auswichen. Wer wollte sich im Herbst 1918 angesichts der gefährlichen Grippeepidemie auf der ganzen Erde einer Ansteckung aussetzen? Wegen des Doktors und Dozenten hätte sie sich die Husterei nicht abzuquälen brauchen. Der menschenfreundliche Mann schrieb ohne jegliche Untersuchung innerhalb zweier Minuten eine eindrucksvolle Bestätigung von Annas gefährlicher und sehr ansteckender Erkrankung. Von einer Internierung sei wegen der großen Ansteckungsgefahr abzuraten.

Anna zahlte 100 Lei, bedankte sich vielmals, eilte nach Hause, legte sich ins Bett und befragte das Thermometer. War sie nicht vielleicht doch ernstlich krank? Ihr war so heiß, und vom mühsamen Husten taten ihr Zwerchfell und Rippen weh. Der Silberstreifen zeigte auf 37,1 Grad.

Vorbereitungen für die Heimreise

Albert und Anna – Albert war nach wenigen Wochen aus der Internierung entlassen worden – wollten mit dem österreichischen Gesandtschaftszug Richtung Heimat reisen. Man wusste nicht genau, wann er gehen würde, man wusste nur, dass er fahren werde.

Anna hatte schon lange vor dem Zusammenbruch alles Geld von der Bank abgehoben. Es sollte ihnen nicht noch einmal so gehen wie beim Eintritt Rumäniens in den Krieg, dass ihr Guthaben auf der Bank sequestriert wurde. Es waren beträchtliche Ersparnisse, die sie jetzt hatten. Alberts Gehalt war rückwirkend für zweieinhalb Jahre nachgezahlt worden. Dazu war Annas Einkommen zu addieren, das sie für ihren und der Kinder Unterhalt und trotz der Rückzahlung von Alberts Studienschulden nicht aufgebraucht hatte.

Wie aber diesen Wohlstand über die Grenze bringen?

Damals waren für Damen die hohen Schnürstiefel Mode. Anna trennte die ihrigen oben am Schaft auf, legte Bündel rumänischer Banknoten hinein und nähte sie wieder zu. Sie hatte stattliche Waden. Sigrids Hampelmann war auch ein Objekt, das man polstern konnte, und Isoldes »Bruder Jansen«, die Holländer-Puppe mit den Pluderhosen. In Alberts Stiefeln, in dem Kopfkissen für die Nächte im Eisenbahnzug, überall war der Mammon versteckt.

Februar 1919

Die Familie stand mit Rucksäcken und Koffern auf dem Bukarester Bahnhof. Was nicht in diese Behälter hineingezwängt werden konnte, musste zurückbleiben. Die Kinder hatten eine Adresse umhängen für den Fall, dass sie in dem Wirrwarr dieses Reiseabenteuers verloren gehen sollten.

Der Zug des österreichischen Gesandten, mit dem sie reisen durften, fuhr unter Bewachung Turbane tragender algerischer und marokkanischer Soldaten. Niemand durfte sein Abteil verlassen. Abgesehen von ein paar Kleiderläusen, die sich aus den Polstern des Zuges an die Familie heranmachten, war die Fahrt wohl zu ertragen.

Der Zug war geheizt, die Fenster waren ganz. Aber in Wien gerieten die Flüchtlinge in das Gebiet des Hungers, eines namenlosen Elends. Tausende umlagerten den Zug. Sie wollten die Koffer tragen, beim Hotelsuchen helfen, sie boten ein Nachtquartier an. Was boten diese Menschen nicht alles – um ein Stück Brot.

Milliardärin – Schuldnerin

In einer kleinen Stadt

Anna und ihre Familie lebten nun im Neckartal in einer kleinen Stadt mit all ihren liebenswerten und lästigen Eigenarten. Albert hatte die ihm hier angebotene Stelle angenommen, weil an dem Ort auch gleich eine Wohnung zu bekommen war. Sie war klein und unbequem und dazuhin sehr dunkel, aber es war wenigstens ein Zuhause. Alberts angeborene und infolge des durchlittenen Flecktyphus gesteigerte Sensibilität nahm zu. Er litt unter Menschennähe, die an einem kleinen Ort unvermeidlich ist. Seine Schlaflosigkeit und seine Verwundbarkeit steigerten sich ins Unerträgliche. Er musste Urlaub nehmen und fuhr für zwei Monate in die Berge.

Heiteren Gemütes kam er zurück, und Anna wagte etwas zur Sprache zu bringen, was sie schon lange quälte. Noch immer nämlich lagen die in Stiefeln und Puppen geschmuggelten 12 000 Lei in einem Versteck in der Schlafstube. Anna wollte sie umwechseln und zur Bank bringen.

Albert widersprach. Und wie Recht hatte er damit! Er sagte, ein rumänischer Lei scheine ihm immerhin noch sicherer zu sein als eine deutsche Mark. »Aber«, fügte er hinzu, »wie du meinst, Annerle«, und beugte sich über das mit mathematischen Hieroglyphen übersäte Blatt Papier. Anna trug das Geld zur Bank. Was für ein Reichtum in dem Sparbuch!

Bald darauf machte sie noch einen kühneren Vorstoß. Es war auf dem Spazierweg. Sie hatten lange über Individualismus und Sozialismus gesprochen. Nun war eine kleine Pause eingetreten. Alberts Gedanken spannen sichtlich weiter an der Frage, ob sich Individualismus und Sozialismus zu widersprechen brauchen, oder ob die Entwicklung zum Sozialismus nicht die naturgemäße Folge des Strebens nach Individualisnus sei, weil jeder Mensch so frei wie möglich, das heißt eben Individualist sein und den Gesetzen seiner eigenen Wesensart gehorchen wolle.

Anna nutzte diese Pause stiller Reflexionen. Sie pirschte sich an Albert heran mit einer Überlegung, die vom Abstrakten weg und hin zum Konkreten führte. »Du hast Recht«, sagte sie. »Wir beispielsweise haben uns doch ziemlich erwärmt für den Sozialismus, eben weil wir Individualisten sind, weil wir unser Leben leben wollen, weil wir wollen, dass jeder Mensch menschenwürdig sollte leben können.«

Bis dahin hörte Albert beifällig zu. Als Anna jedoch fortfuhr: »An der Neuffener Straße werden jetzt Reihenhäuser gebaut ...«, fing er an unruhig zu werden. Sein Gesicht zuckte. Anna fuhr mutig fort: »Ich habe sie angesehen. Hübsch, sage ich dir! Gesund, geräumig genug. Eines kostet 14 000 Mark. Wir könnten es bar bezahlen.«

Albert blickte sie entgeistert an. »Du sollst doch nicht so erschrecken«, sagte Anna. »Aber unsere Wohnung ist doch mehr als ungenügend, sie ist eng und ungesund.«

»Ein Haus, ein Haus willst du kaufen. Das ist ja ...«

»Ich denke, es wäre wunderschön.«

»Nie!«, rief Albert. Sein Gesicht zeigte Merkmale des Entsetzens. »Bauen? Ein Haus bauen oder kaufen? Das würde bedeuten, dass wir während der ganzen Zeit nichts anderes mehr denken könnten als Backsteine, Zinsen, Geld, Handwerker, Zement und Mörtel! Ich will aber anderes denken dürfen, solange ich noch jung bin und im Vollbesitz meiner geistigen Kräfte.«

»Ich würde es doch übernehmen, die Unruhe, meine ich«, bettelte Anna.

»Das würde doch nur heißen, dass du für nichts mehr Sinn und Zeit haben würdest. Dass wir nicht mehr in Ruhe diskutieren könnten. Außerdem, ein Haus hier würde bedeuten, dass ich in diesem Kleinstädtchen bleiben müsste, wo Hinz und Kunz einen kennt, wo man, sobald man aus seiner Schale kriecht, von allen Seiten angesprochen wird und mit allen gleichgültigen Leuten belangloses Zeug sprechen muss. Nie, nie!«

Anna bat: »Du sollst dich doch nicht so aufregen, es war nur eine Idee von mir. Außerdem könnten wir das Haus doch wieder verkaufen, wenn ...«

Albert hielt sich die Ohren zu. »Hausbauen, Hausverkaufen, brrr! Welche Unruhe! Kannst du das nicht verstehen? Wenn du mich nicht verstehen kannst, wer soll mich dann verstehen?«, fügte er gequält bei.

Anna ließ das Thema endgültig fallen. Für eine Sekunde stieg Bitterkeit in ihr auf. Hatte das Geld, mit dem das Haus bezahlt werden könnte, nicht sie mitverdient? Heute noch würden sie die Studienschulden Alberts als Klotz am Fuß mitschleppen, wenn sie während der zwei Jahre nicht gearbeitet, verdient und gespart hätte.

Aber war all das eigentlich wichtig? Es war nicht wichtig. Es ging ihr ja nicht ums Rechthaben-Wollen. »Vergiss es«, sagte sie und streichelte über seine Schulter. »Bestimmt werden wir irgendwo ein besseres Zuhause finden, auch ohne die Aufregungen, selbt bauen zu müssen.«

»Ich kann nun mal keine Ellbogen machen«, sagte er und blickte sie schuldhaft an. Dann fragte er sie: »Bist du mir gram darum?« Wie sollte sie ihm gram sein! Abgesehen von den Ellbogen, die er nicht machen konnte, konnte er ja auch keine krummen Wege, nicht einmal ein leicht gebogenes Weglein gehen, ohne dass dies in der Sekunde von seinem Gesicht abzulesen war. Bauen, Haus kaufen, Haus verkaufen aber brachten viele Schwierigkeiten, die irgendwie bewältigt werden mussten, oder denen man auf Umwegen würde ausweichen müssen.

Die Mark saust – Anna saust mit

Anna war auf der Bank und wartete auf die Minute, da der Beamte sagen würde: »Das Gehalt des Herrn Studienrat ist angezeigt.« Mit ihr warteten viele andere, denn von einer Stunde zur nächsten sauste der Wert der Mark ins Bodenlose. Anna setzte sich nach Empfang des ganzen Geldes auf ihr Fahrrad und fuhr zu einer zwanzig Kilometer entfernt liegenden Fabrik, wo es dem Hörensagen nach Leinenstoff zu kaufen geben solle, oder in eine andere Richtung, wo angeblich ein Schuhmacher noch Schuhsohlen zu vergeben habe, oder in eine Metzgerei, wo man den Gerüchten nach, wenn man zeitig da war und Glück hatte, mal eine Leberwurst ohne Marken erwischen konnte. Damit waren dann die Tausende, die Millionen, die Milliarden wieder ausgegeben.

Es war unausbleiblich, dass Nachbarsleute hinter ihren sie verbergenden Scheibengardinen, die bezeichnenderweise »Neidhammele« hießen, auf Annas Rückkehr von der Hamsterfahrt lauerten. Wenn sie ein Päckchen auf den Gepäckträger geschnallt oder gar eine sichtlich nicht leere Milchkanne an der Lenkstange des Fahrrades baumeln hatte, dann öffnete sich ein Fenster nach dem anderen, und ernst zu nehmende Männer wollten über das Was und Wo Bescheid wissen.

Ob nachfolgende Generationen jemals erfassen können, wie das damalige Leben nur mittels ungeheurer Geldsummen, die doch kein Geld waren, mühsam gefristet werden musste? Anna dachte, wahrscheinlich wird man es nach Jahren und Jahrzehnten selber nicht mehr begreifen können. Das Kapital Alberts und Annas beispielsweise, das vor zwei Jahren noch zur Bezahlung eines Hauses gereicht hätte, war zerplatzt wie eine Seifenblase. Als Anna die Summe abhob, konnte sie noch drei Semmeln dafür kaufen.

Kurzgeschichten

Anna begann wieder zu schreiben: Kurzgeschichten, Plaudereien und pädagogische Betrachtungen. Über die letzteren ärgerten sich Isolde und Sigrid. Es war ihnen mehr als peinlich, dass ihre Mutter von pädagogischer Weisheit triefte, wie sie sagten. Ihre Kameraden hänselten sie, wenn der Mutter Name in einem solchen Zusammenhang in der Zeitung stand. Außerdem – so opponierten sie – erwarte man von ihnen, dass sie Musterkinder seien, und das sei ihnen wirklich zu lästig, um nicht zu sagen zu dumm. Anna ließ die Pädagogik fallen.

Aber sie hatte eine Kurzgeschichte an eine Schweizer Zeitung verkauft und dafür in einem Brief das fürstliche Honorar von 25 Schweizer Fränkli erhalten. Das war Geld! Ehrfürchtig beschaute es die Familie. Selbst Albert, der Nicht-Materialist, empfand bei dem Anblick das Behagen soliden Wohlstands. Und als Anna sagte, dass sie mit diesem Geld eine gebrauchte Schreibmaschine erstehen könne, da wehrte er heftig ab. 25 Schweizer Franken seien heute ein Vermögen. Jeder Bauer würde einem Butter und Milch dafür verkaufen. Eine Schreibmaschine aber sei totes Kapital. Die Anschaffung wäre Unsinn, am allerwenigstens sollte man die kostbare Reserve echten Geldes dafür verpulvern. Wer denn überhaupt darauf schreiben wolle?

»Ich«, sagte Anna, ging hin, erstand die Schreibmaschine und machte sich daran, Maschinenschreiben zu erlernen. Die dunkle Wolke, die daraufhin ihr sonst so heiteres und im tiefsten einiges Verhältnis mit Albert überschattete, verflüchtete sich bald wieder. Anna schmeichelte: »Manchmal, weißt du, manchmal möchte ich etwas gern selbst entscheiden dürfen, dann nämlich, wenn ich ganz sicher bin, dass ich Recht habe.«

Urania, die Schreibmaschine, lebt, wenn auch etwas klapprig, heute nach 50 Jahren noch. Anna bedenkt die gute Alte oft mit einem zärtlich dankbaren Blick.

Aus dem »Tagebuch einer Mutter«

Im August 1922 wurde Sohn Rudolf geboren. Die ganze Familie verfolgte gespannt die kleinen täglichen Fortschritte des neuen Erdenbürgers. Anna begann, sie in einem Tagebuch festzuhalten. Sie führte es gewissenhaft vier Jahre lang. Dieses Tagebuch – es wurden 130 Schreibmaschinenseiten – erschien später in Fortsetzungsfolgen in der Baseler National-Zeitung und wurde von mehreren anderen Zeitungen nachgedruckt. Anna erhielt viele Zuschriften von Müttern, die sich angesprochen fühlten.

Einige Auszüge seien hier wiedergegeben. R. H.

13. Oktober 1922

Rudolf ist nun achteinhalb Wochen alt. Das Bemerkenswerteste scheinen ihm zurzeit seine winzigen Händchen zu sein. Weiß der kleine Bursch, dass das Ding, das da vor seinen Augen fuchtelt, zu ihm gehört, dass es ein Stück von ihm selbst ist? Nein, er weiß es nicht. Die siebenjährige Sigrid sagt: »Er ist doch noch grenzenlos dumm.«

Das Händchen fährt auf seinem Stiel bald hierhin, bald dorthin. Rudolf rollt die Augen und verfolgt das merkwürdige Ding. Er wird erregt, wenn das sonderbare Spielzeug so unberechenbare Sprünge macht, wenn es einmal nach oben, dann nach unten schnellt. Sein Atem geht in raschen Stößen und seine Augen sagen: »Ich werd doch endlich mal dahinter kommen! Warte nur!« Aber das Händchen wartet nicht. Plötzlich ist es weg. Es hat sich unter die Decke verirrt und Rudolf sucht und sucht. Er dreht den Kopf nach allen Seiten, seine Augen rollen auf und ab. Augen und Händchen kommen trotz dieser gewaltigen Anstrengung nicht mehr zusammen.

23. Oktober 1922

Weiß er, was so tönt, wenn er schreit? Nein. Denn er hört seinem eigenen Gebrüll mit Interesse zu. Oft bricht er das Geschrei jäh ab und horcht. Wenn dann alles still ist, so fängt er wieder an zu schreien und ist sichtlich befriedigt, die für ihn so angenehmen, interessanten Töne wieder zu hören. Rudolf schreit auf drei Arten: aus Schmerz, aus Ärger und aus Langeweile.

Sein Händchen ist ihm immer noch wichtig. Er sieht es an mit gerunzelter Stirn, gleich einem grübelnden Philosophen. Wie er aber das Pätschchen dreht und wendet und nach ihm zappelt: Er kann das Geheimnis immer noch nicht ergründen.

23. November 1922

Isolde sagt: »Rudolf ist ein glatter Schorsch!« Das ist höchstes Lob. Warum auch nicht? Der »Schorsch« trägt ja nun eine Latz mit feinen Spitzen drum und dran. Seine Reden werden länger. Allmählich zwingt er alle Konsonanten und Vokale, die es gibt (und auch solche, die es nicht gibt), in seinen Sprachschatz. Wenn er anfängt zu »reden«, so ist es wie eine Wurst, die nimmer aufhört. Alles was er kann, gurgelt er heraus. Er ist sehr stolz auf seine Leistung.

Jetzt hat er seine Händchen entdeckt. Sie gehören nun zu ihm. Er versucht mit ihnen zu greifen. Oh Tücke aber, wenn er eines mit dem anderen packt. Dann sind beide gefangen. Er möchte sie wieder frei machen, denn er braucht sie ja so nötig. Er fuchtelt mit den gefangenen Gliedchen, weiß nicht aus noch ein und wird wild. Da! Plötzlich fahren sie auseinander. Rudolf ist benommen von dem Teufelsspuk, verblüfft und ... das Spiel beginnt von neuem.

27. November 1922

Die Welt ist unvollkommen. Denn der Mensch will zu einem Genuss noch einen Genuss. Und wenn es ihm gelungen ist, zwei Genüsse zu verbinden, so möchte er einen dritten, einen vierten dazuhäufen. So auch Rudolf. Rudolf trinkt und schmatzt an der Mutter Brust. Aber ewig auf den braunen Kittel der Mutter, ewig dasselbe Stuhleck und immer den gleichen Stubenwinkel sehen zu müssen, das ist abscheulich langweilig. So trinkt er drei Schlucke – brrr! –, fährt weg und wendet sich der Welt zu, seiner Welt, die da unterhaltend und mannigfaltig hinter seinem Rücken liegt. Er lacht zu der Lampe hinüber, tut wieder drei Schlucke und blinzelt vertraut und sehr bekannt seinen Wäscheständer an. So halten wir Mahlzeit. Und wenn die Mutter ein energisches Wörtlein mit dem jungen Genießer redet und ihn mit würdigen Worten zur Sammlung ermahnt, so lacht der Schelm, und die Mutter lacht auch. Sie dreht dann den Stuhl, dass der Naseweis an ihr vorbei in seine Welt gucken kann, und die Fütterung geht weiter ... bis irgend ein Ton, eine Stimme an das kleine Trommelfell schlägt und der Winzerling vor Erstaunen Mund und Augen aufreißt und völlig vergisst, wozu er eigentlich auf der Mutter Schoß liegt. Wehe aber, wenn die Mutter Anstalt macht, die Tafel aufzuheben! Das ist unerhört und kann von dem Jüngling nicht geduldet werden. Der Wert der Mutterbrust steigt in dieser Sekunde ins Ungemessene. Rudolf ist empört. Denn: Hat er nicht sein

Recht auf der Welt, wie jeder in sie Hineingeborene? Sein Recht auf behagliche Atzung und auf Weidung aller Sinne?

30. Dezember 1922

Brüderle ist goldig! Selbst in seinem Zorn ist er es. Ist der Aufruhr seines Gemüts verebbt, so lacht er die Mutter an mit einem milden, verzeihenden Lächeln. Er will sagen: »Ich bin dir nun wirklich nicht mehr böse, dass ich so zornig war!«

Ja, das Kerlchen versteht schon mancherlei vom Leben. Insbesonderheit vom Lachen. Er lacht wie ein Schelm, er lacht aus unmittelbarer Freude an etwas und er lacht verzeihend. Das aber ist das Allernetteste.

19. Juni 1923

Böse Zeiten! Schlimme Zeiten! Krankheit und Sorgen! Düstere Wolken! Mutloses Dahinleben!

Aber nun, nun ist das Lazarett wieder aufgehoben. Alles steht wieder auf den Beinen und freut sich seines Daseins. Sogar Sohn Rudolf kennt kein wonnigeres Vergnügen, als auf seinen Beinchen zu strampeln. Reiner Genuss strahlt aus seinem Gesichtchen in solchen Augenblicken.

28. Juni 1923

Rudolf läuft allein. Mutter ist glücklich. Sie verschließt ihre Ohren gegen bedenkliche Worte mancher Freunde über früh entwickelte Kinder und deren nachweislich kurze Lebensdauer. Sie hält sich vielmehr an den jubelnden Stolz des kleinen Mannes, der die Welt mit jedem Tag mehr erobert.

30. Juni 1923

Darf man einen »Welteroberer« einsperren? Sicherlich nicht. Aber Mutter hat zuweilen die respektlose Gewohnheit, den »Eroberer Rudolf« einzukasteln, ihn in ein Gitter zu stellen, das nur ein paar armselige Schrittchen im Geviert zulässt und nirgends einen Durchschlupf bietet. Auch heute tut sie das. Und obgleich Schmerz, Wut, edle Empörung den kleinen Wicht schüttelt, geht Mutter hinaus. Erst nach einer Viertelstunde, als Rudolf immer noch brüllt, tritt sie wieder ins Zimmer. Sie hat Erdbeeren in der Hand und denkt: »Gleich wird er still sein«, denn um so eine rote »Bw« (wie er sagt) könnte er schier sein Leben lassen. Rudolf aber hat Charakter. Er nimmt die sonst begehrte Frucht nicht, er tut, als ob sie überhaupt nicht vorhanden sei. Durch Schreien und Stampfen gibt er deutlich zu erkennen, dass Freiheit das einzige wertvolle Gut sei, *das* Gut nämlich, aus dem die Möglichkeit für andere vom Leben gebotene Genüsse und Freuden erst abgeleitet werden kann.

So nimmt die Mutter den Freiheitskämpfer schließlich aus dem Ställchen und tut nun aber ihrerseits so, als ob der Bursche sowieso keine Beere, sondern nur die Ungebundenheit wolle. Kaum ist Rudolf jedoch seinem Gefängnis entronnen, erinnert er sie sofort daran. »Bw! Bw!«, ruft er aufgeregt, packt einen Finger der Mutter und zieht sie so an den Tisch, wo das Tellerchen mit den Prestlingen steht. O Freiheit, ewiges Menschheitsideal!

7. September 1923

Er ist eine erfreuliche Erscheinung in dieser notvollen Nachkriegszeit. Sein Sprachschatz umfasst nun schon ein Dutzend Worte, und täglich kommen zwei, drei neue dazu. Das macht stolz. Seinen Papa liebt er zärtlich. Besonders wenn der Papa den Hut aufsetzt und zur Türe schreitet. Dann saust der kleine Wicht herbei. »Bawa! Bawa!« Zärtlich und hingebungsvoll haucht er es und klammert sich an »Bawas« Rockschöße. Wehe aber, wenn »Bawa« unbeirrt seines Wegs geht und das Anhängsel abschüttelt! Dann runzelt Rudolf die Stirne. Er sagt dann »Ba*b*a!« und legt tiefe Verachtung in das Wort. Seine Mienen erklären, was sein Mund noch nicht sprechen kann. Sie sagen: »Was? So ein Lump bist du? So ein gemeiner Kerl? Gehst allein spazieren und lässt mich hier? Nein, so ein Ba*b*a ist nichts für Rudolf!«

1. Oktober 1923

Der Junge ist ein großer Simulant. Wenn man fragt: »Was ist das?«, so wird er auf jeden Fall antworten. Selbst wenn er durchaus nicht weiß, was es ist, so murmelt er etwas in »seinen Bart«. Irgend ein paar Laute, die dann jeder nach seinem Belieben deuten kann, die aber durchaus nichts zu bedeuten haben. Mein Gott! Er wird doch kein Dummkopf sein? Nur Dummköpfe verstehen alles, wissen alles, können alles ...

26. Oktober 1923

Die notwendige tägliche Reinigung ist oft ein Kapitel für sich. Rudolf schätzt sie gar nicht. Erträglich wird die Prozedur nur, wenn Mama ein Lied dabei singt. Das muss aber jeden Tag ein anderes sein. Das Waschen bleibt im anderen Fall die scheußliche Angelegenheit, die sie eben ist. Wenn aber Mama das richtige Lied trifft, dann kratzt der Schwamm nicht, und die Seife beißt auch nicht, und es ist auch gar nicht so übel, mit der Bürste auf dem Kopf gefummelt zu werden. Geduldig lässt Rudolf alles geschehen. Er hat vollauf zu tun mit Horchen.

Wehe aber, wenn Mutters Phantasie versagt und sie Rudolf ein Lied bietet, das er schon oft gehört hat! Dann ist Rudolf brutal. Er wehrt sich mit der Kraft eines Mannes gegen die Segnungen der Reinlichkeit, und Mama hat dann zu beweisen, dass sie immer noch die Stärkere ist, dass mit Gewalt rein nichts gewonnen wird, dass *Recht* vor Gewalt kommt. Denn: Hat eine Mutter nicht das Recht, ihren kleinen schmierigen Lausbuben einem zivilisierten Menschen ähnlich zu machen?

Mitte der Zwanzigerjahre

27. Oktober 1923

Rudolf ist ein kleiner, besser: ein großer Faulpelz. Wie schwer kommt er manchmal zum selbständigen Spielen! »Schön spielen, Rudolf!« So tönt dann die Stimme der Mutter mahnend durch den Raum. Endlich »spielt« Rudolf. Er klopft mit dem Hammer an das Klavier. Oder er wirft den Apfel zum Fenster hinaus und klettert aufs Gesimse, um nachzusehen, wohin er verschwunden ist. Oder: Er holt Eierschalen und andere Abfälle aus dem Kehrichteimer. Oder: Er untersucht den Ruß im Herd. Die Mutter wehrt entsetzt: »Aber Rudolf! Das darf man doch nicht!« Nun wird Rudolf wild. Zornig schimpft er mit allen Konsonanten und Vokalen, die ihm zu Gebote stehen. Mutter versteht sein »Lied ohne Worte«. Es heißt: »Da sagt man immer ›spiel, spiel!‹ Hundertmal am Tage ruft man: ›Rudolf, spiel!‹ Wenn Rudolf dann endlich was Vernünftiges spielt und arbeitet, so schilt man, entzieht ihm sein Gerät und tut, als ob er weiß Gott was verbrochen hätte! Da soll ein Mensch noch klug draus werden!«

20. Oktober 1923

Rudolf hat eine hässliche Gewohnheit. Er »maunzt« oft anscheinend grundlos vor sich hin. Auf Mutters strenge Mahnung: »Rudolf, nicht maunzen«, kommt prompt zur Antwort »Papa«. Offenbar meint er, es sei Papas Vorrecht, das Maunzen abzumahnen. Anna fällt es nicht leicht, das Lachen zu unterdrücken und dem Burschen klar zu machen, dass es keine Gewaltenteilung bei erzieherischen Maßnahmen im Hause gibt.

23. November 1923

Rudolf ist ein unartiger Bub. Er räumt Mutters Schreibtisch aus, er bohrt sein Fingerchen in das Loch im Wachstuch und macht »ratsch« (reißen). Er spuckt auf den Boden und malt mit dem Finger schöne Zeichnungen aus dem Tröpfchen. Wie der Blitz ist er auch auf Sofa, Sessel, Stühle geklettert und kräht stolz wie ein Gockel ... Alles Dinge, die verboten sind für ihn und durch die er sich trotz der friedliebenden Einstellung seiner Eltern zuweilen ein Klopferchen auf sein massives Hinterteil verdient. Rudolf kommt nun auf den genialen Gedanken, die Reihenfolge umzukehren. Er nähert sich dem Schreibtisch und sieht die Mutter fragend an. »Ja«, sagt er schließlich, »ja«, hält der Mutter seine hintere Front hin und bedeutet ihr, dass sie zuklopfen möge, womit er sich das Recht, den Schreibtisch ausräumen zu dürfen, zu erkaufen glaubt. »Warum soll ich das Vergnügen mit schlechtem Gewissen genießen?«, denkt der kleine Mann. »Erst bezahle ich dafür und habe hernach das gute Recht, mich in all' die interessanten Fächer zu wühlen, die Papiere, Hefte, Bleistifte, Gummis, die Federn und Schachteln herumzustreuen und wieder reinzustopfen und ungeheuer wichtig dabei zu arbeiten. Niemand kann mir dann was anhaben! Habe ich nicht für die Lust im Voraus schon gebüßt?«

Ach, Rudolf findet keine »Worte« für die Summe von Empörung, die ihn befällt, als die Mutter das Hinterteil nicht benützt, wie vorgeschlagen, dass sie nicht auf diesen durchaus reellen Handel mit dem Sohn eingeht, sondern kurzerhand den Schlüssel am Schreibtisch abzieht und ihn in der Schürzentasche verschwinden lässt. In blindem Hass gegen die Welt stößt er seinen Kopf auf den Boden, so als ob er am liebsten einer solchen Welt wieder entfliehen möchte, eine Welt, die kein Verständnis dafür hat, wenn ein Mann auf anständige Weise etwas verdienen will. Eine Doreckswelt ist das!

Im Tagebuch findet sich kein Hinweis auf die schwierigen Zeitumstände. Man hat den Eindruck, als habe sich die ganze Familie, vor allem aber Anna, ausschließlich der Freude über das Wachsen der Fähigkeiten des Kleinen gewidmet und den Bedenklichkeiten darüber, wie man seinen Unarten begegnen sollte.

Dass es sich nicht um idyllische Zeiten handelte, ist aus den Episoden zu ersehen, die meine Mutter vierzig Jahre später in dem nicht veröffentlichten Manuskript »Ein Bilderbuch« festgehalten hat.

R. H.

Ein Schöppchen Milch

Anna kann Rudolf nur mangelhaft ernähren. Rudolf ist zudem ein fauler Strick. Er mag sich nicht anstrengen um das, was ihm aus der Mutter Brust – wie er wohl denkt – ganz von selber zufließen sollte. Es ist ihm viel interessanter, seinen Kopf zu drehen, hierhin, dorthin, wo in der Stube wohl etwas anderes zu sehen wäre als der langweilige braune Kittel der Mutter. Es ist ein Problem, den faulen Burschen zu ernähren.

Noch immer muss man »hamstern«. Die »Mark« ist zwar genau bei einer Billion wieder »Mark« geworden. Aber den Kühen und Hühnern ist das gleichgültig. Ihre Lieferung an Milch, Butter, Eiern hält sich in dem seitherigen Rahmen. Bis der Ablieferungspflicht Genüge getan ist, bleibt nicht viel übrig.

Albert teilt sich mit Anna tapfer in die Aufgabe, das Notwendige herbeizuschaffen. Der Erfolg dabei ist jedoch nicht dazu angetan, sein Selbstvertrauen zu stärken. Meist sind bei seiner Rückkehr die Taschen leer. Er sei »lebensuntüchtig«, sagt er verzweifelt. Das, was man im Leben heute brauche, das könne er nicht: Geld richtig anlegen, ein Haus kaufen, Eier, Milch und Mehl hamstern. Das aber, was er wirklich ganz ordentlich könne, nämlich einen philosophischen Gedanken logisch zu Ende denken, das wolle kein Mensch wissen.

Anna muss viel trösten. Es ist ihre tiefe Überzeugung, dass Albert die höhere Intelligenz eignet und die wertvolleren moralischen Eigenschaften und dass, wenn einmal diese verrückte Zeit vollends durchgestanden sein würde, auch Philosophie und Ethik wieder gefragt sein werden.

Im Übrigen hat sich die tägliche Sorge um das Schöppchen Milch für den zarten Rudolf verflüchtigt. Als Anna um dieses »Schöppchen« an der Tür eines jüdischen Viehändlers anklopfte, entschied dessen gütige Frau: »Ich weiß, wie einer Mutter zu Mute ist, wenn sie um ein Kind bangt.« Ihr Blick streifte dabei in unbeschreiblicher Trauer die vergrößerte Fotografie ihres im Krieg gefallenen Sohnes. »Solange Ihr Rudolf so zart und anfällig ist, trinken wir unseren Kaffee schwarz.« Sprach's und schüttete die für das Familienfrühstück zurückbehaltene Milch in Annas Kanne. »Sie dürfen jeden Morgen kommen«, fügte sie hinzu und winkte Annas Dank ab.

Schriftstellerei mit Schwierigkeiten

Annas Schreibtisch stand in dem kleinen Zimmer, das an die Stube grenzte, in der Rudolf spielen sollte. Sollte! Es war Anna unmöglich, sich durch Schließen der Verbindungstür von Rudolf zu isolieren. Also blieb die Tür offen. Alle fünf Minuten – das schien ihm schon eine endlos lange Zeitspanne zu sein –

kam er zur Mutter gelaufen, um ihr etwas zu erzählen oder etwas zu fragen. »Aber Büblein, du sollst mich doch nicht immer stören, wenn ich schreibe«, sagte die Mutter nervös, worauf Rudolf beruhigend versicherte: »Ich pass schon auf, Mamale. Ich schwätz bloß, wenn du lachst oder die Feder eintunkst, gar nicht, wenn du schreibst.«

Die vier Roserkinder

Dank der großmütigen Rücksichtnahme des kleinen Rudolf, die schreibende Mutter nur in ein Gespräch zu verwickeln, wenn sie die Feder in das Tintenfass eintunkte, gedieh das kleine Buch mit dem obigen Titel. Eines Tages konnte Anna den Schlusspunkt darunter setzen. Was aber tun damit? Es kam ein Tag, ein glorioser Tag, an dem diese einfachen, heiteren Geschichten als Buch in einem hübschen Kleid auf Annas Schreibtisch lagen. Es war ihr feierlich-glückselig zumute, kaum anders als in den Augenblicken, da sie ihre leiblichen Kinder geboren hatte.

Stuttgart

Alberts Wunsch, in einer großen Stadt leben zu dürfen, wo man trotz der vielen Menschen sozusagen inkognito bleiben konnte, war im Herbst 1927 in Erfüllung gegangen. Die Familie lebte nun in Stuttgart in einer Dachstockwohnung mit sechs schrägen Zimmerchen. Es war eine äußerst trauliche Wohnung, die darüber hinaus genügend Raum bot. Beim Darinnenwohnen aber zeigte sich ein Kardinalfehler. Unten im Haus war eine Bäckerei. Der bei Tag und Nacht warme Kamin führte durch das Schlafzimmer der Kinder, dessen Fenster ohnehin nach Süden geschlagen waren, und Fensterläden zum Aussperren der Sonne gab es nicht. Das Dach war nicht isoliert, und die Hitze in den niederen kleinen Stuben zuweilen unerträglich. Besonders in den Schlafkojen der Kinder war wegen des Kamins oft eine tropische Temperatur. Wenn Anna des Nachts eintrat, lagen alle drei bloßgestrampelt, Stirne und Körper aber waren übersät mit Schweißperlen. Isolde begann zu husten und war tagsüber matt.

Anna sagte zu Albert: »Wir müssen eine andere Wohnung finden.«

»Mir gefällt die Wohnung, ich fühle mich sehr wohl hier«, war seine Antwort.

»Mir gefällt sie auch, aber es ist wegen der Kinder.« Und sie sprach von der ungesunden Temperatur in den Kinderzimmern. Albert meinte, Anna übertreibe. Sie solle doch nicht immer schwarz sehen. Das mit dem Husten Isoldes sei eine Erkältung, wie jeder Mensch sie gelegentlich habe. Da Anna schwieg, etwas, das viel schlimmer war für Albert, als wenn sie auf sein Argument gleich ein Gegenargument gesetzt hätte, fügte er milde bei: »Aber wenn du meinst, Annerle? Vielleicht findest du eine

Die vier Roserkinder

Geschichten aus einem Waldschulhaus

von

Anna Haag

1891

Verlegt bei Eugen Salzer in Heilbronn
1926

1926 erschien Annas erstes Buch, »Die vier Roserkinder«. Ihre eigene Jugend bildete den Stoff für die »Geschichten aus einem Waldschulhaus«.

Zöpfeflechten gehörte in Nürtingen zur täglichen Übung. Zwischen Anna und Albert die große Isolde, ihre Schwester Sigrid und vorn Rudolf. Aufnahme von 1926.

gesündere Bleibe für uns. Obwohl – es ist schade für das, was wir hier haben.«

Anna stimmte zu, dass es schade sei, sehr schade, aber sie machte sich auf die Wohnungssuche – und fand nichts. In einem geeigneten Augenblick ließ sie wieder das Wörtlein »bauen« fallen. Sie war grausam, sie wusste es, aber es ging um die Kinder. Isolde hustete noch immer, war müde und hatte erhöhte Temperatur.

Albert und Anna hatten eigentlich nie Streit. Wenn sie verschiedener Auffassung waren, tolerierte der eine des anderen Meinung. Meist waren das auch keine Angelegenheiten, die eine unmittelbare Entscheidung verlangten. Man konnte sich

Zeit lassen und gelegentlich noch einmal darüber sprechen. Dann fanden sie meist, dass die Standpunkte sich einander annähern ließen. Und was die Weltanschauung betraf, die Beschriftung einer Wertetafel, nach deren Inhalt man leben sollte, so war Albert hier von Anfang an wegweisend gewesen. Aber in dieser Frage? Da ging es eben um Bauen oder Nichtbauen. Heute wie damals sagte Albert: »Ich will das Geld greifbar haben. Wenn ich zum Beispiel eine Reise machen möchte, dann will ich zur Bank gehen und mein Guthaben abheben können. Oder wenn eines von uns krank würde? Eine Operation nötig hätte? Woher sollten wir das Geld nehmen? Oder wenn ich Bücher anschaffen möchte? Oder wenn wir uns ein Theaterabonnement leisten wollten? Kurz, ich halte das Bauen für eine Gefangenschaft, in die wir uns freiwillig begeben würden. Wir wollen doch freie Menschen bleiben, Annerle!«, schloss er und besiegelte dieses Vorhaben mit einem Kuss. Damit war das Thema philosophisch beleuchtet und für ihn erledigt. Da nach philosophischer Durchleuchtung eines Problems Anna sich in der Regel seinen Schlussfolgerungen anschloss, konnte Albert annehmen, dass dies auch in dem zur Debatte stehenden Fall gelte. Er ging an seinen Schreibtisch zurück und gab sich beruhigt und in dem stolzen Gefühl, ein freier Mann zu sein, seinen Untersuchungen über die Möglichkeit eines Gottesbeweises auf naturwissenschaftlicher Grundlage hin.

Anna aber tat etwas unerhört Eigenmächtiges: Sie wanderte einen Hügel hinauf und kaufte einen Bauplatz. Er lag an jenem sonnigen Hang, mit dem sie als »Daheim« für ihre Kinder schon lange geliebäugelt hatte. Sie handelte so eigenmächtig in der Hoffnung, dass Albert sie nicht in der Öffentlichkeit bloßstellen würde. Er hatte sie ja noch nie im Stich gelassen. Im Gegenteil, wann immer Annas rasches Temperament sie etwas Ungeschicktes hatte tun oder sagen lassen, hatte er zu ihr gehalten und, wenn nötig, sie herausgepaukt. Freilich, das mit dem Bauplatz war eine ungeheuerliche Handlung! Aber hatte Anna nicht schon oft erlebt, dass sie Albert zu seinem Glück zwingen musste? Dass er am liebsten am Gewohnten, Althergebrachten festhielt, statt etwas Neues zu wagen? Wie war das mit den steifen Kragen gewesen und den Trikothemden? Ums Leben hatte er sich nicht davon trennen wollen. Und wie hatte er dann die modernen Hemden mit den weichen Kragen und Manschetten genossen! Oder die Sache mit den Schnürstiefeln? Sie waren Anna und den heranwachsenden Töchtern ein Dorn im Auge gewesen. Schließlich hatte er in ein Paar Halbschuhe eingewilligt, aber schwarz mussten sie sein und mindestens zwei Nummern größer als notwendig, denn er hielt nichts von verkrüppeltem Fußwerk. Doch dieses Paar war nur ein Übergang gewesen. Bald hatte er angefangen, normal passende Schuhe zu tragen und sogar welche von brauner, ja von hellgrauer Farbe.

So würde es auch mit dem geplanten Haus gehen. Eines Tages würde es Albert unmöglich sein, sich vorzustellen, wie er es in der Unfreiheit einer Mietwohnung hatte aushalten können.

Anna hatte nicht falsch spekuliert: Albert setzte seine Unterschrift unter den Kaufvertrag. Es gab zwar in der Folge einige gewitterschwüle Tage im Haus. Albert schwitzte nachts wieder mehr und zuweilen sah er aus, als ob er auf dem Gang zum Schafott wandle. Schließlich aber zählen jene Tage, die man in einer Verstimmung hinbringt, nicht zu den wirklich gelebten Tagen. So führte Albert noch einmal eine Aussprache herbei. Er sagte: »Wenn ich mehr Talent hätte, solche praktischen Dinge zu meistern, würde ich mich gar nicht so dagegen stemmen, Annerle.« Das war der Augenblick, der Anna völlig überwältigte. Impulsiv sagte sie: »Ich will dir ja alles abnehmen. Ich werde es schon schaffen.«

Das Honorar

Der Briefträger brachte Anna 125 Mark. Auf dem Abschnitt der Postanweisung stand: »Honorar für ...«

Einhundertfünfundzwanzig Mark! Einen solchen Zuschuss im letzten Viertel des Monats hatten sie noch nie erlebt. Sie lief zum Fleischer, kaufte zwei Pfund Kalbfleisch und ein Pfund Ochsenfleisch. Eine Klößlessuppe und ein duftender Braten durften heute nicht fehlen. Zu Hause angekommen, schlug sie das Kochbuch auf. Sie hatte aus ihrer Jugend eine wundersame Erinnerung an eine Haselnusstorte bewahrt. Heute oder nie war der Tag, diese Erinnerung aufzufrischen und sie ihren Kindern zu vererben.

»Man schlägt zwölf Eiweiß zu einem steifen Schnee ...« Der Schrecken lähmte für eine Sekunde ihren Tatendurst. Zwölf Eier! Unwillkürlich begann Anna zu rechnen. Aber das Honorar fiel ihr ein. Sei's drum. Sie lächelte glücklich und klopfte das erste Ei in die Schüssel.

Das Entzücken Alberts und der Kinder war vollkommen, als sie am Mittag hungrig nach Hause kamen. Anna hatte mit Absicht einen Spalt bei der Küchentüre offen gelassen, so dass der Flur voll wunderbarer Wohlgerüche war. Ein vielstimmiges »Ah« kündigte die Ankunft der Familie an. Als Albert bei Tisch sein Mundtuch entfaltete, entfiel diesem der Postabschnitt. Nun hatte er des Rätsels Lösung.

Am anderen Tag fand Anna, dass der Hut Alberts sozusagen »unmöglich« sei. Von einer Form konnte man bei diesem Ungetüm überhaupt nicht mehr sprechen. Doch davon wollte Anna schließlich absehen, denn Albert war ja ein ganz anderer Mann als andere Männer. Warum sollte sein Hut nicht eine andere Form haben als gewöhnliche Männerhüte? Was ihr aber plötzlich außerordentlich peinlich war, das war die abgegriffene Vor-

Renate und Brigitte

ROMAN ZWEIER MÜTTER VON ANNA HAAG

Eine junge schwäbische Schriftstellerin, Verfasserin beliebter Jugendbücher, journalistisch tätige Frau, tritt erstmals mit einem größeren Roman vor die Oeffentlichkeit. Er wird mit Berechtigung Aufsehen erregen.

Ein hellseherisches Experiment, über dessen Ernsthaftigkeit die Beteiligten sich nicht klar sind, deckt rätselhafte Geschehnisse vergangener Jahre auf. Zwei Frauen, Renate und Brigitte, werden aus der Bahn ihres Daseins geworfen; sie sehen ihr eigenes Geschick und das ihrer Söhne bedroht. Anzeichen merkwürdiger Art deuten darauf hin, daß die beiden Kinder in der Geburtsklinik verwechselt wurden. Eine Lösung tritt erst nach harten äußeren und inneren Kämpfen ein.

Interessante Menschentypen, wechselnde Landschaften, eine Fülle lebhafter Beobachtungen zeichnen den in jedem Augenblick fesselnden Roman besonders aus. Er

erscheint ab morgen
im Stuttgarter Neuen Tagblatt

Anna verfasste eine Anzahl von Fortsetzungsromanen für Zeitungen. Hier eine Vorankündigung aus dem Stuttgarter Neuen Tagblatt vom 12. Februar 1932.

Sie gestatten, daß wir Ihnen schon heute Fräulein Ursula Becker aus Staffelberg vorstellen. Von morgen an werden Sie nämlich täglich von ihr hören, denn Ursula ist die Heldin des neuen „LNN"-Romans. Sie ist selbstverständlich eine überaus charmante Frau, hat das Herz auf dem rechten Fleck, und wir sind sicher, daß zwischen ihr und unserer Lesergemeinde von der ersten Begegnung an herzlichste Freundschaft herrschen wird. Sie verdient aber auch wirklich alle Zuneigung, die tapfere Ursula. Denn keineswegs ist sie nur auf Rosen gebettet, im Gegenteil, das Schicksal zaust sie manchmal recht arg. Mehr jedoch wollen wir nicht verraten von dem höchst spannenden Roman dieser ganz allein in der Welt stehenden Frau, die sich so wacker durch alle bitteren Erfahrungen des Lebens und durch die Wirrnisse des eigenen Herzens schlägt. Aus Freud und Leid und wieder Freud ist das Werk Anna Haags gemischt, so, wie es der verwöhnte Leser wünscht.

Die Leipziger Neuesten Nachrichten druckten Annas Fortsetzungsroman »Ursula macht Inventur«, der nie als Buch erschienen ist.

Am Schreibtisch, um 1930

derseite. Das ging auf keinen Fall mehr, selbst wenn diese Tatsache auf große Höflichkeit des Hutbesitzers schließen ließ.

So dirigierte Anna Albert am Nachmittag in ein Hutgeschäft. Albert verlangte »einen guten, billigen Hut«. Anna jedoch stach gleich beim Eintritt in den Laden ein silbergrauer Velour in die Augen. Sie bat ihren Eheherrn, diesen zu probieren. Er wollte nicht, denn er hatte entdeckt, dass dieses Gedicht von einem Herrenhut 45 Mark kostete. Um jegliche Versuchung auszuschalten, entschloss er sich rasch für einen rauen, haarigen grüngraubräunlichen Filz.

»Probiere doch wenigstens«, bettelte Anna. Endlich gab er nach. Als er sich im Spiegel besah, wurde er schwach wie eine Frau. »Wir können es doch«, flüsterte Anna ihm zu. »Die Mehrausgabe trägt das Honorar.«

Die Familie verlebte die folgenden Tage in gehobener Stimmung. Insbesonders war Anna die Erinnerung an das Honorar allgegenwärtig. Im steten Gedanken daran war es bald ein halbes Pfund Butter, bald ein Pudding, bald ein Blumenstöckchen, das glückliche Gesichter machte und die Feststimmung erhielt. Bei jeder dieser Überraschungen dachte man gemeinsam und dankbar an das Honorar, wenn man auch nicht mehr davon sprach.

Es war eine Woche später, als die Kinder merkwürdig erregt nach Hause kamen. Ein heftiger Wunsch brannte in ihren Augen. Anna erfuhr, dass die Klassen fotografiert werden sollten. Ob sie je ein Bild nehmen dürften? Es koste nur drei Mark. »Dreimal drei Mark« rechnete Anna. Ihre Stirn legte sich in Falten. Da begann Sigrid – noch immer das »Kleinele« genannt – bang und stockend: »Mamale, könnte man es denn nicht vom Honorar bezahlen?«

Was tun? Anna konnte nicht widerstehen. »Gut«, sagte sie, »aber von jetzt ab kann das Honorar nichts mehr leisten, verstanden?« Trotz der Freude wegen der genehmigten Bilder huschte ein Schatten über die Gesichter. »Das Eslein-streck-dich« war plötzlich ein ganz gewöhnlicher Esel geworden. Das war traurig.

Am Abend kam Albert vergnügt nach Hause. Schmunzelnd wickelte er aus einem Päckchen eine entzückende Bluse. »Das hast du schon lange nötig«, sagte er. Das »Aber«, das sich auf Annas Lippen drängen wollte, fing er mit einem Kuss auf. »Du sollst auch etwas von deinem Honorar haben, nicht nur wir anderen.« Anna dankte gerührt. Am anderen Morgen jedoch sandte sie nach sorgfältigem Kassensturz die Bluse ins Geschäft zurück mit dem Bemerken, sie passe nicht und Anna werde zu gegebener Zeit selbst vorbeikommen.

Auf an die blaue Adria

Der Baugrund war schon ausgeschachtet, da bestellte Anna im Überschwang ihres Glückes Prospekte für mögliche Sommerreisen. Albert sollte keine Minute unter dem Empfinden leiden müssen, ein »Unfreier« zu sein, nicht mehr reisen zu können oder sich in seiner wissenschaftlichen Arbeit gehemmt fühlen, weil er nun im Begriff war, ein eignes Haus zu bauen, ein »Gefängnis für sich selbst.« Die ganze Familie reiste darum in »sträflichem Leichtsinn«, wie viele es nannten, nach Omisalj auf der Insel Krk. Natürlich schüttelten auch die nächsten Verwandten den Kopf über eine solche Weltfremdheit. Die Strafe dafür konnte nicht ausbleiben. Aber – was wissen Onkel, Tanten, Schwäger und Schwägerinnen über seelische Vorgänge anderer! Dass eintausend ausgegebene Mark in diesem Falle viele Tausende wert waren, konnte ja auch niemand wissen. Auf jeden Fall, das blaue Meer, die Sonne, die salzerfüllte Luft, die Schafskäsekugeln und die Trauben – zwei Hauptbestandteile ihrer Ernährung – taten allen gut. Anna hatte sich von den Vermietern auf dem Umweg über ein halbes Dutzend Sprachen die Erlaubnis erwirkt, an Abenden gelegentlich ein Stück Fleisch in deren Küche braten zu dürfen, nicht auf einem Herd, das gab es dort noch nicht, aber auf einer offenen Feuerstelle.

Aus all diesen Gründen hatten sie billig gelebt, hatten aber nach sechs Wochen die Heimreise trotzdem mit geleerter Börse antreten müssen. Das war nicht anders geplant gewesen. Anders geplant gewesen war indessen das mit Rudolf. Der kleine Mann war in dieser Zeit gerade sieben Jahre alt geworden. Als der dalmatische Schaffner den Pass besah, sagte er: »Eine halbe Fahrkarte ist bis zur Grenze nachzuzahlen.«

Zunächst war nicht zu übersehen, ob die verschiedenen Geldbeutel der Familie noch so viel hergeben würden, dass des

An der Adria, 1929

Bürschleins Billett bezahlt werden konnte. Doch siehe da, es reichte. Der Schaffner bestand freundlicherweise nicht nur auf Silbermünzen, er akzeptierte auch deutsche Nickel. Der Familienwohlstand reichte sogar noch zu einem Paar heiße Würstchen, die Albert auf dem Bahnsteig erstand und von welchem er seine Familie reihum abbeißen ließ.

Das grün-schwarz Gestreifte

Das Haus stand, die Familie war eingezogen. Alle blühten auf, ausgenommen Anna. Sie saß täglich stundenlang vor einem grün-schwarz gestreiften, langen, schmalen Buch an ihrem Schreibtisch. Rechts davon war ein Bündel Papiere und links ein anderes. Die Papiere rechts waren Rechnungen, Rechnungen! Rest-Rechnungen von Maurer, Zimmermann, Maler, Installateur, Elektriker, Tapezierer, Plattenleger und wie die tüchtigen Männer alle hießen, die dieses behagliche Daheim für sie und die ihr Anvertrauten geschaffen hatten.

Sogar Zentralheizung hatte das Haus und wenn Anna die Rechnung dieses Handwerkers in die Hand nahm, übersonnte ein glücklich-dankbares Lächeln ihr sorgenvolles Gesicht. Was für ein Fortschritt von rauchenden Stubenöfen und überhitzten Zimmern zu dieser bequemen Methode, das ganze Haus mit einer gleichmäßigen Temperatur zu versorgen!

Die Zettel links des Grüngestreiften waren vollgekritzelt mit Zahlen, Zahlen! Endlose Leitern von zu addierenden Einzelposten. Anna addierte und addierte. Immer war das Resultat verschieden und immer fing sie wieder von vorne an, Tag für Tag. Dann hörte sie Schritte. Es war Albert. Blitzschnell verschwand das Grüngestreifte in der Schublade. Nichts außer ihren überanstrengten Augen und den ihren Kindern äußerstes Unbehagen verursachenden roten Flecken am Halsausschnitt verriet, dass ihre Seele nicht im Gleichgewicht ruhte. Das Haus war viel teurer geworden, als der Voranschlag gelautet hatte. Warum sollte auch gerade dieses Haus eine Ausnahme von der Regel machen? Aber wenn das das Einzige gewesen wäre, das Albert und Anna zu meistern hatten! Da waren die schrecklichen »Brüning-Prozente«! Die Notverordnungen, mittels derer sich der damalige Reichskanzler gegen ein Übergreifen der um jene Zeit einsetzenden Weltwirtschaftskrise auf

Deutschland zur Wehr zu setzen versuchte. Jene Notverordnungen, dank derer die Beamtengehälter die Schwindsucht bekamen. Da waren außerdem die Maßnahmen zur Kapitalverknappung, die die Zinsen auf 13 Prozent in die Höhe schnellen ließen. Lauter wohl gemeinte Eingriffe in die Wirtschaft, die aber die grauenvolle Arbeitslosigkeit höher und höher anschwellen ließen. Die Kaufkraft der Massen schmolz wie Butter an der Sonne. Dies wiederum zwang die Produzenten zu äußerster Vorsicht. Wer will auch produzieren, wenn er annehmen muss, dass er seine Ware nicht verkaufen kann?

Das Haus in Feuerbach, vom Garten aus gesehen

War es ein Wunder, dass Annas Vorausberechnungen nirgendwo stimmen wollten? Mit einem wesentlich kleineren Einkommen sollten doppelt so hohe Zinsen gezahlt werden. Diese deflatorische Geldpolitik bereitete Anna schlaflose Nächte. Die Inflation, in der das Geld von Minute zu Minute weniger wert wurde und schließlich so nichtswürdig geworden war, dass mit den Millionen- und Milliardenscheinen die Wände tapeziert werden konnten: dieses Erleben war in seiner schauerlichen Unwahrscheinlichkeit und seinen grausamen Folgen wach in der Erinnerung vieler. Aber nun? Welche Geißelhiebe schmerzten mehr, die der durchgestandenen und Armut hinterlas-

Annas Mutter Karoline Schaich, geb. Mergenthaler, um 1930

senden Inflation oder die der Deflation, die Armut und Not auf dem entgegengesetzten Weg züchteten?

Anna rechnete und rechnete, denn da waren ja auch die ständig wachsenden Ausgaben für die in der Ausbildung begriffenen Töchter. Sie verriet ihrem Eheliebsten nicht, dass sie zu zittern begann, wenn sie den Gasableser dem Haus zustreben sah oder wenn der Briefträger kam. Konnte er nicht wieder eine Rechnung bringen, an die man nicht gedacht oder deren mutmaßliche Höhe man zu niedrig eingeschätzt hatte?

Eines Tages saß sie wieder vor dem grün-schwarz Gestreiften, obwohl sie wusste, dass sie dadurch weder Herrn Brüning würde beschwören können, doch keine weiteren Gehaltskürzungen vorzunehmen, noch Banken in die Arme fallen, um sie daran zu hindern, die Zinsen weiter in die Höhe zu schrauben. Diese völlig unfruchtbare Rechnerei war eine Zwangshandlung geworden, der sich zu entziehen Anna nicht mehr die Kraft hatte. Da trat Albert in ihre Stube. Sein Gesicht zuckte. Sichtlich lag ihm der Vorwurf auf den Lippen: »Du hast ja gegen meinen Willen das Bauen erzwungen!« Aber das Leiden seines Annerles war zu echt. Wie könnte er es durch Rechthaberei noch mehren wollen! Wozu war er denn da, wenn nicht dazu, dieses Annerle, das er doch noch immer so lieb hatte wie eh und je, vor

Sorge und anderer Unbill zu beschützen? Er sagte: »Von heute ab werde ich die Geldgeschäfte übernehmen. Du sollst dich nun überhaupt nicht mehr darum kümmern und kein bisschen sorgen müssen.« Sprach's, klemmte sich das grün-schwarz Gestreifte unter den Arm, nahm die Geldkassette, raffte das Bündel unbezahlter Rechnungen zusammen und stieg hinauf in seine Studierstube.

Annerle ließ es gerührt geschehen, aber sie wusste zu gut Bescheid, als dass sie dadurch, dass das grün-schwarz Gestreifte nun ein Stockwerk höher seine faszinierend giftige Anziehungskraft ausübte, alle Sorgen über Bord hätte werfen können.

Rund drei Wochen war das Kontobuch in Alberts Studierstube. Dann trat er mit ihm und der Kassette und dem flatternden Bündel Rechnungen wieder in Annas kleines Arbeitszimmer. Schüchtern-unglücklich sagte er: »Würdest du es nicht wieder übernehmen?«

Natürlich wollte Anna die Entwirrung dieses Knotens weiterhin versuchen. Sie war dankbar glücklich, dass Albert sie für tüchtig genug hielt. Ihr Selbstvertrauen wuchs in dieser Minute, sie fühlte Riesenkräfte und bestimmt würde sie an der Aufgabe nicht mehr verzweifeln.

Vorzeichen

Neunzehnhunderteinunddreißig. Trotz der Brüningschen Notverordnungen, dem damit verbundenen Gehaltsabbau und der unheimlichen Akrobatik der Zinssätze wurde das Bündel der unbezahlten Rechnungen kleiner. Albert hielt von Zeit zu Zeit einen Radiovortrag über philosophische Probleme, auch Annas Plaudereien wurden gelegentlich gesendet. Diese bescheidenen Sondereinnahmen, verbunden mit konsequenter Sparsamkeit an entbehrlichen Dingen, halfen die Situation so zu erleichtern, dass die Kinder ihre Ängste vor den roten Flecken an

Anna und Albert in den frühen Dreißigerjahren

Mutters Hals hätten abschütteln dürfen. Aber die breite Heiterkeit, wie sie ehedem im Hause waltete, konnte nicht mehr oder nur noch selten aufleben. Vorzeichen einer schlimmen Entwicklung häuften sich. Beispielsweise waren da die Dutzende täglicher Bettler und Hausierer, eine Folge der ins Unheimliche wachsenden Arbeitslosigkeit. Anna legte täglich eine halbe Mark beiseite für diese Gäste. Wenn sie ausgegeben war, *musste* Schluss sein. Aber regelmäßig wiederholte sich Folgendes: Es klingelte, Rudolf ging zur Tür. Mit hochroten Backen und schwimmenden Augen kam er zurück. Verlegen sagte er: »Mama ... es ist *so* ein armer alter Mann! Er verkauft Mottenkugeln ...«

»Wir können allmählich selber handeln mit Mottenkugeln. Außerdem, das Geld ist ausgegeben ...«

»Schon ..., aber ich dachte ..., weil er doch so ein armer alter Mann ist ...« Wenn die Mutter festblieb, was ihr, weiß Gott, schwer genug fiel, dann konnte der Junge das Sicherste, das Verlässlichste in seinem Leben, die Mutter, nicht mehr begreifen. Die Welt wankte in ihren Grundfesten.

Die Lawine rollt

Wie eine Lawine rollte es heran. Albert und Anna stemmten sich dagegen. Trotz allen Kleinmuts diskutierte vor allem Albert immer wieder leidenschaftlich mit Freunden, die versuchten, sich selbst anzulügen und in der »Bewegung« etwas Gutes zu sehen. Anna setzte ihren Namen auf ein von der »Internationalen Frauenliga für Frieden und Freiheit« publiziertes Plakat und übernahm seine Versendung in andere Städte des Landes. Gulbransson hatte das Bild entworfen. Es zeigte in erschütternder Ehrlichkeit das wahre Gesicht eines möglichen Krieges.

Im geheimsten Winkel ihres Herzens wussten Albert und Anna längst, dass alle Gegenwehr vergeudete Kraft, vergeudetes Hoffen war. Und doch konnten sie es nicht lassen, immer wieder einen Versuch zu machen, gegen den Strom zu schwimmen und andere mitzureißen. Je deutlicher es wurde, dass das Verhängnis nicht aufgehalten, dass der Menschheit diese Qual und Schande nicht erspart werden konnte, umso besessener wurde Albert von den damit zusammenhängenden Vorstellungen. Er konnte nichts anderes mehr denken, sein Gehirn ging unentwegt dieselbe Bahn. Es gab keine Mahlzeit mehr im Familienkreis ohne *das* Thema. Die Stimmung war mehr als gedrückt.*

* In meiner Erinnerung waren es die beiden ersten Jahre *nach* Hitlers »Machtergreifung«, für die die folgende Schilderung der Stimmungslage bei den Mahlzeiten im Hause zutraf. (R. H.)

Da war die ständige Gereiztheit, der permanente Zorn des Vaters über den Gang der Dinge. Daraus ergab sich wiederum die Unmöglichkeit für die Kinder, zu Hause etwas von ihren jugendlichen Erlebnissen zu erzählen. Sie wurden scheu, denn fast immer hingen diese Erlebnisse ja irgendwie mit dem zusammen, was damals als »Umbruch« von den meisten Jugendlichen offenen Herzens und in edler Opferbereitschaft angenommen wurde. Eines nach dem anderen der Kinder entfloh sofort nach den Mahlzeiten, bei welchen nur der Vater redete und zwar zornig und erfüllt von den düstersten Ahnungen. Das war auf die Dauer für die jugendlichen Seelen eine schwere Belastung, zerbrach ja Anna beinahe daran. Dass da mit einem Mal keine Minute mehr sein sollte, in der man seine Gedanken davon lösen durfte, das war auch für die so Heitere eine Bürde, unter der sie zu zerbrechen drohte. Was bedeuteten von nun an die wundersamen Schubertlieder, die Lieder von Brahms, von Schumann, die innigen Volkslieder von Silcher und andere, die sie an Abenden so gern gesungen hatten!

Albert, behaglich ausgestreckt auf dem Sofa, war ein so dankbarer Zuhörer gewesen. Wo auch waren die philosophischen Gespräche, die sie auf ihren ausgedehnten Spaziergängen oder in stillen Stunden daheim geführt hatten?

Alles, jeder Gedanke mündete unweigerlich sofort in die Frage: »Was soll werden, wenn die suggestive Kraft dieser Irrlehre wirklich die politische Macht erobern sollte?«

Albert war krank an Hitler, schwer krank. Die ganze Familie litt, am meisten litt er selbst.

Das Spiel ist aus

Es kam der 1. Mai 1933. Beflaggung war angeordnet. Noch war nicht klar, wie die großen Fabriken diesem Gebot Folge leisten würden. Gewünscht war die Hakenkreuzfahne, geduldet auch die schwarz-weiß-rote, denn sie deutete »nationale Gesinnung« an, allerdings auch eine gewisse Distanzierung vom Nationalsozialismus. Die Entscheidung, gar nicht zu fllaggen oder gar die schwarz-rot-goldene zu hissen, konnte als klarer Ausdruck der Opposition zu Hitler gewertet werden.

Eine kleine Schar von Freunden hatte sich zusammengefunden, um das Schauspiel zu beobachten. Würden die großen Fabriken ein solches Zeichen setzen? Dann bliebe noch Hoffnung. R. H.

Da! Das erste Hakenkreuz flatterte vom Dach einer Fabrik. Eine zweite Fahne folgte, wieder ein Hakenkreuz. Aber noch immer hatte die größte, auf der ganzen Welt berühmte Firma nicht beflaggt. Die Spannung wurde unerträglich. Noch immer bestand Hoffnung.

Die Kehlen der Beobachtenden wurden trocken, die Augen heiß, die Spannung unerträglich. Alle starrten auf das eine, das riesige Dach, das »Dach der Welt«, wie es ihnen schien.

Da, eine Fahne! Sie verwickelte sich unten am Mast, der vom Dach aus in die Bläue des Maienhimmels strebte. Noch konnte man nichts erkennen. Das widerspenstige Tuch wurde zur Ordnung gerufen, hochgezogen: das Hakenkreuz. Der Freundeskreis blickte wortlos zu. Was bedeuteten doch diese zwanzig Meter roter Stoff mit dem weißen Kreisrund und der schwarz eingewobenen Rune in der Mitte. Eine Welt war untergegangen.

»Das Spiel ist aus«, sagte schließlich einer. »Ich gehe auf das Parteibüro und melde mich an. Sofort. In diesem Augenblick.

Jetzt kann man nur noch mittun und versuchen, das Beste daraus zu machen.«

Damit verschwand er. Er jagte die Stufen hinab, als ob er einem brennenden Haus entkommen müsste. Ein anderer sagte nichts. Er ging. Ein Dritter brauste auf: »Ich fasse meine Entschlüsse nicht, weil irgendein Fabrikant den Verstand verloren hat oder weil Tausende oder Millionen andere ihn verlieren. Ich bin noch immer ein freier Mann.«

»Bravo!«, sagte Albert. Die kleine Gruppe zerstreute sich.

In der Nacht kam Freund R. mit seinem erwachsenen Sohn. Ihnen konnten Albert und Anna noch ohne Rückhalt vertrauen. »Ihr könnt die Gulbransson-Plakate ab heute nicht mehr im Hause behalten. Ich will euch davon befreien«, flüsterte er. »Aber es muss schnell gehen; ehe der Mond aufgeht, müssen wir die Pakete im Fluss versenkt haben.«

So schleppten sie die schweren Pakete, in die jeweils hundert der großen Plakate verpackt waren, vom Boden, luden sie in das Auto, fuhren mit dieser Fracht zum Fluss und warfen sie hinein.

Eben ging der Mond auf. Anna sah die Friedenstauben Gulbranssons auf dem silbernen Wasser hinabgleiten. Vorbei!

»Der freie Mann«

Bald nach diesem 1. Mai, als eben die Nacht angebrochen war, klingelte es an Alberts Haustür. Der »freie Mann« stand davor. Als ihm geöffnet wurde, schlüpfte er eilends herein. Albert begrüßte ihn freudig, verstummte aber gleich, als er in das Gesicht des Freundes blickte. Es war seltsam verändert. Dieser sagte: »Der Kirchengemeinderat, dessen Mitglied ich bin, hat mich aufgefordert, der Partei beizutreten. Die Kirchengemeinde muss mit den Tatsachen rechnen. Tatsache ist, dass wir nun ein nationalsozialistisches Deutschland haben und dass das, was sich dagegen sträubt, zerbrochen werden wird. Die Kirche darf aber nicht zerbrechen. Einige Mitglieder des Kirchengemeinderats müssen Parteimitglieder werden, wenn man verhindern will, dass der Kirche immer mehr Schwierigkeiten gemacht werden. Ich bin zum Parteimitglied bestimmt worden.«

»Du wirst doch nicht!«, brauste Albert auf. »Du bist doch ein freier Mann.«

»Doch, ich werde«, sagte dieser und ging. Anna eilte dem gewesenen Freund durch die Straße nach. Sie sagte: »An sich sollten wir ja froh sein, wenn Menschen wie Sie der Partei beitreten. Sie sorgen bestimmt dafür, dass diese gewaltige Volksbewegung sich gute Ziele setzt.«

Der »freie Mann« sagte: »Ich bin bereits beigetreten. Das bedeutet, dass für mich der unerträgliche innere Zwiespalt endlich überwunden ist. Ich habe gottlob nun alle Bedenken über Bord geworfen. Was sein muss, muss sein. Nichts Großes entsteht, ohne dass Kleines untergeht. Wo man hobelt, fallen Späne. Es gibt nur noch eine Straße für uns alle. Sagen Sie das Ihrem Mann. Heil Hitler!« Damit stapfte er mit Marschschritten eins-zwei, eins-zwei durch die Nacht.

Anna sagte zu Albert: »Man muss versuchen, das Beste daraus zu machen. Eine Partei ist ja letzten Endes das, was ihre Mitglieder sind. Und wir kennen doch unseren ... unseren ....« Sie wollte sagen »Freund«, brachte das Wort aber nicht über die Lippen.

»Epidemischer Wahnsinn!«, schrie Albert und stob die Treppe hinauf in sein Studierzimmer. Anna hörte, wie er schluchzte.

Rudolf Haag

Nachlese

Eine Familie im Zeitgeschehen zwischen zwei Kriegen*

Nürtingen

Das deutsche Kaiserreich war zerschlagen. Die Umrisse eines neuen Staatswesens lagen im Nebel. Doch es war ein Skelett übrig geblieben, das von politischen Wirren und Unsicherheiten weitgehend unabhängig blieb: eine bruchlos weiterarbeitende Beamtenschaft.

Die Schulbehörde in Württemberg setzte Albert kurz nach seiner Rückkehr aus Rumänien als Studienrat in Nürtingen ein. Das komplexe Räderwerk der Verwaltung funktionierte wie ehedem und Albert erhielt pünktlich an jedem Monatsersten sein Gehalt.

Nürtingen liegt am Rand der Schwäbischen Alb. Man sieht die Burgruine des Hohenneuffen, die wie ein hohler Backenzahn aus der Bergkette hervorsticht. Um das Städtchen Felder und Wiesen. Im Ort die Kreisverwaltung und einige Fabrikation von Textilien und Metallwaren. Eigentlich konnte sich die Familie glücklich preisen, in einen so ruhigen Hafen eingelaufen zu sein. Doch erst jetzt zeigte sich, wie angeschlagen Alberts Gesundheit

* Meine Eltern treten wie bisher als Anna und Albert auf.

war. Eine fast völlige Schlaflosigkeit hatte ihn an den Rand des Zusammenbruchs gebracht. Schon kurz nach Übernahme der neuen Aufgaben musste er einen längeren Erholungsurlaub antreten. Ein paar Wochen Aufenthalt in den Bergen, abseits von jeder Verpflichtung, genügten aber, um ihm Lebensmut zurückzugeben. Die Schlaflosigkeit allerdings wich nicht ganz. Sie plagte ihn in wechselndem Maße sein Leben lang.

Auch Anna war zunächst mit der neuen Umgebung unzufrieden. Es fehlten ihr Licht, Luft und Sonne in der engen Wohnung in der Steinengrabenstraße. Fast alle Habe hatten sie in Bukarest zurücklassen müssen. Annas Plan mit dem in Rumänien gesparten Geld ein Häuschen zu erwerben, war gescheitert. Das kleine Vermögen war zerronnen; ein Opfer der Geldentwertung. Und sie hatte es tatenlos geschehen lassen! Zum Ärger über das eigene Versagen und Alberts Weltferne gesellten sich umstürzlerische Gedanken. Sie dachte an die forschen Reden von 1915: »Wir werden ihnen das Bleigewicht der Millionen an die Füße hängen.« Jetzt hing der zehnfache Klotz an den Beinen der Deutschen. Enorme Kriegsschulden, Reparationsforderungen der Sieger in noch unbenannter Höhe. Aber es waren wohl nur die Dummen bei uns, die diesen Klotz tragen sollten! Wenn schon das ganze Volksvermögen im Krieg verpulvert worden war, warum wurden jetzt nicht alle Vermögensarten gleichermaßen herangezogen? und so fort, und so fort.

Aber die rebellischen Reden vertrugen sich nicht mit ihrem im Grunde heiteren Gemüt. Sie taugte nicht zur Revolutionärin. Ihr Platz war nicht auf den Barrikaden.

Am 31. Mai 1920 erschien im »Nürtinger Tagblatt« unter der Rubrik »Aus Stadt und Bezirk« ein längerer Artikel von Albert. Es wundert nicht, dass er vielfältige Reaktionen hervorrief. Er zeigt Alberts Grundeinstellung zu politischen Fragen in einer Weise, die weit über den aktuellen Anlass hinausgeht. Darum hier einige Auszüge aus dem Artikel und aus seiner Antwort auf die Leserzuschriften.

Nürtingen, 31. Mai 1920. – Am Freitag hatte die kommunistische Partei ihre Wahlversammlung. Jedem wahren Volksfreund musste das Herz bluten, wenn er den jungen Redner in verlogenem Pathos die schlimmsten demagogischen Hetzmittel anwenden sah. »Herr vergib ihnen, denn sie wissen nicht, was sie tun.« Diese Leute vom Schlage Schneckenburgers wissen wahrhaftig nicht, welch ungeheure Verantwortung sie auf sich laden. [...]*

Führen die Erkenntnisse (einer Gesetzmäßigkeit der Entwicklung) zu dem Schluss, dass wir mit allen Mitteln dem Kampf – wohlverstanden, nicht dem Kampf mit geistigen, moralischen Waffen – sondern dem blutigen Gewaltkampf – zusteuern müssen? [...]

Jeder Mensch muss zu einem selbständigen Urteil kommen. Keiner darf sich darauf verlassen, dass die Führer schon richtig gedacht haben. Sonst verfallen wir in die Gefahr, dass Demagogen, die aus Eitelkeit, Ehrgeiz und Machtgier sich zu Führern aufwerfen, in ihrer Skrupellosigkeit die großen Massen durch schöne Worte und durch den Appell an niedere Instinkte ködern, uns mitten ins Verderben führen. [...]

* Der hier beschriebene kommunistische Redner Schneckenburger ist vermutlich nicht identisch mit dem sozialdemokratischen Landtagsabgeordneten Erhard Schneckenburger.

Die wahren Volksfreunde suchen die Gegensätze durch alle Mittel auszugleichen, insbesondere durch die Mittel der Gesetzgebung, durch die positive Mitarbeit im Parlament. Dies allein bringt uns schließlich ans Ziel.

Wenn jeder Einzelne das Nachplappern von Schlagworten von sich weist und nicht ruht, bis er ein klares Bild von der Wirklichkeit hat, das er eigenem Nachdenken verdankt, dann können wir mit guter Zuversicht in die Zukunft schauen. [...]

Nürtingen, 4. Juni. – Das Echo, das mein Artikel fand, hat mich sehr gefreut, ganz besonders deshalb, weil Herr Knauss sagt, dass die Kommunisten »gemeinsam die gleichen Wege gehen« würden, wenn man ihnen zeigen würde, »wie der Blitzableiter aussieht«. Nun, den Weg kann ich zeigen. Der einzige Weg, der nicht zum Untergang unserer Kultur, zum tiefsten Elend führt, das ist die positive Mitarbeit im Parlament. Dies ist der Blitzableiter. Über diesen Weg sind wir uns noch nicht einig. Herr Schneckenburger sagte, dass die Kommunisten nur ins Parlament eintreten um »zersetzend« zu wirken und ganz ähnlich sagte dieser Tage sein Gesinnungsgenosse Eberlein in Berlin: Die einzige Aufgabe der gewählten Kandidaten der KPD müsse darin bestehen, die Arbeiten des Reichstags nach Möglichkeit zu verhindern. Man macht sich hier zum Prinzip, nicht etwa Missstände abzustellen, zu bessern, zu helfen, aufzubauen, sondern ... die Spannung zwischen Wolke und Haus zu vergrößern, das Einschlagen des Blitzes herbeizuführen. In dem Augenblick, wo sich die Führer der Linksradikalen zur positiven Mitarbeit an der Besserung der trostlosen wirtschaftlichen Zustände bereit erklären, nehme ich mein Wort zurück. Ich wiederhole: Der Weg, den Herr Schneckenburger weist, führt notwendig zum Gewaltkampf, weil Diktatur einer Minderheit nur durch Gewalt zu erreichen ist. Darum war meine Polemik durchaus ehrlich. Wer nur mit geistigen, morali-

schen Waffen kämpfen will, der hält fest an der Demokratie, der einzigen Staatsform, bei welcher Ideen infolge ihrer inneren Lebenskraft und ihrer Gerechtigkeit zum Siege kommen (können).

Die zentralen Anliegen Annas erkennt man aus ihrem Bericht über eine Frauenversammlung, der im März 1925 unter der Rubrik »Hiesiges« im Nürtinger Tagblatt erschien:

Nürtingen, 12. März [1925]. – Frl. Mathilde Planck sprach am Donnerstag Abend vor einer leider viel zu kleinen Frauenversammlung im Gasthaus »Zum Pfluggarten« über »Der Engländer Morel und die deutsche Politik«. Frl. Planck gab in schlichter, objektiver Art ein anschauliches Lebensbild dieses unvergleichlichen Mannes.*

Sie begann ihre Ausführungen mit der ersten großen Tat Morels: mit der Aufdeckung der Kongogreuel. Es ist dem tapferen Mann in der Tat gelungen, nach dem Tod König Leopolds von Belgien, England für diese schauerlichen Vorkommnisse zu interessieren und Belgien zu veranlassen, hier endlich Wandel zu schaffen. Eine ans Herz greifende Dankesadresse der Eingeborenen des Kongogebiets gibt beredes Zeugnis. Was uns Deutsche diesem Manne gegenüber besonders verpflichtet ist, daß Morel unermüdlich und unerschrocken für die Revision des Versailler Vertrags eintrat, treu seinen Überzeugungen und in der richtigen Erkenntnis, daß die Unterdrückung anderer Menschen und anderer Staaten den Unterdrückern selbst niemals dauerendes Glück gewähren könne. Morel verlangte zur Unterstützung seines Kampfes für Deutschland zweierlei von uns.

* Mathilde Planck (1861–1955), Lehrerin, Journalistin, Redakteurin, führende Politikerin der bürgerlichen Frauenbewegung Württembergs. Als Vertreterin der Deutschen Demokratischen Partei gehörte sie von 1919 bis 1927 zu den ersten fünf weiblichen Landtagsabgeordneten Württembergs.

Erstens: unbedingte Abkehr von der Freude am aufreizenden Schwertgerassel der wilhelminischen Zeit.

Zweitens: ein mutiges Einstehen für unseren Teil Schuld an dem ungeheuren Unglück des Weltkriegs. Aber keine unwürdigen Selbstanklagen, wodurch wir uns mehr Schuld anmaßen als uns in Wirklichkeit zukommt und wodurch wir natürlich unsere Sache, die erstrebte Revision des Versailler Vertrags, aussichtslos machen, denn dieser fußt ja, wie wir alle wissen, auf der Alleinschuld Deutschlands.

Morel starb im November 1924. Er starb viel zu früh für Deutschland. Doch hatte er vor seinem Tod die Hoffnung, dass seine Idee so weit gekräftigt sei, dass sie auch ohne ihn zu leben vermöge. Morel war Pazifist in des Wortes edelster Bedeutung. Er wurde nicht müde, gegen den Kriegswahnsinn zu kämpfen. Wir danken ihm dafür.

Frl. Planck verlas zum Schluss ihrer trefflichen Ausführungen noch ein Flugblatt von Maxim Gorki (worin er das Bild eines künftigen Krieges an Hand von Aussagen Sachverständiger dieser Kunst, der Kriegskunst, darstellt): »In einer schönen Nacht werden vier- oder fünftausend Flugzeuge, ohne die vollständig überflüssige Kriegserklärung abzuwarten, Städte mit einer Geschwindigkeit von 200 bis 300 Kilometer in der Stunde überfliegen, sich in einer Höhe haltend, dass sie unserem Auge unsichtbar sind. Jede Maschine kann eine Bombe mit 200 Pfund Trinitrotoluol abschleudern …« (Rapport des Präsidenten des Luftkomitees des britischen Parlaments). Ein anderer Spezialist fügt hinzu: »Flugzeuge werden Bomben mit giftigen Gasen, mit Cholera-, Pest- oder anderen Krankheitsbazillen schleudern. Die technische Seite dieser Maßnahme wird in den Kriegsämtern ausgearbeitet«. Wie beruhigend klingen doch die Worte: »Die technische Seite …«

Angesichts solch trostloser Zukunftsbilder kann ich mir einen Appell an die Frauen nicht versagen. Frauen! Wäre es nicht des größten Opfers, der gewaltigsten Anstrengung wert, eine solche Zukunft, die ja keine Zukunft mehr sein kann, zu verhindern? Frauen, wir können uns gegen den Wahnsinn stemmen, wenn wir nur wollen. Und wer möchte im Hinblick auf solche Gefahren am guten Willen zweifeln? Über alle Parteien, über alle Länder hinweg müssen wir Frauen uns die Hände reichen; denn es gilt ein Gemeinsames: Es gilt den Schutz unserer Kinder, den Schutz der Zukunft, es gilt den Schutz des gesamten Lebens!

In deutschen Lexika habe ich vergeblich nach dem Namen Morel gesucht. Doch ganz vergessen ist Edmund Dene Morel nicht. Unter der Überschrift »Ein Panorama von Gier und Gewalt« rezensiert die »Neue Züricher Zeitung« vom 24. Mai 2000 das Buch des amerikanischen Journalisten Adam Hochschild »Schatten über dem Kongo. Die Geschichte eines großen, fast vergessenen Menschheitsverbrechens«.

Nach dem Verbot des Sklavenhandels war es König Leopold II. von Belgien gelungen, sich das ganze Kongogebiet als Privateigentum überschreiben zu lassen, und er beutete diese Region hinter dem Schild einer humanitären Fassade rücksichtslos aus.

Es waren wenige mutige Männer, denen es mit unglaublicher Zähigkeit in jahrzehntelangen Nachforschungen gelang, das Netz von Bestechung, Lüge und Gewalt bloßzustellen und die öffentliche Meinung, vor allem in England, dagegen zu mobilisieren. Unter ihnen nimmt Edmund Dene Morel einen herausragenden Platz ein.

Pädagogisches

Albert und Anna waren aufgeschlossen für neue Erkenntnisse auf mancherlei Gebieten. Ernährungstheorien und Pädagogik boten ein reiches Feld praktischer Anwendung in der Familie. Da war zum Beispiel die »Coué'sche Lehre« der Autosuggestion. Es war bisweilen vorgekommen, dass Rudolfs Bettchen über Nacht nicht trocken geblieben war. So versuchte es Mutter mit Coué. Sie sagte wohl mehr als zwanzigmal gemeinsam mit dem Büblein: »Mein Bettchen wird ganz trocken bleiben.« Der Erfolg war (angeblich) großartig.

Doch die »Couésche Lehre« zeitigte auch manch eigenartige Früchte. Annas Bruder Adolf war zu Besuch. Am Morgen wird er durch ein furchtbares Gebrüll Rudolfs geweckt und läuft voll Schrecken zum Bettchen des Kleinen. Er ist nicht wenig erstaunt wie der Wicht zwischen Toben und Brüllen herausstößt: »Bin ganz vergnügt aufg'wacht«. Oder, als sich der alte Kunz bei der Gartenarbeit mit dem Hammer auf den Daumen schlägt und, wie zu erwarten, fürchterliche Flüche ausstößt, belehrt ihn Rudolf: »Da sagt man nicht Himmelherrglotzsaklament«, da sagt man: »Das tut nicht weh.«

Im »Tagebuch einer Mutter« lesen wir:

Zorn war kein seltener Gast bei dem Kleinen. Wenn ihm etwas misslingt, wenn ihm seine kindliche Ohnmacht unangenehm deutlich auffällt, wenn er sich missverstanden fühlt, kann ihn ein schlimmer Zorn erfassen. Ein Zorn, bei dem man hüpfen muss wie ein Gummibällchen, den Kopf gegen die Tischkante stoßen oder auf den Boden oder gegen die Wand. Wir probieren mancherlei Arzneien dagegen. Etwa: »Schnell, schnell, schick ihn fort nach Amerika, den abscheulichen Zorn.« Einen durchschlagenden Erfolg hat das nicht, aber es bleibt meist nicht völlig ohne Wirkung. Erst langsam entwickelt sich ein Ritual, mittels dessen Rudolf lernt, die schlimmen Ausbrüche zu meistern. Er sieht ein, dass der Zorn eine fremde Person ist, mit der er nichts zu schaffen haben will. Aber sie lässt sich nicht einfach fortschicken. Dazu braucht es einige Zauberei. Zuerst eine Zimmerecke, in die er flüchtet, wenn die schlimme Stimmung ihn befällt. Dort fasst er alle Kraft zusammen und ruft »Gsch-, gsch-«, als ob er einen Hund verscheuchen wolle. Schließlich kommt ein befriedigtes »Fortg'schickt hast du's.« Er ist mit sich selbst noch per du.

Ein anderes Kapitel sind Zornausbrüche, wenn er für etwas nicht die Anerkennung findet, die er glaubt erwarten zu können. Da er von seinen Schwestern nichts anderes hört als »Goldiger!«, »Feiner!«, »G'scheiter!«, so bildet er sich natürlich sehr viel ein. Er kommandiert etwa: »Papale antucken«, »Soldele antucken« und beginnt mit seinen Darbietungen wie ein ganz großer Künstler erst, wenn er der ungeteilten Aufmerksamkeit der Versammelten sicher ist. Ist der Bursche also auch eitel? Da muss man einschreiten. Ist Eitelkeit bei Frauen schon widerwärtig, so ist sie an Männern einfach unerträglich.

Anna setzte ihre pädagogischen Erfahrungen und Meinungen in Zeitungsartikeln um, von denen ein paar auch in der Lokalzeitung abgedruckt wurden. Das war entsetzlich peinlich für die Töchter. »In der ganzen Schule machen sie Witze über uns«, klagte Isolde. Sigrid sekundierte: »So ein Blödsinn, was du da schreibst!« Anna musste die pädagogischen Schriften einstellen.

Die Sorge um das leibliche und seelische Wohl ihrer Kinder nahm breiten Raum ein in Annas Denken. Für die Kinder war das nicht immer angenehm. Der moralische Anspruch, der im Hintergrund lauerte, warf manchmal seine Schatten. Da war die Tragödie mit Sigrids Vesperbroten. An jedem Morgen packte Anna ein Brot und einen Apfel in den Schulranzen. Eines Tages entdeckte sie die verschimmelten Brotreste und verfaulten Äpfel in Sigrids Puppenwagen. Fassungslos starrte Anna auf diesen Frevel. Sie sah einige ihrer ehernen Grundprinzipien verletzt: Dankbarkeit für das Brot, das uns beschieden; Genügsamkeit ...

Sigrid litt schwer unter dem Vorwurf der Verwerflichkeit ihres Tuns und konnte das Ausmaß von Annas Aufregung nicht verstehen. Es dauerte geraume Zeit, bis sich die Wogen wieder geglättet hatten.

Vom Lohn der Philosophie

Die »Vereinigung der Freunde des positivistischen Idealismus« hatte zwei Preisaufgaben ausgeschrieben. Ungenannte Mäzene hatten ein bescheidenes Preisgeld gestiftet. Es gab also noch – oder wieder – Interesse an Fragen, die nicht Geldanlegen oder Hamstern betrafen. Albert beteiligte sich an der einen. Das Thema, das Anna oft genüsslich auf der Zunge zergehen ließ, lautete: »Das Verhältnis der Relativitätslehre Einsteins zur Philosophie der Gegenwart mit besonderer Berücksichtigung der Philosophie des Als Ob.«

Als Anna das lange Manuskript abtippte, meinte Albert schelmisch: »Was täten wir jetzt ohne deine Urania?«

Für das Preisgeld, das inzwischen auf 20 000 gute Mark aufgestockt worden war, hätte Anna mancherlei Verwendung gewusst. Leider wurde der Preis nicht Albert zugesprochen. Aber er erhielt eine »Ehrenvolle Erwähnung« und eine Aufforderung von Professor Moritz Schlick, die Arbeit als Dissertation an der Universität Wien einzureichen. So bekam Albert zu seinem 39. Geburtstag den Doktorhut von einer Universität, die er nie besucht hatte. Ein großer Tag. Die Familie war sehr stolz.

Es führte auch zu einer Freundschaft mit dem Geheimrat Hans Vaihinger, dem Urheber der Fiktionenlehre und Mitherausgeber der Zeitschrift »Annalen der Philosophie«. Dort hat Albert in den folgenden Jahren manche philosophische Abhandlung veröffentlichen können.

Es geht aufwärts

Jahre der Hoffnung. Die Kriegswunden beginnen langsam zu heilen. In Notizen aus dem Jahr 1926 lese ich: »Der Dawes-Plan und die amerikanische Finanzhilfe haben die deutsche Wirtschaft wieder auf die Beine gestellt. Viele sind erstaunt über das Tempo des Aufschwungs. Aber es gab ja einen riesigen Nachholbedarf. In Frankreich hat die Stimme der Vernunft die Oberhand gewonnen. Ein gemeinsamer Friedens-Nobelpreis für Staatsmänner von vier Nationen! Initiatoren der Versöhnungspolitik, Architekten einer friedlichen Zukunftswelt: Charles Dawes, Aristide Briand, Gustav Stresemann und Austen Chamberlain. Welch ein Zeichen!«

Feuerbach

Im Herbst 1927 erfüllte sich für Albert ein lang gehegter Wunsch. Er erhielt eine Stelle am Reformrealgymnasium in Feuerbach. Er war nun nur noch für Mathematikunterricht in den Oberklassen verantwortlich. Vor allem aber erschloss die unmittelbare Nähe der Großstadt Stuttgart eine neue Welt.

Feuerbach war damals noch eine unabhängige Stadt mit starker Industrie und Stolz auf seine Fußballmannschaft und Blaskapelle.

Eingebettet zwischen zwei Hügeln, im Norden der Lemberg, an dessen Hängen sich von der Häusergrenze bis zum Kamm die Weinberge hochzogen. Oben der Höhenweg zum Horn. Dort schob sich an Sonntagen die ganze Bevölkerung Feuerbachs in dichten Haufen entlang. Dahinter ausgedehnte Waldungen, in denen man selbst am Sonntag wenig Menschen traf, dafür gelegentlich ein Reh oder einen Hasen. Auf der Südseite der Killesberg, über den man in einer Stunde zu Fuß nach Stuttgart gelangen konnte, wenn man die steile Feuerbacher Steige nicht scheute. Die Straßenbahn schaffte dies in der halben Zeit und kostete 20 Pfennig. Das war der Preis von fünf Laugenbretzeln. Am Rand des Killesbergs lag das »Luft- und Freibad«. Es spielte eine große Rolle für die Familie. Albert, als Anwalt von Bewegung in freier Luft, besorgte für geringes Entgelt sogar einen »Winterschlüssel«, so dass man auch in der Zeit, in der kein Wasser im Schwimmbecken war, das weitläufige Gelände mit Sportgeräten und Spielwiesen betreten konnte.

Anna war davon wenig begeistert: »... einen harten Dinger habe ich neulich an den Kopf gekriegt.« Offenbar hatte ein Fußballspieler Annas Kopf mit dem Tor verwechselt. Je nach Windrichtung bekam man auch den charakteristischen Duft der nahe gelegenen Müllhalde in die Nase. Heute ist das Gelände von Luftbad und Müllhalde ein Teil der Stuttgarter Gartenschau geworden.

Die Familie hatte eine hübsche Wohnung mit sechs Zimmerchen im Dachstock einer Bäckerei im Zentrum Feuerbachs gemietet. Sie konnten sich jetzt ein Dienstmädchen leisten, das eines der Zimmerchen bewohnte und neben freier Kost einen Monatslohn von 30 Mark erhielt. Ein Mädchen vom Lande, ehrlich, zuverlässig. Eine angenehme Hausgenossin. Anna hatte mehr Zeit und Ruhe, ihre schriftstellerische Arbeit zu pflegen. Sie hatte begonnen, Romane zu schreiben, und genoss es, am Schreibtisch den lieben Gott spielen zu können, der Schicksale nach Ermessen durcheinander wirbeln kann.

Alberts Studierstübchen, in das er sich nach seinen Unterrichtsstunden zurückzog, war streng gehütet. Ein Heiligtum, dem man nur mit reinem Herzen und in dringenden Fällen nahen durfte. Nach dem Korrigieren von Heften und der Vorbereitung kommender Unterrichtsstunden blieb ihm Zeit für seine

Philosophie. Der »Schwäbische Merkur« und die »Württemberger Zeitung« druckten seine Würdigungen zum 150. Geburtstag oder dem 200. Todestag großer Denker. Es gab erstaunlich viele solche Anlässe. Rundfunkvorträge zu Jubiläen oder auch über ewige Grundfragen kamen dazu. Anna tippte die Manuskripte.

Fahrradreise

Albert hatte sich lange gesträubt, auf ein Fahrrad zu steigen. Er fand es wohl auch etwas unwürdig, mit den Beinen zu strampeln, um schneller vorwärts zu kommen. Aber in der Inflationszeit war das Fahrrad lebenswichtig geworden; unentbehrlich für Hamsterfahrten in die Umgebung. Später folgten Fahrradausflüge mit der ganzen Familie. Fahrten in die umliegenden Wälder, zum Gasthof »Im schönsten Wiesengrunde« oder zu einem See, in dem man schwimmen konnte, waren eine wunderbare Sache. Langsam reiften in ihm ehrgeizigere Pläne. Albert wollte in den Frühjahrsferien einmal, ganz allein mit seinem Annerle, eine mehrwöchige Reise mit dem Fahrrad unternehmen. Fremde Länder, besonders der Süden, hatten schon immer eine magische Anziehungskraft für ihn.

Rucksäcke wurden gepackt und auf den Gepäckträgern festgeschnallt. Albert und Anna starteten zu einer zweiten Hochzeitsreise auf Fahrrädern. Südfrankreich war das Ziel. Herrliche Wochen! Die körperliche Anstrengung vertrieb kleinliche Sorgen, alle Gedanken an die leidige politische Lage. Selbst die ungelösten Fragen der Philosophie durften weiter ungelöst bleiben. Sie fuhren durch blühende Meere von Aprikosenbäumen, vorbei an sonnigen Weinbergen, von roten Felsen umrahmt. Albert radebrechte in seinem verstaubten Schulfranzösisch, Anna flötete auf und ab durch Oktaven und ersetzte mangelnde Vokabeln durch rumänische Brocken, unterstützt von lebhaften Gesten der Schultern und Hände. In Kaufläden und Herbergen verursachte ihr Auftritt große Heiterkeit und spontane, wohlwollende Hilfsbereitschaft. Sie erreichten das Meer und fuhren an der französischen Riviera entlang bis Nizza, bevor sie sich zur Rückreise entschließen mussten. Erfüllt von all dem Erlebten und im Vollgefühl ungeahnter Kräfte kamen sie nach Hause. Albert stellte fest: »Das Einzige, was meine Schlaflosigkeit kuriert, ist eine Fahrradreise.« Sie beschlossen, in Zukunft in jedem Frühjahr eine solche Fahrt zu unternehmen.

Hausbau und Wirtschaftskatastrophe

Nach zwei Jahren im Bäckerhaus wurde Anna unruhig. Isolde kränkelte und ihr Husten wollte nicht besser werden. Das Schreckgespenst »Tuberkulose« erschien vor Annas Augen.

Annas Traum von einem eigenen Haus am sonnigen Hang stellte sich wieder ein. Für Albert war alles, was mit Hausbau, Hausbesitz zu tun hatte, noch immer eine fremdartige, erschreckende Vorstellung. Aber Anna konnte fest damit rechnen, dass Albert sie nicht im Stich lassen würde, wenn sie einfach einen Sprung ins kalte Wasser wagte. Ohne ihn zu fragen, setzte sie ihre Unterschrift unter einen Kaufvertrag für ein Grundstück. Albert setzte seine Unterschrift daneben und allmählich befreundete er sich mit den Bauplänen. Als Rudolf beim etwas verfrühten Einzug beanstandete: »Das stinkt ja hier fürchterlich nach Farbe!«, wurde er vom Vater ernst zurechtgewiesen: »Nicht jeder hat das Glück, in ein eigenes Haus einziehen zu können. Da muss man dankbar sein und nicht über Kleinigkeiten meckern.«

Das Haus war gut durchdacht. Isolde, die gerade ihr Abitur bestanden hatte und nun Musik studierte, bekam im Untergeschoss ein eigenes Reich; ein kleines Schlafzimmer und großes Musikzimmer, in dem ein Bechstein-Flügel prangte. Sie verlernte bald das Husten. Auch Sigrid und Rudolf hatten eigene Zimmerchen, deren Quadratmeterzahl ihrem damaligen Lebensalter entsprach. Es gab eine Sonnenterrasse, von der aus man den Garten am Hang überblicken konnte. Sogar Zentralheizung hatte das Haus, ein bislang unbekannter Luxus für die Familie.

All diese Segnungen hatten ihren Preis. So war es nicht verwunderlich, dass am Schluss das Haus wesentlich teurer geworden war als veranschlagt. Viel unglücklicher war jedoch, dass genau in dieser Zeit die große Wirtschaftskatastrophe begann. Als Beamter hatte Albert zwar nicht wie viele in der freien Wirtschaft seinen Arbeitsplatz verloren. Aber sein Gehalt wurde durch die Notverordnungen der Regierung Brüning spürbar gekürzt. Zugleich stiegen die Hypothekenzinsen bei den Banken in schwindelnde Höhe. Dass es Anna gelang, in den folgenden Jahren den Gerichtsvollzieher vom Hause fern zu halten, muss als wahrhaftige Meisterleistung gewürdigt werden.

Die wachsende Not der »unteren Bevölkerungsschichten« war offensichtlich. Wohl ein dutzend Mal am Tag klingelte es und eines der Kinder rief: »Wieder ein Fünferlesmann.« Man hatte sich angewöhnt, die Elendsgeschichte des armen Kerls nicht anzuhören, sondern ihm gleich fünf Pfennig, ein »Fünferle«, in die Hand zu drücken. Allmählich musste man dazu übergehen, den Tribut pro Kopf auf zwei Pfennige zu senken.

*Bruder Adolf und die Partei**

Auch manchem Kollegen stand das Wasser bis zum Hals. Da war Annas Bruder Adolf. Als Dorfschullehrer hatte er von der kleinen Gemeinde sehr günstige Kreditzusagen erhalten und daraufhin ein Haus erworben. Die Gemeinde konnte ihr Versprechen nicht halten. Banken hatten den Kredit übernommen.

Adolf konnte die hohen Zinsen seit Monaten nicht mehr bezahlen und es wurde ihm Zwangsversteigerung angedroht. Anna verstand seine Verzweiflung und Verbitterung nur zu gut. Aber da lauerte noch etwas schlimmeres als die Not der Gegenwart. Adolf sagte, er sei der Partei seines Namensvetters beigetreten:

»Brechung der Zinsknechtschaft heißt die Parole!«

»Aber Adolf, das wollen doch viele. Warum glaubst du diesem ... diesem Volksverhetzer?«

»Du kennst ihn nicht. Ich hab ihn neulich in einer Versammlung erlebt. Das ist ein anderer Kerl als diese Stümper in Berlin. Der weiß, was er will!«

»Diese Radaubrüder, die landauf, landab Saalschlachten in Bierhallen, Straßenschlachten inszenieren!«

»Zu einer Schlacht braucht es immer zwei. Du hast wohl die Kommunisten mit ihrem ›roten Frontkämpferbund‹ vergessen. Und die ›Reichsbanner‹ eurer Sozis.«

»Aber es ist dir doch klar, dass Hitler einen Krieg anstrebt?«

»Unsinn! Hitler war selbst Frontsoldat. Schwer verwundet durch eine Gasgranate. Er weiß, was Krieg bedeutet. Sicher, mit ihm können die Franzosen nicht umspringen wie mit den Erfüllungspolitikern von ehedem. Aber das ist auch höchste Zeit, dass Schluss gemacht wird mit der Gängelung Deutschlands!«

* Der Dialog ist von mir (R. H.) rekonstruiert nach Erzählungen meiner Mutter und Äußerungen von Adolf aus den Jahren um 1935.

»Blödsinn! Du glaubst doch nicht, dass da nur einer das Maul aufzureißen braucht und schon fallen die Franzosen und die Engländer auf die Knie! Und was sagst du zu dieser gemeinen Hetze gegen die Juden?«

»Da wird viel übertrieben. Es wird nichts so heiß gegessen, wie es gekocht wird. Außerdem: Neulich habe ich mich mit dem Inhaber eines kleinen Geschäfts in Stuttgart unterhalten. Die großen Warenhäuser machen ihn kaputt. Er steht vor dem Konkurs. Und wem gehören all diese Warenhäuser? Schocken, Tietz ... Lauter Juden!«

Ein schlimmer Zwist zwischen Anna und ihrem Lieblingsbruder. Er schien unüberbrückbar. Albert und Anna hatten nicht wahrgenommen, vielleicht auch nicht wahrnehmen wollen, wie sehr der Wind umgeschlagen hatte.

Die Idee der Völkerverständigung, der Versöhnung war zum Gegenstand von Spott, ja Hass geworden. Man besann sich auf das »Schanddiktat von Versailles«, sprach von den »Novemberverbrechern«, welche die Versklavung Deutschlands verschuldet hätten. Man sprach von der Wiederherstellung der deutschen Ehre.

Das war keine Folge der gegenwärtigen Not. Die Vorarbeit war seit Jahren von dem Verlagsimperium Alfred Hugenbergs geleistet worden. Seine Deutschnationale Partei hatte zwar keine Massen von Wählerstimmen gewinnen können, aber er versorgte inzwischen die meisten Provinzzeitungen mit Nachrichten und Kommentaren. Nun hatte Hugenberg in der »Harzburger Front« ein Bündnis mit den Nazis zustande gebracht in der wohl richtigen Erkenntnis, dass nur eine »sozialistische Arbeiterpartei« den »Linken« das Wasser abgraben konnte und dass andererseits Hitlers Partei die nationalen Anliegen vertreten und den »Wehrwillen des deutschen Volkes« neu beleben würde.

Not und Verzweiflung sind keine guten Ratgeber. Wut über die Hilflosigkeit der Regierung und das »Affentheater im Reichstag« trieben Hitler die Massen zu.

Albert und Anna hatten sich kaum politisch betätigt. Sie waren Jahre zuvor in die sozialdemokratische Partei eingetreten, nicht gerade aus Begeisterung für deren Programm, aber mit der Vorstellung, dass diese Partei am ehesten fähig sei, Verständigung nach außen und Gerechtigkeit im Inneren mit Vernunft zu vertreten. Sie hatten ihren Parteibeitrag bezahlt und waren zur Wahlurne gegangen. Sonst nichts. Annas Hauptanliegen war der Pazifismus. Sie glaubte, dass es vor allem Sache der Frauen sei, eine Wiederholung des Völkermordens zu verhindern. So hatte sie sich der »Internationalen Frauenliga für Frieden und Freiheit« angeschlossen, Schriften dieser Organisation verschickt und ihre Briefe mit einem gelben Aufkleber versehen: »Der Teil meiner Steuer, der für militärische Zwecke benutzt wird, ist nur unter Zwang und Protest bezahlt.«

Die neue Zeit

Es muss im Januar 1933 gewesen sein. Wir waren zu Besuch bei einem Studienfreund Alberts in Degerloch. Da platzte die 18-jahrige Tochter des Hauses herein. »Habt ihr das schon gehört? Was heißt NSDAP? – Antwort: Nach Schleicher darf Adolf probieren. Wir haben uns krumm gelacht!« Ich verstand es nicht. Auf dem Heimweg fragte ich die Eltern: »Was war denn das mit dem Nachtschleicher und warum haben die gelacht?« Da erfuhr ich, dass General Schleicher der letzte Reichskanzler gewesen war und nach kurzer Amtszeit abgesetzt wurde. »Aber zum Lachen ist das nicht«, meinte Albert. »Die täuschen sich selbst. Der Hitler wird uns einige Zeit erhalten bleiben und viel Unheil anrichten.«

Tatsächlich, nur wenige Wochen später kam das Ermächtigungsgesetz. Die führenden Persönlichkeiten anderer Parteien verschwanden mit einem Schlag von der Bildfläche. Viele ihrer Gefolgsleute traten in die NSDAP ein. Die Märzgefallenen. Sie meinten (ob in gutem Glauben oder zur Rettung ihrer Selbstachtung): »Jetzt kommt es darauf an, dass vernünftige Leute in die Partei gehen und Einfluss auf den Kurs nehmen.« Die »neue Zeit« hatte begonnen.

Was heißt das, die neue Zeit? Ich denke an meinen Freund Otto. Er spielte Geige, mehr schlecht als recht. Ich schlug ihm vor, doch einmal eine Mozart Sonate zu versuchen. Ich könne ihn auf dem Klavier begleiten. Er meinte, die Musik von Mozart sei ja ganz schön, aber irgendwie passe das nicht mehr in die neue Zeit. Er traf den Nagel auf den Kopf. Die neue Zeit passte nicht zu Mozart. Man sollte die alten Zöpfe abschneiden. Wie ist der deutsche Junge? Hart wie Kruppstahl, zäh wie Leder, flink wie ein Wiesel.

Mut und Tatendrang sind die Tugenden der Jugend.

»Vorwärts, vorwärts, Jugend kennt keine Gefahren ...«

»Wohin?« Hitlerjunge Quex, Symbolfigur aus der »Kampfzeit« hatte die Antwort:

»Wir marschieren für Hitler durch Nacht und durch Not
mit der Fahne der Jugend für Freiheit und Brot ...«

Nun hatte Hitler alle Macht. Wohin sollte die Reise gehen? Aber wozu eine solche Frage?

Man konnte sich berauschen an dem Lied:

> Heilig Vaterland, in Gefahren.
> Deine Söhne sich um dich scharen.
> Eh der Fremde dir deine Krone raubt
> Deutschland, fallen wir Haupt bei Haupt.

Mit der erhebenden Mollmelodie klang es fast wie ein Schwur.

Verachtung für den satten Bürger, der um seinen Geldsack bangt, ist auch ein Privileg der Jugend. Sie fand Auslauf in einer Landsknechtromantik, die alle Bande frommer Scheu abstreift. Man marschierte. SA, Hitlerjugend und sogar die Pimpfe. Und die Marschkolonnen sangen zackig, im stolzen Gefühle des Bürgerschrecks:

> Es zittern die morschen Knochen
> der Welt vor dem großen Krieg.
> Wir haben den Schrecken gebrochen
> für uns wars ein großer Sieg.
> Wir werden weiter marschieren,
> wenn alles in Scherben fällt.
> Denn heute gehört uns Deutschland
> und morgen die ganze Welt.

Bald kam allerdings von oben die Anweisung, dass die vorletzte Zeile korrigiert werden müsse. Sie entspräche einer echt bolschewistischen Auffassung. Stattdessen sollte man singen: »Denn heute, da hört uns Deutschland ...«

Es ist leicht Feindbilder zu errichten und durch hämmernde Propaganda zu festigen:

> Börsenschieber und Gauner
> knechten das Vaterland.

Gemeint waren die »internationale, jüdische Hochfinanz« und letztlich die Juden insgesamt. Wenn man ein Feindbild hat, was braucht man da noch ein klar durchdachtes Konzept für Weg und Ziel?

Für Anna bedeutete die neue Zeit zunächst die Angst vor Haussuchungen. Im Speicher lagen Massen von Flugblättern der

Frauenliga. Sie mussten verschwinden. Ich habe ganze Stapel davon mit dem Aufdruck »Nie wieder Krieg« und grässlichen Bildern von Menschen mit Gasmasken an einem einsamen Hang in der Nähe unseres Hauses verbrannt.

Für Albert verschlechterte sich das Klima an der Schule. Im NS-Sprachgebrauch hießen die sozialdemokratischen Politiker »die Bonzen«. So hatten einige Schüler Albert den Spitznamen »Bonzo« angeheftet. Zum Eklat kam es im November 1933. Als Klassenlehrer sollte Albert eine Stunde dem Heldengedenktag widmen. Er erzählte von den Schrecken des Kriegs und davon, wie ein junger Kamerad neben ihm, von einer Kugel getroffen, nach seiner Mutter schrie. Das war zu viel. Einige Schüler beschwerten sich beim Geschichtslehrer über diese Beleidigung der Helden von Langemarck. Dieser meldete es dem Direktor und der gab es an die Behörde weiter. Albert wurde vom Dienst suspendiert und dann an eine Mädchenschule in Ludwigsburg strafversetzt.

Sein Nachfolger, Herr Lehmann, war von einem anderen Ort an die Schule in Feuerbach strafversetzt worden. Ein sehr impulsiver, aber rechtlich denkender Mann, der keine Floskeln liebte. Es war damals Vorschrift, dass vor Beginn der ersten Stunde der Lehrer entweder einen nationalsozialistischen Spruch oder ein Gebet sprechen musste. Herr Lehmann leierte mit sichtbarer Unlust einen Gesangbuchvers herunter, der sich mir unvergesslich eingeprägt hat. Insbesondere die zweite Hälfte war mir mein Leben lang eine Mahnung:

Herr, gib, dass ich tu mit Fleiß,
was mir zu tun gebühret,
wozu mich dein Geheiß
in meinem Stande führet.
Gib, dass ichs tue bald,
zu der Zeit, da ich soll
und wenn ich's tu, so gib,
dass es gerate wohl.

Suspendierung vom Dienst, Zwangspensionierung und Strafversetzung waren die milderen Maßnahmen, mit denen der Staat seinen Beamten die Klauen zeigte. Es gab Schlimmeres. Albert und Anna wussten, dass sie mit einem Fuß im KZ standen, und bemühten sich, nicht weiter aufzufallen. Sie fühlten ihre völlige Ohnmacht und kamen zu dem Schluss, dass es jetzt nur noch darum ging, die Familie möglichst heil über diese Zeit zu bringen. Sie konnte ja nicht ewig dauern. Aber Albert musste alle Willenskraft aufbringen, um die täglichen Anfechtungen und Demütigungen zu ertragen. Jede Schulstunde begann mit dem Gruß »Heil Hitler.« Unterwegs schwenkte er wohl ein Dutzend Mal mit der müden Geste des alten Mannes seinen abgewinkelten Arm hoch zum Gruß. Zuhause entlud sich seine Bitterkeit. In der Eisenbahn hatte er infame Bemerkungen über die Juden gehört; eine neue Verordnung oder die neueste Blüte des Hitler-Kults erregte seinen Zorn. Er wetterte über die Halunken, die Dummköpfe. Einmal sprang er beim Essen auf und schrie: »Ich erschieß ihn.« Er meinte Hitler. Aber er wusste zugleich, wie lächerlich er war. Er war ja völlig untauglich für eine Verschwörung. Einmal hörte ich an der Tür, wie er sagte: »Ich mag gar nicht mehr leben.« Schnell verdrückte ich mich. Aber kurz darauf erschien Mutter Anna in meinem Zimmer mit der Bitte: »Komm, geh mit Papa ins Luftbad.«

Vielleicht war es Annas Bruder Adolf zu danken, dass die Familie zunächst nicht weiter belästigt wurde. Er stand nun als »alter Kämpfer« in hohem Ansehen, war Kreisamtsleiter des NS-Lehrerbunds und hatte eine braune Uniform. Aber die Familienbande waren bei ihm immer noch stärker als die Ideologie.

Anna unterschreibt Wechsel

Alberts Situation an der Schule in Ludwigsburg hatte sich weiter verschlechtert. Sein Denunziant, der Geschichtslehrer, war durch Beförderung zum Oberstudiendirektor belohnt worden und wurde jetzt, als Schulleiter in Ludwigsburg, sein unmittelbarer Vorgesetzter. Annas Versuch einer Antwort schildert sie in der folgenden Episode:

Anna sagte zu Albert: »Ich habe ein Auto gekauft. Du lernst das Autofahren. Wir alle, du, ich, die großen Töchter lernen es.«

»Auto gekauft? Bist du ... Annerle ... was ist mit dir?«

Das letzte Wort war voller Entsetzen und Angst über die nun offensichtlich werdende Geisteskrankheit Annas. Sie hatte noch keine menschliche Stimme gehört, die erfüllt gewesen wäre von so viel Verzweiflung.

»Setz dich zu mir«, sagte sie. Es kostete sie gegenüber Alberts Entsetzen ein Übermaß an Selbstbeherrschung, die eigene Haltung nicht zu verlieren. So saßen sie auf dem lieben, uralten Sofa, auf dem sie – ach, wie oft schon! – trauliche Zwiesprache gehalten hatten. Anna fasste Alberts Hand. Sie sagte: »Wenn wir alles in das richtige Verhältnis zueinander rücken, dann ist dieses Auto im Augenblick die einzige Möglichkeit, Gefahren auszuschalten oder wenigstens herabzumindern. Du *kannst die tägliche Reise in der Eisenbahn mit deinem Herrn Schulleiter nicht auf die*

Dauer ertragen. Das geht über Menschenkraft. Ich kann die ständige Angst um dich nicht aushalten. Du weißt ja gar nicht, wie ich jeden Tag zittere, bis du wieder zu Hause bist.«

Albert sagte noch immer nichts. Anna fuhr fort: »Wenn wir durch diesen scheinbar leichtsinnigen Kauf dem Krankwerden und, was noch viel schlimmer wäre, dem Konzentrationslager entgehen, dann ist es ein belobenswerter Leichtsinn. Dein Annerle war schon immer leichtsinnig«, scherzte sie. »Sag doch etwas«, drängte Anna.

Albert aber schwieg. Er war erschüttert und wollte es verbergen. Annas Stimme wurde weich und warm. Sie musste sein Herz erreichen. Sie sagte: »Wir werden an allem sparen. Keine Haushaltshilfe, keine neuen Kleider. Nichts wird mehr angeschafft. Das Reisen erübrigt sich sowieso. Unsere Zinsen bezahlen, das Schulgeld für die Kinder, die fälligen Wechsel decken, mehr brauchen wir nicht zu leisten. Ich habe gerechnet, wir können es schaffen.«

»Ach, Annerle«, seufzte Albert schließlich. »Wir werden, wenn nicht durch das KZ, durch das Auto umkommen. Wie soll ich – ich – das Autofahren lernen?«

»Das hast du beim Fahrrad auch gesagt«, lachte Anna.

»Ein Auto ist etwas anderes, etwas ganz anderes«, stöhnte Albert.

Natürlich hatte Albert das Fahren gelernt und zwar am raschesten von allen. Das Fahrzeug wurde ihm bald ein guter Freund. Der einzige Mangel war nur, dass der »Held von Verdun«, dessen Gesellschaft er hatte entfliehen wollen, sich nach der Schule am Wagen aufstellte, eine Einladung mitzufahren als Selbstverständlichkeit voraussetzte, ohne Umstände einstieg und mit Albert heimfuhr.

Immerhin brauchte Albert während dieser Fahrt im Auto nicht zu sprechen. Er hatte die Ausrede, beim Fahren aufpassen zu müssen.

Emil

An das Bäckerhaus, unsere erste Wohnung in Feuerbach, grenzte eine große Schreinerei. Auf ihrem weitläufigen Gelände lagen Schuppen mit gewaltigen Holzlagern, dazwischen Bretterstapel und Mulden voll Sägemehl. Ein idealer Spielplatz für die Kinder der Nachbarschaft. Sicherlich wäre heute das Betreten für Kinder streng verboten. Dafür haben die Haftpflichtgesetze gesorgt. Aber damals nahm man es nicht so genau. Im Haus des Schreiners wohnte Familie Fritz. Oft stand ich auf der Treppe zu ihrer Wohnung vor einem Bild, das ich nicht verstand. Es zeigte den »schmalen Pfad«, auf dem sich zwei Gestalten mühsam voranschleppten, während auf der bequemen Straße daneben die Menschenmassen zur Hölle spazierten. Die Familie war fromm und kinderreich. Emil Fritz, er war sechs Jahre älter als ich, war der unumstrittene Anführer der Kinderschar. Er hatte immer Ideen; zum Beispiel konnte man von den Brettern eines Schuppens auf ein mit Sägemehl gefülltes Becken aus verschiedener Höhe herunterspringen. Wer von zwei Meter Höhe sprang, wurde zum Knappen ernannt, wer vom nächsthöheren Stapel sprang, wurde zum Ritter geschlagen. In meiner Bewunderung für Emil nahm ich allen Mut zusammen und schaffte den Ritterschlag. Leider wurde diese Rangordnung nicht, wie ausgemacht, bei unseren Spielen beachtet; bald zeigte sich, dass die Knappen meine Meinung völlig ignorierten. Stattdessen hatte der Sohn des Schreiners herausgefunden, dass man mich durch erfundene Schauergeschichten in Wut und Schrecken versetzen konnte. Anferzen nannten sie das.

Emil leitete eine Jugendgruppe im »Christlichen Verein junger Männer« (CVJM). Da wollte ich auch eintreten. Meine Eltern stimmten zu. So blieb die (vielleicht etwas einseitige) Freundschaft mit Emil noch einige Jahre erhalten. Im Frühjahr 1934 wurde der ganze CVJM in die Hitlerjugend eingegliedert und ich kam zu den Pimpfen, dem »Jungvolk«. Emil wurde sofort Fähnleinführer.

Eine Szene bei der Eingliederungszeremonie ist mir unvergesslich. Ich stand etwas blöde am Straßenrand, da marschierte Emil an der Spitze einer HJ-Kolonne mit ernstem Gesicht, in jeder Faser Abbild eines Helden von Ypern, wie man ihn von Denkmälern kannte. Hinter ihm Fanfaren und Landsknechtstrommeln.

Auch in der neuen Würde hatte Emil seine eigenen Ideen. Er kam aus der Jugendbewegung und liebte die Heidelieder von Hermann Löns. So organisierte er Sammlungen fürs »Winterhilfswerk«, bei denen wir, als Zigeuner verkleidet, durch die Stuttgarter Gaststätten zogen. Emil sang und spielte Klampfe, ich die Geige, noch zwei andere finstere Gestalten hatten wir als Sänger. Daneben einige Pimpfe in Uniform mit Sammelbüchsen. Unsere beste Nummer war »Rosemarie, Rosemarie, sieben Jahre mein Herz nach dir schrie.«

Emil beauftragte mich bald darauf, eine kleine Gruppe von Blockflötenspielern auszubilden. So blieb ich bei den Pimpfen bis zu meinem Abitur.

Sieben Jahre später war Emil tot. Als Fallschirmspringer starb er bei der Eroberung von Kreta. Die Aktion hatte 15 000 deutschen Soldaten das Leben gekostet.

Das Regime festigt sich

In einem zweiten Schlag, der »Säuberungsaktion«, hatte Hitler alle ausgeschaltet, die ihm noch gefährlich werden konnten. In den eigenen Reihen und anderswo. Die Macht der SA wurde gebrochen. Die SS übernahm ihre Rolle. Im Verständnis meiner

Auf dem Balkon des Feuerbacher Hauses, um 1934. Links Isolde, stehend Rudolf, in der Mitte Anna und Albert, rechts Sigrid.

Mitschüler stellte sich die Sache so dar: »Der Führer hat in einem Keller eine ganze Horde von schwulen SA-Führern mitten in einer Orgie ertappt. So weit ist es mit der SA gekommen! Das musst du dir mal vorstellen! Da wälzten sich die Kerle splitternackt zusammen auf dem Kanapee herum. Alle stinkbesoffen! Aber der Führer hat hart durchgegriffen. Einige hat er eigenhändig mit seiner Pistole erschossen. Eigenhändig!« – »Aber es war wohl auch eine größere Verschwörung im Gange. Eine ganze Menge von Volksfeinden und Verrätern sind gefasst worden.« Ein ganz Strammer fügte dazu: »Da gibt es nur eines: Rübe ab.« Er grinste und fuhr sich zur Illustration mit dem Finger über die Kehle.

Und nun staunten die Deutschen – und nicht nur sie – über die »große Aufbauleistung des Führers.« In wenigen Jahren vollzog sich der Sprung von Massenarbeitslosigkeit zu Vollbeschäftigung, von der Zeit der Straßenkämpfe in bürgerkriegsartiger Stimmung zur »Volksgemeinschaft«, in welcher der »Arbeiter der Stirn« und der »Arbeiter der Faust« gleichermaßen angewiesen war, sein Scherflein zum allgemeinen Volkswohl beizutragen. Als ich Jahrzehnte nach dem schrecklichen Ende des »Dritten Reichs« Auszüge aus Leni Riefenstahls Film »Triumph des Willens« sah, wurde mir bewusst, wie stark ihre Inszenierung einer solchen Volksgemeinschaft damals gewirkt haben musste: Kompanien von Männern des Arbeitsdienstes aus verschiedenen Gegenden des Reichs marschieren auf. Dann der Zuruf: »Und woher kommst du, Kamerad?« Die erste Gruppe antwortet: »Ich komme aus Schleswig-Holstein. Wir legen Moore trocken.« Weiter geht's: »Und woher kommst du, Kamerad?« ...

Auch der Teil »sozialistisch« im Namen der Partei wurde gepflegt. Die Propaganda sorgte dafür, dass niemand das Winterhilfswerk, die NS-Volkswohlfahrt oder die Organisation »Kraft durch Freude« übersehen konnte, die manchem wenig Begüterten einen traumhaften Urlaub verschaffte.

Und Deutschland hatte wieder eine »stolze« Wehrmacht, ohne dass die ehemaligen Siegermächte den geringsten Versuch unternommen hatten, einzuschreiten. Damit war der Versailler Vertrag Makulatur. Als Erstes fielen die noch immer bestehenden Forderungen nach Reparationszahlungen. Anderes würde Stück für Stück folgen. Hitler erschien als der von Gott gesandte Retter Deutschlands. Bei der Olympiade 1936 in Berlin zeigte sich die neue Zeit der ganzen Welt in höchstem Glanz. Und die Welt war beeindruckt. In Kreisen der Wirtschaft, des Bürgertums und in kirchlichen Kreisen wurde in vielen Ländern mit Erleichterung festgestellt, dass Hitler ein Bollwerk gegen den Bolschewismus geschaffen habe. In Deutschland waren die »Ewiggestrigen«, die »Meckerer und Miesmacher« mundtot gemacht und in ihre Kellerlöcher verscheucht. Mancher begann an sich zu zweifeln. »Ich verstehe die neue Zeit nicht. Aber vielleicht müssen wir umdenken lernen. Große geschichtliche Umwälzungen gehen nie ohne Erschütterungen. Wo gehobelt wird, da fallen Späne ...«

Eine Zeit voll Widersprüchlichkeiten. Jeder sah, was er sehen wollte. Große Schritte auf dem Weg in eine goldene Zukunft oder totale Verblendung und abgrundtiefe Gemeinheit.

Albert und Anna richteten ihre Augen fast zwanghaft auf jedes negative Zeichen:

Das »Aufbauwerk«?

Wer zahlt die Rechnung? Da hatte ihnen Herr Rathgeber, Direktor bei der Firma Bosch, gesagt: »Wenn ein Privatmann so wirtschaften würde wie der Staat heute, dann säße er wegen Wechselreiterei bald im Gefängnis.« Natürlich! Geld spielt für einen Diktator keine Rolle. Aber irgendwann musste der große Katzenjammer kommen. Eine Inflation oder, viel wahrscheinlicher, ein Krieg. Anna sprach mit ihren Schwestern von diesen düsteren Prognosen und hieß dort bald nur noch »Unke Anna«.

Die »Volksgemeinschaft«?

Eine Hammelherde unter dem Führerprinzip. Gleichgeschaltet ohne Meinungsfreiheit.

Die Wehrmacht?

Ein Rückfall in die wilhelminische Zeit. Ein schlimmes Omen für die Zukunft.

Und all dies war begleitet von schändlichen Aktionen, Teil einer schlimmen Entwicklung: der Demütigung und der Entrechtung aller »jüdisch versippten« Mitbürger. Aus dem Beamtenstand waren sie fristlos hinausgeworfen worden. Ihre Geschäfte wurden boykottiert, mit dem Schild »Jude« versehen und der Pöbel hatte im Siegesrausch der Machtergreifung ungestraft seine Instinkte ausgetobt: Juden verprügelt, Schaufenster zertrümmert ... Der Pöbel auf der Straße, aber auch eine radikalisierte Studentenschaft an den Universitäten.

Woher dieser irrsinnige Hass? Mit Wehmut erinnerte sich Anna an eine Begegnung in Bukarest im Jahre 1913. Eine Jüdin hatte sie angesprochen: »Sie kommen aus Deutschland? Da möcht ich auch so gerne hin. Dort haben es die Juden so gut.« Sicherlich, die religiöse Intoleranz hatte schon lange an Schärfe verloren. Die traditionellen Beschränkungen, vor allem in der Berufstätigkeit, waren in Deutschland längst gefallen und die Juden konnten ihre Talente in vielen Bereichen entfalten. Als Unternehmer, Bankdirektoren, Rechtsanwälte, Ärzte, als Wissenschaftler oder Künstler waren sie erfolgreich. Aber sie blieben als Juden erkennbar. Eine besondere Gruppe innerhalb der Gesellschaft. Rascher sozialer Aufstieg zeitigt Misstrauen und Neid.

Die Parolen von der Ausbeutung des Elends der Massen durch die Parasiten der Gesellschaft, von der Verschwörung der internationalen Hochfinanz waren nicht neu. Sie mussten nur durch Zufügen des Adjektivs »jüdisch« ergänzt werden, um den Zorn zu kanalisieren. Das war der Appell an die Massen.

In den »gehobenen Schichten« trat etwas anderes dazu. Eine archaische Kulturangst. Die guten alten Sitten und Werte waren im Wanken! Auch dies ein Werk der Juden! Hatte nicht Karl Marx die Vaterlandsliebe vom Thron gestoßen, Sigmund Freud die Sexualmoral zerstört, Albert Einstein den festen Rahmen von Raum und Zeit ins Schwanken gebracht? Offenbar war der »artfremde jüdische Geist« auf dem Wege, die »gesunde Volksseele« zu überwuchern!

Eine Wurzel solcher Kulturangst war sicherlich die Mystifizierung, die mit dem Wort »Volk« von mancherlei Dichtern und Geschichtsphilosophen lange gepflegt worden war. Da kommt mir in den Sinn, wie eines Tages mein Freund Ernstle mit ausgestrecktem Zeigefinger auf mich zukam und mit drohender Stimme sagte:

»Du bist nichts.«

Nachdem er den erwarteten Überraschungseffekt ausgekostet hatte, fügte er lachend die zweite Zeile zu:

»Dein Volk ist alles.«

Das Volk als natürliche Einheit. Die Parabel des Ameisenhaufens. Das Volk als Bluts- und Schicksalsgemeinschaft, das seinen Körper rein halten muss ...

Aus Sozialneid und Kulturangst kochte die Propaganda ein giftiges Süppchen. Politisch wurden die Juden den Bolschewiken zugeordnet, kulturell der »entarteten Kunst«, in der Wissenschaft »neuen zersetzenden Ideen«, im Wirtschaftsleben den »Börsenschiebern und Gaunern«. Kurz gefasst: »Die Juden sind unser Unglück.«

Warum haben die Gegenkräfte so jämmerlich versagt? Wir reden von den ersten Jahren der Diktatur. Da wurden die Weichen gestellt. Kaum jemand hätte sich das schreckliche Ende vorstellen können. Doch die Juden in Deutschland mussten die bittere Erfahrung machen, dass ein großer Teil der Bevölkerung mit Gleichgültigkeit all dem Unrecht zusah, das ihnen geschah.

Jüdische Geschäfte waren bald verschwunden. In der Öffentlichkeit sah man Juden kaum mehr. Wer nicht ins Ausland fliehen konnte oder wollte, musste versuchen unauffällig unterzutauchen. Für die Jungen war »der Jude« bald zu einem Abstraktum geworden, gewissermaßen zum Sammelbegriff all der negativen Eigenschaften, die in Goebbels' Propagandamaschine zubereitet und in hämmernder Indoktrination eingetrichtert wurden. Ältere, die noch meinten, dass es auch »anständige Juden« gebe, wurden rüde zurechtgewiesen. Das »Märchen vom anständigen Juden« sei wie der Glaube an den Weihnachtsmann. Die Ausdrücke »Judenfreund«, Steigerungsform »Judenknecht«, avancierten zu schlimmsten Schimpfworten.

Im Rückblick bleibt schwer verständlich, dass diese absurde Propaganda keinen entschiedenen, leidenschaftlichen Protest aller gläubigen Christen auslöste. Es handelte sich ja nicht mehr um die jüdische Religion, sondern um »Rasse« und »Erbgut«. Dann aber kamen die verehrten biblischen Gestalten, von Moses bis zu Maria, Jesus und seinen Jüngern, alle aus einer Sippe, in der es angeblich keine anständigen Menschen gab.

Noch einmal wurde die ganze Bevölkerung gewahr, dass es in Deutschland noch real existierende Juden gab. Im November 1938, als sich die Gewalt im gut organisierten »spontanen Volkszorn« austobte und alle Synagogen brannten! Als ich am Morgen nach dieser »Reichskristallnacht« in die Schule kam, fand ich eine merkwürdige Stimmung. Geflüster und betretenes Schweigen. Einer seufzte: »Wenn das der Führer wüsste!« Die Mutter eines Mädchens, zu dem ich am Nachmittag zum Musizieren kam, schimpfte: »Ich bin bestimmt keine Judenfreundin, aber das ist eine ausgekochte Schweinerei.« Die Aufregung währte nur kurze Zeit. Andere Ereignisse drängten in den Vordergrund. Erst ein paar Wochen waren vergangen, seit die Sudetenkrise eine akute Kriegsgefahr heraufbeschworen hatte. Anna hatte schon das Auftauchen von Bombengeschwadern erwartet, die Stuttgart in Schutt und Asche legen würden. Dann kam das Münchener Abkommen. Der Kriegsausbruch war abgewendet und das Sudetenland kam »heim ins Reich«.

Erleichterung und Freude in der Bevölkerung. Beim Stöbern in alten Briefen fand ich die Äußerung eines Verwandten: »Ich freue mich, dass unser schönes Vaterland wieder ein Stückchen größer geworden ist.« Der Autor des Briefs war kein Nazi. Seine Frau aber sah klarer. Sie fügte dazu: »Wer Wind sät, wird Sturm ernten.« In der Klasse wurde Hitlers Aussage diskutiert: »Ich habe keine weiteren territorialen Forderungen in Europa.« – »Aha!«, sagten die Schlauköpfe. »Hast du genau gehört? In Europa, hat er gesagt. Jetzt kommen unsere ehemaligen Kolonien in Afrika an die Reihe.«

Der Schüler denkt, aber Hitler lenkt. Die Zeitungen schossen sich auf die Tschechen und Polen ein. Sorgenvoll saß Herr Hölzle mit drei Kollegen im Lehrerzimmer unserer Schule. Ein milder Mann, dem man den Reserveoffizier nicht ansah. Er machte seinem Herzen Luft: »Deutschland wird kaputt gemacht und wir müssen zusehen!« Zwei der anderen sagten nichts und taten so, als hätten sie nichts gehört. Der vierte war empört und meldete den Vorfall der Behörde. Sie reagierte sofort. Nicht nur Herr Hölzle, auch die beiden Stummen wurden sofort vom Dienst suspendiert und später strafversetzt.

Die Familie

Mehrere Jahre der Diktatur waren ins Land gegangen. In atemberaubender Folge hatten sich das innere Gesicht Deutschlands verändert. Doch das Familienleben verlief wieder in relativ normalen Bahnen. Alberts täglicher Zorn war einer Resignation gewichen. Annas stets wacher Unternehmungsgeist hatte ein neues Projekt realisiert: den Kauf des kleinen DKW »Front Reichsklasse«. Im Familienrat hatte Albert durchgesetzt, dass die Geschwindigkeit von 60 km/h nicht überschritten werden durfte. Wenn Anna in ihrer Unbekümmertheit gelegentlich zu sehr auf den Gashebel trat, dann klopfte er an das Tachometer und mahnte: »Sechzig, Annerle!« Bei ihm selbst war ein solcher Verstoß nicht zu befürchten. Wenn seine Gedanken beim Fahren abschweiften, dann konnte es passieren, dass das Auto auf der völlig freien Straße mit 30 Stundenkilometern dahinschlich. Für mich auf dem Rücksitz war das manchmal zum Platzen und ich sehnte mich im Stillen nach der wohltuenden Wirkung des Gashebels.

Sigrid hatte ihr Abitur mit Glanz und Gloria bestanden. Sie war mit Abstand die beste Schülerin unter uns drei Geschwistern, mit einer besonderen Begabung für Sprachen. Sie begann nun ein Studium der Philologie an der Universität Tübingen. Aber nach einem Semester beschloss der Familienrat, in dem Anna sicherlich das stärkste Gewicht darstellte, dass dies keine Perspektive für die Zukunft ergebe. Der Anstoß kam von Freund Rathgeber. In der Firma Bosch suchten sie tüchtige Auslandskorrespondentinnen. Da könnte Sigrid schon nach kurzer Zeit eine interessante Tätigkeit beginnen, mit Chancen für die Zukunft, die sie in mancherlei Länder führen würde. Denn: »Sprachen lernt man nicht auf der Universität. Da muss man in das Land gehen, wo die Sprache gesprochen wird.« Das leuchtete ein.

Mit dem DKW auf großer Fahrt

Wozu ein langes, teures Studium, wenn es danach kaum andere Berufsaussichten gab, als Lehrerin an einem Gymnasium zu werden? So ging Sigrid ein Jahr nach Genf in eine französisch sprechende Familie – deren Tochter im Austausch in unsere Familie kam – und bald darauf nach London, an eine Filiale der Firma Bosch. Ein knappes Jahr später war sie dort verheiratet und blieb in England.

Isolde hatte ihr Musikstudium abgeschlossen, gab nun Klavierunterricht und gelegentlich ein Konzert in Feuerbach, um

Der DKW, Modell »Front Reichsklasse«

Schüler anzulocken. Ich war ihr erster Schüler und sie blieb meine einzige Lehrerin. Jetzt steht ihr schöner Flügel in meinem Wohnzimmer und wenn ich mich daran setze, denke ich in Dankbarkeit an sie. Zum Schluss war die Zahl ihrer Schüler auf 15 angewachsen. Das war gerade ausreichend für einen knappen Lebensunterhalt. Aber Isolde war auch eine große Sportlerin geworden. Von Tuberkulose keine Spur mehr. Im Frühjahr zog sie zum Skilaufen in Gletscherregionen. Einmal kam sie mit Eispickel und Seil zurück und erzählte von ihrer Besteigung des Piz Palü. Das Gesicht dunkelbronze. Der junge Apotheker fragte: »Ist das echt?« und kratzte mit seinem Fingernagel an ihrer Wange.

Vielleicht lässt der Name Isolde eine normalbürgerliche Existenz nicht zu. Schon an der Wiege hatten biedere Verwandte vor dem Namen gewarnt: »Wenn's a schön's Mädle wird, dann isch se au als Emma schö. Wenn's aber a hässlicher Trampel wird, dann wird se als Isolde zum Kinderg'schpött.«

Zum Glück hatte sich die Natur für die erste Alternative entschieden. So gab es eine Reihe von Verehrern. Anna sorgte sich oft zu viel über die Zukunft ihrer Kinder und in früheren Jahren hatte es schlimme Auseinandersetzungen gegeben, wenn Isolde gegen ausdrücklichen Befehl spät in der Nacht nach Hause gekommen war. Isolde störte das wenig. Aber ihre fünf Jahre jüngere, sensible Schwester Sigrid litt schwer unter solchen Zusammenstößen und schickte Stoßgebete zum Himmel: »Lass Isolde doch bald, bald nach Hause kommen!« Schließlich heiratete Isolde einen forschen Piloten und Flugzeugingenieur. Die Ehe wurde nach wenigen Jahren geschieden. Sie schloss noch vor Kriegsende eine zweite Ehe und wanderte 1951 mit ihrem Mann nach Kanada aus.

Ferien

Ski laufen in den Bergen während der Winterferien, das war seit der Übersiedlung nach Feuerbach eine Tradition geworden, die zehn Jahre lang ohne Wenn und Aber gepflegt wurde. Es erforderte einen beträchtlichen Einsatz. Abmarsch vom Hause um fünf Uhr früh mit Rucksack auf dem Rücken, Skiern geschultert für eine halbe Stunde Weg zum Bahnhof Feuerbach.

Auf dem Stuttgarter Hauptbahnhof dann die Suche nach einem Platz in dem Sonderzug nach Oberstdorf. Gut, wenn man zeitig da war, denn der Zug wurde zum Brechen voll und bald herrschte eine ausgelassene Stimmung in den Wagen. Ziehharmonika und Gesang: »Rosa, Rosa, schenk dem Reservemann Himbeerwasser ein« oder »Zwei Brettel und a g'führiger Schnee, juchheh ...«

Dann in Oberstdorf die Frage: »Sollen wir einen Pferdeschlitten mieten für die fünfzehn Kilometer nach Hirschegg im klei-

Albert und Anna beim Skilaufen

nen Walsertal?« Meist beantwortete sich das von selbst. Es war kein Schlitten da. Zu wenig Schnee. Also, erst mal wieder Skier geschultert und losmarschiert. Nach ein paar Kilometern konnte man die Skier anschnallen. Große Erleichterung. Aber dann zog sich der Weg endlos hin. Mechanisch stapfte ich weiter. Der Gedanke an Karl May und die Entbehrungen, die ein Westmann täglich auf sich nehmen muss, hielt mich aufrecht. Die Tücke des Objekts unterbricht solche Träume. Die Bindung geht auf. Der störrische, gefrorene Lederriemen muss enger geschnallt werden. Ich schaffe es nicht allein und Anna eilt zur Hilfe herbei.

Endlich in Hirschegg bei Familie Felder in der warmen Wohnstube mit Christbaum und vielen Heiligenbildern. Anna durfte die Küche benutzen und so konnten wir billig leben. Ich erinnere mich an das Gefühl von Verachtung, das mich beim Anblick des Sporthotels ergriff. Sicherlich konnten diese Damen in Pelzmänteln und ihre Kavaliere gar nicht Ski fahren! Das stimmte zwar nicht. Auch sie mussten, um in die Höhe zu kommen, die eigenen Kräfte einsetzen. Aber vielleicht hatten sie Seehundfelle zum Steigen? Wir mussten uns mit Steigwachs begnügen, das dann vor der Abfahrt mit einem Korken glattgerieben wurde. Aber wie herrlich der Lohn für all die Mühe! Etwa ein Aufstieg zum Hahnenköpfle. Links das markante schiefe Plateau des Hochifen. Bei jedem Schritt das Gefühl, höher aus den Niederungen des normalen Lebens empor zu kommen. Am Gipfel angelangt der herrliche Rundblick, dazu ein Käsebrot und einen Apfel. Dann als Krönung die herrliche, lange Abfahrt.

Ein großer Teil solcher Freuden ist heute verloren. Die Allgegenwart von Skilifts und die Spezialisierung der Ausrüstung zeigen den Fortschritt. Er dient dem größeren Glück der größeren Zahl, dem Schwelgen im Geschwindigkeitsrausch.

Bald nach Anbruch der *neuen Zeit* wurde das Kleine Walsertal für uns ein verlorenes Paradies. Es lag in Österreich und Hitler grollte der österreichischen Regierung, weil sie die Tätigkeit der Nazi-Partei in ihrem Land behinderte. Sie sollte auf die Knie gezwungen werden durch Drosselung des Fremdenverkehrs. Das Überschreiten der Grenze kostete pro Kopf nun 1000 Mark. So suchten wir andere Quartiere. Im ersten Jahr war es in Balderschwang. Der Weg von der Bahnstation zu dem Dorf war uns noch unbekannt. Albert, bewaffnet mit Kompass und Landkarte, führte die Schar, zu der auch die Verehrer meiner beiden Schwestern gehörten. Bei einbrechender Dunkelheit befanden wir uns auf einem Holzweg und mussten uns glücklich schätzen, dass wir einen kleinen Heuschober fanden, in dem wir die Nacht verbringen konnten. Das strategische Problem, die Schlafplätze so einzuteilen, dass die Schwestern von ihren Verehrern sicher getrennt blieben in der Nacht, wurde von Anna mit Feldherrngeschick gelöst.

Unvergesslich bleibt mir die Erinnerung an eine wunderbare Familienreise mit dem kleinen DKW nach Genf, wo wir Sigrid am Ende ihres Aufenthalts abholten. Wir nahmen uns viel Zeit. Schwammen in jedem See, den wir passierten – und das waren nicht wenige. Albert hatte sich zu philosophischen Gesprächen mit einem Schweizer Kollegen in Wengen, am Fuße von Eiger, Mönch und Jungfrau, verabredet. So wanderten wir einige Tage in der großartigen Landschaft der Viertausender. Dann der Genfer See, ruhig und weit ausgestreckt zwischen Weinbergen und Felsgiganten. Die Rückfahrt muss für meine Schwestern allerdings sehr unbequem gewesen sein. Ich saß auf einem Kissen auf ihren Schenkeln und unter ihren Füßen stapelte sich noch Sigrids Gepäck.

Onkel Adolf

Auch für die Osterferien hatte sich eine feste Tradition herausgebildet. Für die Eltern war es die jährliche Fahrradreise ohne Kinder. Dann war ich meist Gast bei Onkel Adolf in Höfen an der Enz, einem Dörfchen im Schwarzwald, umgeben von riesigen Wäldern, in denen Hirsche und Auerhähne lebten. Adolf war dort Schulmeister. Aber in erster Linie war er Lebenskünstler. Bei keinem festlichen Anlass im Dorf, im Freundeskreis oder in der Familie durfte er fehlen. Stets steuerte er, unter dem sinnreich gewählten Pseudonym »Ernst Heiter«, ein passendes Gelegenheitsgedicht bei. Adolf war im Ersten Weltkrieg mit einer leichten Verwundung, einem »Heimatschüsschen«, wie man es nannte, von der Front weggekommen und eroberte dann als junger Leutnant in einer Garnison in Dänemark seine Frau Mette. Die Ehe war kinderlos geblieben, aber es gab eine große Schar von Neffen und Nichten, hauptsächlich in Dänemark aus der Sippe von Mette. Sie waren alle stets willkommen in dem gastlichen Haus in Höfen, und Adolf war der erklärte Lieblingsonkel von allen.

In jenen Jahren war Adolf mit sich und der Welt voll im Lot. Er hatte sich schon einige Jahre vor Hitlers Machtergreifung dessen Partei angeschlossen, sah nun die neue Zeit in leuchtenden Farben und sich selbst als gewichtige Persönlichkeit, als Repräsentant des großen Aufbauwerks in seinem Dorf. Ein knappes

Jahrzehnt später stand er als Hauptmann der Reserve in einem Nachschubdepot an der Ostfront. Die leuchtenden Farben hatten sich zu einer grauenvollen Fratze verwandelt. Dennoch klammerte er sich noch 1944 krampfhaft an sein »Vertrauen zum Führer«. Im Rückblick unfassbar. Und doch leider nicht selten bei Menschen, die einem Wahn verfallen sind, den sie ihren Glauben nennen. Wenige sind bereit, die Tatsachen, die nicht in ihre Wunschträume passen, ins Bewusstsein gelangen zu lassen.

Vater Albert

Keine ernsthafte Auseinandersetzung mit meinem Vater haftet in meinem Gedächtnis. Ich bewunderte und liebte ihn und wir hatten großes Vertrauen zueinander.

Hatte ich eine Frage und klopfte schüchtern an die Tür seines Arbeitszimmers, dann packte er freundlich alle Papiere, in die er vertieft war, beiseite, hörte sich geduldig alles an und gab seine Erklärungen. Mit viel verständnisvoller Nachsicht begleitete er meine Schrullen. Etwa die Karl-May-Romantik. Im Wald hatte ich ein »Lager« eingerichtet. Das wollte ich ihm zeigen. Auf dem Weg dahin musste man auf dem Bauch durch eine Tannenschonung kriechen. Die niedrigen Zweige verfingen sich in den Haaren und zerkratzten das Gesicht. So kroch er als fünfzigjähriger Mann hinter mir durchs Dickicht.

Auch manche seiner Lebensweisheiten haften in meinem Gedächtnis, obgleich ich sie nicht immer beherzigte. So etwa die Definition: »Faulheit ist nicht, wenn man gar nichts tut. Das hält kein Mensch lange aus. Nein, Faulheit ist, wenn du weißt, dass du etwas tun solltest und du schiebst das weg und tust etwas anderes. Das ist Faulheit.«

Oder die Abhandlung über Mut und Dummheit anlässlich der Stellen von Lawinengefahr, die auf seinen Landkarten eingezeichnet waren. »Das ist kein Mut, wenn du da hinaufsteigst. Man muss die Gefahr kennen. Denk an die rasenden Autofahrer. Die freuen sich nur, dass es so herrlich schnell geht. Bis es kracht.«

Im Jahr meines Abiturs verband uns ein gemeinsames Interesse. Einige Jahre zuvor hatte Albert die Früchte seiner philosophischen Überlegungen in einem Werk mit dem Titel »Das All lebt« zusammengefasst. Er fand keinen Verleger dafür. Nun wandte er sich der Mathematik zu und hatte eine Idee über die »Natürliche Höherstufung der Rechenoperationen«. Das wuchs sich zu einem 200 Seiten starken Manuskript aus, zu dem ich auch beitrug. Leider fand es in der Fachwelt kein Echo. Kommentar eines Rezensenten: »Eine hübsche Idee, aber dafür genügen zehn Seiten. Der Rest ist eine Übungsaufgabe, die jeder durchführen kann, der sich für so etwas interessiert.« Wir waren enttäuscht und empfanden dies als typisches Beispiel für den Hochmut von Experten, die in ihren Gedankenbahnen gefangen bleiben. Heute verstehe ich, warum der Rezensent sich wenig für die Fragestellung interessierte. Die Mathematik war darüber hinausgewachsen.

Abitur – und dann?

In meiner Klasse war ich mit weitem Abstand der Jüngste. Meine Eltern hätten sicherlich nie gesagt, die Schule sei eine Ochsentour. Aber sie waren schon der Meinung, dass zu viel kostbare Lebenszeit auf der Schulbank abgesessen werde. Daher war ich früh eingeschult worden und hatte eine Klasse übersprungen. Nun war auch noch die Oberprima weggefallen. Die mündliche Abiturprüfung wurde mir erlassen und so hatte ich mein Abitur im Februar 1939 in der Tasche, ein halbes Jahr vor meinem siebzehnten Geburtstag.

Nach allgemeiner Meinung war ich zu jung für den Arbeitsdienst. Ich konnte mir jetzt ein Jahr in völliger Freiheit leisten und da bot sich an, dies in England zu verbringen. Ich könnte bei Schwester Sigrid wohnen, Land und Leute kennen lernen, meine Sprachkenntnisse verbessern und, falls ich Lust verspürte, mein Selbststudium in Mathematik weitertreiben. Mit Begeisterung nahm ich diesen Vorschlag an. Ich wusste allerdings nicht, dass Anna dabei noch eine geheime Absicht verfolgte. Sie hatte Sigrid eingeschärft, sie solle dafür sorgen, dass ich im Falle eines Kriegsausbruchs nicht nach Deutschland zurückkommen könne.

Nun fuhr ich Anfang März frohgemut nach London. Kaum war ich dort angekommen, da fiel Hitlers nächster Streich. Deutsche Truppen marschierten in der Tschechoslowakei ein. Ein unglaublicher Vorgang. Hitler hatte den Vertrag gebrochen, den er selbst ein halbes Jahr zuvor ausgehandelt und feierlich unterzeichnet hatte. Dazuhin war es das erste Mal, dass sich seine Aktion durch keinerlei Verweis auf die Wahrung der Interessen deutscher Volksgruppen rechtfertigen ließ. Die Presse und mit ihr die ganze Bevölkerung Englands war empört. Die Regierung Chamberlain fühlte sich hintergangen. Doch sie musste es schlucken, ohne etwas dagegen unternehmen zu können.

Trotz dieses Sturms glaubte ich nicht, dass ein Krieg bald bevorstünde. Hitlers Erklärung, er habe keine territorialen Forderungen in Europa mehr, war wohl keinen Pfifferling wert. Aber er würde doch nicht alles bisher Erreichte aufs Spiel setzen. Dagegen standen die aufs äußerste gereizten Westmächte und sein Erzfeind im Osten, das bolschewistische Russland, das sicher nur auf eine Gelegenheit wartete, die Nazi-Herrschaft in Deutschland zu stürzen. Einen Zweifrontenkrieg aber würde er sicher nicht riskieren!

Bei meinen Einschätzungen mag ein gut Teil Wunschdenken Pate gestanden haben, denn ich wollte mir die geschenkte Zeit nicht durch dauerndes Studium des politischen Barometers verderben lassen. Aber sie waren nicht ganz abwegig.

Jedenfalls genoss ich meine Freiheit in vollen Zügen. Eine Freiheit von allen Verpflichtungen und auch von der gut gemeinten, aber manchmal lästigen Aufsicht im Elternhaus.

Ich hatte mein Fahrrad mitgenommen und erkundete die Umgegend zuerst in kleineren Ausflügen mit gelegentlicher Übernachtung in Jugendherbergen. Sigrid war von London nach Yeovil in Somerset umgezogen. Eine ideale Gegend für Radfahrer. In den Jugendherbergen hatte ich mich mit einigen begeisterten Radtouristen angefreundet und wir verabredeten uns zu manchen gemeinsamen Unternehmungen. Fahrten kreuz und quer durch den Süden Englands und rund um Devon und Cornwall.

Mitte August war ich in North Wales. Lebhaft in Erinnerung ist mir der Aufenthalt in der Jugendherberge in Abergele an der irischen See. Ich war dort für zwei Tage wegen einer Fahrradpanne hängen geblieben, und ich freundete mich mit drei jungen Engländern an, die dort ihren Urlaub verbrachten. Gern wäre ich noch einige Tage länger mit ihnen am Meer geblieben. Aber da schlug eine Nachricht wie eine Bombe ein. Hitler hatte einen Pakt mit seinem Erzfeind geschlossen! Unvorstellbar! Jahrelang war uns von der bolschewistischen Gefahr gepredigt worden. Die Untaten der Bolschewiken waren, neben denen der Juden, das Hauptthema der Propaganda gewesen, und oft wurde zwischen diesen beiden Grundübeln gar nicht unterschieden. Und nun ein Pakt? Ob die Unterschrift Stalins auf einem Fetzen Papier mehr wert war als die Hitlers? Aber jetzt hatte Hitler seine Hände im Osten frei. Nun würde er sich wohl nicht mehr abhalten lassen, die »polnische Frage« mit Gewalt anzugehen, und dann würde wahrscheinlich auch England bald in den Krieg verwickelt. Ich schrieb meinen Eltern, dass ich so schnell wie möglich zurückkommen würde, und setzte mich aufs Fahrrad. Rasch zurück nach Yeovil.

Aber Hitler war schneller als ich. Am Morgen nach meiner Ankunft in Yeovil meldete das Radio, dass die deutschen Truppen in breiter Front einen Großangriff auf Polen begonnen hatten. Die Kriegserklärung Englands stehe unmittelbar bevor. Ich konnte England nicht mehr verlassen.

Die fünfeinhalb Jahre, die ich in verschiedenen Lagern in England und Kanada hinter Stacheldraht verbrachte, waren prägend für mein Leben. Ich habe viel über Menschen und Mächte gelernt. Zu den Absurditäten am Rande des Krieges gehörte ein Repatriierungsversuch: Folge eines Austauschabkommens zwischen den Krieg führenden Mächten. Im November 1944 begann die Rückfahrt über den Atlantik. Wir kamen noch bis in ein Lager auf der Isle of Man. Dort saßen wir, mit gepackten Seesäcken, noch bis Mai 1945. Überraschend wurden wir dann zu einem schwedischen Luxusschiff, der »Drotningholm«, gebracht. Eine Seereise wie in tiefster Friedenszeit nach Göteborg. Anschließend Szenenwechsel. Auf einem völlig überladenen deutschen Truppentransporter weiter nach Schleswig-Holstein, wo wir auf unbestimmte Zeit bleiben sollten. Als mir das zu dumm wurde, schlug ich mich ohne Papiere nach Stuttgart durch. Bis Hamburg ging's in einem Leichenwagen zwischen zwei Särgen. Das letzte Stück auf der Kohleladung eines Güterzugs.

Meine Eltern hatten schon 1939 ihr Haus in Feuerbach verkauft und ein billigeres in einer kleinen Siedlung in Sillenbuch erworben. Ich hatte es noch nie gesehen und seit fast einem Jahr hatte ich keine Nachricht mehr von meinen Eltern. Was würde ich finden?

Das Haus stand, von Bomben kaum beschädigt. Beide Eltern und Isolde waren unverletzt durch das Inferno gekommen.

Vernichtungswahn

Aus Anna Haags Kriegstagebuch

Im Sommer 1945 hat Anna Haag ihre Tagebuchnotizen aus der Zeit von Mai 1940 bis Mai 1945 ausgearbeitet. Auf diese Weise entstand ein 500-seitiges Typoskript. Die folgenden Auszüge bilden einen Querschnitt des unveröffentlichten Textes. R. H.

11. Mai 1940

(Nach dem Beginn der Offensive im Westen)

Wozu wohl ein Mozart, ein Beethoven, ein Goethe ihre Werke geschaffen haben, wenn wir Heutigen nichts anderes wissen als töten und zerstören?

14. Mai 1940 (Pfingstsonntag)

Überall auf den Straßen und in den Wäldern unterhalten sich Spaziergänger flüsternd. Nur eine Schar Jungvolk-Buben sprechen lärmend und im Vorbeigehen höre ich, wie einer schreit: »Aber glaubst' von den Fallschirmjägern isch au a ganzer Haufa heh!« (tot).

19. Mai 1940

Nicht die gelegentlich und zu allen Zeiten als Begleiterscheinung des normalen Lebens auftretende Niedertracht ist es, die manche Menschen im Innersten aufwühlt, sondern die Tatsache, dass gegenwärtig die Niedertracht zum Prinzip erhoben ist.

23. Juni 1940

Man müsste sich doch denken können, dass verantwortungsbewusste Frauen, die vor des Lebens Stürmen wacker standgehalten haben, die Klarheit über viel Menschliches bekommen haben, Frauen, die sachlich sind – dass solche Frauen durch ihre Mithilfe bei der Leitung der Staatsgeschäfte wohltuend auf die Entwicklung des Staates und auf das Wohlbefinden seiner Bürger wirken müssten. Es dürften keine Frauen sein, die aus Langeweile sich in die Öffentlichkeit drängen, auch keine Frauen, die aus Geltungstrieb den »kleinen« Aufgaben des Daseins entfliehen möchten.

18. August 1940

Zwischen dem 20. und 25. August soll die Invasion Englands tatsächlich erfolgen. Die Leute sagen so. Ob sie Recht haben?

9. September 1940

Traurig bin ich, so traurig! »Luftangriffe auf London! Warschau und Rotterdam übertroffen«, meldet die Zeitung.

13. September 1940

Ninive und Babylon seien zerstört worden und nie wieder auferstanden. London und überhaupt England erwarte dasselbe Schicksal. Die St. Paul's Kathedrale, der Buckingham-Palast – neben tausend anderen Gebäuden – sind bombardiert worden. Das Gewinsel um Mitleid aus London sei lächerlich; denn was wir tun, sei nur »Vergeltung üben«. So und ähnlich schreiben die Zeitungen. Hitler sagte, er wolle die englischen Städte »ausradieren«.

18. September 1940

Immer ungestümer sehne ich mich nach einem Leben im Geist, nach einer Zeit ohne Ende, in der ich das Herrliche, das Menschen geschaffen haben, in mich aufnehmen könnte und selbst vielleicht noch ein bisschen hinzuzufügen vermöchte. Ich möchte die Gründe aufsuchen, die schuld daran sind, dass die Menschheit immer und immer wieder in eine so verabscheuungswürdige Tiefe stürzt, indem sie sich gegenseitig mordet und alle Intelligenz aufbietet, um so viel wie möglich und so gründlich wie möglich das Errungene zu zerstören. Das sei »Naturgesetz«? Nein! Alles, was Menschenwerk ist, kann geändert werden! Und dieses schandbare »Menschenwerk«, das »Krieg« heißt und das man mit Girlanden, mit falschen, verlogenen Idealen schmückt und so den kurzdenkenden Menschen als eine »große Sache«, als eine »edle Sache« darstellt – dem will ich die Girlanden abreißen, wenn mir noch ein bisschen Kraft bleiben sollte nach diesem »Stahlbad«.

21. September 1940

Heidelberger Arbeiterhäuser, Bruchsaler Schloss und – Bethel (!) bei Bielefeld bombardiert. Eine merkwürdige Zusammenstellung und Auswahl der Engländer. Man kann das nicht verstehen und kommt zu ketzerischen Gedanken: warum, und ob überhaupt?

24. September 1940

Überall hier ist man empört über die Hinmordung der Irren und Geisteskranken. Auch den Sohn einer hiesigen Dame, der aus Liebeskummer schwermütig geworden war, hat das Schicksal ereilt. Ein Freund meines Mannes sagte, man habe die Namen der Insassen der Altersheime angefordert. Welch unerhörte Barbarei!

29. September 1940

Herr und Frau Burger waren da. Burgers Worte liegen wie eine Zentnerlast auf meinem Manne und mir. Dieser verlässliche, klar denkende Freund, der immer durch und durch Demokrat war, sagt, die Invasion Englands werde, sobald der dafür günstige Nebel einsetze, vom Stapel gehen. Er hat keinen Zweifel, dass auch dieses Unternehmen gelingen wird. Es sei alles so fabelhaft vorbereitet, selbst der Gaskrieg. England könne nicht widerstehen.

4. Oktober 1940

Immer noch nichts von den Kindern! Andere haben Nachricht bekommen von ihren internierten Angehörigen. Sie seien in Kanada. Ein Dampfer mit Internierten sei von einem deutschen U-Boot versenkt worden. Ach Gott! Man muss ganz stille werden. Aber darf ich denn klagen? Millionen Mütter der Welt tragen schweres Joch. Mein Mutterglück? Das Büblein muss wenigstens nicht morden.

15. Oktober 1940

Ein Brief von Cousine Pauline aus Baltimore! Rudolf sei in Ottawa. Es ist mir, als reiche mein Arm plötzlich wieder zu meinen Kindern, sie zu beschützen.

17. Oktober 1940

»Ach wie nichtig, ach wie flüchtig ist des Menschen Leben –«

Grundstimmung für heute und sicher auch für künftige Tage. Wenn ich nur dem armen Däxle* Kraft senden könnte! Aber da sitze ich, weine und versuche daneben – wie lächerlich aussichtslos – an meinem heiteren Roman weiterzubauen. Welch nutzloses Beginnen! Wie ein Kind, das spielt, beziehungsweise, das man zum Spielen veranlasst, damit es »seine Zeit ausfüllt« und einigermaßen ausgeglichen durch die Tage lebt.

23. Oktober 1940

Ottilie schreibt mir soeben, dass der Dampfer**, auf dem der Missionar M. war – Lagergenosse von Rudolf in Lingfield – torpediert wurde, Herr M. aber gerettet worden sei. Ob unser ar-

* Sigrid. (R. H.)

** Das torpedierte Schiff war die »Arandora Star«. Sie hatte etwa 2000 deutsche Zivilinternierte und kriegsgefangene Flieger an Bord, von denen 800 gerettet wurden. Ich war auf der »Duchess of York«, die etwa gleichzeitig von England auslief, aber heil über den Atlantik kam. (R. H.)

mes Büble auch auf diesem Dampfer war? Auf jeden Fall: Angekommen ist mein Kind in Kanada. Was für eine Zeit! Zufall, wer am Leben bleibt! Glücksfall, wer, am Leben geblieben, noch an einen Sinn des Lebens glauben kann.

27. Oktober 1940

»Haben Sie es gehört im Radio: ›Der Führer hat sich mit Franco an der spanischen Grenze getroffen!‹«, ruft mir Frau A. zu, ein Seufzer hingerissener Ehrfurcht entquillt ihr, ein verklärender Schein von Gott-Anbetung überhellt ihr Gesicht.

29. Oktober 1940

Wenn ich mal lache, einen Scherz mache, wie es so meine Art ist, oder mich gar zu ein paar Singtönen vergesse, dann denke ich plötzlich: »Was mögen meine Kinder in dieser Minute möglicherweise zu dulden haben? Und Millionen anderer Menschen?«

9. November 1940

Man wird es mit seinem Vaterland nach dem Krieg und all dem, das sich »nebenher« ereignet hat, machen müssen wie eine Mutter mit ihrem Kind. Noch so viel Schlimmes kann das Kind tun: Immer wird die Mutter sich wieder zur Verzeihung und Liebe bereit finden und zu neuen Versuchen, das Kind auf bessere Pfade zu lenken.

13. November 1940

Molotow ist in Berlin! Welch ein Gepränge! O wirre Welt! Was wird werden? Wenn ich doch endlich das russische Gesicht sähe!

14. November 1940

»Aber der Führer ... « Das ist immer der Einwand. »Der Führer« ist eine mythische Gestalt im deutschen Volk, ein »böser Geist«, gegen den niemand etwas zu äußern, ja nicht einmal im Geheimen zu denken wagt. Tausenden, Abertausenden dämmert es, wie schauderhaft man die deutsche Ehre befleckt, wie viel Schuld wir auf uns laden – oder richtiger: wie viel Schuld andere im Namen unseres Volkes, meines Volkes auf uns alle laden, wie viel Grund zum Schämen wir haben! Das ahnen und fühlen Millionen. Aber um Gotteswillen! Sie bekreuzigen sich nach jedem entschlüpften Wort oder gedachten Gedanken und ihre Lippen flüstern: »Der Führer! Wenn alle wären wie er und das Gute und Rechte wollten wie er. Wie genial, wie gut, wie edel!«

25. November 1940

Birmingham* ein zweites Rotterdam! Jubel in den Zeitungen. Ach Däxle, wie mag es euch, wie mag's dem lieben Mausele zu Mute sein!

26. November 1940

Die Leute werden doch bedenklich. Ganz wohl ist ihnen nicht. Der Gedanke einer Vergeltung taucht wieder und wieder auf in ihnen. »Aber«, so sagen sie, »die Engländer sollen Berlin zusammenhauen! Berlin, nicht wahr, das ist weit weg.« Und außerdem: »Von Berlin aus wird alles angeordnet. Dort wurde auch der Krieg beschlossen. Wir hier, wir haben bei den Siegen nur mitgejubelt, und das ist verzeihlich.«

7. Dezember 1940

Schnee draußen, Weihnachtsstimmung! Aber mich und Millionen Menschen bedrängen Kummer, Sorgen, Jammer, Zorn und Scham. Was darf alles geschehen! Und Gott sieht zu. Wann endlich wird er dreinschlagen? Wie gut hat es eine Kuh. Man nimmt

* Sigrids Familie lebte seit Dezember 1939 in Birmingham. (R. H.)

ihr Kalb, schlachtet es und sie empfindet es nicht. Vielleicht, dass sie noch ein »Muh« hinterdrein sendet, aber dann hat sie es vergessen. Wer gibt Menschen das Recht, uns unsere Kinder zu nehmen, sie zu Verbrechen zu zwingen, sie hinschlachten zu lassen? Als ob es nicht Menschen wären, Menschen, um die andere weinen. Weh' dem Volk, an dem sich dieser Menschheitsjammer rächt!

14. Dezember 1940

Man kann gespannt sein, wie lange es noch dauern wird, bis sich das deutsche Volk seines selbst gemachten Gottes gründlich zu schämen beginnt.

5. Januar 1941

Lieber Lindley Frazer! Ich habe Sie verschiedentlich im BBC gehört, und alles, was Sie gesagt haben, war mir ganz selbstverständlich und überzeugend. Ein Echo klang in mir und meinem Mann auf.

Ich werde mich an Sie und Ihre Gedanken halten. Es muss uns Wenigen hier ja jemand eine hilfreiche Hand reichen von drüben, von anderen in der Welt, sonst wäre ja unser Beginnen von vornherein von hoffnungsloser Trostlosigkeit erfüllt.

18. Januar 1941

Was mich krank macht vor Aufregung ist die Tatsache, dass so wenigen Menschen hierzulande der Gedanke kommt, wir könnten etwa den Krieg verlieren. Die Ansicht der allermeisten Deutschen ist die, dass wir längst den Krieg so gut wie gewonnen haben. Sie richten ihr Leben ganz danach ein, spekulieren auf die ewige Dauer des Dritten Reichs. Jeder weiß, dass wir als »Herrenvolk« allerlei Pflichten – nein, das war falsch – nur Rechte haben. Man sagt: »Mit England wird's natürlich noch etwas kosten, aber im nächsten Monat gehen wir hinüber; wir «schmeißen» mit unseren Stukas dort, wo wir landen wollen, alles zusammen. Kein Lebewesen wird sich dort mehr regen, und dann hauen wir die Engländer in acht Tagen kurz und klein und der Friede und der totale Sieg ist da!«

24. Januar 1941

Zuweilen habe ich den Eindruck, als ob ein Massenwahnsinn das deutsche Volk ergriffen habe und als ob ein Gehirnschwund in großem Ausmaß um sich fräße. Denken ist heute überhaupt nicht mehr Mode. Wie wäre eine solche Geistesverwirrung sonst möglich, dass Deutsche begeisterte Verehrer Albert Schweitzers und gleichzeitig glühende Anhänger des Nationalsozialismus sein können? Oder: Heute früh wurde im Rundfunk eine Plauderei über die »Güte« verlesen. Etwas, das so unzeitgemäß ist und so weit ab von allem liegt, was der Nationalsozialismus lehrt. Und doch – ich schwöre es – werden die Hörerinnen aufatmend gesagt haben: »Wie war das schön! Wie war das gut! Wie was das richtig!« Gott verhelfe uns wieder zu unserem Verstand.

28. Januar 1941

Ein Kollege meines Mannes (Professor an einer Oberschule) war da. Er erzählte, dass er vor kurzem einem anderen Kollegen entwickelt habe, wie wenig er an einen englischen Sieg glauben könne, worauf dieser spontan und voll Verzweiflung dagegen gefragt habe: »Ja, hast du denn gar keine Hoffnung mehr?« Derartige kleine Blitzlichter erhellen plötzlich wieder ein Stück deutscher Straße, und man ist geneigt zu glauben, dass das »andere Deutschland« nicht nur aus mir und den Meinen und ein paar nahen Freunden besteht, sondern dass es noch mehr sind, die die Auferstehung deutschen Wesens von der Niederlage Nazideutschlands erhoffen.

6. Februar 1941

Denn es ist ja so, dass die wenigen verlässlichen Freunde hierzulande sich gegenseitig entsetzt fragen: »Das sind wir? Wir Deutschen?« Freilich dämmert es so allgemach auch in manchem Nazi-Oberstübchen. Dies und jenes haben sie »nicht so gewollt«, als sie vor langer Zeit in die Partei eintraten. Da ist beispielsweise die Sache mit den Irren, den Krüppeln, den Alten. Tausende sind schon in den Hades geschickt worden, erzählt man flüsternd. Jeder kann ausrechnen, wann ungefähr die Reihe an ihn kommen wird, denn jeder Mensch wird einmal alt und gebrechlich und »unnütz« im nationalsozialistischen Sprachgebrauch.

10. Februar 1941

Jedes Haus bekommt fünf Eimer Sand zum Löschen der Brände bei Luftangriffen. Eine Bekannte sagte ergriffen: »Wir sollten noch dankbarer sein dafür, dass so für uns gesorgt wird!« Also auf, deutsches Volk, sei dankbar!

11. Februar 1941

Der Sand ist noch nicht da. Aber wisst ihr, ihr lieben Kinder, warum ich mich auf ihn freue? Weil ich mir vorstelle, dass er nach dem Krieg irgendwo im Garten liegen wird und dass meine Enkelkinder mit ihm spielen werden.

12. Februar 1941

Besuch! Ein Mensch aus einer längst entschwundenen Zeit, früherer Schüler Alberts. Der Gast war noch keine fünf Minuten in unserer Stube, da wusste ich um ihn und er um uns Bescheid. Es ist so: Man kramt in der Sammlung seiner Bekannten. Man erinnert sich an Menschen, die unter Umständen eine »Hoffnung« bedeuten könnten! Und zuweilen hat man Glück. Man findet jemand. Jemand, der all das ablehnt, was heute im Namen Deutschlands geschieht, der sich schämt, der leidet, der seine Heimat verloren hat und sie nirgends mehr finden wird; denn hier ist er nicht mehr daheim und draußen in der Welt kann er es nicht sein. Draußen in der Welt wird man ihn anspeien, weil er Deutscher ist. Deutscher sein, heißt hasserfüllte Ablehnung wecken.

14. Februar 1941 abends

Lieber Lindley Frazer, gestern Nacht haben Sie endlich wieder einmal ein paar Worte gesprochen. Wie die Welt nach dem Krieg aussehen soll! Ach Gott! Nach dem Kriege! Sie sagten das, als ob es tatsächlich wieder wirkliche Wirklichkeit werden könnte!

5. März 1941

Gestern großes Tamtam über Bulgariens Beitritt zur »Neuordnung«, Sich-lustig-Machen über England, vor allem über die tölpelhafte Politik Englands Russland gegenüber, eine Karikatur von Sir Stafford Crips, der erfolglos in Moskau herumlungere und um die Gunst der Sowjets buhle. Die nachdrückliche Behauptung, Russland habe sich endgültig auf die deutsche Seite gestellt und – frühmorgens am andern Tag als kalte Dusche die Nachricht von der russischen amtlichen Erklärung zur Besetzung Bulgariens durch deutsche Truppen. Ich möchte wissen, wie viele Deutsche da nach innen gelacht und sich mal wieder – endlich mal wieder so richtig gefreut und gedacht haben: »Gottlob! Endlich scheint Russland aufzuwachen! Endlich scheint man dort zu begreifen, was ein deutscher Sieg auch für Russland bedeuten würde.«

6. März 1941

Mein Mann erzählte: Eine Kollegin von ihm, fromm und nationalsozialistisch zugleich, lässt in ihrer Klasse allmorgendlich beten, beziehungsweise sie betet selbst. Über dieses Beten nun regt sich ein Teil der Klasse derart auf, dass sie die Hände nicht falten, vielmehr mit vom Körper gereckten Armen und gespreizten Fingern dabeistehen und so demonstrativ vorführen, dass, wer ein rechter Deutscher ist, nicht betet, kein »Knecht«, auch kein Gottesknecht ist. Was haben wir alles zertrümmert, jeden Ansatz von Ehrfurcht vor dem Unerklärlichen. Vor Gott! Wir sind »wir« und außer uns ist nichts. Entsetzlich!

9. März 1941

Im Anschluss an meinen Feuerlöschkurs hat man uns den »Warschau-Film« gezeigt. (Man soll es ja nicht wissen lassen, sagte der Kursleiter, dass die Bilder aus Warschau stammen, aber er könne es uns vertraulich mitteilen.) Ich kann zu diesem Film nur eines sagen: Wenn diese Teufelssaat einmal aufgehen wird, die Deutschland mit seinen Bomben dort gesät hat, dann gnade Gott uns Armen.

10. März 1941

Gestern hatte ich Besuch von einem Schulkameraden unseres Sohnes; er kam soeben aus dem in der Tschechei abgeleisteten Arbeitsdienst zurück. Als ich davon sprach, dass wir nun dabei seien, den Griechen einen Fußtritt zu versetzen, schämte er sich nicht, wie ich leise gehofft hatte; vielmehr leuchteten seine Augen auf und er meinte: »Die werden schnell am Boden liegen. Da haben wir dann zwei Fliegen mit einem Schlag. Die Griechen sind hin, und den Italienern haben wir gezeigt, was wir können.«

(...)

»Angenommen, du habest Recht, so werden wir trotzdem nach einer weiteren Treibstoffversorgung suchen müssen. Wird Russland neutral bleiben?«

»Die Russen haben ohnedies die Hosen voll! Dass eine Abrechnung mit Russland kommen muss – als letzter Krieg sozusagen – das ist klar. Aber jetzt schenken wir Russland meinethalben die Dardanellen, um es – wenn wir uns von diesem Krieg etwas ausgeruht haben – ihnen mitsamt der Ukraine, den Randstaaten und was wir sonst noch so brauchen, damit endlich Dauerfriede wird, wieder abzunehmen.«

»Pfui, Wilhelm! Benimmst du dich nicht, wie unsere Zeitungen von den Engländern sagen, dass sie sich benehmen? Wir lesen doch jeden Tag in der Zeitung, dass England immer wieder Länder verschenkt, die anderen gehören, um sich die Gunst der Beschenkten zu verschaffen. Das werden wir doch nicht nachahmen!«

Er wurde ein bisschen rot, meinte aber: »Das ist kluge Politik! Der Führer ist darin Meister!«

»Nur glaube ich, dass die Russen nicht ganz so dumm sind, wie wir sie einschätzen. Sie werden schon den richtigen Augenblick nicht verpassen, um uns an die Gurgel zu springen. Und zwar nich in diesem Krieg.«

Nein, das passte dem Jungen nun ganz und gar nicht!

21. März 1941

Frühlingsanfang! Sie aber, Lindley Frazer, haben uns gestern in der Sendung um 22 Uhr »Platzregen und Orkane« – freilich im übertragenen Sinn – vorausgesagt und uns geraten, auch dann unseren Spruch zu leiern: »Wir danken unserem Führer.«

29. März 1941

Das war gestern ein Tag! Jugoslawien erklärt den Krieg an Deutschland!

1. April 1941

Zeitungen und Radio sprechen von »Volkszorn«, der sich empört darüber, dass wir Jugoslawien gegenüber eine solch undeutsche Geduld an den Tag legen. Aber wehe, wenn der Tag der Rache angebrochen sein wird!

7. April 1941

Der »Tag der Rache« ist nun schon da. Gott sei den armen Griechen, den Jugoslawen und euch Engländern gnädig!

Karfreitag 1941

In ein Mauseloch möcht ich mich verkriechen, wenn ich daran denke, dass ich zu dem Volk gehöre, das nun ohne Zaudern Belgrad vernichtet hat.

22. April 1941

Ich habe das »Reichsarbeitsblatt« Nummer 6, 1941 vor mir liegen. In diesem ist die »vorläufige arbeitsrechtliche Behandlung der Juden« festgelegt. Scham überkommt mich, wenn ich sehe, wie unsere Herrn Juristen die Worte und Paragraphen deuten, um aus Unrecht »Recht« auszutüfteln. Kurz gesagt: Die Juden müssen arbeiten, denn es geht nicht an, »Arbeitskräfte« nur deshalb ungenutzt zu lassen, weil sie einer fremden Rasse angehören. »Besonders geeignete Arbeiten für Juden sind Erdarbeiten, Straßenreinigung, Erfassung und Sortierung von Altmaterial, Hilfsarbeiten in den Betrieben usf.« Aber den Juden steht kein Recht zu, weder in Bezug auf irgendwelche soziale Einrichtungen der Betriebe noch überhaupt irgendein anderes Recht. Abgesondert von den »Deutschblütigen« sollen sie ihre Zwangsarbeit verrichten ...

5. Mai 1941

Gestern hat unser Gott wieder einmal anderthalb Stunden gesprochen. »Wunderbar!«, sagen die blöden Weiber.

7. Mai 1941

Ich habe die »Wochenschau« gesehen: Führers Geburtstag im Führer-Hauptquartier. (Wenn ich Arzt wäre, so würde ich anordnen, dass der Mann in ein Irrenhaus käme, denn der Wahnsinn loht aus seinem brutalen Gesicht.) Ferner haben wir den Balkan-Feldzug, Bilder vom libyschen Feldzug und – das zerstörte Belgrad gesehen. Was für ein Gewieher im Film heute, als ein »jüdischer serbischer Offizier« gezeigt wurde! Und da soll man noch an eine deutsche Zukunft glauben!

11. Mai 1941

Vielleicht wird die deutsche Seele rascher wieder blank gefummelt, wenn man das Putzmittel benutzt, das scharf genug ist. Ich meine die englischen Luftangriffe. Da war gestern beispielsweise eine Meinung unter den Leuten, nämlich: Wir haben es den Engländern vorgemacht, sie haben nun gelernt, es nachzumachen. Englands Schläge gegen Deutschland nehmen zu an Wucht: Entsprechend wächst seltsamerweise die Anerkennung, die die Leute England zollen.

Ich bin gestern in die Stadt gefahren und es war, als gehe ein Aufatmen durch viele, viele. Als ob die Tatkraft der Royal Air Force so manchem den Rücken steife und Mut mache, das auszusprechen, was er seit langem heimlich dachte. »Auszusprechen« ist zu viel gesagt; aber doch irgendwie zu offenbaren, dass es nun wieder »aufwärts« gehe, dass nun bald auch »die andere Seite« Deutschlands wieder gezeigt werden dürfe, dass wir anderen wieder etwas sagen dürfen.

Da ist der Briefträger, ist der Bauarbeiter, ist die Milchfrau, die alle einen Ausdruck der Befriedigung nicht unterdrücken können, die sich irgendwie gehoben, gestützt, in ihrer Auffassung von Recht und Unrecht bekräftigt fühlen durch die einstürzenden Straßen Mannheims! Vielleicht liege ich selbst bald unter irgendwelchen Schuttmassen eingestürzter deutscher Häuser. Aber trotzdem wünsche ich, dass diese »erzieherische Strafe« rasch und solange fortgeführt werde, bis das deutsche Volk das Wort »Demut« wieder begreifen lernt und sich erinnert, dass »Mensch-Sein« etwas anderes bedeutet als das, was böse Gaukler im letzten Jahrhundert in deutschen Landen daraus gemacht haben.

13. Mai 1941

Es geschehen Zeichen und Wunder! Rudolf Hess (in den deutschen Zeitungen heißt er nur noch Hess) ist in England! Was hat ihn bewogen? Auftrag Hitlers? Ekel vor dem »deutschen Wesen«? Oder: Wollte man sich seiner entledigen (Röhm) und gab ihm eine defekte Maschine zum Selbstmord? Wie dem auch sei, auf alle Fälle: Er ist in England. Was das bedeutet? Mehr als eine verlorene Schlacht für Deutschland! Wird das deutsche Volk (das entsetzlich törichte deutsche Volk) nicht ein wenig nachdenken? Zunächst – das heißt oberflächlich betrachtet – scheint es nicht so.

Eben sagt meine Nachbarin (sie gehört zu denen, die Rudolf Hess ganz besonders »geliebt« haben): »Wenn er doch tot wär. Aber es scheint, dass er lebt. So kann er alles verraten!« Ihr Mann jedoch tröstet sie: »Er ist schon lange kaltgestellt!«

15. Mai 1941

Meine Nachbarin zur Rechten ist Bayerin, zugleich aber eine »gottesfürchtige« Protestantin und eifrige Kirchgängerin. Sie sagte zu mir: »Denken's nur, die Engländer werfen Bomben, deren Luftdruck den Menschen die Lunge zerreißt. Sie brauchen ka bisserl a Verletzung haben und gehen doch drauf! In Mannheim muss's schrecklich gewesen sein! Mein Mann sagt: ›So ne Schweinerei. Das kann sich der Führer unmöglich länger gefallen lassen. Sicher geht es in den nächsten Woch'n nach England, wenn's sein muss mit Gas!‹«

Da ich nun schon an meiner Nachbarschaft bin, so muss ich auch meine Nachbarn zur Linken vorstellen. Ebenfalls sehr fromme Leute. Als vor einigen Tagen die Nachricht von Hess' Flucht gemeldet wurde, sagte der sanfte Nachbar zu mir: »Ich verstehe nicht. Heut' gibt's doch gar nichts anderes als dass man treu zum Führer hält.« Seine Stimme klang dabei genau so sanft und fromm, wie sie immer klingt!

Ich möchte ernsthaft wissen, wie viele »Durchschnittsdeutsche« wir haben. Dieser ist ein »Allesfresser«: Er ist fromm, christusgläubig, hitlergläubig, vaterlandsgläubig. Es schmerzt ihn, ein kleines Tier leiden zu sehen, aber gleichzeitig ist es im »höheren (nationalistischen) Sinn« notwendig, ganze Völker auszurotten – zu »vertilgen« (wie Hitler sagt).

17. Mai 1941

Mein Nachbar Apotheker hat gestern eine Parteiversammlung besucht. Er erzählte mir, der Redner habe (knapp ausgedrückt) Folgendes gesagt: »Wir brauchen die Ukraine wegen des Getreides, Ägypten wegen der Baumwolle, den Irak wegen des Öls. Ob wir die Schlacht im Atlantik jetzt gewinnen oder 1944 oder 1948 spielt keine Rolle.« Mit Russland seien Verhandlungen im Gange, die die Besetzung der Ukraine und das Durchmarschrecht nach dem Irak zum Gegenstand habe. Mit der Türkei ebenfalls. Im Übrigen heiße es: »Und bist du nicht willig, so brauch' ich Gewalt!«

28. Mai 1941

Ein Bekannter, ein großer Architekt, katholisch, Kirchenerbauer, sagte zu mir: »Jetzt Schluss. Jetzt wär's gerade recht!« Damit meinte er den Krieg. Das klingt so, wie wenn zwei Lausbuben balgen und der bisher siegreiche, wenn er Schläge bezieht, plötzlich im Ton des Biedermanns sagt: »Jetzt hören wir aber auf!«

30. Mai 1941

Man erzählt, es sollen Häuser eingerichtet werden, in denen sich jede Frau ein Kind »holen« kann. Wohin sind wir geraten!

15. Juni 1941

Heute hatten wir wieder einmal »Tank-Gäste«. Was ist das? Nun, das sind Leute, die entweder keinen Radioapparat besitzen oder die in einem Mietshaus wohnen, in dem es noch gefährlicher ist, Auslandssender zu hören.

Heute Nachmittag hatten wir dann einen vollgetankten Besuch (ich unterscheide zwischen Tankenden und Getankten). Die russische Sache (wird Russland sich wehren, inwieweit wird es sich wehren können, wann wird der Einmarsch erfolgen?) wurde besprochen. Dann natürlich die Frage, wie wird es nachher werden?

Dazwischen erzählt der »Vollgetankte« die neuesten Witze. Zum Beispiel, Hess heiße nur noch He. Warum? Weil die SS nicht mehr hinter ihm stehe.

Und außerdem: »Beim deutschen Gruß zieht man an der ausgestreckten Hand den Daumen ein. Was das bedeutet? Einer ist schon weg.«

Diese Scherze sind unsere Nahrung. Wir sind arme Teufel.

23. Juni 1941

Acht Tage lang habe ich nicht gewagt, meine Aufzeichnungen aus ihrem Versteck im Kohlenraum hervorzuholen. Viel hat sich ereignet inzwischen, viel, viel. Mir sitzt wieder mal die Gestapo im Genick (dank den lieben Nachbarinnen). Ich habe irgendwo geäußert: »Hoffentlich marschieren wir nicht in Russland ein.« Darum bin ich nun ein »Defaitist«. Mein guter Mann sah mich bereits im KZ; er bat, er beschwor mich, doch klug zu sein. Nun: Die schwarze Wolke zog noch einmal über mich hinweg.

Nun ist Krieg mit Russland! Unser Nachbar schwor noch am Sonnabend: »Die Verhandlungen mit Russland sind erfolgreich abgeschlossen. Russland geht zwar nicht militärisch mit uns, aber es fördert alle unsere militärischen Unternehmungen, es unterstützt uns, lässt unsere Truppen durchziehen nach dem Irak, es versorgt uns mit allem, was wir brauchen, mit Getreide und Öl vor allem; Russland bekommt Persien von uns, es brennt darauf, den Engländern eins auszuwischen!« Ich musste staunend zuhören, und als am Sonntagfrüh ganz Deutschland durch neues Entsetzen geweckt wurde, da – man höre, was die offizielle Flüsterpropaganda der Partei verbreitete: »Das Freundschaftsverhältnis mit Russland konnte doch nicht von Dauer sein – gottlob, dass der Führer endlich zupackt. Endlich, endlich geht es gegen die Bolschewiken, die rote Pest. Feste druff! Na, das wird noch ein kürzerer Feldzug werden als die anderen! Das bolschewistische Russland ist revolutionsreif!«

Seit ich nichts mehr in dieses Heft eingetragen habe, sind auch Priester und Priesterinnen der »Christengemeinschaft« verhaftet, das Vermögen beschlagnahmt, die Bücher verbrannt worden.

4. Juli 1941

Wir haben immer ein paar zierliche, duftende Blümlein aus dem Garten und stellen sie unter dein Bild, liebes Däxle.

11. Juli 1941

Die neueste Version ist: Wir sind »Kreuzfahrer« – als Bekämpfer der »Gottlosen« in Russland. Ich habe noch mit keinem »Frommen« gesprochen (man muss ja so vorsichtig sein!). Ich war auch noch in keiner Kirche – kurz, ich weiß also nicht, ob das deutsche Volk so dumm ist, dass es auch nach dieser Melodie wieder tanzt. Ich weiß nur, dass meine Nachbarin heute zu mir sagte: »Ham' Sie's ghört? 300 000 Russen g'fang'n! Jetzt müss'n mr die au wie-

Auf dem Balkon des Hauses in Sillenbuch

der verhalt'n! Wenn i jo glaub, dass mr a ordentliche Portion davon abknallt ham!« Das sagte die junge Bayerin mit verschmitzt-heiterem Lächeln. Sie ist eine fromme Frau, sie geht jeden Sonntag zur Kirche. (»An deutschem Wesen soll die Welt genesen!« Heißt es nicht so?)

Aber etwas anderes: Wir sahen uns gestern die neue Wochenschau an. Entsetzlich, entsetzlich! Feuer, Vernichtung, Tod und Verderben in Russland. Aber selbstverständlich auf den Bildern sieht man nicht einen deutschen Gefangenen! Nur Russen! Die Deutschen stehen dafür schwarzumrändert als gefallen in unseren Zeitungen. Die Angehörigen melden den Verlust »in stolzer Trauer«. Am Ende der Vorstellung – tatsächlich – erhob sich Beifallsklatschen, aber – es war dünn und es blieb dünn! Nein, man konnte diesmal ruhig sitzen bleiben. Die überwältigende Mehrheit klatschte nicht.

18. Juli 1941

Da hat soeben Richard Grossmann in der 11-Uhr-Sendung des Radio London uns Deutschen eine sehr wichtige Rede gehalten: Wir müssten aktiv sein beziehungsweise passiv! Entweder aktiven oder passiven Widerstand leisten, wenn wir nicht einverstanden seien mit dem Hitlerismus. Wie Recht hat er und wie falsch ist es gleichzeitig, was er fordert! Denn wer nur den leisesten Versuch macht, »wider den Stachel zu löcken«, der wird ausgelöscht wie ein Kerzenlicht, zerquetscht wie eine Wanze, vertilgt, weggeschafft.

19. Juli 1941

Ich habe mich heute darüber besonnen, wie das weitergehen und wie das enden soll. Aber es ist mir keine Erleuchtung gekommen. Der »Rausch«, den die Zeitungen, die Dichter, Künstler, die Politiker und – ach Gott – leider auch so viele Fromme angefacht haben, muss sich austoben.

Ich muss zugeben, die Gesichter sehen jetzt wesentlich ernster aus, der Hochmut, die »deutsche Überheblichkeit« ist aus vielen gewichen, Angst, nackte Angst ist an ihre Stelle getreten: Angst um den, der in Russland kämpft, Angst vor dem, was kommen kann. Wir hier haben es ja noch sehr gut: Wir haben bis jetzt keinen englischen Fliegerbesuch. Aber – selbst der größte Optimist fürchtet, dass auch wir bedacht werden, wenn die Nächte wieder länger werden.

29. Juli 1941

Zeitungsnotiz:

Das Sondergericht S. verurteilte die 24 Jahre alte, verheiratete A. D. von G. wegen verbotenen Umgangs mit Kriegsgefangenen zu einem Jahr sechs Monate Zuchthaus und die 34 Jahre alte, verheiratete A. A. aus S. wegen des gleichen Verbrechens zu einem Jahr vier Monate Zuchthaus. Die 30 Jahre alte, verheiratete H. W. von L. erhielt eine Gefängnisstrafe von sechs Monaten. Die drei ehrvergessenen Frauen wurden auch äußerlich wegen ihres schamlosen Verhaltens gekennzeichnet.

Obwohl durch warnende Maueranschläge und durch eindringliche Aufklärung in einer Betriebsversammlung aufmerksam gemacht, ließen es die drei Angeklagten an der gebotenen Zurückhaltung gegenüber Kriegsgefangenen, die im gleichen Betrieb beschäftigt waren, fehlen und knüpften intime Beziehungen zu diesen an.

Man tauschte nicht nur Bilder zur »Erinnerung« aus, sondern scheute auch nicht vor einem in diesem Fall besonders verwerflichen Ehebruch zurück. Bei der W. kam es nur deshalb nicht dazu, weil ihr Mann Verdacht schöpfte und seiner Frau das Ausgehen verbot.

Soviel ich höre, hat man den Frauen die Haare vom Kopf abrasiert!

30. Juli 1941

Ein Brief von einer bis jetzt sehr »positiven« Studentin. Es dämmert ihr allmählich. Vielleicht »dämmert« es vielen, wenn es in

Russland weiterhin hapert, aber – ich will nicht vorzeitig hoffen. Vielen, allzu vielen »dämmert« es noch lange nicht. Für sie sind unsere »herrlichen« Eroberungen endgültig. Sie melden sich als Beamte, Lehrer, als Siedler, als Handwerker, als Ärzte, als Advokaten »nach dem Osten« oder nach der »Westmark«. Das ist mir immer das Unfasslichste, und diese Menschen kommen mir vor wie Kinder, die im Walde einem wilden Tier begegnen und annehmen, dass es sich herrlich auf seinem breiten Rücken reiten lasse. Dumm sind die Deutschen, grenzenlos dumm! Vielleicht sind sie so engstirnig, weil sie so überheblich sind. Und widerlich schwankend!

Da hat übrigens heute Nachmittag (14 Uhr) eine Dame im Londoner Radio eine wunderschöne Rede gehalten. Noch sei es Zeit! Wir sollten dies und wir sollten jenes! Kurz: Wir sollten uns endlich unserer Tyrannen entledigen! Da bekomme ich immer eine Wut, wenn ich solches Geseires höre, selbst wenn es noch so schöne Sätze sind. Was können wir denn tun? Wenn wir versuchen wollten, jetzt Revolution zu machen, würden die paar Menschen, die man nachher zur Beackerung des deutschen Geistes, zu allem, was da notwendig sein wird, braucht, um die Ecke gebracht.

19. August 1941

Vor einigen Tagen kam der Malermeister, der im Vorjahr die Arbeiten an unserem damals im Bau begriffenen Haus machte. Er hatte etwas anzustreichen.

»Nun«, fragte ich, »wie geht's? Noch nicht Soldat?«

»Ich häng ganz in der Luft, ich weiß net ...«

»Besser, Sie ›hängen hier in der Luft‹, als Sie morden im fernen Russland!«

»Na ja, aber so ist es a ka Leben net! S'gibt ja ka Material, mr kann ja ka Arbeit net übernehm'n!«

»Schon, aber nach dem Krieg, da können Sie doch wieder ...«
»Buh! Nach dem Krieg? Wann wird des endlich sein?«
»Wie? Nimmer so hoffnungsvoll wie im Vorjahr?«
»Na ja, i hab' halt net glaubt, dass wir tatsächlich so kriegslüstern sind, dass mr mit allen Händel anfangen!«

Das ist ungefähr die Einstellung vieler im Vorjahr noch hochpatriotischer einfacher Leute. – Mit welch betontem Spott mir gestern unsere beiden Gipser »Heil Hitler« zuriefen! Es braucht nicht mehr viel und ...

Doch nein: Es braucht viel. Vor allem die Möglichkeit, eine Revolution zu organisieren. Und die fehlt so vollkommen, dass weder Hunger noch andere Leiden etwas ausrichten können. Von innen her ist nichts zu erwarten, auch nicht vom Militär! Was von dort käme, wäre von vornherein eine faule Sache. Schluss muss werden mit der Verhimmelung des Militärs. Eine andere Welt muss kommen! Bei Gott, ich werde meine Jahre vergessen und helfen, sie zu gestalten.

31. August 1941

Eine große Freude: zwei Predigten des Bischofs von Münster, gehalten am 13. und 20. Juli! Unter der Hand wurden maschinenschriftliche Exemplare verbreitet, sodass wir in Württemberg sie nun schon in aller Heimlichkeit bekommen. Natürlich ist der brave Bischof verhaftet von der Gestapo, gegen die er sich erhoben hat.

Auszug aus einer Zeitschrift für Studenten:

Der Deutsche bleibt eben immer ein Wehrmann, im Krieg und im Frieden. Er wird immer Kämpfer sein, solange sein Volk um seinen Lebensraum und seine Existenz kämpfen muss, und ich möchte hoffen, dass dieser Lebenskampf immer währen werde. Denn nichts ist einem Volk so gefährlich wie lange Zeiten jenes Friedens, der gleichbedeutend ist mit Wohlleben, mit Verfla-

chung und damit Verschwinden der soldatischen Haltung des Einzelnen.

So schreibt ein Hochschulprofessor in der für die Studentenschaft obligaten Zeitschrift »Die Bewegung« im Juli 1941.

Im September 1941

Zeitungsnotiz:

Der gelbe Judenstern. Er muss ab 19. September getragen werden.

Im Reichsgesetzblatt wird eine Polizeiverordnung veröffentlicht, durch die bestimmt wird, dass Juden sich in der Öffentlichkeit nur mit einem gelben Judenstern zeigen dürfen. Er ist sichtbar auf der linken Brustseite des obersten Kleidungsstücks zu tragen. Die Verordnung tritt mit dem 19. September in Kraft.

Der deutsche Soldat hat im Ostfeldzug den Juden in seiner ganzen Widerwärtigkeit und Grausamkeit kennen gelernt. Er hat die Folgen der GPU-Gräuel und die Verelendung der Massen gesehen: das Werk der Juden. Dieses Erlebnis lässt den deutschen Soldaten und das deutsche Volk in seiner Gesamtheit fordern, dass den Juden in der Heimat die Möglichkeit genommen wird, sich zu tarnen und damit jene Bestimmung zu durchbrechen, die den deutschen Volksgenossen die Berührung mit Juden ersparen.

Was werden sie noch alles an Grausamkeiten erfinden?

21. September 1941

Mein Nachbar Apotheker siegt heute wieder auf der ganzen Linie. »Im Lauf des Monats Oktober werden wir bequem fertig mit Russland und dann wird auch England noch erledigt!«

Aus der Zeitung ausgeschnitten:

Todesstrafe für Rundfunkverbrecher

Berlin, 21. September

Zwei besonders krasse Fälle von Rundfunkverbrechen fanden in der letzten Zeit ihre Sühne durch Todesurteile, die der Schwere der Vergehen allein gerecht werden. Das Sondergericht beim Landgericht Nürnberg-Fürth verhandelte gegen den 1892 in Nürnberg geborenen Johann Wild, der sich nach der Machtergreifung systematisch unter den Einfluss marxistischer Hetzpropaganda gestellt hatte, indem er die ausländischen, meist von jüdischen Emigranten inspirierten Rundfunksendungen abhörte. Das Sondergericht stellte fest, dass der Angeklagte bewussten und gewollten Volksverrat getrieben hat. Es verurteilte ihn daher zum Tode wegen eines Verbrechens gegen § 2 der Rundfunkverordnung, sowie zu einer Zuchthausstrafe von vier Jahren wegen Abhörens von Rundfunksendungen und wegen Verbreitens von ausländischen Rundfundnachrichten.

In einem anderen Falle hatte das Sondergericht in Graudenz gegen die Haushälterin Pelagia Bernatowicz und mehrere Mitangeklagte, sämtlich Polen, zu verhandeln. Pelagia benutzte die Abwesenheit des Arztes, bei dem sie als Wirtschafterin tätig war, um an dessen Rundfunkgerät ausländische Sender abzuhören, und lud regelmäßig polnische Bekannte zu diesem verbrecherischen Treiben ein. Daher war die Todesstrafe die erforderliche Sühne.

Wann wird für *uns* Rundfunkverbrecher das letzte Stündlein schlagen?

3. Oktober 1941

Ein Schriftleiter unserer NS-Zeitung schreibt heute:

Stern des Ärgernisses

In der Straßenbahn saß unter anderen Volksgenossen ein Hauptfeldwebel mit seiner Frau und seinem Kind. In einer entfernten Ecke ein Jude. Der Wagen füllte sich mehr und mehr. Die Soldatenfrau nahm ihr Kind, um Platz zu schaffen, auf die Knie, Jüngere standen vor Älteren, Männer vor Frauen auf. Es ging alles nach den Gesetzen des Wohlverhaltens und der volksgemeinschaftlichen Übereinkunft, bis die Soldatenfrau bemerkt, dem

Juden könne es nichts schaden, wenn er Platz mache. Darauf erhoben sich mehrere Stimmen, die nichts weniger meinten als dies, »dass der Jude auch ein Mensch« sei, woran noch niemand gezweifelt hat, zumindest nicht im anthropologischen Sinn. Der Hauptfeldwebel, vom Osten in kurzem Urlaub in der Heimat weilend, war so erstaunt, dass er sich nicht einmal zu entrüsten vermochte. So kam er am Tag darauf in die Schriftleitung und machte seinem Herzen Luft. »Und da kommt man in die Heimat und merkt, dass unser braves Volk hinter unserem schweren Kampf steht und merkt, dass für Einzelne der gelbe Judenstern zum Ärgernis geworden ist. Wissen Sie, das begreife ich nicht. Das könnte auch kein einziger Soldat fassen, der im Osten gegen die bolschewistisch-jüdische Wespe die Heimat verteidigt. Mehr habe ich nicht zu sagen.«

Der beweiskräftigen Sprache des Hauptfeldwebels, so fährt der Berichterstatter fort, *habe ich nichts hinzuzufügen, es sei denn dies: Ein probates Mittel gegen falsches Mitleid und falsche Menschlichkeit ist der von mir lange geübte Brauch, den Juden überhaupt nicht zu sehen, durch ihn hindurchzublicken, als wäre er aus Glas oder weniger als Glas, als wäre er Luft, selbst dann, wenn der gelbe Stern mich aufmerksam machen möchte. Schi.*

Gottlob, dass es Deutsche gibt, denen der Judenstern ein Ärgernis ist!

7. Oktober 1941

Der feine Schriftleiter der NS-Zeitung gibt neues Ärgernis durch eine Zweitauslassung über den »Stern des Ärgernisses«. Er schreibt:

Es ist noch schlimmer

Unter der Überschrift ›Stern des Ärgernisses‹ erzählte ich in der Nummer 271 unserer Zeitung vom 3. Oktober das Erlebnis eines Hauptfeldwebels, dessen Frau in der Straßenbahn von Beifah-

rern deshalb gerügt wurde, weil sie meinte, dass es einem in der Ecke sitzenden Juden nicht schaden könne, wenn er Platz mache. Unsere Leser erinnern sich der Folgerung, die ich aus diesem betrüblichen Tatbestand, maßvoll genug, gezogen habe. Eine große Anzahl von Anrufen und Leserbriefen hat mir indessen bewiesen, dass ich mich im Irrtum befand, als ich annahm, falsches Mitleid und schlecht angewandte Menschlichkeit gegenüber besternten Juden seien Einzelerscheinungen. Aus der Fülle der Beweise für die Tatsache, dass es doch schlimmer ist, als ich ahnte, greife ich einige heraus:

»In meiner Ortsgruppe«, schreibt eine ältere Frau, »sind zwei jüdische Altersheime. Jeden Abend stelle ich fest, dass zu einer Zeit, da die Geschäfte schließen und der stärkste Verkehr herrscht, auch die alten Jüdinnen die Straßenbahn benützen und wie ihnen bereitwillig Platz gemacht wird. Nun ja, sie tragen ihre Handtaschen auch so geschickt, dass man den Stern nicht sieht.«

Andere Zuschriften befassen sich mit der praktischen Frage, ob man es in Stuttgart nicht ebenso machen solle wie in Frankfurt a. M., wo die Juden nur auf der vorderen Plattform des Anhängerwagens ihren Stehplatz haben. Und ein anderer Vorschlag lautet kurz und bündig: »Raus mit den Juden aus der Straßenbahn!«

Dieses praktische Problem ist leichter zu lösen als jene geradezu deutschfeindliche Haltung einer deutschen Frau zu begreifen ist, die eine Verhöhnung unserer kämpfenden und sterbenden Soldaten darstellt: »Es gehört wahrlich mehr Mut dazu, diesen Stern zu tragen, als in den Krieg zu ziehen!« Hier gibt es, glaube ich, nur eine Lösung: »An die Wand stellen«.

15. Oktober 1941

Freunde von uns waren da. Einer sagte: »So viel wird man hoffentlich gelernt haben, dass man den Frauen nach dem Krieg keine politische Freiheit mehr gibt!« Was soll man dazu sagen? Ich mache mir ja keine großen Illusionen über »uns Frauen«. Viele, viele, zu viele sind dem Rattenfänger nachgelaufen. Aber zunächst ist die ganze »Bewegung« doch eine rein männliche Angelegenheit gewesen.

23. Oktober 1941

Wie wird man den Hass steuern können, den wir durch unsere Schreckenstaten züchten? Ich habe heute das Gefühl, dass die Wasser über uns zusammenschlagen und die Unschuldigen mit den Schuldigen ertrinken lassen. Ich glaube auch, dass eine Bartholomäusnacht von ungeahnten Ausmaßen kommen wird. Jeder Russe, Franzose, Belgier, Holländer, Tscheche, Jugoslawe, Grieche, Norweger und so fort wird einen deutschen Soldaten aufs Korn nehmen mit dem Bewusstsein, im Namen der Gerechtigkeit zu handeln! Und wird dabei doch manchen umbringen, der eher sein Freund als sein Feind ist, der unglücklicher ist als er über die Schandtaten Hitlers. Das Morden wird noch lange nicht enden!

24. Oktober 1941

Schon solange keine Nachricht von dir, lieber Bub! Du hast doch hoffentlich nicht noch einmal Karl-May-Gelüste bekommen und einen abenteuerlichen Fluchtversuch gemacht! Du beneidest vielleicht gar die, die im Osten stehen. Beneide sie nicht, lieber, törichter Bub. Ein guter Gott hat dich von all dem fern gehalten. Es ist so traurig, alles, alles ist so furchtbar traurig! Es ist viel, viel schlimmer geworden als mir meine schweren Vorahnungen gezeigt haben. Und darum ist es so wichtig, dass es noch deutsche Menschen gibt, die hernach reinen Herzens sind und das deutsche Schicksal guten Gewissens helfen gestalten können. Wir sind nun einmal da, und die Welt wird uns »assimilieren« müssen. Vielleicht macht man es mit uns auch so, wie wir »hochkultivierten « Deutschen es mit den Juden, Polen, Tschechen, Serben machen. Sieh, ich bin dankbar, gewiss bin ich es, dass du all das Furchtbare nicht leiden musst. Aber – es ist mein heiliger Ernst, was ich jetzt sage – ich bin noch viel dankbarer dafür, dass kein Mensch, kein Hitler, kein General, kein Unteroffizier, kein SS-Häuptling dir, meinem guten Sohn, zumuten kann, an diesen barbarischen Taten teilzuhaben.

30. Oktober 1941

Stadtpfarrer D. von der M.-Kirche erzählte seinen Konfirmandinnen, dass er eine schwere Aufgabe gehabt habe: Er musste der Erschießung zweier Deserteure beiwohnen, beziehungsweise er hat ihnen den letzten Trost geben müssen. Zwei blutjunge Burschen, die ein unwiderstehliches Heimweh und das unüberwindliches Grausen vor dem Tun- und Leidenmüssen heimgetrieben hat.

Ich war gestern mit Freunden bei Freunden eingeladen. Aber es war nur ein teilweises Verstehen und das Zusammensein gipfelte für mich in der traurigen Erkenntnis, dass ich mich auch von so genannten guten Freunden meilenweit entfernt befinde. Gewiss! Sie alle verurteilen das Entsetzliche. Aber sie können sagen:

a) Die armen Soldaten würden ihnen Leid tun, wenn wir den Krieg verlören und all das übermenschliche Heldentum »umsonst« gewesen wäre.

b) Es ist ihnen sicher, dass wir entweder den Krieg gewinnen werden oder dass es zu dem »gewaltigsten Kompromiss« der Weltgeschichte kommen wird.

c) Sie behaupten, der Tod der Hunderttausende sei für diese keine sehr schmerzvolle Sache. Die Soldaten nähmen in einer Art völligen Weltentrücktseins alles gleicherweise hin, Leben oder Tod! Todesangst? Keine Rede davon!

d) Sie trösten sich damit, dass die, die ihr Leben in früher Jugend hinopfern, damit nach ihrem Tod in einen »höheren« Himmel einkehren als wir anderen.

Ich bin religiös. Aber wenn ich höre, wie ein Glaube die Menschen so verwirren kann, dass sie dem Grauenvollsten gegenüber versöhnlich gestimmt werden, dann muss ich diesen Glauben als verwerflich bezeichnen, selbst wenn er sich als »Christentum« ausgibt. Diese Leute sagen: »Wir sind Christen. So wie Christus sein Leben geopfert hat für die Menschen, so opfern jetzt Millionen das ihre für die Welt.« Sie sehen nicht, dass diese Millionen in Wirklichkeit Hingeopferte sind, die nicht gefragt werden.

4. November 1941

Ich hörte, man bringe die Juden weg aus unserer Stadt. Die armen Menschen seien der Auffassung, dass dies nur eine Etappe sei auf dem Weg nach Grafeneck.

Man spricht davon, dass man im nächsten Frühjahr die englische Insel im Giftgas ersticken würde, und Leute munkeln, dass wir ein neues Gas hätten, das alles töten wird in England. Nun mag das übertrieben sein, aber ein Körnchen Wahrheit ist meist bei solchen Gerüchten.

Fünf Grad Kälte! Dicker Nebel draußen! Wieviel Hunderttausende deutscher Soldaten wird der »geniale Führer« vor Moskau dem russischen Winter opfern? Arme deutsche Mütter!

6. November 1941

Meine Freundin, deren Sohn vor Moskau steht, schreibt gestern: »Wann wird Gott sprechen? Oder – ist der so früh eingetretene Winter, da noch Obst und Trauben hängen, Gemüse und Rüben nicht eingebracht sind, sein erstes ernstes Wort?«

19. November 1941

Ich hörte, der Sohn meines ältesten Bruders, Leutnant bei der Luftwaffe im Osten, sei verwundet und liege im Lazarett in Warschau. Seit zwei Jahren habe ich diesen Bruder nicht mehr gesehen, obgleich wir in derselben Stadt wohnen. Wir haben Angst voreinander: Er vor meinen Anschauungen, die ihn seine innere Ruhe kosten; ich habe Angst, weil ich weiß, dass er gelegentlich eine Bemerkung von mir weiterplaudern könnte.

Aber nun habe ich mich doch überwunden, bin hingegangen, um nach dem verwundeten Neffen zu fragen. Da hörte ich Folgendes: Des Neffen Flugzeug sei schwer beschossen worden, die Insassen verwundet, und nur mit Mühe sei es ihnen gelungen, noch auf einem deutschen Flugplatz zu landen. Hier seien die Verwundeten von einem Sanitätsauto in Empfang genommen und in ein Feldlazarett gebracht worden. Es habe sich erwiesen, dass die Operation zu schwierig sei und zu langwierig und so habe man meinen Neffen im Flugzeug ins Lazarett nach Warschau gebracht. Aber auch dort habe man ihm erklärt, die Entfernung der vielen Granatsplitter, die er im linken Oberarm und linken Schulterblatt habe, sei eine viel zu Zeit raubende Arbeit. Die Splitter würden im Lauf der Zeit sich schon alleine wieder herausschaffen. Nach drei Wochen Lazarett habe man ihn wieder an die Front entlassen.

Was sieht man daraus? Man braucht die Flieger dringend an der Front und man braucht die Lazarette für den sich unaufhörlich hereinwälzenden Strom verwundeter Soldaten. Schrecklich! Wie lange wird das deutsche Volk all das weiter tragen?

Aber mein Bruder, Reserveoffizier, im Ersten Weltkrieg verwundet, sagt: »Wir dürfen diesen Krieg nicht verlieren! Wir müssen ihn gewinnen! Ich gehe selbst noch an die vorderste Front mit meinen 57 Jahren. Was soll werden, wenn wir diesen Krieg verlieren?«

Mein Bruder ist keineswegs ein England- oder Franzosenhasser. Das Gegenteil ist der Fall. Zeit seines Lebens hat er geliebäugelt mit fremden Sprachen und hat Reisen hinaus gemacht, so weit seine bescheidenen Verhältnisse dies zugelassen haben. Er ist auch gescheit genug, um vieles klar zu sehen. Und doch ist er ein törichter, dummer Bub, trotz seiner 57 Jahre. Zur Rechtfertigung unseres Überfalls auf Russland wiederholte er, was man uns einpaukt: 1.) Man hat uns unsere Kolonien genommen, daher holen wir uns im Osten, was Deutschland dringend braucht zur Ernährung seiner Bevölkerung. 2.) Wir dürfen das ohne Gewissensbisse tun, denn Russland hat bewiesen, dass es beispielsweise die fruchtbare Ukraine nicht verwalten kann. Sonst hätte es dort niemals zu einer Hungersnot kommen können. 3.) Hitler sagt: Da Russland unfähig ist, diese Gebiete zum Wohle Europas (!) zu verwalten, werde ich sie in meine Hand nehmen, und Europa wird es mir danken. 4.) Russland wäre uns doch in den Rücken gefallen, wenn wir nicht zuvorgekommen wären und so fort und so fort.

19. November 1941, abends

Das schönste Weihnachtsgeschenk ist mir die »Lange Welle 1500«! Dass London nun auch auf dieser Welle sendet, wird es vielen ermöglichen, nun auch zu hören. Denn »Kurzwelle« einzuschalten, ist eo ipso verboten. Und es geht das Gerücht, dass man feststellen könne, in welcher Gegend Kurzwellen eingeschaltet sind.

26. November 1941

Gestern waren zwei Wachtmeister hier, junge Burschen. Sie kamen direkt von der Front östlich von Petersburg. Sie – gleich vielen anderen, die Ingenieur werden wollen – werden zum Studium beurlaubt. Sie sind nun über fünf Jahre beim Arbeitsdienst und beim Kommis. Im Ganzen haben sie drei Wochen (!) studiert.

Nun sollen sie im Prestissimo-Tempo die Wissenschaft in sich saufen. Fünfunddreißig Wochenstunden! Dazu militärischer Drill (sie sind kaserniert). Sie haben den Anschluss verpasst und suchen nun Hilfe in Mathematik bei meiner Tochter. »Brrr!«, sagten sie, sich schüttelnd, als ich fragte, wo sie als Soldaten gewesen seien. »Brrr! Im Osten. Östlich von Petersburg.« – »Ist nicht viel los dort«, sagte der eine, ein Berliner. »Und überhaupt jetzt! Bei der Kälte! Wir danken! Was man da so in den ›Wochenschauen‹ zu sehen bekommt von den Stapeln Wintersachen – na, ich kann Ihnen sagen –«. Aber da blickt er auf, erschrickt und fügt bei: »Na, wenn's dann in unseren nächsten Semesterferien gegen England geht, wollen wir auch wieder dabei sein!« So ist es bei uns, keiner kann dem Anderen trauen. Der junge Mann kennt uns ja nicht und weiß nicht, ob wir nicht hingehen und ihn verraten werden.

Ich erzählte den jungen Leuten noch, dass wir einen Sohn in Gefangenschaft in Kanada haben.

»Na – und haben Sie Fühlung mit ihm?«

»Ja.«

»Und was schreibt er denn so?«

»Es geht ihm sehr gut; er hat alles, was er braucht und noch Dinge darüber hinaus.«

»Die Engländer sind wohl ziemlich anständig, was? Ich meine – im Verhältnis zu dem, was man in den Zeitungen liest?«

»Musterhaft! Die Behandlung ist vorbildlich.«

»Na also! Seien Sie froh, dass er dort ist.«

Damit war das Gespräch beendet.

Der Mann, der die Wasseruhr abliest und das Geld kassiert, also ein recht kleiner städtischer Beamter, machte gestern seinem Herzen auch Luft, als er bei mir kassierte. Die Christen- und die Judenverfolgung vor allem ist es, die ihn grämt, die Behandlung russischer Gefangener, die Ermordung tausender Unschuldiger. Er erzählte von einem Verwandten, einem SS-Mann, der berichtet habe, dass er 500 Juden, auch Frauen und Kinder, in Polen habe abknallen müssen, dass viele nicht tot gewesen seien und dass man gleich andere auf sie geworfen habe und dass er einfach nicht mehr könne –.

Er erzählte von einer hiesigen Jüdin, die sich aus dem Fenster gestürzt habe, weil sie hätte abtransportiert werden sollen, und Freund L. wusste zu berichten, dass die Tochter einer alten, gebrechlichen jüdischen Dame nach Polen abtransportiert worden sei. Einige Frauen hätten sich mit Einwilligung des Bürgermeisters der alten Dame etwas angenommen, ihr die nötigste Handreichung erwiesen. Diese Frauen seien von Nachbarinnen bei der Partei angezeigt worden. Die Partei habe entschieden: Diese undeutsche und würdelose Handlung habe sofort zu unterbleiben. So lässt man die alte Jüdin in ihrem Bett verkommen, und je früher sie stirbt, umso besser. Ach du mein Gott! Ist denn nirgends, nirgends Hilfe? Wenn es auch nur ein Quäntchen Wert hätte, ich würde mich auf den Marktplatz stellen und die deutsche Schande laut hinausschreien. Aber bevor ich auch nur einen Satz beendet hätte, wäre ich gepackt und hinter Schloss und Riegel gebracht oder gar umgelegt. Ein nutzloses Opfer. Übel wird mir, krank werde ich angesichts dieser entsetzensvollen Tatsachen.

3. Dezember 1941

Ich bin eigentlich froh, dass es nichts mehr zu kaufen gibt: Die Läden sind leer an Waren und voll an Menschen. Froh darum, weil ich dann keinen Grund habe, immer auf der Jagd zu sein nach irgendetwas und vor allen Dingen darum, weil ich – trotz Ribbentrop – daraus sehe, dass wir nicht für dreißig Jahre eingedeckt sind, nicht einmal für drei!

8. Dezember 1941

Nun steht es schwarz auf weiß in den Zeitungen: *Die Fortsetzung der Operationen und die Art der Kampfführung im Osten sind von jetzt ab durch den Einbruch des russischen Winters bedingt* usf.

10. Dezember 1941

Gelähmt vor Entsetzen! Haben die Japaner Bomben, von deren Wirkung weder Amerika noch England eine Ahnung hatte?

10. Dezember 1941, abends

Nun hat Hitler auch Amerika den Fehdehandschuh zugeworfen. Ich fürchte, ihr Kinder seid mir nun noch ferner gerückt. Keine Kunde wird uns und euch mehr erreichen.

20. Dezember 1941

Gestern traf ich den Schriftsteller V. Ich sprach ein paar Worte mit ihm, obgleich eine Novelle, mit der er vor kurzem einen Preis erhalten hat, zwar nicht gerade den Nazismus verherrlicht, doch aber den Militarismus glorifiziert hat. Ich habe diesen Mann einmal als »Pazifist« gekannt. Er trug die Uniform eines Hauptmanns. »Wissen Sie schon: Brauchitsch* ist weg! Herzleiden! Den obersten und alleinigen Befehl hat jetzt Hitler –«, flüsterte er mir ins Ohr.

»Na«, sage ich etwas tastend, »dann – dann wird ja der Endsieg ...« – »Meine ich auch!«, fällt er mir ins Wort und einer fixiert scharf des anderen Mienenspiel. Seine Untersuchung des meinigen scheint ihn beruhigt zu haben, denn in beißendem Spott fährt er fort: »Dann werden ja die Gewehre in Russland bestimmt wieder schießen. Sie gingen nämlich nicht mehr los – Kälteeinwirkung! Dann werden alle eingefrorenen Autos und Panzer wieder zu fahren beginnen! In Russland geht es

* Walther von Brauchitsch (1881–1948), Generalfeldmarschall, seit 1938 Oberbefehlshaber des Heeres, nahm am 10. Dezember 1941 seinen Abschied.

ja gar nicht gut. Wissen Sie das?«

Ich gab zu, dies vermutet zu haben. Und er erzählte weiter, dass Brauchitsch im Oktober Winterquartiere habe beziehen wollen.

Wir waren bei Freunden mit deren Freunden zusammen. Wovon spricht man? Von der Sehnsucht nach dem deutschen Zusammenbruch!

Bei der Gartenarbeit hinterm Sillenbucher Haus

12. Dezember 1941

Nun werden die Wohnungen der abtransportierten Juden ausgeräubert. Pfui! Was für eine widerliche Räuberbande sind wir doch!

Früher – in meiner Jugend – ja, da hatte auch ich allerlei Illusionen über das »deutsche Wesen«. Als beispielsweise im Dezember 1916 die Deutschen in Bukarest einzogen und die verängstigten Rumänen zähneklappernd und weinend in Gruppen zusammenstanden, da ging ich hin zu ihnen und sagte: »Aber so weint doch nicht. Es sind doch die Deutschen, die kommen. Es wird niemand etwas zuleide getan werden. Im Gegenteil!« Das war meine tiefinnerste Überzeugung. Ich will die einzelnen Erlebnisse hier nicht aufzählen, die mich schon damals zwangen, meine hohe Meinung von »uns Deutschen« ziemlich herunterzuschrauben. Aber alles, was damals geschah, war nichts im Verhältnis zu dem, was heute geschieht! Alle schlechten Anlagen sind entfesselt durch die »Führung« und das Beispiel unserer Über-Verbrecher!

27. Dezember 1941

Wir waren bei »Erbhof-Bauern«. Es sind bestimmt rechschaffene, kluge Menschen, die glauben, das Beste zu wollen. Umso mehr hat uns erschüttert zu hören, welche Pläne man in bäuerlichen Kreisen propagiert und dass die Bauern sich positiv zu diesen Ungeheuerlichkeiten stellen. Die Bauern wissen, dass man den Osten systematisch entvölkert, um dort unsere deutschen kleinen Bauern anzusiedeln. Der Erbhofbauer erzählt: »Für die Landwirtschaft innerhalb Deutschlands sind schon vor dem Krieg 41 Milliarden ausgesetzt worden, damit man gesunde Ställe bauen, Traktoren und so fort anschaffen und die Bauernwirtschaft rentabel gestalten könne. Viele kleine Bauern werden bei uns zwangsenteignet, damit man große Güter schaffen kann. Sie bekommen als Ersatz für ihr kleines Bauerngut einen stattlichen Hof im Osten, im Warthegau, in Polen, in Russland.«

Dies und noch anderes erzählte uns der Erbhofbauer, der zwei Söhne bei den Fliegern hat. Er erzählte es ohne seelische Erschütterung, allerdings mit einem leisen Unterton des Bedauerns, dass wir mit unseren deutschen Händen vor dieser herrlichen Zeit noch einige schmutzige Arbeiten verrichten müssen und mit der entschuldigenden und das sich regende Gewissen beschwichtigenden Zwischenbemerkung: »Wenn man Großes schaffen und eine neue, gute Ordnung einführen will, darf man nicht über Kleinigkeiten stolpern. Wo man hobelt, fallen Späne.«

»Wie aber, wenn wir den Krieg verlieren?«, fragte ich den Erbhofbauern. »Wie, wenn die dann etwa eindringenden Russen unsere jetzige deutsche Moral zu der ihrigen machen, uns abmurksen den Tausenden nach, die Überlebenden zu Heloten stempeln?«

»Das ist es ja«, sagte der Mann, »wir müssen diesen Krieg gewinnen, sonst ...« und in schweren Gedanken fügte er hinzu: »Die Dinge sind schon viel zu weit gegangen. Wir müssen ihn gewinnen ...«

4. Januar 1942

Mein Nachbar erzählte mir gestern: »Seit Brauchitsch weg ist, sind im Osten vollends alle Hemmungen gefallen.«

»Wieso?«

»Alle gefangenen Chargen werden erschossen, vom Unteroffizier aufwärts, werden bei der Gefangennahme sofort erschossen. Alle Juden, auch Frauen und Kinder, werden erledigt. Und mit der Zivilbevölkerung räumt man ziemlich auf.« Der Mann fügte dann bei: »Wenn man sich das vom menschlichen Standpunkt aus überlegt, kann man innerlich nicht mehr mitgehen.«

Ich hätte gern gefragt, aus welchem Standpunkt heraus soll man es denn sonst überlegen? Aber ich musste schweigen, denn der Mann ist ein Parteifunktionär und eifriger Mitarbeiter der offiziell angeordneten Flüsterpropaganda.

15. Januar 1942

Mein optimistischer Nachbar Apotheker sieht offenbar nun auch trübe. Wenigstens so lange, bis die nächste offizielle Flüsterpropaganda ausgegeben sein wird. Er sagt die Landung amerikanischer Truppen voraus. Ich glaube, es erschiene ihm weitaus sympathischer (gleich mir), Engländer und Amerikaner würden einrücken anstatt der Russen.

2. Februar 1942

Ich habe Lindley Frazers Kommentar zu Hitlers Rede gehört, ich habe auch Thomas Manns Botschaft gehört (über die 800 holländischen Juden, die zu Giftgas-Experimenten nach Deutschland gebracht worden seien): All das ist in meiner Sprache gesprochen. Das verstehe ich unmittelbar; es ist das, was ich denke, fühle, wie ich mich zur Welt einstelle.

Im Nachbarhaus lamentiert eine Tante, eine begeisterte National-Sozialistin, wie übel ihr armer Neffe, ein SS-Soldat, an der Ostfront dran sei. Nichts zu essen und so fort, und so fort. Die

Putzfrau, die auch bei mir arbeitet, sagte: »Herrschaft nochmal! Dann sollen sie doch Schluss machen! Entweder man ist SS-Soldat und begeistert und tut mit, oder man macht Schluss.« Betretenes Schweigen. Da sagt die fünfzehnjährige Tochter des Hauses: »Schluss machen? Das kann der Führer nicht! Der Führer hat den Engländern so und so oft die Friedenshand hingestreckt! Man hat auch seinen Stolz! Jetzt sollen sie ausfressen, was sie sich eingebrockt haben!«

19. Februar 1942

Eine Bekannte fragte ein junges Mädchen im Vorübergehen: »Wie geht's auch Ihrem Bruder?« – »Ha danke!«, rief die junge Schöne im Weitereilen, »dem geht es gut. Der ist in Kanada in Gefangenschaft!«

4. März 1942

Freund L. war da. Einer unserer sehr wenigen lebenslangen Freunde, mit dem wir allezeit in wesentlichen Dingen übereinstimmen konnten. Er ist ein durchaus geistiger Typus, dazu geistreich und von jener seltenen Art Mensch, denen es das größte Vergnügen macht, sich über sich selbst lustig zu machen.

L. ist aber im Dritten Reich ein sehr ängstlicher Herr geworden. Er grüßt mit stramm gestrecktem Arm und überlauter Stimme »Heil Hitler«, spricht von unserem »göttlichen Führer« und wer ihn nicht kennt, könnte annehmen, er meine das ernst. Zum Teil ist es Spott, zum Teil auch »Mimikri«. Wenn er sich vor unserer Haustüre oder vor der seinen von uns verabschiedet, so brüllt er mit dem feierlichsten Gesicht, in einer Art Ekstase: »Heil Hitler«. Er nimmt wohl an, damit die Nachbarschaft zu täuschen. Die Psychoanalytiker würden das als Ausdruck des schlechten Gewissens deuten und L., falls sie Hitlerianer wären, ins Kittchen stecken. Aber die Psychoanalyse ist gottlob eine »jüdische Erfindung«, wird also von unseren Germanskis abgelehnt.

28. März 1942

Vier Engländer haben soeben im Londoner Rundfunk die Frage zu beantworten versucht: »Was ist wahrer Patriotismus?« Dabei dachten sie an uns Deutsche, die teilweise in einem Zwiespalt seien. Viele Deutsche, so meinten sie, wünschen zwar von Herzen den Untergang der Nazibande, gleichzeitig aber leiden sie unter der Vorstellung, Deutschland könne den Krieg verlieren. Wie Recht haben sie damit! Sogar Männer, die zu Beginn der Hitlerzeit die »Heuberg-Freuden« (KZ) gekostet haben, verirren sich in diesen Zwiespalt. Vor wenigen Tagen sprach ich mit einem solchen Mann darüber. Er sagte: »In Berlin ist man hasserfüllt gegen die Nazis. Aber: ... erstes Gebot ist für die Berliner, den Krieg zu gewinnen.« Nachher werde man die Galgen für diese Gauner rasch bereitgestellt haben.

»Diese Auffassung billigen Sie?«, fragte ich ihn.

»Gewiss! Man müsste ja nicht Deutscher sein!«

»Dann sind Sie ein schlechter Deutscher, lieber Freund«, entgegnete ich. »Und ein törichter Deutscher dazuhin!« Und ich versuchte ihm auseinanderzusetzen, dass ein deutscher Sieg den endgültigen Sieg der Nazis bedeuten würde. Dass eine Zeit grausigster Gräuel über uns käme. Als ob es möglich wäre, nach einem für Deutschland siegreichen Ausgang des Krieges den Gott Hitler vom Thron zu stürzen!

14. März 1942

Die Zeitung brachte eine lange Liste zum Tode oder zum Zuchthaus Verurteilter. Grund: Tauschhandel, Schleichhandel, Schwarzschlachten, Hamstern, ausländische Sender hören. Was ist zu tun? 25 Eier locken uns in einem kleinen Dorf, 30 km von hier. Wir beschlossen, die Eier trotzdem zu holen und zwar wollen wir die Reise mit dem Fahrrad unternehmen.

5. Mai 1942

Heute Nacht hatten wir englischen Luftbesuch. Aber es war nur eine Stippvisite.

16. Mai 1942

Nein, ihr Engländer wisst nicht, wie das ist: Leben und doch nicht leben. Ihr habt zwar Schweres durchstehen müssen, damals, als Hitler versuchte, eure Städte auszuradieren. Aber ihr habt euch untereinander verständigen können, ihr habt gewusst, wofür ihr leidet, ihr habt die Möglichkeit gehabt, dem Ungeheuerlichen Trotz zu bieten, ihr hattet einen gemeinsamen Feind. Aber wir? Ach, es ist alles so sinnlos. Mit niemandem kann ich sprechen, es sei denn mit Mann und Tochter. Niemandem kann man völlig trauen. Die Kraft wird aufgesaugt durch das, was man tun muss, um dieses jämmerliche Leben weiter zu fristen.

Dabei predigt ihr Engländer uns dauernd, wir sollten uns dieser Gauner entledigen. Richard Grossmann heute wieder. Wir sollen die Norweger als Beispiel nehmen. Ach ja, ich bin ja dankbar, dass die Norweger so wacker sind: Aber sie sind Norweger, nicht Deutsche. Die Deutschen haben eine fast abergläubische Angst, so über ihr Vaterland zu sprechen, wie sie heute eigentlich darüber sprechen müssten. Selbst Nazihasser meinen vielfach, sie müssten noch irgendwas zur Ehre des deutschen Wesens vorbringen.

17. Mai 1942

Als »Unterschied« zwischen dem deutschen Volk und den Völkern der besetzten Länder ist noch zu berücksichtigen: Die besetzten Länder wissen, dass ihnen die deutsche Niederlage Freiheit zurückbringen wird. Und dass sie keine Rache der Sieger zu befürchten haben. In Deutschland liegt der Fall anders: Sogar waschechte Nazihasser glauben sich vor der Rache der Sieger fürchten zu müssen. Wie etwa will man einer blutdürstigen, mit vollem Recht nach Rache dürstenden Soldateska beweisen, dass man selbst die deutschen Herren und die Gräuel, die sie verübt haben, ebenso verabscheut, gehasst und darunter gelitten hat, wie sie? Alles »Deutsche« wird für das, was Deutsche der Welt angetan haben, bezahlen müssen.

Wirtschaftler fürchten die wirtschaftlichen Folgen eines verlorenen Krieges, selbst wenn sie persönlich gegen alles sind, was »Nazi« heißt. Sie sind daher in ihrem aktiven Widerstand – so weit ein solcher unter den Fangarmen der Gestapo überhaupt denkbar wäre – gehemmt.

Pfingstfest 1942 (24. Mai 1942)

Es klingt jeden Tag dieselbe Mahnung aus dem Londoner Rundfunk: »Ihr Deutschen, befreit euch selbst von euren Gangstern!« Ihr stellt uns die Norweger, die Holländer, die Jugoslawen als Beispiele vor Augen und verlangt, wir sollen es ihnen nachmachen. Nun möchte ich noch einmal etwas zu »unserer« Ehrenrettung sagen.

Erstens: Kein Mensch erfährt, wie viele Märtyrer innerhalb Deutschlands schon den Weg zum Galgen gehen mussten, weil sie erwischt wurden. (In unserer Stadt werden dieser Tage 25 Menschen hingerichtet.)

Zweitens: Die Norweger, die Belgier, die Holländer, die Jugoslawen und so fort haben sich Waffen retten können. Sie haben die Feindbesetzung erst seit zwei bis drei Jahren, wir haben sie schon neun Jahre!

Drittens: Die anderen Länder sprechen eine Sprache, die nicht jeder offizielle und inoffizielle Gestapo-Diener versteht. Sie haben die Möglichkeit, sich zu verständigen. Wir dagegen? »Und traue keiner Wand ...«, so heißt es bei uns.

Viertens: Deutschland wurde von den Nazis unter jubelnder Zustimmung »unblutig« besetzt.

Fünftens: Wie, wenn sich jetzt in Deutschland ein offener Widerstand erheben würde? Womit? Mit Schürhaken, Treppenklopfern? Dem Spazierstock?

Die Sendung »Frage und Antwort« im Londoner Rundfunk von gestern Abend hat mich so aufgewühlt, dass ich mit meinem Mann noch eine halbe Stunde durch den Abend lief zu verlässlichen Gesinnungsgenossen. »Was können wir tun?«, fragte ich. »Nichts«, sagte der bedächtige Mann. »Nichts als vorsichtig sein. Es ist noch nicht Zeit.«

27. Mai 1942

Unser Haus ist allmählich eine richtige »Tankstelle« geworden. Von überall strömen Bekannte und Bekannte von Bekannten herbei, um bei uns von Radio London Zuversicht und Wahrheit zu tanken. Das Offenhalten dieser »Tankstelle« ist unser augenblicklicher bescheidener Beitrag zum Sieg der gerechten Sache.

20. Juni 1942

Zwei junge Wachtmeister, Studierende des Offiziers-Ingenieurskorps, waren meine Gäste. Ein Berliner und ein Mecklenburger. Zwei Unzertrennliche. Nie sieht man sie allein, sie treten auf wie Pat und Patachon, und ich habe die beiden um ihrer Offenheit willen ins Herz geschlossen. Gestern haben sie mir gestanden, dass sie nach dem Krieg jede Möglichkeit ergreifen werden, die sie vom »Heeresingenieur« befreit.

»Dieser preußische Militarismus! Ich kann Ihnen sagen: Man ist wie ein aufgezogenes Uhrwerk, nichts weiter. Ein Gefühl haben wollen? Und eine Neigung?«

Natürlich könnte ich diesem Klagelied ohne Einschränkung zustimmen. Aber nun kommt die tolle Folgerung dieser jungen Leute. »Wenn bloß der Führer diesen Krieg überlebt, dass er nachher diesen heillosen preußischen Militarismus zerschmettert!« Was soll man dazu sagen?

Die beiden jungen Leute haben noch andere schwere Sorgen. Wie sollen die Beziehungen zwischen den Völkern nach dem Krieg werden? Der Berliner sagt ganz offen: »Es ist nämlich nichts weniger als Glück, was wir den anderen Völkern gebracht haben!« Und mit einem scheuen Seitenblick fragte er: »Wissen Sie, was sich in der Tschechei tut, seit Heydrich* um die Ecke gebracht wurde?«

23. Juni 1942

Wir wollen das Datum festhalten. Mein Nachbar (der das Gras wachsen hört und tausend Ohren hat) hat mir erzählt: »Ich habe mit meinem Neffen, dem Panzer-Hauptmann gesprochen. Er hat einige Tage Urlaub, muss aber am 30. Juni wieder bei seiner Truppe sein, denn dann – «

»Was dann?«

»Dann wird oben am Ilmensee der Durchbruch durch die russischen Linien gemacht und zwar mit allen Mitteln.«

»???«

»Mit Gas natürlich. Aber das ist kein Giftgas, nein, nein. Stapel solcher Granaten lagern dort. Man hat die Absicht, das Wolgatal entlang vorzustoßen bis ans Kaspische Meer. Das muss natürlich Schlag auf Schlag gehen. Man wird in einigen Wochen viel erleben können.«

»Ja ... wenn die Russen, die Engländer, die Amerikaner nur nicht mit Gas antworten?«

»Es ist ja eigentlich kein Giftgas. Man nennt die entsprechende Formation ›Vernebelungstruppen‹. Aber ich bin davon überzeugt, es wird der Beginn des Gaskriegs sein.«

* Reinhard Heydrich (1904–1942) baute als engster Mitarbeiter Himmlers den Sicherheitsdienst aus, 1936 Chef desselben. Treibende Kraft des politischen Terrors gegen Gegner des Regimes. 1941 stellvertretender Reichsprotektor in Böhmen und Mähren. Seine Ermordung durch tschechische Widerstandskämpfer führte zu blutigen Vergeltungsmaßnahmen.

26. Juni 1942

Birmingham bombardiert. Ich sende euch, liebe Kinder, durch mein An-euch-Denken Kraft.

3. Juli 1942

Es gibt in Deutschland Menschen, die vorgeben, noch nie etwas von den Judenmassakern, von Judenverfolgungen überhaupt gehört zu haben. Man fasst sich an den Kopf.

8. Oktober 1942

Mein Nachbar, der Apotheker, der sein Ohr am Nabel der Welt hat, erzählte, Ribbentrop und Molotow hätten sich in Ankara getroffen. Verhandlungsgegenstand: Sonderfrieden mit Russland, dem wir (!) Indien schenken.

18. November 1942

Goebbels sprach in Wuppertal über den »Heiligen Krieg um Raum und Scholle«.

19. November 1942

Zeitungsausschnitt:

Es ist ab und zu nötig, dem Innern im Menschen, der wohl in dieser Jahreszeit durch sein natürliches Beharrungsvermögen besonders zum Grübeln neigt, einen Auftrieb zu geben. Wir sind daher wohl auch im Grunde dankbar dafür, dass man uns führt und von Zeit zu Zeit den Marsch bläst. Wer könnte das in Form und Inhalt besser als der vom Führer dazu berufene Mann: Dr. Josef Goebbels.

25. November 1942

Schlagzeile in den Zeitungen: »Die neuen deutschen Waffen!«

26. November 1942

Was soll man tun, wenn ein Handwerker kommt – »getarnt« mit der Handwerkskiste auf der Schulter – und Einlass begehrt? Natürlich lässt man ihn ein, auch wenn man ihn nicht bestellt hat, denn ein Handwerker ist heute ein ebenso rarer Artikel, wie viele andere Dinge. »Was wollen Sie?« ... Verlegenes Räuspern. »Nur ein bisschen reinspicken. Es ist gleich elf Uhr.«

Nun weiß ich Bescheid: Er möchte aus unserem Radio die Elf-Uhr-Sendung Englands hören. Ich weiß, dass ich zu allermindest ins Zuchthaus komme, wenn irgendwer erfährt, dass ich dem Mann unseren Radio zur Verfügung stelle. Aber – er wird ja schweigen. Ich schalte ein und andächtig hören wir selbander.

28. November 1942

Vorgestern Luftangriff auf unsere Stadt. Da bleibt mir manches sehr dunkel. Warum sind die Bomben nicht in das Fabrikviertel hineingesaust? Stattdessen sind eine Anzahl Dörfer in der Umgebung schwer heimgesucht worden.

Da liegt oder kauert man wie ein Häufle Elend in seinem Keller, das Haus erzittert unter dem Höllenspektakel draußen, man hört die todbringenden Flugzeuge über das Dach wegbrausen, der Atem stockt. Wird es uns mitsamt unserem Haus wegfegen? Ich fürchte, es wird mir nicht mehr viel Kraft bleiben, um hernach die schönere Welt zimmern zu helfen.

17. Dezember 1942

Richard Grossmanns ernster Ruf an das deutsche Volk, sich doch gegen die Judenschlächterei zur Wehr zu setzen, ging mir sehr zu Herzen. Wie soll ich es machen? In die Markthalle gehen und von der Brüstung herunterrufen: »Judenmörder!« Ich bin zu feige dazu. Zu feige, um sinnlos zu sterben.

2. Januar 1943

Ein Schwager sprach mir von der »Sinnlosigkeit«, die diesem Krieg »allmählich« anhafte. Warum nicht der Papst sich ins Mittel lege und Frieden vermittle?

Mein Schwager hat Angst, dass nach dem Krieg alles, was Arme und Beine hat in Deutschland, nach Osten abtransportiert wird zum Wiederaufbau und dass jeder – wie hierzuland die Juden, Polen und Russen – ein Plakat tragen muss: »Deutscher«. Er sieht ein, dass wir es nicht anders verdient haben, aber es graut ihm davor.

7. Januar 1943

Allmählich sickert einiges durch von der wirklichen Lage an der Ostfront. Dass eine Armee bei Stalingrad eingeschlossen ist, beispielsweise.

22. Januar 1943

»Nichts Neues?« fragte ich den Bankbeamten.

»Nichts. Sie?«

»Nein. Nun – man ist ...«

»Ja, man ist gedrückt. Sie haben ganz recht. Scheußlich! Müssen 200 000 Menschen da krepieren, nur wegen des blöden Prestige! Weil wir Stalingrad nicht bekommen haben. – Man fasst sich an den Kopf.«

25. Januar 1943

OKW-Bericht:

In Stalingrad heftet die 6. Armee in heldenhaftem und aufopferndem Kampf gegen eine erdrückende Übermacht unsterbliche Ehre an ihre Fahne. Verbände der rumänischen 20. Infanteriedivision und der l. Kavalleriedivision schlagen sich mit ihren deutschen Kameraden bis zum Letzten und nehmen in vollem Maße an diesem Ruhme teil ...

25. Januar 1943

Zeitungsausschnitt: *Zum ersten Male seit Kriegsbeginn vielleicht ahnen wir in diesen Tagen etwas von der unerbittlichen Härte dieses Krieges.*

31. Januar 1943

Giftgas im Anzug! Alle Luftschutzstellen wurden von der wahrscheinlichen Anwendung in Kenntnis gesetzt. Es wird also auch dieser Kelch nicht an uns vorübergehen.

8. Februar 1943

Zeitungsausschnitt (aus einem Artikel Gertrud Bäumers*)

... wir Frauen verstehen die große geschichtliche Notwendigkeit dieses Kampfes, und wir danken Gott, dass unser Vaterland das höchste, unbestreitbare Recht, das es in einer solchen Auseinandersetzung der Völker gibt, für sich hat.

Wie traurig! Eine Zeit lang hatte ich auf Gertrud Bäumer gehofft. Vorbei auch diese Hoffnung. Ich hatte gehofft, die Schande des Nationalsozialismus werde diese Frau von ihren früheren nationalistischen und militärischen Idealen kurieren. Das Gegenteil ist der Fall.

1. März 1943

Ich habe Thomas Mann gehört. Sehr gut war es. Der Ausdruck »Apokalyptische Lausbuben« ist die einzig richtige Charakterisierung für die deutschen »Führer«. Aber lieber Thomas Mann, erlauben Sie mir eine Frage: Gesetzt den Fall, Sie gehörten nicht zu den paar beneidenswert Glücklichen, die das Dritte Reich ver-

* Dr. phil. Gertrud Bäumer (1873–1954), Schriftstellerin und erste deutsche Ministerialrätin. Bäumer war 1919 bis 1933 Reichstagsabgeordnete der DDP.

lassen konnten, was würden Sie tun? Würden Sie bei einer Massenversammlung in die Menge schreien: »Nieder mit Hitler und den anderen apokalyptischen Lausbuben!« oder so ähnlich? Sie würden Ihren Satz nicht zu Ende sprechen können. Sie hätten kaum dem ersten Wort Laut gegeben, so hätten Dutzend derbe Fäuste Sie schon gepackt. Es hätte nur den einen Effekt, dass das deutsche Volk um einen wackeren anständigen Menschen ärmer würde.

4. März 1943

Mein tägliches Gebet: »Bewahre uns vor der Gestapo, vor Bomben, Hunger und Kälte!« (Wobei die Gestapo als schlimmster aller Schrecken an erster Stelle steht.)

10. März 1943

Unsere D-Freunde, er Jude, sie Arierin, kamen heute Vormittag in großem Jammer: Die Maßnahmen gegen so genannte »privilegierte Mischehen« haben begonnen. Unseren Bekannten wurde von der Gestapo von heute auf morgen die kleine Wohnung gekündigt. Der arme Mann ist auf der Gestapo fürchterlich angeschrien worden. Kurz: Das Ehepaar muss in den allernächsten Tagen raus. Wohin? In ein Zimmer, das ihnen von der Gestapo in einer Art Ghetto »bis auf weiteres« angewiesen werden soll. Sie fragten, ob sie ihre Sachen nicht in unserem Haus unterbringen könnten, bis ... Aber ja! Das ist selbstverständlich. Die armen Menschen sollen eine Art Obdach bei uns haben.

13. März 1943

Nun ging auch das erste schwere Beben durch unsere schöne Stadt. Was für ein Entsetzen auf allen Gesichtern! Sehr traurig ist, dass auch diesmal so gut wie keine militärischen Ziele getroffen wurden.

14. März 1943

Leitartikel:

Immer härter – aber auch immer entschlossener! (Hermann Hirsch, NS-Kurier)

Wir wissen recht gut, wie die deutschen Volksgenossen unter dem britisch-amerikanischen Bombenterror zu leiden haben. Der Krieg, wie ihn unsere perfiden Gegner verstehen, schlägt blutende Wunden in die deutsche Heimat ...

24. März 1943

Ein erbärmliches Dasein! Sagt man etwas zu den blöden Anschauungen von Menschen, von denen man sozusagen ein besseres Urteil erwarten zu können glaubt, so hat man ein schlechtes Gewissen und geht geduckt, als fühle man die Faust der Gestapo im Genick. Sagt man aber nichts dazu und bezähmt seinen Drang aufklären zu wollen, dann hat man erst recht ein quälend schlechtes Gewissen.

Sonntagabend, 28. März 1943

Ein Bekannter sprach mit mir über die Fliegerangriffe. (Worüber sollte man heutzutage sonst sprechen?) Ich wagte zu sagen, es sei lachhaft, wie wenig die Selbstschutzkräfte geschult seien. Wenn in unserer Siedlung beispielsweise wirklich etwas Ernsthaftes passieren sollte, verstünde kaum einer, den Schlauch an den Hydranten anzuschrauben. Außerdem: Für den ganzen Ort stehe nur ein Schlauch zur Verfügung. Was aber, wenn es an dreißig Stellen brennen sollte?

Der Mann gab mir sachlich Recht, fügte aber klagend bei: »Es ist überall dasselbe! Kritik! Kritik! Aber kein Hass gegen die englischen Luftgangster! Diese Bande führt einen menschenunwürdigen Krieg!«

»Jeder Krieg ist menschenunwürdig«, antworte ich. »Im Übrigen, ich erinnere mich an Coventry, an Warschau, an Rotterdam und an Görings und Hitlers damalige Reden und an den frenetischen Jubel unseres Volkes. Diese Erinnerung bewahrt mich vor Hassgefühlen ...«

Vielleicht schlafe ich heute Nacht zum letzten Mal in meinem Bett. Mein Mann schilt mit mir. Ich weiß, ich begebe mich immer wieder in Gefahr, weil ich nicht schweigen kann.

4. April 1943

Heute einen Brief eines jungen Verwandten aus dem Feld bekommen. Er schreibt aus dem Russlandkrieg: »Hölderlin ist für mich in vieler Hinsicht zum Halt geworden ... Ich habe so viel mitgemacht im Krieg. Allmählich merkt man doch, dass alles sinnvoll ist ... so haben wir Menschen doch unser göttliches Erbteil ... Man mag sich zum Krieg stellen, wie man will: Auch er hat sein Gutes. Er spült die Menschheit, sie wird destilliert. Es war höchste Zeit. Es konnte so kein Zusammenleben, kein Zusammenarbeiten mehr geben. Dieses Manko beseitigt dieser Krieg und dazu muss er mit aller Macht gefordert werden ... Ich bin darum für den Krieg und zwar für den totalsten und brutalsten ...« Wie reimt sich das alles zusammen?

9. Mai 1943

Besuch einer jungen Kriegerwitwe. Sie ist »in stolzer Trauer«. Ihr Mann soll nicht »umsonst« gefallen sein. Darum wünscht sie, dass wir den Krieg fortsetzen – auch wenn nichts mehr zu hoffen ist – wünscht sie, dass weitere Millionen Männer ihr Leben lassen. Wofür? Damit ihr Mann nicht »umsonst« gefallen ist.

19. Mai 1943

Aus einem Feldpostbrief:

»Solange wir den Führer haben und damit einen Blickpunkt, nach dem wir uns ausrichten können, ist alles gut. Auch wenn scheinbar« – scheinbar? – »Schläge auf uns niederprasseln.«

15. Juni 1943

Ich bin auf der Suche nach Mitbewohnern, die mich nicht denunzieren. Mein Mann und ich haben nämlich keine »Familie« mehr, haben also keinen Anspruch mehr, unser eigenes Haus allein bewohnen zu dürfen.

19. Juni 1943

Ich war früher ein freundlicher Mensch, hilfsbereit, den Menschen zugetan, heiter, offen. Was ist aus mir geworden? Verschlossen, misstrauisch, verlogen, hasserfüllt, eigennützig: Das ist mein Konterfei heute. Um mein Leben vollends durch die »große« Zeit hindurch zu retten, muss ich noch verschlossener, noch misstrauischer, noch verlogener, noch selbtsüchtiger werden.

Es klingelt! Weg mit den Blättern! Wohin damit? In das Gebüsch vor dem Fenster.

9. September 1943

Italien hat kapituliert! Wie selten waren mir während der vergangenen Jahre Tränen gegeben! Ich bin hart geworden, sehr hart. Aber heute – ach heute –! Ich rannte zu meinen beiden Kölnerinnen, die in meinem Hause untergekrochen sind und verkündigte ihnen das Ungeheuerliche. »So lachen Sie doch!«, sagten sie. »Warum weinen Sie denn?«

21. September 1943

Die Gegenwart hat doch noch Humor. Jeden Tag werden in den Zeitungen Papageien zum Verkauf angeboten. Warum? Weil der Sprachschatz der deutschen Papageien aus »Heil Hitler!«, »Wir danken unserem Führer!«, »Gott strafe England!« und »Sieg Heil!« besteht.

10. Oktober 1943

Und nun ist es wieder unsere liebe Stadt gewesen. Ich wohne etwas außerhalb, auf der Höhe. Ich bin noch nicht unten gewesen in der Stadt. Ich fürchte mich vor zwei Erlebnissen: vor dem schmerzlichen Anblick und davor, gerade dann im Talkessel zu sein, wenn die Sirenen das Nahen neuer todbringender Fliegerverbände melden.

5. November 1943

Ich bin an den zerstörten Häusern einer Siedlung vorbeigefahren. Die Menschen äußerten sich über die anglo-amerikanischen Mordbrenner.

»Was wollen Sie?«, sagte ein Feldgrauer, der auch in der Straßenbahn mitfuhr. »C'est la guerre ...«

Zeitungsausschnitt:

Schließlich haben auch wir Pläne. Und: *Im ganzen Krieg haben wir das Gesetz des Handelns dem Gegner aufgezwungen ...*

30. Oktober 1943

Seit zwei Wochen keine Zeile eingetragen. Es war gefährlich.

28. November 1943

Nun war unsere Stadt wieder dran. Ich war allein mit meinen zwei Damen. Mein Mann hatte Nachtwache. Ich schäme mich nicht zu gestehen: Ich habe sehr gezittert während der furchtbaren Detonationen. Aber ich glaube, es haben noch ganz andere Helden gezittert.

Als ich nach dem Angriff vor das Haus trat, bot sich mir ein schaurig-schöner Anblick. Feuer! Feuer! Der Himmel glühte, die Dörfer auf den Höhen über dem Tal brannten, der Schnee um mich herum schimmerte rot, und die an sich stockdunkle Nacht war taghell erleuchtet, obwohl alle großen Brände ziemlich weit weg waren.

Neujahr 1944

Ein neues Jahr! Das neue Jahr, das uns den Frieden und menschenwürdige Ideale zurückbringen wird. Dieser Gedanke soll mir immer helfen, dann, wenn die Leiden jene furchtbare Steigerung erfahren, die sie noch erfahren müssen, soll der Friede wieder einmal kommen.

8. Januar 1944

Ich bin gestern ein Stück durch den Wald gegangen. Es war mir so leicht und froh zu Mut, wie schon lange nicht mehr. Grund dafür? Das Wissen: Das Grauen nähert sich seinem Ende. Muss sich seinem Ende nähern. Wann erfolgt die Invasion im Westen? Wie wir warten!

22. Januar 1944

Die Partei ruft auf, Bettfedern, Bettstücke und Decken zu sammeln, um durch diese »noch nie da gewesene Sammelaktion« zu helfen, dass die Verwundeten in den Lazaretten »nicht auf Stroh oder Holzwolle liegen müssen und die Ausgebombten nicht auf dem nackten Fußboden.«

12. März 1944

Eine Ewigkeit, seit ich nichts mehr eingeschrieben habe. Aber das Leben, das immer »einfacher« wird, hat mich beinahe ganz verlassen. Und heute – zwei Wochen nach jener Höllennacht – erscheint es mir noch immer nicht Wirklichkeit zu sein, dass ich noch lebe. Sss – bum! Sss – bum! So pfiff es um unser liebes armes Häusle. Scheiben prasselten, Steine polterten, Türen stürzten, Baumstämme sausten durch die Luft, schlugen aufs Dach. Brandgeruch, Rauch, Staubwolken! Brausen, Zischen, Prasseln ... Woher? Was war es? Ffff. Eine Luftmine! Platt auf die Erde liegen! Vorbei. Wir leben noch, in unserem windigen Kellerchen! Schon pfeift die nächste! Herr, erbarme dich unser!

Eine Stunde schon. Aber nun – nun wird das Grollen in die Ferne getragen, es ist über uns hinweggebraust: Wir leben noch. Unfassbar: Wir leben! Wir können gehen, die Arme bewegen, die Beine! Uns bei den Händen fassen! Wir können weinen! Weinen! Welche Erlösung! Wir konnten unseren Keller verlassen, über Scherben, Steine, Mörtel, gestürzte Türen hinaufkriechen. Nachbarn kommen herüber, den Säugling auf dem Arm. An ihrem Haus ist die Westseite eingerissen, es besteht Einsturzgefahr. Wie ein Häuflein auseinander gestobener Küken kauern sie in unserer Stube zusammen, die einzige Stube, die noch ein Fenster hat! Wir haben wenigstens noch die Mauern unseres Hauses und einen Teil des Daches.

18. März 1944

Nein – das kann man nicht aushalten, und doch muss man es aushalten. Der Führer befiehlt es. So bin ich – vom Fieber geschüttelt, meine paar Habseligkeiten auf einem Karren – weggegangen, stadteinwärts, versuchend, einen Zug zu erreichen, um mich auf dem Land einige Tage ins Bett legen zu können ohne Furcht vor Bomben.

28. Mai 1944

»Unstet und flüchtig« ist mein Leben. Ich finde in vielen Wochen keine Minute, um Erlebnisse oder Eindrücke aufzuschreiben. Dieses große, ungeheure Warten auf die Erlösung zehrt mich auf. Außerdem: Immer sind alle Türen offen. Wegen Alarm und Hilfesuchenden. Ich kann keine Zeile liegen lassen. Keine Minute weggehen, ohne die Blätter hinter Kartoffeln oder Kohlen zu verstecken.

29. Mai 1944

Noch immer keine Invasion! Wie lange noch?

4. Juni 1944

Vorgestern wurden die Fünfzehnjährigen gemustert. Sie wurden alle gezwungen, eine Bewerbung um Einreihung in die SS zu unterschreiben.

6. Juni 1944

So soll es wahr werden? Die Invasion habe begonnen. Wirklich und tatsächlich wahr? Ich bin ganz aufgelöst. Ich bete, bete, bete.

16. Juni 1944

Und die »Vergeltung« habe begonnen!

9. Juli 1944

In unserer Stadt hat man – nach umlaufenden Gerüchten – wieder ein »Nest« ausgehoben. 38 Köpfe, die »rollen« werden oder schon »gerollt« sind. Meist Akademiker. Wir sind noch nicht darunter.

Schlagzeile in der Zeitung:

Die Transportlage verlangt eine weitere Rationierung.

Aus Hermann Hirschs Leitartikel: *Schließlich werden wir auch wieder zum alten, soliden Handwagen zurückkommen müssen.*

22. Juli 1944

»In Giftgas sind wir nämlich absolut führend«, erklärte mir der Herr Apotheker stolz und seine Frau fügte bei: »Denken's doch, da muss was g'schehen! Wir können doch die Russen net reinlassen!«

3. August 1944

»Abgeschnitten!« Das ist das Wort für mein augenblickliches Dasein hier in dem alten Bauernhaus. Ich meine hier nicht nur abgeschnitten vom Komfort. Das haben wir in unserem Haus jetzt auch nicht, es hat keine Türe, kein Dach, keine Fenster, kein Wasser, kein Licht. Abgeschnitten aber von meinen Freunden drüben, von Charles Richardson, Lindley Frazer und all den anderen und von der »Stimme Amerikas«. Abgeschnitten auch – wie mir scheinen will – von meinen eigenen Gedanken. Das augenblickliche Leben, so primitiv es ist, schluckt alles Denkvermögen. Abgeschnitten bin ich auch von allem Trost.

21. Oktober 1944

Nun war unsere arme Stadt wieder dran. Dass man solche Nächte überhaupt lebend durchmachen kann. Fünfzig Meter von unserem Haus ging eine Luftmine nieder. Was für Verheerungen! Die armen hübschen Häuser mit Blick auf einen der lieblichsten Teile unseres Landes sind Schutthaufen. Weggeblasen. Grau in grau ist die in Staub gehüllte Luft. Unserem Haus kostete es wieder Fenster, Türen, Dach und Balkon. Aber wir sind dankbar. Es lässt sich mit einiger Mühe und Arbeit wieder bewohnbar machen.

24. Oktober 1944

Ein blaugoldener Herbsttag! Es ist gleich zehn Uhr vormittags. Und noch nicht einmal Alarm. Ich kann mich nicht entsinnen, je in meinem Leben alle Dinge, die lebenden und die toten, mit so inniger Liebe umfasst zu haben, wie heute, da ich merkwürdigerweise ein Stündlein Muße zum Menschsein habe. Die vollkommenen paar Veilchen in dem winzigen Glas, die bunten Rosen, die mein guter Mann mir für dieses seltene Geschenk einer Mußestunde in die Stube gestellt hat, mein Buchzeichen mit dem aufgeklebten Edelweiß, ein Geschenk Isoldes, mein lieber Flügel, auf dem ich soeben spielte: »Wie schön leuchtet der Morgenstern«. Vielleicht in dieser Stunde Abschied von all dem bunten und oft so lieben Leben. Abschied für immer.

15. November 1944

Die Frau Apotheker kam ganz aufgelöst zu mir. Sie erzählte, dass es in der Nähe Nürnbergs ein riesiges KZ-Lager, belegt mit Tausenden – zebragekleideter – Männer gebe. Sie war aufgelöst vor Entsetzen über die Scheußlichkeit, mit der diese ärmsten der Armen behandelt und misshandelt werden. In der Nacht, als sie von Nürnberg wegfuhr, seien etwa 30 Schwerkranke am Bahndamm gelegen, ohne Mantel, ohne Decke. Sie hätten geschrien vor Qualen. Auf die an den Wachmann gerichtete Frage, was mit den Leuten geschehe, habe er grinsend geantwortet: »Sie kommen ins Sanatorium.«

Zwei Tage später kam ich nochmals auf ihren Bericht zurück. Ich wollte Näheres darüber wissen, denn ich hatte noch nie etwas von diesem Lager gehört.

»Wissen's«, sagte die Frau Apotheker da, »dös san lauter Partisanen! Also: a recht's mind's Pack!«

24. November 1944

Da sitzt man nun und wartet, wartet! Die Franzosen in Straßburg!

27. November 1944

Aus einem Leitartikel:

Der germanische Führungsgedanke. – Nun aber ist »Führung« der typisch germanische Ordnungsgedanke ... Es ist die eigentümlichste und fruchtbarste Schöpfung des nordisch fälischen Menschentums, der spezifisch germanische Beitrag zum politischen Gedankengut der Welt ...

30. November 1944

Der Plan, anschließend an unser Haus eine Höhle zu graben, die Versteck sein könnte, wenn der Räumungsbefehl kommt und

SS-Horden die Häuser nach Zurückgebliebenen, Ungehorsamen durchstöbern, musste aufgegeben werden. Nachdem dieses »Grab«, das der Weg zu neuem Leben und zu dankerfülltem Auferstehen hätte werden sollen, annähernd ausgegraben war, stießen wir auf Grundwasser. Was nun?

3. Dezember 1944

Drüben am Wald ist der »Volkssturm« angetreten. Wenn es nicht so traurig wäre, dann wäre es mehr als lustig zu sehen, wie die alten Männer »Soldätles« spielen. Diese Aufmachung! Genau wie Buben! Jeder hat angezogen, was ihm – nach seiner Vorstellung – ein irgendwie martialisches oder kriegerisches Aussehen zu verleihen in der Lage sein könnte.

16. Januar 1945

Eine Stadt nach der anderen sinkt in Schutt und Asche.

27. Januar 1945

Riesenschlagzeile in der Zeitung: »Wir werden auch diese Not überstehen«.

7. Februar 1945

Man wartet, wartet. Auf was? Dass die Front an einem vorüberrollen möge. Man weiß: Die Hitlerische Giftblase ist am Zerplatzen. Warum platzt sie noch immer nicht?

13. März 1945

Ich hörte, Dr. B. sei durch einen Tiefflieger ums Leben gekommen. Das ist erschütternd. Er war nicht nur ein ausgezeichneter Arzt, ein »menschlicher« Arzt, er war auch ein heftiger Gegner unserer deutschen Menschheitsbeglücker.

Man fragt sich: Muss es sein, dass feindliche Flieger Passanten und kleine Fahrzeuge auf der Straße beschießen? Ich glaube:

Dies müsste nicht sein, und das ist etwas, das es uns schwer machen wird zu beweisen, dass Grausamkeit nur auf deutscher Seite geübt worden sei.

20. März 1945

Sich zu Tode hetzen, um am Leben zu bleiben: was für ein törichtes Benehmen! Das ist augenblicklich unser Los. Man gräbt und wühlt und rackert sich ab während der Alarmpausen. Diese Pausen sind jedoch so kurz und selten, dass es unmöglich ist, etwa ein Bad zu nehmen oder BBC in Ruhe abzuhören. »Viel schlafen. Das Wenige in Ruhe essen. Damit spart man Kalorien!« Das ist der Rat der Zeitungen und im Rundfunk. Man könnte denken, die Burschen veräppeln einen, die machen noch grausame Scherze mit unserer Not.

27. März 1945

Wie das Gesicht der Welt sich wandelt: die Amerikaner bei Karlsruhe über den Rhein! Panzer in Heidelberg! In Bretten! Augenblicklich in ... Heilbronn. Darf man es glauben? Man hört nichts, sieht nichts, dicker Nebel schließt Fliegerbesuch aus. Ein Ruhetag also nach den vorausgegangenen Strapazen? Aber dass das Ende nahe ist, beweisen die »Verwandlungskünstler«. Wieviel Anti-Nazis wir haben! Das ist fabelhaft! Nie haben sie gejubelt bei deutschen Siegen! Nie die Judenverfolgung gebilligt! Nie dem »Anstreicher« aus Braunau getraut! Stets waren sie gegen die Eroberungssucht! Immer haben sie sich empört über die Art, einfach einen Krieg zu provozieren! Wie haben sie sich aufgeregt über die Versklavung von Fremdarbeitern! Stets hat man das Ende mit Schrecken vorausgesagt ... und so fort, und so fort.

29. März 1945

Das Problem, wie wir unsere Männer vollends vor dem Zugriff des »Volkssturms« bewahren, wird akut.

Geheimbefehl: Wer nicht kämpft, wird erschossen!

3. April 1945

Nun ist der Vorhang zerrissen: Man soll fort, aber man muss nicht. Wer hier bleibt, trägt die Verantwortung dafür selbst. Es wird kein Wasser geben, kein Licht. Bäckereien und Fleischereien werden zerstört werden, es wird keine Milch geben, Lebensmittelgeschäfte werden in die Luft gesprengt werden. Die neue V-Waffe werde eingesetzt werden und werde die Zurückgebliebenen mitsamt den Feinden vernichten. Kinder ab zwölf Jahren werden mit der Hitlerjugend weggeschafft. Sie dürfen weder mit den Eltern fliehen noch mit ihnen zurückbleiben. Alle Männer vom Jahre 1884 ab müssen mit dem Volkssturm weg ... So weit eine offizielle Bekanntgabe in unserem Bunker. Bald, bald werden wir das »Tausendjährige Reich« hinter uns gelassen haben.

Mein Mann und ich sind entschlossen, alles, was kommen mag, hier durchzustehen. Alles, was kommt! Was wird kommen?

5. April 1945

Wieder ein Tag hinab. Kann man diese Spannung noch ertragen? Drüben am Waldrand liegen Soldaten, sie warten auf ihre Gefangennahme.

6. April 1945

Wir warten. Qual. Viele warten. Die armen Tiroler Soldaten, die drüben am Waldrand die Amerikaner erwarteten und ganz privatim für sich den Krieg beenden wollten, sehe ich heute nicht mehr. Es hat zu lang gedauert für sie.

7. April 1945

Ein unerträglicher Zustand! Wie viele, die sich verborgen hatten, können sich nicht mehr halten. Es dauert zu lang, viel zu lang.

Eine unheimliche Stille draußen. Stille vor dem Sturm? Fast kein Alarm. Auch fast kein Schießen an der Front. Was bedeutet das? Gutes? Schlimmes? Das Allerschlimmste? Noch immer ist der Volkssturm nicht abgerückt von der Front.

Man hat viel Angst, denn – so hört man – nicht die Amerikaner werden unsere Stadt besetzen, sondern die Franzosen mit viel mehr Grund zu Rachegefühlen.

Die Leute vergraben Juwelen und Silber.

11. April 1945

Gedicht, abgedruckt in der heutigen Zeitung:

Und dennoch ...
Und dennoch – dennoch wirst du siegen,
Du heiß geliebtes deutsches Land,
Denn deine Heere lenkt der Führer,
Der uns wahrhaft von Gott gesandt ...

und so fort, und so fort.

13. April 1945

»Wichtige Bekanntmachung des Reichsverteidigungskommissars: ... Ebenso wird mit dem Tode bestraft, wer eine weiße Fahne zeigt. Die Familie des Schuldigen hat außerdem noch drakonische Strafen zu erwarten.«

20. April 1945

Es ist alles so unwahrscheinlich. Blauester Frühlingshimmel, Flugzeug-Brausen, Artillerieschießen rund um die Stadt: ich trotzdem in glückvoller, erwartungserfüllter Stimmung im Liegestuhl auf unserem Balkon. Ich habe mir unsere letzten Kriegstage – denn diese durchlebe ich jetzt zweifellos – völlig anders vorgestellt. Furioso, Entsetzen! Und nun liege ich in einer fast festtäglichen Stimmung auf dem Balkon! Merkwürdige Welt.

Seit gestern schlafen wir im Keller. Gefahr des Artilleriebeschusses.

22. April 1945

Nun ist es geschehen. Erstarrt, benommen, noch nicht fähig, das unerhörte Erleben zu fassen, die Fülle des Glückes ganz zu fassen, will ich doch versuchen, die Ereignisse kurz aufzuzeichnen.

Am 20. spät abends nach den englischen 8-Uhr-Nachrichten schlenderten mein Mann und ich noch hinüber in den Wald, ein paar Schritte ins Maiengrün hinein und auch um nachzusehen, ob die »Panzersperren« schon geschlossen seien und ob man daraus vielleicht Hoffnung schöpfen könne.

Da: Schüsse! Maschinengewehrfeuer! Ganz nah! Jemand lachte mich aus, dem ich zurief: »So hören Sie doch!« Mein Mann und ich durchquerten das schmale Waldstück bis zur Straße. Da sauste ein voll beladener Lastwagen mit Militär in rasender Fahrt an uns vorbei. So rannten auch wir heimwärts: Herzklopfen bis zum Hals. Das Gewehrknattern ging weiter. Ein Mann mit Rucksack begegnete uns, verstörten Blickes: »Sie stehen vor dem Dorf! Marsch heim!«, flüsterte er.

Gut verproviantiert huschten auch wir gegen elf Uhr nachts in den Stollen, in den »shelter for civil population«, wie er nun auf dem eine Stunde zuvor angebrachten Plakat hieß.

Qualvolle Stunden! Schießen! Aufgeregte Menschen, alle zitternd vor Angst um das bisschen Obdach und Leben!

Hier ist eine traurige Mitteilung einzufügen: Als die Soldaten sich am Abend zurückschlichen zu ihren verlassenen Sachen, hatte inzwischen die »ehrliche« Zivilbevölkerung alles heimgeholt.

Ich habe einen Band von Hitlers »Mein Kampf« aufgelesen. Die Spenderinnen – eine »Jugendgruppe der NS-Frauenschaft« – schrieb die Widmung hinein: »Des edlen Mannes wahre Feier ist die Tat«.

Auf die andere Seite schrieb ich:

»Dieses Buch habe ich am 21. April 1945 inmitten Tausender im Stich gelassener Patronen, Handgranaten ... gefunden. König Ottokars Glück und Ende.«

Und nun? Nun werde ich in den Garten gehen. Ich werde ein paar Narzissen schneiden. Ich werde mich an ihnen freuen. Ich werde die blaue Frühlingsluft in mich trinken ganz ohne Furcht, dass es aus ihrer Reinheit todbringende Geschosse regnen könnte. Ich werde ein kleines Lied summen, und alles Menschenglück wird wieder mein sein. Und ich werde versuchen, meinen Schwur zu halten, nämlich: an der Gesundung meines Volkes von geistig seelischer Erkrankung und an seiner Errettung aus namenloser materieller Not mitzuarbeiten, so viel uns Kraft gegeben ist.

Frau und Politik

Das Leben geht weiter

Albert und Anna schlenderten in dem verblassenden Licht des Frühlingsabends wieder hinüber an den Waldrand. Zärtlich umfassten ihre Augen die vor ihnen ausgebreitete Landschaft. Konnte irgendeine andere kleine Welt mehr Harmonie ausstrahlen, sich unmittelbarer in die Herzen der Beschauer schmeicheln als dieses liebliche Stückchen Erde? Da war im Vordergrund der Wald, dann unten das bäuerliche Dorf, weiterhin mehr Dörfer, eingestreut zwischen Äcker und Obstgärten, dann rebenbekränzte Hügel mit roter Erde. Auf dem sanft gerundeten kleinen Berg im Vordergrund war das Mausoleum der Württemberger. Ein zierliches Tempelchen unter grün oxidiertem Dach. Die keusche Schönheit dieser Welt war umwoben vom zart-rötlichen Schleier dieses Frühlingsabends.

Wenn Albert und Anna bei Fliegeralarm dort auf der Bank gesessen und gewartet hatten, bis das infernalische Getöse näher rückte und es ratsam schien, schleunigst ins Erdinnere zu flüchten, dann hatte Albert sagen können – sein Arm hatte dabei mit einer umfassenden Bewegung die vor ihnen ausgebreitete Lieblichkeit umschrieben: »Welch ein Triumph zu wissen, dass dies überleben wird! Die Kriegsfurie kann dich und mich, sie kann Millionen Menschen auslöschen, sie kann Städte in Asche legen, Kunstwerke zertrümmern, dies hier aber wird sein, nachher und immer.«

Anna dachte an die fernen Kinder, über deren Schicksal sie nichts wusste. Halb unbewusst summte sie: »Herr, schicke, was du willst, ein Liebes oder Leides ...«

Ach! Dieses Lied gab es ja auch noch. Es gab ja noch so vieles, vieles, was dieses Inferno überdauert hatte. Unzerstörbar waren die herrlichen Gesänge von Hugo Wolf, Schubert, Schumann und den vielen anderen. Und die grandiose Beethovensche Musik und Mozart und Bach. Welch ein Reichtum! Alles, alles war noch da. Was für ein Stümper in der satanischen Kunst der Zerstörung war trotz allem dieser Hitler gewesen, der in seiner Vermessenheit geglaubt hatte, alles mit sich in den Abgrund zerren zu können. Die Menschheit war doch unermesslich reich, dass sie sich derartige Orgien der Vernichtung leisten konnte, ohne den Bestand ihrer Schätze ernstlich zu gefährden.

Wo ist die Straße geblieben?

Albert und Anna hatten sich in die Stadt gewagt. Wo war die Straße hingekommen, in der das Haus gestanden, die Gasse, die davon weggeführt hatte? Sie konnten sich in dem entstellten Gesicht ihrer Stadt nicht mehr zurechtfinden. Die einst so vertrauten Straßenzüge waren unter Schutthaufen verborgen. An den Mauern der Ruinen waren Zettel angeheftet mit Nachrichten der Überlebenden. Hier hing eine Badewanne am Rand des Mauerwerkes, bereit, jede Sekunde in die Tiefe zu stürzen. Heizkörper hatten sich in Telegrafendrähten verfangen, weggerissenes Gemäuer offenbarte das Eingeweide von Wohnungen, Schlafstuben, deren Betten unter der Last von herabgestürztem Mörtel zusammengeknickt waren. Da waren Kleidungsstücke vom Sog der Luftminen und der Riesenbrände hinausgetragen worden. Sie hatten sich – groteske Beflaggung! – im Geäst halb verkohlter Bäume verfangen oder im Drahtgewirr der Telefondrähte, die zuweilen bis auf die Schuttberge herabgesunken waren. Nirgendwo in der Stadt konnten Straßenbahnen fahren, die Geleise waren zugeschüttet von Geröll und Staub. Schulen gab es nicht. Krankenhäuser befanden sich in tausend Nöten.

Würde man je nochmal das Wunder einer Eisenbahn erleben, das geschäftige Schnauben und Achtung gebietende Pfeifen einer Lokomotive?

Albert und Anna glaubten nicht, dass der Rest ihrer Lebensjahre ausreichen werde, um wenigstens einen Teil wohltuender Zivilisation zurückzugewinnen.

Aber da war ja noch ein anderes, ein viel größeres Problem: Wie sollte das deutsche Volk wieder zusammenwachsen? Wer waren die wirklichen Bösewichte, die Gut und Blut und Ehre des deutschen Volkes verspielt hatten?

Albert und Anna erinnerten sich an diese Fragen, über die sie schon während der finsteren Jahre Gespräche geführt hatten. Sie beide hatten ja eindringlich erlebt, dass Nationalsozialist nicht gleich Nationalsozialist zu werten war, dass es falsch wäre, alle in Bausch und Bogen zu verurteilen, dass die Umstände, unter denen manche Menschen Parteimitglieder geworden waren, werden mussten, verschieden, ja, dass sie zuweilen tragisch waren und dass die durch Haltung und Tun zu demonstrierende Parteizugehörigkeit sich grundverschieden geäußert hatte.

Bei diesen rein theoretischen Erwägungen waren Albert und Anna zu dem Ergebnis gekommen, dass nach dem Ende des Dritten Reiches vor allem den jungen Menschen, die sozusagen automatisch in den Teufelskreis mit einbezogen worden waren, goldene Brücken in die Zukunft gebaut werden sollten, dass auf alle nur nominellen Nationalsozialisten eine Generalamnestie anzuwenden wäre, dass aber die Mörder und die geistigen Förderer und die Spitzel und die Denunzianten und die widerlichen Opportunisten von jeglichem Einfluss auf den Neubeginn ausgeschaltet werden sollten.

Das war Alberts und Annas Theorie gewesen.

Eine Lokomotive

»Horch, horch doch!«, rief Anna aufgeregt in den Garten, wo Albert Tomaten pflanzte. – »Eine Lokomotive?«, fragte Albert ungläubig. Und dann jauchzte er: »Annerle, es geht aufwärts!«

Kein Zweifel, es war eine Lokomotive, deren geschäftiges Pusten entlang dem Neckartal bis auf ihre Höhe drang. Was für ein unglaubwürdig-glückvolles Erleben!

Dann kam Isolde von der Stadt nach Hause, zu Fuß, denn noch immer konnte die Straßenbahn nicht auf die Höhe klettern.

»Denkt euch«, rief sie, »denkt euch nur, ich habe Kinder in einem Schulhof gesehen, Schulkinder. Das Leben regt sich wieder.« Ja, der Wille zum Leben regte sich wieder. Da und dort wurden schüchterne Versuche zu einem Neuanfang unternommen. So hier in der Schule, wo die Fenster zwar keine Fenster waren, sondern mit Pappe verkleidete Höhlen, die Schulbänke noch vom Feuer angesengt, die Wasserleitung und alles, was davon abhängt – noch nicht funktionierte. Aber ein Lehrer stand in dem düsteren Raum, Kinder um sich geschart, denen es ein Erlebnis war, wieder zur Schule gehen zu dürfen, gehen zu können.

Im »Städtischen Beirat«

Anna war in den »Städtischen Beirat« berufen worden. Das war eine Art vorläufigen Gemeinderats, eine demokratische Institution also, die dem von der amerikanischen Besatzungsmacht ernannten Oberbürgermeister beigegeben worden war. Trotz Annas infolge Kriegs-, Nazi- und Hungersnot stark herabgeminderter körperlicher und geistig-seelischer Spannkraft wartete sie, erfüllt von Tatendurst, darauf, dank dieses Ehrenamtes an der Heilung der schwer verwundeten Stadt mithelfen zu können. Lange wartete sie vergeblich. Der »Beirat« wurde nicht einberufen. Es sah so aus, als ob diesem Beirat sozusagen nur eine papierene Existenz zugedacht sei. Angesichts der rasche Entschlüsse verlangenden Notlage der Stadt schien es seinem Oberhaupt vermutlich geraten, die viel langsamer arbeitende Maschinerie demokratischer Stadtverwaltung so lange wie möglich nicht in Gang zu setzen. Er hatte zweifellos Recht, wenn er dachte: »Hilfe ist alles, Prozedur ist Nebensache!« Anna jedoch war misstrauisch. Konnte dies nicht ein erstes Anzeichen der Rückkehr zu diktatorischer Regierungsmethode sein?

Die kurz zuvor lizenzierte »Stuttgarter Zeitung« druckte in diesem Zusammenhang folgende von Anna verfassten Reime:

Der Städtische Beirat

Was gestern war, ist heute schon Geschichte!
Bei Gott! dies Wort ist wahr!
Es stimmt auf vieles und sogar aufs Haar
für das, was wir den Städtschen Beirat nennen
und dessen Namen alle Leute kennen.
Berufen wurde er, und einmal durfte er auch »tagen«.
Doch sollt in Neugier einer mich befragen,

was dieses eine Mal der Beirat hat beraten,
ob er geschritten gar zu wichtgen Taten,
so müsst er Folgendes aus meinem Mund vernehmen
(ich hoff, er würd darum sich nicht zu Tode grämen):
Der Beirat hatte nichts dabei zu melden!
O Bürger, wolltest du ihn darum schelten,
so denk: Dies erste und bis heute einzge Tun
war gar kein »Tun«, es war ein »Ruhn«!
Der Beirat durfte wie in Hitlers großen Reichstagszeiten
zur »Entgegennahme« einer Erklärung schreiten.
Seither ist Grabesruh! Nichts ist vom »Beirat« mehr
zu hören und zu lesen!
Sieht es nicht aus, als sei am End er schon gewesen?

Daraufhin wurde der Beirat natürlich einberufen. Ob zum Nutzen der schwer zerstörten Stadt? Diese Frage stürzte selbst die Oberdemokratin Anna in berechtigte Zweifel.

Die Not verlangte ja nach raschen Entschlüssen und nicht nach langen Parlamentsreden. Die Einführung der Demokratie als Lebensform hatte in deutschen Landen wieder einmal einen denkbar ungünstigen Start.

Repatriated

Wenn Anna nachrechnete, wie viele Monde vergangen waren, seit die letzte Nachricht von dem Sohn aus Kanada gekommen war, verlor sie den Grund unter den Füßen. Albert tröstete sie dann, dass doch das ganze Postwesen desorganisiert sei, dass zahllose Eisenbahnlinien noch immer nicht befahrbar seien, dass außerdem Post von Übersee das geschlagene Deutschland überhaupt nicht erreichen könne. Die Schiffe und Flugzeuge der

Kriegsgegner hätten anderes zu transportieren als ausgerechnet die Briefe ihrer Zivilinternierten. Man müsse Geduld haben, bis sich die Dinge wieder eingespielt hätten. Das sei doch einleuchtend, oder nicht?

Ja, das war einleuchtend.

Aber eines Tages kam dann ein Brief zurück, den Albert an Rudolf geschrieben hatte. Das Wort »Repatriated« war aufgestempelt samt einem Datum, das vor der Kapitulation Deutschlands lag.

Damit war zahllosen Ängsten Tür und Tor geöffnet. Wo war der Sohn? Er war also nicht mehr in Kanada. »Repatriated« hieß das Wort, er war also offiziell in die Heimat entlassen worden. Warum das? Wie konnte man einen jungen Menschen in diese Hölle entlassen? War er auf seiner Heimreise noch umgekommen, bei einem der ununterbrochenen Luftangriffe auf die Hauptbahnlinien? Das Schicksal konnte ja so boshaft sein. Jahrelang konnte es Menschen die schlimmsten Gefahren bestehen lassen und schließlich durch einen fast lächerlichen Zufall ihr Leben doch noch auslöschen.

Das Entnazifizierungsgesetz

Die Straßenbahn fuhr wieder. Sie konnte sogar wieder auf die Höhe klettern, wo Albert und Anna wohnten. Anna fuhr talwärts. Am Straßenrand räumten ein paar Männer Schutthaufen weg und fegten den Gehweg. War der mit dem Besen dort nicht Professor X., der berühmte Arzt? Kein Zweifel. Nur ein Intellektueller konnte einen Besen so bemitleidenswert merkwürdig halten. Allerorts fehlten Ärzte und andere Fachkräfte, aber laut Spruchkammerurteil hatten diese ihre Zugehörigkeit zur nationalsozialistischen Partei zu büßen. Merkwürdige Welt! War dies die beste Art der Buße, die wirksamste Maßnahme, nationalsozialistische Vergangenheit zu bewältigen? Albert und Anna hatten während der Jahre des Tausendjährigen Reiches oft über dieses Problem philosophiert. Sie waren dabei immer wieder zu demselben Ergebnis gekommen, nämlich: Falls am Tage des »Nachher« sich der in Millionen Herzen Deutscher angesammelte Hass gegen die Tyrannen im Innern und die Zerstörer deutscher Geltung draußen nicht spontan als Revolution entlüde, sollten selbstverständlich die großen Schurken, die Mörder und die, die hinter dem blutigen Welttheater die Drähte gezogen haben, Rechenschaft ablegen müssen.

Die Revolution hatte nicht stattgefunden. Es wäre zweifellos ein schreckliches Ereignis geworden, ihr Resultat hätte nicht nur Schuldige weggeschwemmt. Aber war nun das richtig, was als Legalität an ihre Stelle getreten war, das Entnazifizierungsgesetz?

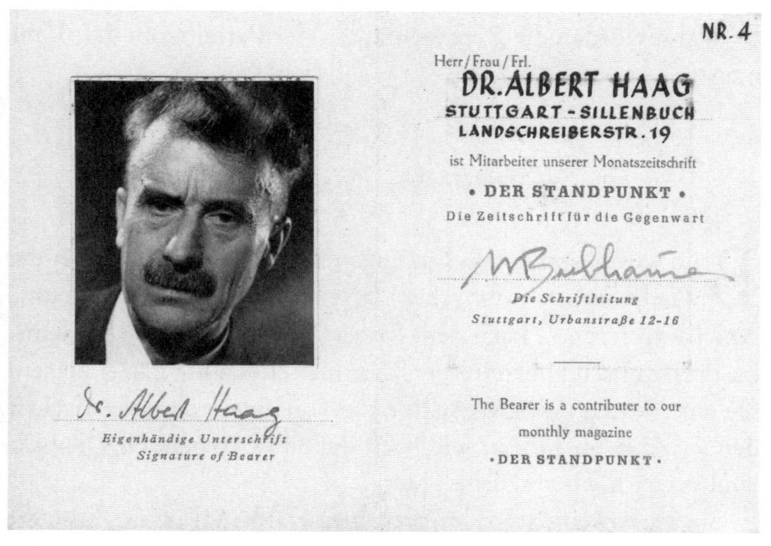

NR. 4

Herr/Frau/Frl. DR. ALBERT HAAG
STUTTGART - SILLENBUCH
LANDSCHREIBERSTR. 19
ist Mitarbeiter unserer Monatszeitschrift
• DER STANDPUNKT •
Die Zeitschrift für die Gegenwart

Die Schriftleitung
Stuttgart, Urbanstraße 12-16

The Bearer is a contributer to our monthly magazine
• DER STANDPUNKT •

Dr. Albert Haag
Eigenhändige Unterschrift
Signature of Bearer

Albert war in den ersten Nachkriegsjahren freier Mitarbeiter der gesellschaftskritisch-politischen Zeitschrift »Der Standpunkt«.

Entnazifizieren bedeutete, ehemaligen Nationalsozialisten eine Geldbuße und eine zeitweilige Art von Arbeitsdienst oder Arbeitsverbot aufzuerlegen, einen Ingenieur oder Arzt beispielsweise als Straßenkehrer anzustellen, dem Straßenkehrer von Beruf aber als Strafe für seine seinerzeitige Hinneigung zum Nationalsozialismus die Ehre, die Straße kehren zu dürfen, abzusprechen. Dadurch wurden die ehemaligen Parteimitglieder sozusagen gereinigt.

Organisationsbegabt, wie der Deutsche ist, entstanden Tausende vorwiegend mit Laien besetzte Spezialgerichte. »Spruchkammern« wurden sie genannt. Albert und Anna entsetzten sich über den laienhaften Feuereifer, mit dem entnazifiziert wurde. Man konnte den Eindruck bekommen, als ob Nationalsozialisten bald zur Mangelware werden müssten. Bei diesen Millionen von Entnazifizierungsprozeduren wurde zuerst unten, das heißt, bei den kleinen und kleinsten Nazis angefangen.

Wann würden die Repräsentanten der Partei wohl drankommen?

Politische Parteien

Bald wurde von den Besatzungsmächten die Bildung oder der Wiederaufbau politischer Parteien zugelassen. Albert und Anna waren schon nach dem Ersten Weltkrieg der Sozialdemokratischen Partei beigetreten. Sie schien ihnen die Partei zu sein, die am ehesten ihren Vorstellungen von einem demokratischen, den Frieden im Innern wie nach außen erstrebenden Deutschland verwirklichen würde.

Sie waren keine schablonisierten Sozialdemokraten. Ihrer Wesensart nach konnten sie das gar nicht sein. Sie waren ausgeprägte Selbst-Denker, betonte Individualisten, sie glaubten an eine

Elite. Ein Programm in Bausch und Bogen anzunehmen, war nicht ihre Sache.

Aber war die Sozialdemokratische Partei nicht *die* Partei, in deren schützendem Gehege der freie Flug des Geistes am ehesten gesichert war? Und war es nicht die Partei, die schon um ihrer internationalen Verflechtungen willen am ehesten die Gewähr bot, Deutschland aus dem verhängnisvollen militaristischen Nationalismus befreien zu können?

Das waren Alberts und Annas Überlegungen schon nach 1919 gewesen. Und nun, ein Vierteljahrhundert später, nach der zweiten Weltkatastrophe, stand dieselbe Entscheidung wieder vor ihnen.

Obwohl sie nicht alle Zweifel darüber beschwichtigen konnten, ob sie ihre politische Heimat wirklich in dieser Partei finden würden, traten sie ihr zum zweiten Mal bei. Diese Entscheidung wurde ihnen durch die Erinnerung an jenen verhängnisvollen 24. März 1933 erleichtert, da die Sozialdemokratische Partei als einzige dem Ermächtigungsgesetz nicht zugestimmt hatte. Sie war also frei von der Mitverantwortung für die Installierung Hitlers als Diktator.

Appell an die Frauen

Die erste Broschüre, die in Deutschland nach dem Kriege gedruckt worden war, hatte Anna verfasst. Sie trug den Titel »... und wir Frauen?« Herausgegeben war diese kleine Schrift von der »Internationalen Frauenliga für Frieden und Freiheit«. Anna hatte diese Organisation nach Kriegsende in ihrer Stadt wieder ins Leben gerufen. Diese pazifistische Vereinigung hatte damals noch nicht unter der Angstpsychose vor dem Kommunismus zu leiden gehabt. Sie war als das gewertet worden, was sie sein wollte und auch war: ein Zusammenschluss internationaler Frauen, die ihre Aufgabe darin sahen, künftige Kriege verhüten zu helfen. Anna hatte sich dieser Organisation schon bald nach dem Ende des Ersten Weltkriegs angeschlossen gehabt.

Das Echo auf diese kleine Schrift war beglückend. Trotz der noch immer mangelhaft funktionierenden Post bekam Anna Briefe über Briefe, die ihr Zustimmung brachten. Briefe von Frauen und Männern, Briefe von Intellektuellen und unverschnörkelt Denkenden, Briefe auch von vielen dem Kriegsgraus entronnenen ehemaligen Soldaten. Was für ein Beweis der Bereitschaft zu Umkehr und Aufbruch gleichzeitig! Aufbruch zum Neuen, Besseren, Vernünftigen. Anna lebte nach diesem Echo in der beglückenden Überzeugung, dass die Früchte überreif am Baume hingen und nur die Arme auszustrecken waren, um sie zu pflücken und so der Befriedung der Welt zu dienen.

Kandidieren für das Parlament?

Eine Abordnung der Sozialdemokratischen Partei suchte Albert und Anna auf. Frage: ob sie beide oder eines von beiden bereit wären, als Vertreter der SPD für die Verfassunggebende Versammlung und anschließend für den Landtag zu kandidieren.

Nun stand das, was sie sich während der Jahre der geistigen Verfinsterung geschworen hatten, zur Entscheidung vor ihnen, nämlich mitzuhelfen an dem Neuen, das entstehen sollte.

Mit allem Entsetzen, dessen ein Mensch fähig ist, wehrte Albert für sich selbst ab. Sein Gesicht erinnerte Anna an ihre früheren Gespräche über das Problem Bauen oder Nichtbauen. Als gar das Wort »Kultusminister« fiel, sagte er, er sei ein Lehrer mit Leib und Seele und nur ein theoretischer Politiker. Er sei Philo-

Umschlag der ersten Broschüre, die in Deutschland nach dem Zweiten Weltkrieg gedruckt wurde. Der Inhalt ist im Anhang zu diesem Buch dokumentiert.

soph aus Berufung. Es sei ihm unmöglich, sich ins Getümmel zu begeben. Sein philosophisches System wolle er zu Ende denken, nichts anderes. Damit könne er auch einen Beitrag leisten zur Gesundung der Welt. »Aber Annerle«, so sagte er, »du könntest doch?«

Anna erinnerte ihn an seine und ihre Schwüre. Hatten sie sich nicht oft und oft versprochen, falls sie nach dieser Verirrung noch am Leben sein würden, das ihre dazu beizutragen, den psychischen und physischen Gesundungsprozess ihrer Umwelt zu fördern? Sie war im Augenblick fast ärgerlich über ihn, aber er hatte Recht. Bei dem Bemühen, wahre Ideale zu schützen und das menschliche Zusammenleben lebenswert zu gestalten, musste man sich nicht unbedingt in die politische Maschinerie einspannen lassen.

So stand Anna vor der Entscheidung. Eigentlich war diese ja schon damals gefallen, als sie noch ein Kind war und von »Frau und Politik« noch lange nicht geredet werden konnte. Damals, als der Vater sich über das Unsoziale der indirekten Steuern, über das Dreiklassenwahlrecht in Preußen, über die untergeordnete Stellung der Lehrer und über manches andere empört hatte. Anna sagte ja. Damit war sie Kandidatin der SPD für die nächste Wahl.

Smoke in your eyes

Anna kam aus der Stadt. Albert erwartete sie an der Straßenbahn. Er schien seltsam bewegt. »Lass uns ein wenig auf die Bank hier sitzen, Annerle«, sagte er und fasste sie bei der Hand. »Ist ... ist etwas mit Rudolf?«, rief sie in panischem Erschrecken. »Ja, ja ... Aber du musst nicht erschrecken. Rudolf ist nämlich gekommen. Verstehst du? Unser Rudolf ist heimgekommen. Er wartet zu Hause auf uns. Es ist wirklich wahr, Annerle, er wartet zu Hause.«

Ja, zu Hause wartete ein rußgeschwärzter junger Mann, kein Bub mehr. Ein Seesack mit seinen Habseligkeiten lag im Gang. Wie musste Anna ihn anschauen. Ein junger Mann von 23 Jahren war ihr Büble geworden! Schon saß er am Flügel und spielte »Smoke gets in your eyes«, ein Lied, das er in der Internierung gehört hatte. Er selbst hatte »Rauch in den Augen«, Albert und Anna, Isolde und ihr Mann desgleichen, alle.

Nun war er da, und nun erst war der Krieg für Albert und Anna zu Ende.

Brief an Eleanor Roosevelt

Albert sagte: »Annerle, schreib doch an Mrs. Roosevelt wegen der Kriegsgefangenen!« Er dachte wohl zurück an seine eigene Gefangenschaft von 1916 bis 1918 in Rumänien. Er wusste, wie Gefangenen ums Herz ist und wie endlos sich die Zeit für sie dehnt. Anna schrieb:

»Hochverehrte Frau!

Unter Lebensgefahr haben viele Frauen Deutschlands während des Krieges die Berichte über Ihre Reden und Ihr Schaffen durch das Radio gehört. Sie alle haben Hoffnung daraus geschöpft. Diese Hoffnung hat ihnen viele Nächte dunkler Stunden trostvoll erleuchtet. Dies gibt der Unterzeichnenden den Mut, Ihnen diesen Brief zu schreiben. Gebe Gott, dass die wenigen Sätze Ihr Herz erreichen können, das Herz einer Mutter, das verstehende, weit offene Herz einer wahrhaft großen Frau.

Das deutsche Volk ist krank, vielleicht todkrank. Es ist krank durch eigene Schuld. Gewiss. Die Ekel erregende, stürmisch verlaufene Krankheit des Nationalsozialismus ist zwar abgeklungen, aber bedenkliche Folgeerscheinungen machen sich bemerkbar. »Volk ohne Hoffnung« möchte man Deutschland in seinem jetzigen Zustand nennen. Wir Frauen und Mütter wissen um einen wesentlichen Grund dieser verhängnisvoll wirkenden Hoffnungslosigkeit und Apathie: Es ist das Schicksal der Millionen Kriegsgefangenen. Wir sehen, mit welch martervoller Geduld die Mütter auf ihre Söhne, die Frauen auf ihre Männer und die Kinder auf ihre Väter warten. Und wir ahnen, mit wie viel verzehrender Sehnsucht und wundem Heimweh die Männer auf ihre Heimat warten, Tag um Tag, Stunde um Stunde in der sich endlos dehnenden Zeit, warten heimzukehren, um der Heimat in einem neuen guten Geist zu dienen.

Hochverehrte Frau! Wir Frauen der wieder ins Leben gerufenen Internationalen Frauenliga für Frieden und Freiheit (Gruppe Stuttgart) blicken voller Hoffnung und Vertrauen auf Sie. Wir bitten Sie, um des Leidens der Millionen willen, die nicht lauter Schuldige und Bösewichte sind: Vergessen Sie »Politik und Recht«, vergessen Sie »Bestimmungen« und hören Sie auf Ihr Herz, nur auf Ihr Herz. Eine Frau darf Politik auch mit dem Herzen machen. Treten Sie dafür ein, dass diese Kriegsgefangenen, die keine aktiven Nationalsozialisten waren und die keiner Kriegsverbrechen beschuldigt werden, ihrer Heimat wiedergeschenkt werden.«

Eleanor Roosevelt hat nicht geantwortet. Anna hat später erfahren, dass sie sich in ihrem Land über Annas Naivität geäußert habe. Es sei typisch deutsch, in weinerlicher Selbstbemitleidung für die Beendigung der eigenen Leiden zu plädieren und nicht – von Schuldgefühl erfüllt – darüber nachzudenken, was durch deutsches Wesen der Welt angetan worden sei.

Weiß Gott! Zu den Deutschen, die unter diesem Wesen seelisch gelitten haben, konnten Albert und Anna sich mit Fug und Recht zählen. Wenn Eleanor Roosevelt ihr geschrieben hätte, dass die fremden Länder bei der Beseitigung der durch die deutschen Heere verursachten Zerstörungen auf die Arbeit der Kriegsgefangenen nicht verzichten können, Anna hätte diese traurige Tatsache respektieren müssen. Mrs. Roosevelts Schweigen jedoch war eine bittere Enttäuschung und eine Lehre für Anna.

Die Abgeordnete Anna hat das Wort

Anna meldete sich im Landtag nicht oft zu Wort. Doch wenn es geschah, dann begann das silberweiße Bärtchen des Landtagspräsidenten ein wenig zu zittern. An sich hatten sie beide große Sympathie füreinander. Aber was mochte dieses enfant terrible Anna wieder zu meckern haben? Denn Anna redete ja nicht um des Redens willen oder um sich im Reden zu üben (was sehr notwendig gewesen wäre). Sie stürmte nur dann aufs Podium, wenn es ihr um etwas sehr Wichtiges ging, beispielsweise damals, als sie die folgende Gesetzesinitiative einbrachte: »Niemand darf zum Kriegsdienst mit der Waffe gezwungen werden«.

Es war selbstverständlich für sie, dass der gesamte Landtag sich spontan hinter diesen Gesetzesentwurf stellen würde, von den zehn* weiblichen Abgeordneten des Landtags ganz zu schweigen. Die meisten von diesen – allen voran Elly Heuss-Knapp – hatten den Antrag Annas mit unterzeichnet. Hatte man nicht gerade eben den entsetzlichsten Krieg durchgestanden? Hausten nicht Millionen Menschen immer noch in Ruinen? Begegnete man nicht auf Schritt und Tritt Frauen in Trauer um den Gatten oder

* Es waren in dieser Legislaturperiode nur acht Frauen im Landtag. (Mitgeteilt von Gesa Ebert, Quelle: Landtags-Archiv; Protokolle und Gesamtverzeichnis der Mitglieder des ersten Württemberg-Badischen Landtags.)

Am Rednerpult im württemberg-badischen Landtag, um 1949

Sohn? Entbehrte man nicht noch immer die notwendigsten Dinge? Konnten doch noch lange keine Universitäten, ja fast noch keine Schulen eröffnet werden? Wurden nicht Millionen Männer in Gefangenschaft gehalten? Durchlebte man nicht eben jetzt die zutiefst beschämende Periode der »Umerziehung«, das heißt, die von der amerikanischen Besatzungsmacht unter Einsatz gewaltiger Geldmittel begonnene Weg-Erziehung des Deutschen von der Lust zum Soldatenleben und seine Hin-Erziehung zum friedlichen Zielen nachstrebenden Bürger? War es darum nicht wichtig zu beweisen, dass eine weitere Umerziehung nicht mehr nötig war?

Aber wie immer, wenn Anna glaubte, vernünftig zu denken und etwas Vernünftiges zu wollen, musste sie erleben, dass sie offenbar falsch dachte, das Unvernünftige wollte. Zu ihrem erschreckten Verwundern entwickelte sich eine leidenschaftliche Kontroverse. Männliche Redner fast aller Fraktionen erfanden nach Annas Auffassung die merkwürdigsten Gegenargumente. Es wurde ein erbitterter, letzten Endes aber doch siegreich bestandener Kampf.

Währungsumstellung

Niemand, der es verhindern konnte, verkaufte noch etwas um Geld. Schon lange hatte man gemunkelt, das heißt, man hatte es gewusst, dass mit dem deutschen Geld, das dank seiner Verwässerung durch die immensen deutschen Kriegsausgaben wieder mal kein Geld mehr war, etwas geschehen müsse. Und es geschah, und zwar am Samstag, dem 20. Juni 1948, just an dem Tag, an dem Rudolf Hochzeit hatte. Am Morgen verkündeten Radio und Zeitungen, dass es mit den Sparguthaben mal wieder »Essig« sei, das heißt, dass dieselben nur noch ein Zehntel wert seien, dass es ab heute neues Geld gebe, von dem für jeden Deutschen zunächst ein »Kopfgeld« in Höhe von sechzig Mark ausgeworfen worden sei. Von diesem Kopfgeld würden zunächst aber nur vierzig Mark ausbezahlt. Außerdem werde dieses Kopfgeld von den Sparguthaben abgezogen. Die Sparguthaben seien ab sofort nur noch zehn Prozent wert.

Reporter kamen ins Hochzeitshaus. Sie wollten wissen, ob dem jungen Paar Rudolf und Käthe angesichts dieser Hochzeitsüberraschung der Mut zur Gründung eines Hausstandes nicht abhanden gekommen sei.

»Wieso?«, fragten sie erstaunt dagegen. »Nun erst recht! Wir werden nun ja festen, wenn auch unbequem harten Boden unter den Füßen haben.«

Es war richtig: Man wanderte, was das Geld anlangte, nun wieder auf sicherem Grund. Das Erstaunlichste an diesem Experiment war, dass es schien, als ob sogar Hühner und Kühe davon beeindruckt worden seien. Sie legten plötzlich wieder Eier und gaben wieder Milch. Und woher die Kaufläden mit einem Mal die Schnürsenkel, Strickwolle, Seifenstückchen und anderes hatten, das wusste kein Mensch. Plötzlich war alles Mögliche da. Ein Wunder war geschehen, Schwarzmarktpreise gab es nicht mehr.

Natürlich hatte das ungeheuerliche Experiment nur durch die Hilfe des »Marshall-Plans« – jener großmütigen und weisen amerikanischen Geldhilfe für die Bundesrepublik Deutschland und andere europäische Länder – zum Wunder werden können, das war Anna klar. Dank dieser stimulierenden Spritze begannen die stillstehenden Räder der Wirtschaft sich wieder zu drehen. Dieser Hilfe, addiert und multipliziert mit der unverwüstlichen Energie und Arbeitswilligkeit der Bevölkerung, ist es in wenigen Jahren gelungen, die Spuren der am 20. Juni 1948 vorgenommenen unausweichlichen, aber gefährlichen Operation zu verwischen. Anna dachte in diesem Zusammenhang an Marie von Ebner-Eschenbach. Sie hatte gesagt: »Nur wieder empor nach jedem Sturz aus der Höhe! Entweder fällst du dich tot, oder es wachsen dir Flügel.« Die Flügel begannen erstaunlich schnell zu wachsen. Wohin würden sie die also Beflügelten tragen?

»Die Weltbürgerin«

So nannte Anna die Wochenzeitung, die sie dank finanzieller Unterstützung der amerikanischen Militärregierung gründen konnte. Der Name der Zeitung verriet Annas Auffassung von zukünftiger Politik. Wendell Wilkies Formulierung von »One World« – einer Welt – war ihr aus dem Herzen gesprochen. Gab es angesichts der entsetzensvollen Demonstration von Hiroshima überhaupt eine andere Möglichkeit für die Menschen, zu überleben?

Die Zeitung sollte sich an die Frauen wenden und ihren politischen Instinkt stärken. Anna machte sich mit Feuereifer ans Werk. Was für eine Möglichkeit zu wirken war ihr dadurch gegeben! Natürlich sollte die Zeitung Politisches amüsant, leicht verständlich und ohne erhobenen Zeigefinger bringen. Die Aufgabe des Blattes sollte sein, die Frauen des Landes untereinander zu verbinden und ihnen ihre politische Mitverantwortung nahe zu bringen. Es sollte ihre Entschlossenheit ermutigen, sich möglichen militärischen Ambitionen in den Weg zu stellen.

Die »Stuttgarter Zeitung« bedachte dieses Ereignis mit freundlicher Anerkennung. Allerdings ließ sich das Blatt die Gelegenheit nicht entgehen, in ihrer Faschingsnummer Anna unter dem Apfelbaum im Paradies, spärlich bekleidet, aber zärtlich hingegossen an den Weltbüger Nr. eins (einen Mr. David oder ähnlich) darzustellen. Dieser »Weltbürger Nr. eins« machte damals viel von sich reden. Er gab sich als eine Art Heiliger, der sich auch das Recht zusprach, Pässe für Weltbürger auszustellen. Anna lachte herzlich über diese Neckerei. Was ihr Kummer machte, war das Problem, wie ihr Zeitungsexperiment allmählich zu einem sich selbst tragenden finanziellen Unternehmen werden könnte.

Nach Amerika

»Rrrrrrr!« Das Telefon. »Hallo, Anna, würden Sie gerne nach Amerika reisen?«

»Das wollte ich ja schon vor vierzig Jahren!«

»Das ist eine hübsche Weile her. Warum sind Sie damals nicht gereist?«

»Damals war ich jung, Mr. Boxer.«

»Eben darum hätten Sie ...«

»Auch jungen Menschen kommt gelegentlich etwas in die Quere.«

»Die Liebe, wie?«

»Sie erraten doch auch alles.«

»Und jetzt? Vierzig Jahre später würden Sie es wagen? Ich meine für ein paar Wochen?«

»Warum nicht?«

»Abwarten!«

Das war an einem goldenen Septembertag 1948. Anna erlebte mit Verwunderung, dass man nie zu alt ist, um sich jugendlichen Erwartungen hinzugeben. Jedenfalls träumte sie wieder einmal von dem Land der unbegrenzten Möglichkeiten wie schon so manches Mal in ihrem Leben und wie vor allem im Jahre 1933, als sie verzweifelt nach einem Loch im deutschen Gitter gefahndet hatte, durch das sie und ihre Familie vielleicht dem Hitlerelend würden entschlüpfen können.

Wochen und Monde vergingen. Anna beschloss, nicht mehr länger abzuwarten. Aber just, als sie Amerika beiseite schob, klingelte das Telefon wieder. Anna solle zu Mr. Wyatt kommen, wurde gesagt. »What about your English?« (Wie steht es mit Ihrem Englisch?) So empfing er sie. Wie stand es eigentlich mit ihrem Englisch? »Schlecht, Mr. Wyatt«, musste sie ehrlicherweise gestehen. Sie hatte das beschämende Gefühl einer Schülerin, die ihre Lektion nicht gelernt hat. In ihren Ohren hämmerte es, und sie erwartete jede Sekunde die Worte: »I am sorry, Mrs. Anna, but ... « (Es tut mir Leid, aber ...) Was aber geschah in Wirklichkeit? Mr. Wyatt sagte: »Well, ich denke, Sie sollten nach Amerika reisen. Üben Sie Ihr Englisch noch gründlich vor dem Start.«

Doch wiederum gingen Wochen ins Land und nichts geschah. Aber ganz plötzlich und unerwartet wurde der Startschuss ausgelöst. Und so bestieg Anna im Morgengrauen des 6. Februar 1949 den Zug. Draußen auf dem Bahnsteig stand Albert. Er machte einen ergreifenden Versuch, vergnügt und tapfer auszusehen. Das gelang ihm so schlecht, dass Anna beinahe wieder ausgestiegen wäre und gerufen hätte: »Schickt nach Amerika, wen ihr wollt! Nicht aber mich!« Ein Vierteljahr der Trennung ist eine lange Zeit, wenn das Leben sich zu neigen beginnt. Aber im Augenblick der größten Versuchung fuhr der Zug an. Anna winkte dem

(THIS SPACE FOR USE OF AMERICAN CONSUL)

UNITED STATES OF AMERICA
NONIMMIGRANT REGISTRATION

No. V 166081

THE HOLDER AGREES TO: (1) DEPART FROM THE UNITED STATES AT THE EXPIRATION OF STAY AUTHORIZED BY THE U. S. IMMIGRATION AND NATURALIZATION SERVICE; (2) SURRENDER THIS DOCUMENT AT TIME OF DEPARTURE TO AN OFFICER OF THAT SERVICE.

Anna Haag.
SIGNATURE OF HOLDER

DEPARTED FROM THE UNITED STATES
ON
AT
SIGNATURE OF VERIFYING OFFICER

FORM NO. 257A — FOREIGN SERVICE

Annas Visum für die Vereinigten Staaten

traurigen Mann, der so vergnügt dreinzuschauen versuchte. Der Zug bog um die Kurve; sie waren getrennt. Schneeflocken umtanzten die gespenstig anmutenden Ruinen der Stadt und aller folgenden Städte, die der Zug vom Süden bis zur Wasserkante durchbrauste.

Das Schiff stoppt

Nach zwölf Tagen – die Gruppe der sieben deutschen Frauen reiste in einem Truppentransporter – stoppte das Schiff. So schnell war Anna noch nie an Deck gekommen wie an diesem Abend. Was für ein Anblick! Da lag hingebreitet vor ihr die »Neue Welt«, lag New York. Hunderttausende von Lampen säumten die Straßen an der Küste und spiegelten sich, Perlenketten gleich, im Ozean. Die Zigtausende erleuchteter Fenster des hochgebauten Manhattan schienen schimmernde Diamanten zu sein, verschwenderisch hineingestreut in die Nacht. Und weiter links reckte die lichtüberflutete Statue der Freiheit, das Symbol Amerikas, ihren Arm gen Himmel.

Das also war Amerika. Der Anblick in seiner phantastischen Großartigkeit erschütterte Anna. Hitlers Kriegserklärung an diesen Kontinent kam ihr in den Sinn. Wie, wenn er so wie sie jetzt diesen Anblick gehabt hätte? Würde er das Ungeheuerliche, Amerika den Krieg zu erklären, trotzdem gewagt haben?

Die League of Women Voters

Die materielle und geistige Betreuung der sieben deutschen Frauen, die da angereist kamen, um in Amerika Demokratie zu studieren, hatte die League of Women Voters – zu Deutsch: die Liga weiblicher Wählerinnen – übernommen. Es wurde Anna bald klar, dass diese Vereinigung, ohne eine politische Partei zu sein, vorbildliche Arbeit leistete. Unter anderem ließ sie sich nicht nur vor einer Wahl von den Kandidaten erklären, wofür sie einzutreten bereit seien, sie beobachteten auch nach den Wahlen, ob die Gewählten ihre Zusagen tatsächlich hielten und instruierten ihre Mitglieder dann entsprechend. Alle wichtigen Probleme des Kontinents oder der in ihm zusammengeschlossenen Länder, angefangen bei Schulnöten und Ähnlichem in den Gemeinden bis zu gesetzgeberischen Aufgaben und außenpolitischen Situationen, waren ihre Probleme. Diese Organisation war das, was ein englischer Staatsmann als unentbehrlichen Treibstoff für die Maschinerie der politischen Parteien bezeichnet hatte.

Wie hilfreich könnte sich solch ein zielbewusster Zusammenschluss von denkenden Frauen für das zerschundene Nachkriegsdeutschland auswirken! So dachte Anna.

Ein kleiner Omnibus brachte die Sieben zusammen mit den Vertreterinnen der League of Women Voters und einer Schar Reporter vom Hafen ins Hotel nach New York City. An diesem frostigen Februartag schien der Glanz des in ein Lichtermeer getauchten New York vom Vorabend verlöscht zu sein. Die Fahrt ging durch unaufgeräumte Vorstädte vorbei an zahllosen Tankstellen und kleinen Verkaufsbuden in primitiven Bretterhütten. Einer aus dem Rudel der Reporter hielt Anna unvermittelt ein Mikrophon vor den Mund, nachdem er eine Frage getan hatte, die Anna mit dem besten Willen nicht beantworten konnte. Die League of Women Voters-Dame bemerkte Annas Verlegenheit und flüsterte ihr ins Ohr »No comment«, ein Wort, das sie in Zukunft oft nötig hatte, um verfänglichen Fragen auszuweichen oder eine Antwort zu vermeiden, die missdeutet werden könnte.

Am zweiten Tag schon wurde Anna zur Fernsehstation zitiert. Fünf Fragen sollte sie beantworten. Sie könnte sich dabei dort im Spiegel beobachten. So würde man sie in ganz Amerika sehen, sagte man ihr aufmunternd.

Anna hat nicht gewagt, in den Spiegel zu schauen, so gern sie das getan hätte. Sie konnte sich nicht das winzigste Quäntchen Ablenkung leisten, um auf die Fragen – wenn überhaupt möglich – eine einigermaßen verständliche Antwort in der für sie noch so ungewohnten englischen Sprache zu geben.

Besuch bei Eleanor Roosevelt

Die sieben deutschen Frauen wurden von Eleanor Roosevelt zu einer Tasse Tee gebeten. Weiß behandschuht reichte der schwarze Diener lautlos Tassen und Brötchen. Er war seiner Herrin sichtlich sehr ergeben. Annas noch immer lückenhafte Kenntnisse der englischen Sprache, auch ihre besondere Beklemmung

Mrs. Roosevelt gegenüber verboten ihr, mehr als konventionelle Redensarten zur Unterhaltung beizutragen. Sie hatte ihre Enttäuschung über diese von ihr einmal so hochverehrte Frau noch nicht überwunden. Es war die Enttäuschung darüber, dass selbst ein großer Mensch unter Umständen nicht groß genug ist, um bald nach Beendigung von Kriegshandlungen Gefühlen des Hasses solche der Versöhnung, des Mitleids, großmütiger Mitmenschlichkeit folgen zu lassen. Wäre Annas Englisch besser gewesen, hätte sie versucht, die menschlichen und psychologischen Hintergründe ihres seinerzeitigen Appells an Eleanor Roosevelt klarzulegen.

Die Arbeitsgemeinschaft Stuttgarter Frauen

Zurückgekehrt aus Amerika von ihrer Lehrzeit in Demokratie, angespornt durch die Aktivität der Amerikanerinnen in Gemeindearbeit, gründete Anna in Stuttgart eine kleine Frauenorganisation. Der Verein gab sich den Namen »Arbeitsgemeinschaft Stuttgarter Frauen« unter dem Motto »Frauen helfen bauen«. Es war nur ein starkes Dutzend, das sich da zusammenfand, aber alle waren gleicherweise erfüllt von gutem Wollen und von der Verantwortung, am Wiederaufbau der zerstörten Stadt mithelfen zu sollen.

Die Mitglieder des Vereins teilten Gründung und Absicht dem Oberbürgermeister und den Stadträten mit. Sie wurden wohlwollend angehört. Der Oberbürgermeister versicherte sogar, dass die Stadt jede von den Frauen gesammelte Mark in den Topf für den Wiederaufbau werfen werde. Misstrauisch, wie Frauen sind, gingen sie auf diesen Vorschlag nicht ein. Es lag ihnen nichts daran, dass mit den von ihnen beigebrachten Mitteln etwa noch einmal ein weiteres Kino oder ein ähnliches, der Stadt Steuergelder einbringendes Unternehmen gebaut würde. Selbst bauen wollten sie und zwar möglichst eine Heimstätte für junge Mädchen. Damals wohnten ja viele junge Menschen in Ruinen oder schliefen auf Bänken in den öffentlichen Parks.

»Unseren Segen haben Sie«, sagte der Oberbürgermeister wohltuend unbürokratisch. Nicht ohne ein leicht amüsiertes Lächeln fügte er bei: »Die Stadt würde sogar einen Bauplatz in Erbbaupacht bereitstellen.«

Der Stadtkämmerer steigerte seinerseits dieses Angebot, indem er beifügte: »Die Stadt könnte sich darüber hinaus sogar bereit erklären, jede gesammelte Mark zu verdoppeln.«

Das waren Worte! Worte von Gewicht! Gesprochen allerdings vielleicht mit dem Hintergedanken, dass dieses Häuflein naiver Frauen kaum etwas Nennenswertes würde ausrichten können, dass also die Versprechen »Bauplatz« und »Verdoppelung des Gesammelten« ohne Risiko gegeben werden konnten.

Anna hatte vom »McCloy-Fond« gehört. Projekte, die mit Mitteln aus diesem Fond gebaut werden konnten, waren an die Bedingung geknüpft, dass sie der Erziehung zur Demokratie dienen müssen. Frage: Wie konnte bewiesen werden, dass ein gesundes Zuhause für junge Menschen der Demokratie äußerst förderlich sei? An die Beantwortung dieser Frage machte Anna sich nun mit Feuereifer. Gesuche, geänderte Gesuche, endlose Diskussionen mit Amerikanern, wieder andere Gesuche, erneute Besprechungen mit den zuständigen amerikanischen Behörden, die ihrerseits äußerst geduldig sich die Gehirne zerbrachen, wie das auf »Demokratie« frisiert werden konnte, was dieses Häuflein wackerer Frauen wollte.

Aber der Tag kam, an dem die Arbeitsgemeinschaft Stuttgarter Frauen dem Oberbürgermeister und den etwas gezwungen lächelnden Herren der Stadtverwaltung einen Scheck über 170 000 D-Mark präsentieren konnte. Sie stellten jedoch ohne Feilschen das Baugelände zur Verfügung und verdoppelten die

Anna und Albert 1950 auf dem Balkon des Sillenbucher Hauses

170 000 Mark und viele andere gesammelte Markstücke. Das Haus konnte gebaut werden. Es war ein Haus, das zunächst – später wurde angebaut – rund hundert jungen Mädchen Obdach gewährte. Im rechten Winkel wurde ein »Haus der offenen Tür« für Jugendliche angefügt mit Bastel-, Spiel- und Tanzräumen, einer Jugendbibliothek, auch einen Kindergarten gab es und andere wunderschöne Dinge.

Wenn Anna in jenen Monden müde war – und sie war es oft, denn die vielen im Laufe der Zeit sich häufenden Ämter, Aufgaben und Verantwortungen gingen über ihre Kraft –, hätte sie sich am liebsten wieder in das innige Leben ausschließlich mit Albert zurückgeflüchtet. Er sagte: »Annerle, alles sollst du abgeben, wenn nötig auch dein Landtagsmandat und was sonst noch an dir zehrt. Das Haus aber, das sollst du helfen fertig bauen, das wird eine Hilfe für viele werden.«

Ende der »Weltbürgerin«

Ihrer Zeitung, der »Weltbürgerin«, war das Vierteljahr Amerikaaufenthalt nicht gut bekommen. Wohl hatte sie eine junge Redakteurin eingestellt, doch gab es da manche Schwierigkeiten. Wie alle jungen Menschen war diese natürlich Mitglied der Hitlerjugend gewesen. Diese Tatsache wurde von der amerikanischen Militärregierung mit Argwohn betrachtet.

Die junge Redakteurin hatte eigene Vorstellungen über den Inhalt einer Frauenzeitschrift. Das politische Gängelband müsse verschwinden. Das war ihre Meinung und als Anna in Amerika war, hatte sie freie Hand, ihre Vorstellungen zu verwirklichen. In großer Aufmachung erschien ein Artikel: »Evita macht sich beliebt«. Er handelte von Evita Peróns Aufstieg zur Macht und von ihren Aktivitäten zugunsten der Armen des Landes. Einst Tänzerin in Lokalen von zweifelhaftem Ruf, jetzt Gattin des argentinischen Diktators, umjubelt von den Massen. In den Augen der USA waren die Peróns das pure Gift. Die Entwicklung hat dieser Einschätzung schließlich Recht gegeben. R. H.

Auf jeden Fall musste die »Weltbürgerin« ihr Erscheinen einstellen. Das war ein trauriges Ergebnis von Annas Amerikafahrt. Vermutlich aber wäre der Gang der Dinge nicht anders gewesen, wenn Anna die Redaktion in der Hand hätte behalten können.

Lektionen in Demokratie

Anna hat die mit dem Stipendium für die Amerikareise verknüpfte Aufgabe, das Wesen lebendiger Demokratie zu studieren, in unangenehmer Weise ernst genommen. Unangenehm für manche ihrer Kollegen im Parlament. So konnte sie im Landtag nicht mehr schweigen, wenn ihrer Auffassung nach Demokratie nur gespielt wurde, wie zum Beispiel, als aus Angehörigen der Landesparlamente die Mitglieder des Wirtschafts- oder des Parlamentarischen Rates gewählt wurden. Beide waren Vorläufer des späteren Bundestags. Das ging so vor sich: Die einzelnen Parteien nominierten ihre oder ihren Kandidaten, trafen sich dann mit Vertretern der anderen Parteien und nannten gegenseitig ihre Anwärter. Man kam überein: »Wählt ihr unsere Mannen, wählen wir die euren.«

So weit, so gut, dachte Anna und schluckte das Wort »gelenkte Demokratie«. Doch das Wahltheater ging weiter. Im Plenarsaal wurden an die Abgeordneten kleine weiße Zettel verteilt. Dann erhob der Herr Landtagspräsident seine silberne Glocke, rief »Ich bitte um Ruhe!«, und nach eingetretener Stille verlas er die zur Wahl von den jeweiligen Parteien vorgeschlagenen Namen. Da aber nur so viele Namen genannt wurden, als Männer in die verschiedenen Gremien zu entsenden waren, konnte von einer Wahl nicht einmal im bescheidensten Sinne die Rede sein. Trotzdem – und das war es insbesondere, was Annas »Hut« (den sie nicht auf hatte) hochgehen ließ – wurde eine »geheime Wahl« inszeniert. Die Abgeordneten schrieben die verlesenen Namen auf die weißen Zettel, diese wurden eingesammelt und unter Kontrolle hinter dem Vorhang gezählt. Hernach stellte der Herr Landtagspräsident mittels seiner Glocke die Ruhe im Saal wieder her, und nach einer mit höchst unnötiger, aber gut gespielter Spannung erfüllten kleinen Pause gab er das erstaunliche Ergebnis der Wahl bekannt. Abgesehen von einer unartigen Stimme (derjenigen Annas natürlich) war alles goldrichtig. Was für ein Wahlwunder! Hitler hätte blass werden können vor Neid.

Kollegen Annas verbaten sich deren durch Amerika inspirierte gelegentliche Schulmeisterei. Letzten Endes habe man hierzulande schon Demokratie praktiziert, als Amerika noch nicht einmal entdeckt gewesen sei, lautete die ihr erteilte Abfuhr. Anna war leider keine Rednerin. Es war ihr nicht gegeben, die Attacken in einem glanzvollen Geplänkel ad absurdum zu führen und die Lacher auf ihre Seite zu ziehen.

Ein Kollege sagte darum zu ihr: »Sie sollten sich im Reden üben, wenn Sie im politischen Leben bleiben und etwas erreichen wollen.«

Wollte sie im politischen Leben bleiben und etwas erreichen? Ach ja, etwas erreichen, das wollte sie noch immer, aber nicht in dem Sinn von »Karriere machen«. Doch so viel hatte Anna in der kurzen Zeit ihrer offiziellen politischen Wirksamkeit schon gelernt: Etwas für die Allgemeinheit tun, das Richtige, das Wichtige, das Notwendige erreichen, gelang nur dann, wenn man für sich selbst etwas erreicht hatte, das heißt, wenn es einem gelungen war, sein Ansehen als politische Kraft zu etablieren und zu festigen.

Ein Knötchen

Albert hatte ein Knötchen neben dem rechten Arm. Ein Überbeinchen, sagte der Herr Hausarzt. Anna bestand darauf, dass Albert einen andern Arzt konsultierte. Hatten sie beide doch Großes vor: eine Reise nach Neuseeland zu Sigrid und ihren Kindern. Wer beabsichtigt, ans andere Ende der Welt zu reisen, tut gut daran, über seinen Körper Bescheid zu wissen.

Das Knötchen wurde herausgenommen, und Anna konnte Albert wenige Stunden nach dem Eingriff aus dem Krankenhaus abholen. Wie wunderschön, denn in drei Tagen war ja Pfingsten. Und Pfingsten ist das Fest sommerlichen Glücks.

Am Pfingstfest sagte der Arzt durchs Telefon zu Anna: »Kommen Sie auf ein Viertelstündchen in meine Praxis.«

Warum rief sie der Arzt an? Und gar an Pfingsten? War es kein harmloses Überbein gewesen, wie der Hausarzt gemeint hatte? Was würde sie hören?

Der Arzt und Freund sagte: »Albert hat ein malignes Melanom. Es ist die heimtückischste Art von Krebs. Was ich herausoperiert habe, ist traurigerweise bereits eine Metastase. Eine Täuschung ist unmöglich in diesem Fall. Ich schätze, Albert werden noch drei bis vielleicht fünf Monate gegeben sein, während welcher er das Leben genießen kann. Was nachher kommt, ist schrecklich. Sagen Sie ihm nichts. Versuchen Sie keine andere ärztliche Hilfe. Niemand kann ihm helfen. Man würde ihn ins Krankenhaus stecken, würde dieses probieren, jenes. Er würde nicht mehr herauskommen. Er würde also auch diese paar Monate verlieren, die ihm nach meiner Schätzung zum Erleben noch geschenkt sein mögen. Tun Sie, was ihm Freude macht. Seien Sie stark, Frau Anna.«

Stark sein? War das stark, wenn sie auch nicht den leisesten Versuch zu Alberts Rettung unternahm? Keinen andern Arzt befragte? Nicht alle berühmten Ärzte alarmierte? Albert alles verheimlichte, tat, als ob das wundersame Leben zu zweit ewig währe? Auf ärztlichen Befehl mit ihm reiste, mit ihm scherzte, als ob nicht hinter seinem Rücken bereits der Tod die Sense ausgeschwungen habe? Leben auf Befehl? Würde sie eine glaubwürdige Schauspielerin sein und ihre Ängste überspielen können? Glaubwürdig für Albert, damit ihr Entsetzen über den Riss im Fundament ihres gemeinsamen Lebens nicht offenbar werde?

Der DKW

»Tun Sie alles, was ihm Freude macht«, hatte der Arzt befohlen. Anna dachte darüber nach. Natürlich würde es Albert Freude machen, gelegentlich auf den Höhen der Schwäbischen Alb zu spazieren oder den mit Tannennadeln gepolsterten, in grün-schwarzes Dunkel gehüllten Wegen des Schwarzwaldes entlangzuschlendern. Doch wie ohne große Strapaze dorthin kommen? Sie entschlossen sich, wieder ein kleines Auto zu kaufen. Ein DKW sollte es sein wie jener, den Anna einst so eigen-

Anna und Albert, 1950

mächtig auf Wechsel erstanden hatte. Sowohl Albert als auch Anna würden dieses Fahrzeug lenken können.

Autos waren im Sommer 1950 noch große Mangelware. Immerhin war da die Verkaufsanzeige eines gebrauchten DKW in der Zeitung. Albert und Anna beschauten ihn. Er hatte eine rote Karosserie und sah aus der Entfernung ganz passabel aus. Als sie das typische, ihnen so vertraute Zweitakt-Geräusch des Motors hörten, stiegen Erinnerungen an jenen Wagen auf, der ihnen 1934 und in der Folge manche schlimme Situation erleichtert und darüber hinaus wohltuende Erlebnismöglichkeiten verschafft hatte. Sie kauften ihn. Es stellte sich jedoch heraus, dass das muntere Rot der Karosserie mehr versprochen hatte, als der Motor zu halten beabsichtigte. Der Wagen erwies sich als ein äußerst launisches Vehikel, das lief, wenn es mochte. Häufig mochte es nicht. Vor allem demonstrierte es sein kapriziöses Wesen dann, wenn man sich erdreistete, ihm im Verkehrsgewühl rasches Reagieren zuzumuten.

Anna versagt

Anna ist nicht immer stark gewesen. Sie hat zuweilen versagt, kläglich versagt. Die ärztlicherseits erwartete Heiterkeit hat sie zwischendurch im Stich gelassen. Von Zweifeln und Ängsten zerquält hat sie heimlich Ärzte befragt, Internisten und Chirurgen, ob eine Fehldiagnose möglich sein könnte in Alberts Fall. Die Auskünfte waren stets dieselben: ein Irrtum sei ausgeschlossen. Dann war es Anna, als weiche der Grund, auf dem sie stehe. Eine grenzenlose Unsicherheit befiel sie. Albert konnte sie dann fragen, warum sie so nervös und zerstreut sei. Ihr Gesicht, die überanstrengten Augen und die roten Flächen an ihrem Hals erinnerten ihn, so sagte er, an die ärgerliche Zeit mit dem grün-schwarz Gestreiften, an die damaligen finanziellen Nöte zu Beginn der dreißiger Jahre, an den überstürzten Hausbau, die deflationistischen Gehaltskürzungen und die damit Hand in Hand gehenden Zinserhöhungen. Aber das und noch viel Schwierigeres hätten sie doch längst hinter sich gelassen. Sie solle doch heiter sein.

Anna war zwar froh, dass er so fragte und offenbar keinen Grund für ihre, wie er es nannte, Nervosität sah. Oder war *er* am Ende ein besserer Schauspieler als sie? Wusste er genauso Bescheid über die Bedrohung ihres gemeinsamen Lebens und wollte sie, sein geliebtes Annerle, täuschen, um Kummer von ihr fern zu halten? So wie damals, als er das grün-schwarz Gestreifte mit allem, was es besagte, an sich genommen hatte? War es überhaupt recht, dass sie sich beide Theater vorspielten, statt bewusst dem Abschied entgegenzuleben?

In der Tat wusste mein Vater sehr wohl, wie es um ihn stand. Es hatte sich nicht vermeiden lassen, dass einige Informationen durchgesickert waren. So hatte er gleich nach dem ersten Eingriff eine Serie von Bestrahlungen verordnet bekommen und – Wissenschaftler, der er war – hatte er medizinische Literatur konsultiert und sich die Abbildungen aller Arten von Krebsgeschwüren angesehen. Der befreundete Facharzt versuchte dem entgegenzuwirken, indem er seinem Patienten, einen Monat nach dem ersten Eingriff, gratulierte: »Sie haben das Unwahrscheinliche geschafft und die Krankheit überwunden.« Für kurze Zeit war mein Vater bereit, das zu glauben.

R. H.

Spätherbst auf der Albhochfläche

Das war 1950. Auf die Schwäbische Alb sollen sie kommen, schrieb Annas Schwester Gertrud, den goldenen Herbst dort wahrnehmen, von dem Segen der riesigen Buchen so viel wie möglich einsammeln, Öl schlagen aus den süßen Kernen und damit die noch immer knappe Fettversorgung ergänzen. Nun wanderten sie über die mit Silberdisteln und Hagebuttenhecken geschmückte Heide zwischen dunklen Wacholderbüschen einer der prächtigen Buchen zu, deren Zweige beinahe das Erdreich berührten. In 50 Meter Entfernung weidete eine Schafherde. Der breitbeinig auf seinen Hirtenstab gestützte Schäfer strahlte unnachahmliche Gelassenheit aus. Entzückt sogen sie den herben Duft des Thymian ein und haschten nach den im Äther schwimmenden silbernen Spinnenfäden. Leise summten sie das Lied von der Jugendzeit. Als sie die Worte sangen: »Kämst du nochmal zurück, Gott, welch ein Glück, welch Glück«, streichelte Albert Annas Wange. Es war ein Augenblick, da es schien, als sei Freude und Leben von nirgendwo bedroht.

Albert breitete seinen Mantel auf einen sonnigen Fleck abseits der gewaltigen Buche, lachte verschmitzt und sagte: »So, jetzt bin ich der Graf Göckele, leg mich hin, blinzle in den Himmel und lass euch für Salatöl sorgen.«

Das war der Ton, den er in letzter Zeit öfters fand. Er tat zuweilen, als ob seine Krankheit ihn selbst gar nichts anginge und er nur die Privilegien genieße, die sie ihm einräumte.

Als sie nach einer Woche in dem klapprigen Auto – es hatte gerade seine guten Tage – nach Hause fuhren, sagte er schmunzelnd: »Den Kommerzienrat oder Geheimrat – oder wie die gewichtigen Herren Räte alle heißen mögen – möchte ich sehen, der sich so einen liebreizenden Chauffeur leisten kann wie ich.«

Es waren ein paar vom goldenen Herbst der Natur und des Lebens verschwenderisch überglänzte Tage auf der Schwäbischen Alb.

Februar 1951

Anna war bei Albert im Krankenhaus wie jede Minute, da sie frei von Pflichten war. Sie löste Isolde ab. Der Arzt kam zur Abendvisite. Er horchte das Herz ab. Sein Gesichtsausdruck erfüllte Anna mit Angst. Sie folgte ihm auf den Gang und fragte ihn. »Dass Ihr Mann sehr krank ist, das wissen Sie ja«, damit wandte er sich ab.

Anna suchte die Oberschwester. Sie wolle heute Nacht bei Albert bleiben, sagte sie dieser. Man solle die ihr versprochene Liege in das Zimmer stellen. Die Oberschwester sagte: »Gehen Sie nach Hause. Sie werden Ihre Kraft in nächster Zeit notwendig brauchen. Für den Herrn Doktor ist es auch besser, wenn er durch Ihre Anwesenheit nicht beunruhigt wird und meint, sich zum Sprechen zwingen zu müssen. Es wird nichts passieren heute Nacht.«

Anna ging zurück in Alberts Zimmer. Er sagte: »Bist du noch da? Fahr doch weg jetzt. Sicher hat es Nebel draußen. Ich habe

Angst um dich, und der alte Karren ...« Er sprach müde. Aber noch einmal bat er: »Annerle, geh! Ich schlafe jetzt.« Und nach einer Weile – wie schon im Traum – fügte er hinzu: »Ich danke für alles. Weißt, Annerle, für das wunderschöne Leben. Gut Nacht.«

Früh am Morgen rief die Schwester an. Sie sagte: »Der Herr Doktor ist heute Nacht doch gestorben.«

Noch einmal für den Landtag kandidieren?

Bei der folgenden Episode hat sich in der Erinnerung meiner Mutter an Zeit und Umstände einiges verschoben. Die Anfrage der SPD und die Entscheidung, nicht noch einmal für den Landtag zu kandidieren, erfolgten mehrere Monate vor Alberts Tod. Die Neuwahl fand am 19. November 1950 statt.

Alberts Hinscheiden hatte Anna in eine Art Trance versenkt. Sie war noch nicht zur Wahrnehmung der unwiderruflichen Wirklichkeit erwacht, als sie Besuch von einer Bekannten bekam. Die Dame sagte, sie komme sozusagen im Auftrag der Sozialdemokratischen Partei mit der Frage, ob Anna noch einmal für den Landtag kandidieren wolle. Falls sie glaube, angesichts des Todesfalles die Frage verneinend beantworten zu müssen, würde die Partei eine andere Kandidatin aufstellen. Die Delegiertenversammlung, bei welcher die Kandidaten nominiert werden sollten, werde demnächst stattfinden.

Anna war wie vor den Kopf gestoßen. Rasch gefasst aber sagte sie, nein, sie werde nicht mehr kandidieren und sie wünsche ihrer Nachfolgerin viel Erfolg.

So leicht also war sie zu ersetzen. Keine Spur von Anstrengung, um sie zu halten. Wie billig sie war! Das Erlebnis überzeugte sie, dass die Partei an ihrem Nein mehr interessiert war als an einem eventuellen Ja. Freilich war Anna ihrer ganzen Wesensart nach ein Nonkonformist, das heißt, sie war dies nicht aus Prinzip, sondern wegen der für sie lebenswichtigen geistigen Freiheit. Nonkonformisten aber sind Ballast für jede politische Partei. Bei solchen Menschen war ja eine Partei nie sicher, ob sie bei einer Abstimmung nicht unbekümmert den Fraktionszwang durchbrechen und mit einer anderen Partei abstimmen würden, mit der CDU, den Freien Demokraten oder am Ende gar mit den Kommunisten! So seltsam diese zuletzt genannte Möglichkeit heute auch anmutet: Die Kommunistische Partei war damals noch hoffähig und mit zehn Abgeordneten im Landtag vertreten.

Menschen wie Anna, die den Passus im Grundgesetz ernst nahmen – Die Abgeordneten sind Vertreter des ganzen Volkes. Sie sind nur ihrem Gewissen unterworfen und an Aufträge nicht gebunden – eigneten sich nicht für das politische Geschäft, wie es von den erfahrenen Politikern verstanden wird. Bei solchen Naivlingen musste man ja dauernd Angst haben, dass sie aus der Reihe tanzen könnten. Es war kein Verlass auf sie. Was aber war eine Partei, die sich nicht auf ihre Abgeordneten verlassen konnte! Musste man einem Abgeordneten nicht schon von weitem ansehen, ob ihn die SPD-, die CDU- oder die FDP-Schablone gepresst hatte?

Zudem war für Anna die Notwendigkeit einer Abkehr von Militarismus und falschem Nationalismus keine einer Modeströmung unterworfene Haltung. Ihr war es damit ernst, sehr ernst. Ein prominentes Parteimitglied hatte sie im Verlauf einer Diskussion zurechtgewiesen: »Wenn du glaubst«, hatte er gesagt, »die SPD wäre eine pazifistische Partei, dann irrst du dich.«

Anna hatte nichts geantwortet. Sie hatte sich Haltung kommandiert, aber ihr Herz hatte diese äußere Ruhe Lügen gestraft. Wieviel musste diese Partei wohl an Idealen als Ballast über Bord werfen, bis sie das Ziel erreicht hatte, dem Odium der »vater-

Anna auf dem Balkon, nach Alberts Tod allein

landslosen Gesellen« entkommen zu sein! Anna fragte sich, ob bei den Anstrengungen, eine Volkspartei zu werden (ein Bestreben, das sie für durchaus richtig hielt und das sie förderte), nicht die wahren, das Gesamtleben der Menschheit schützenden Ideale abgeworfen wurden!

Freilich schrieb man ja jetzt das Jahr 1951. Das, was der die Richtlinien der deutschen Politik bestimmende Bundeskanzler

Konrad Adenauer 1949 unter großem Jubel der deutschen und der außerdeutschen Menschen gesagt hatte, galt nicht mehr. Er hatte gesagt:

»In der Öffentlichkeit muss ein für alle Mal klargestellt werden, dass ich prinzipiell gegen eine Wiederaufrüstung der Bundesrepublik Deutschland und damit auch gegen die Errichtung einer deutschen Wehrmacht bin.«

Pazifismus war dadurch salonfähig geworden. Aber nun waren zwei Jahre vorbei. Zwei Jahre schienen offenbar ausreichend zu sein, um die Abkehr vom Soldatenideal demonstriert zu haben. Adenauer sagte nun:

»Wer die Neutralisierung oder Demilitarisierung des deutschen Volkes wünscht, ist ein Dummkopf oder ein Verräter.«

Wer möchte schon ein Dummkopf oder gar ein Verräter sein! Die SPD sicher nicht.

Allerdings hatte der Bundeskanzler, angesprochen auf seine Äußerung vor zwei Jahren, auch einmal gesagt: »Es ist sogar möglich, dat ich dat so gesagt habe. Aber wenn ich dat so gesagt habe, dann habe ich et nicht so gemeint.« Ja, was *meinte* der Herr Bundeskanzler nun eigentlich als »Richtlinien der Politik«? Offenbar meinte er die erneute Hinwendung zum Militarismus und allem, was daraus erwachsen kann. So war es wohl das Richtige, nein zu sagen zu einer nochmaligen Kandidatur. Anna sah keine Plattform mehr, von der aus sie etwas für die *wichtigste* Aufgabe der Politik hätte leisten können. Darüber hinaus: Wie würde sie die jedem politischen Menschen gelegentlich verabreichten Püffe ertragen ohne die geistig-seelische Heimat, die Albert ihr geboten hatte? Alles, was ihr bislang an Schwierigkeiten in den Weg geworfen, an Enttäuschungen bei ihrem politischen Wirken widerfahren war, hatte kein Gewicht haben können, solange Albert als allezeit verlässlicher Kompass für Recht und Unrecht sie begleitet hatte.

»Das Haus aber, das solltest du helfen fertig bauen«, hatte Albert gesagt. Albert stand nun nicht mehr als Mahner hinter ihr, aber da waren die Mitglieder der kleinen Organisation, die unter dem Motto »Frauen helfen bauen« ihren Beitrag zum Wiederaufbau der durch Bomben zerstörten Stadt leisten wollten. Sie halfen Anna, nicht nur dieses Haus zu bauen, sie bauten auch ihr selbst eine tragfähige Brücke zurück ins tätige Leben. Weil das Haus doch fertig werden musste, weckten sie Anna aus ihrer Betäubung. Sie taten das aber auch, weil sie fühlten, *wenn* Freundschaft eine Hilfe bedeuten konnte, dann – Anna gegenüber – jetzt oder nie.

Das Haus wurde fertig, dank der Tatkraft dieser Frauen. Ihre liebevolle Freundschaft für Anna dokumentierten sie besonders dadurch, dass sie bei der Stadt beantragten, das Haus solle Anna-Haag-Haus heißen.

Im Juli 1951 konnte es eingeweiht werden. Was für ein glänzendes Fest! Nicht pompös nach außen, nein! Dafür sorgte schon die sparsame Schatzmeisterin des Vereins. Den Glanz verliehen ihm die im Festsaal des Gebäudekomplexes versammelten Gäste, die Vertreter von Stadt und Land, der Frauenorganisationen, der amerikanischen Behörden, der Konsulate verschiedener Staaten und viele andere. Der Oberbürgermeister der Stadt, Dr. Arnulf Klett, feierte die Baufrauen in Reimen. Er schloss mit den Worten:

Also besiegt sie Mann und Maus,
so baute Anna Haag ihr Haus!

Der Gebäudekomplex enthielt außer dem Wohnheim für hundert junge Mädchen ein Jugendhaus mit drei großen Sälen, eine

Nach nur fünfeinhalb Monaten Bauzeit konnte am 19. Juli 1951 das Anna-Haag-Haus in Stuttgart-Bad Cannstatt eingeweiht werden. Anna (Mitte) im Gespräch mit Ellen McCloy, der Gattin des amerikanischen Hohen Kommissars. Links die Frau des Landeskommissars Charles P. Gross. Der McCloy-Fond hatte für den Bau des Mädchenwohnheims 170 000 Mark gespendet.

große Jugendbücherei, viele Bastelstuben, eine Töpferei, eine Tischlerei und einen Kindergarten für die Jungen und Mädchen der umliegenden Straßen.

Die Aufnahme in das Wohnheim erfolgte nach überparteilichen und überkonfessionellen Grundsätzen.

Dann kamen sie, die Bewohnerinnen, und zwar so, wie sich damals nahezu alle deutsche Weiblichkeiten der Öffentlichkeit präsentieren mussten: mit schiefen Absätzen, altmodisch dicken

Strümpfen, in Kleidern, die mit dem Begriff modisch nicht gekennzeichnet werden konnten, und schlecht ernährt. Die Care-Pakete von Amerika und solche mit Kleidern, Nähzeug, Schuhbändern, Zahnpasta, Seife und anderen lang entbehrten Kostbarkeiten, die bald darauf dem Haus gespendet wurden, waren eine begeistert und dankbar angenommene Hilfe.

Eine Enttäuschung

Offenbar waren einige Frauen mit Anna als Vorsitzender der Internationalen Frauenliga für Frieden und Freiheit nicht einverstanden. Warum sagten sie nicht offen, was sie anders wünschten oder was sie gegen Anna hatten? Warum waren diese Pazifistinnen so unfriedlich? Sie intrigierten gegen Anna. Sie bezichtigten sie des Antisemitismus. Etwas Glaubwürdigeres war ihnen nicht eingefallen. Sie sagten auch, Anna sei keine Pazifistin.

Anna war freilich keine Pazifistin im Sinne der Bergpredigt: »So dir jemand einen Streich gibt auf deinen rechten Backen, dem biete den andern auch dar.« (Matthäus 5) Diese von Christus gelehrte Selbstverleugnung war ihrer Auffassung nach nicht buchstäblich, sondern als ein Ziel aufzufassen, dem durch eine entsprechende Grundhaltung zuzustreben christliche Aufgabe war. Anna wusste zu viel vom menschlichen Wesen, als dass sie es selbst bei ununterbrochenen Predigten für realisierbar oder auch nur für möglich gehalten hätte, die Haltung der Massen diesem Bibelwort zuverlässig unterzuordnen. Was sie um der ethischen Entfaltungsmöglichkeit, ja, um des Überlebens der Menschheit willen für unerlässlich und angesichts der gewaltigen menschlichen Intelligenz auch für durchführbar hielt, das war die Schaffung von entsprechenden *Ordnungen,* das waren vor allem zu respektierende Gesetze. Der Mensch ist freilich nicht nur intelligent, er ist auch dumm. Und er ist böse, vor allem aber ist er emotional. Und dann schweigt die Ratio. Aber eben darum war es geboten, die Menschen vor sich selbst zu schützen.

Wenn Anna all das doch Albert sagen könnte! Er würde wahrscheinlich lächeln, wiederum nur ein Wort sagen, nämlich »Menschen«, und anraten, sich nicht darum zu kümmern.

Isolde stand der Mutter tapfer bei. Die Tatsache, dass Anna dieses Erlebnis schwer bewältigte, zeigte ihr, dass sie flügellahm war, dass sie nach dem Tode Alberts ihr seelisches Gleichgewicht noch nicht zurückgewonnen hatte, dass sie noch lange nicht in heiterer Gelassenheit über den Dingen stehen konnte. Diese Erfahrung ließ sie daran zweifeln, ob Frauen je gemeinsam große wichtige Ziele würden verfolgen und so eine gute Macht darstellen können, oder ob sie durch Rivalität den Weg zu erfolgreicher Einflussnahme selbst blockieren würden.

Eine Einladung nach Amerika

Da kam 1952 eine Einladung nach Amerika, ob sie nicht an einigen Universitäten einen Vortrag über das Thema »Strömungen im heutigen Deutschland« halten würde. Zutritt zu diesen Vorträgen hätten nicht nur Studenten, im Wesentlichen seien auch Bürger Besucher dieser Veranstaltungen.

Anna erinnerte sich dankbar daran, wie stimulierend ihr erster Amerikaaufenthalt im Frühjahr 1949 auf sie gewirkt hatte. Zur amerikanischen Gastfreundschaft gehörte es ja, einem Besucher von draußen nicht nur alle Schwierigkeiten aus dem Weg zu räumen, sondern ihn darüber hinaus auch so gut wie möglich mit Selbstvertrauen auszustatten.

Ein anderes Thema, über das zu sprechen ihr von einer Professorin der kanadischen Universität Vancouver angeboten worden war, hieß »Meine Stadt vor, während und nach dem Kriege«.

Die Vorarbeiten für diese Reden gaben ihrem Geist Aufschwung. Beglückt erlebte sie dabei ihre warme Liebe für *ihre* Stadt und für *ihr* Land, denen sie so gern hatte dienen und helfen wollen. Es gelang ihr mit der Zeit, ihren Trübsinn zu verscheuchen. Das Gefühl, gebraucht zu werden, war heilsam für sie. Vielleicht würde ein erneuter Aufenthalt in dem Land, da es zur Lebensweisheit gehört, alles positiv zu sehen, sie ganz gesunden lassen. Es war ja das Land, in dem prinzipiell kein Mensch alt ist.

Außerdem würde sie Isolde und ihren Mann besuchen können, die im Herbst des Vorjahres nach Vancouver an der pazifischen Küste Kanadas ausgewandert waren.

Anna reiste. Natürlich hatte sie schweres Lampenfieber. Dies wurde nicht weniger quälend durch das Wissen, dass die Beklemmung der Professoren, die sie eingeladen hatten, bestimmt nicht geringer war, denn sie hatten ja das finanzielle Wagnis zu tragen und eine mögliche Entrüstung der Besucher des Vortrages auf sich zu nehmen.

Selten in ihrem Leben fühlte Anna sich so durchflutet von glückvoller Dankbarkeit und Erleichterung wie in dem Augenblick, da sie in Bloomington (Indiana) wieder vom Podium herabstieg. In ihren Ohren brauste es. Der Beifall war ehrlich, die Dankesworte des Professor John Mueller überzeugend.

In einer anderen Stadt, in New Jersey, hatte der Professor vorsorglich den Beifall organisiert. Er hatte eine Anzahl seiner Studenten als Claqueure in den Vortrag Annas beordert, hatte ihnen vertraulich nahe gelegt, dem German-Ladyspeaker einen warmen Empfang zu bereiten und sie, sooft sie etwas Nettes sage, durch spontanen Applaus zu ermutigen. Sie sollten daran denken, hatte er sie belehrt, dass es ein Risiko sei, in einer fremden Sprache einen Vortrag vor mutwilligen Studenten halten zu sollen.

Die Studenten folgten dieser Anweisung fast peinvoll ausgiebig. Überall aber, wo Anna sprach, hatte sie die Lacher insbesondere immer dann auf ihrer Seite, wenn sie ihre Rede mit der Frage unterbrach: »Is that a word?« (Ist das ein Wort?) Der Not gehorchend, betätigte sie sich häufig sprachschöpferisch. Immer dann nämlich, wenn sie nach einem passenden Wort angelte, nahm sie kurzerhand aus dem Französischen oder Lateinischen die entsprechenden Vokabeln und anglisierte sie.

Im Übrigen beherzigte Anna bei diesen Vorträgen den Rat einer Amerikanerin. Sie hatte zu ihr gesagt: »Anna, make your audience think, make them laugh and make them cry, but all shouldn't take too much time.« (Bring deine Zuhörer zum Nachdenken, zum Lachen und zum Weinen, aber alles zusammen darf nicht zu lange dauern.)

Endlose Diskussionen in privaten Kreisen schlossen sich diesen Vorträgen meistens an. Anna machte kein Hehl aus ihrer Traurigkeit über den veränderten Kurs der amerikanischen Politik. Wie war es möglich, zum Zwecke der Umerziehung und Umorientierung des deutschen Volkes Milliarden Dollars amerikanischer Steuergelder aufgewendet zu haben und so kurz hernach wieder die Andershin-Umerziehung mit ähnlichem Eifer zu betreiben! Erst weg vom Soldatenideal, dann wieder hin zu ihm. Erst grotesk übertriebene Nazijagd und dann Feilschen um Wohlwollen deutscher Generale! Wer sollte sich da noch auskennen!

Die amerikanischen Freunde hörten Anna respektvoll zu. Die freie Meinungsäußerung geht ja in diesem Lande über alles. Aber viele belächelten trotzdem Annas »Illusionen«. Das Wort Kommunismus löste in Amerika damals eine Panik aus, wie es das Wort Pest nicht schlimmer hätte bewirken können.

In diesem Zusammenhang erinnerte sich Anna an das kleine Gespräch mit einem Taxi-Chauffeur. Er hatte Anna in New York zur Pennsylvania Station gefahren und sie dabei in ein Gespräch über das Phänomen des Nationalsozialismus verwickelt. Er wollte von Anna Antwort haben über etwas, was sie selbst immer noch nicht begreifen konnte, nämlich darüber, wie es möglich gewesen war, dass ein ganzes Volk sich blind, ja begeistert in sein Verderben führen ließ. Schließlich rief er aus: »You are such an intelligent people, why are you so stupid?«

Waren die Amerikaner in ihrer augenblicklichen Verfassung nicht ebenfalls intelligent und stupide zugleich?

In Carnation im Westen Amerikas

Anna war in Carnation, dem winzigen Städtchen im Snowqualmie-Tal. Es ist jenes Städtchen, das wegen seiner Kuh Daisy zu Ruhm gelangte. Diese Kuh hatte von allen Kühen der Welt die größten Kälber geboren, hatte die meiste Milch produziert, aus welcher wiederum die fetteste Butter der Welt gewonnen worden war. Aus allen diesen Gründen wurde Daisys Ruhm, als sie schließlich das Zeitliche gesegnet hatte, durch ein sie darstellendes Denkmal der Nachwelt erhalten.

Warum Anna gerade nach Carnation ging? Sie wollte Dank sagen für die Liebesgabenpakete, die die wackeren Frauen aus dem Snowqualmie-Tal nach dem Krieg in Annas Heimat gesandt hatten. Dank für die Schnürsenkel, den Nähfaden, die Seifenstücke, die Kerzen, die Stopf- und Strickwolle, die Zahnbürsten, die Schuhcreme und was neben getragenen Kleidern an Wertvollem, weil Unentbehrlichem und längst in Deutschland nicht mehr Käuflichem in den Paketen enthalten war. Wie zahllose andere Frauen Amerikas hatten diese Frauen zur Finanzierung dieser Pakete sich selbst Einschränkungen oder gar Entbehrungen auferlegt.

Die Frauen aus dem ganzen Tal – das Städtchen Carnation selbst besteht nur aus einigen Häusern – versammelten sich am Samstagnachmittag im Gemeindesaal, und Anna erzählte als Botschafterin ihres Landes von dem Glück über die Schnürsenkel, Seifenstücke und den Zwirn und welches Fest ein solches Paket bedeutet habe. Es wurde ihr warm ums Herz, denn sie fühlte, wie glücklich und dankbar diese Menschen für ehrlich empfundene Dankbarkeit waren. Anna musste an Marie von Ebner-Eschenbach denken, die gesagt hat: »Der Mensch ist für nichts so dankbar wie für Dankbarkeit.«

Die Idee des Herrn Pfarrer

In eben diesem Städtchen geschah es, dass Annas Freunde mit ihr das Tal entlangfuhren und ihr den Stolz und die Liebe aller in jener Gegend wohnenden »Westerner« zeigten: die jahraus, jahrein mit schimmerndem Schnee bedeckte, wunderbar geformte Kuppel des Mount Rainier.

Nun war es Abend, und Anna ruhte in einem der tiefen gepolsterten Schaukelstühle, durch welche amerikanische Heime einen der grundlegenden Leitsätze amerikanischer Lebensphilosophie demonstrieren. »Take it easy«, heißt dieser Satz.

Um Anna herum saßen die Frau des Krämers, des Friseurs, des Schuhmachers, des Fleischers, des Eisenwarenhändlers, des Leichenbesorgers, das Fräulein von der Post, die Lehrerin und eine Rentnerin mit schlohweißem Haar, deren Hobby es war, Glocken zu sammeln. Sie hatte es schon auf mehr als 200 Porzellan-, Silber-, Gold-, Stahlglocken und -glöckchen aus aller Welt gebracht.

Anna erzählte von Deutschland, und die Frauen erzählten aus ihrer Heimat, wie sie seinerzeit gesammelt hatten, um durch den Beitrag ihrer Gemeinde die Nachkriegsnot in Deutschland lindern zu helfen. Sie berichteten von Söhnen, Verlobten und Ehemännern, die im Krieg gegen Annas Land ihr Leben hatten lassen müssen, und von anderen, die nach dem Krieg in Deutschland stationiert worden waren und mit mehr oder weniger Erfolg Ehen mit deutschen Mädchen geschlossen hatten. Auch von den Söhnen, die sich ziemlich verlassen fühlten auf unserer Seite des Atlantik, war die Rede. Da klingelte das Telefon. Es war der Herr Pfarrer. »Wäre es nicht eine wunderbare Gelegenheit für den deutschen Gast, am morgigen ›Sonntag der Völkerverständigung‹ in der Kirche zu sprechen?«, sagte er. Der geistige Inhalt dieses Sonntags sei ja, den jungen Menschen zu zeigen, dass wir in einer Welt leben.

»Warum sagen Sie nicht schnell ja?«, fragte Annas Gastgeberin, als sie deren erschrecktes Zögern bemerkte. Das sei doch eine großartige Idee von dem Herrn Pfarrer und eine fabelhafte Gelegenheit, für das gegenseitige Sich-Verstehen der beiden Völker zu wirken. Außerdem sei es doch eine große Ehre.

Typisch amerikanisch! dachte Anna. Jemand hat eine Idee, hängt sich ans Telefon und erwartet, dass der Partner am anderen Ende des Drahtes diese Idee jubelnd aufnimmt und sie ohne Zaudern verwirklicht.

»In der Kirche?«, versuchte Anna sich zu wehren. »Ich habe nicht die mindeste Veranlagung zu Feierlichkeit. Und in Englisch! Und schon morgen früh!«

Anna wusste im Voraus, dass alle diese Einwände nichts, gar nichts bezwecken würden. In Amerika bringt man dem fremden Gast uneingeschränktes Vertrauen entgegen. Selbstverständlich kann er alles, wenn er nur sein blödes Gehemmtsein vergisst. Es ist Anna auch klar, dass die Ablehnung einer solchen Einladung als mangelnder guter Wille, als Überheblichkeit, zum mindesten aber als Unhöflichkeit und Bequemlichkeit aufgefasst werden würde.

»Sie hat nicht nein gesagt, also heißt es ja«, hörte Anna ihre Gastgeberin ins Telefon flöten und anfügen: »Mrs. Anna is so happy über diese Einladung!«

Anna zog sich zurück, zunächst allerdings nicht zum Schlafen, sondern um zu überlegen. Wie sollte sie sich bloß der morgigen Aufgabe entledigen, ohne dem Ideal der Völkerverständigung mehr zu schaden als zu nützen? Vergeblich angelte sie nach brauchbaren Gedanken für ihre sonntägliche Mission. Schließlich kritzelte sie einiges auf ein paar Kärtchen und legte sich schlafen.

Am andern Morgen sah sich Anna in diesem Land der unbegrenzten Möglichkeiten tatsächlich zur Kirche schreiten, nicht um dort den weisen Worten des Herrn Pfarrer zu lauschen, sondern um selbst Weisheit zu verbreiten. Zuweilen blieb sie einen Schritt hinter ihrer Gastgeberin zurück, wohl in der vagen Hoffnung, vielleicht doch noch entwischen zu können. Doch einer besorgten und pflichtbewussten Gluckhenne gleich scheuchte diese sie sofort wieder an ihre Seite.

Es ist eine Wohltat, dass die Amerikaner überzeugte Anhänger des gesunden Menschenverstandes, der unkomplizierten Gedankengänge sind. Und Gott sei Dank darf man in amerikanischen Kirchen auch schmunzeln, ja sogar herzhaft lachen.

Soll man in einem Gotteshaus schwindeln? Das sollte man gewiss nicht. Aber Anna startete ihre Rede mit der Behauptung, dass sie über die Einladung des Herrn Pfarrer sehr beglückt gewesen sei. Und dann begann sie anhand der Kärtchen, auf die sie in der Nacht einige Stichworte gekritzelt hatte, zu erzählen. Sie berichtete, dass sie gestern in der Jugendbibliothek des Städtchens gewesen sei und dabei die Entdeckung gemacht habe, dass die Buben und Mädchen hierzulande offenbar über denselben Geschichten heiße Wangen bekommen wie die Kinder in Deutschland und wie bestimmt in anderen Ländern ebenfalls. In den Fächern dieser Bibliothek habe sie Grimms Märchen gesehen und Robinson Crusoe und Mark Twains Tom Sawyer und Huckleberry Finn und Wilhelm Hauffs unvergessliche Geschichte von Kalif Storch und die vom Hässlichen Entlein des dänischen Dichters Andersen und noch viele, viele andere. Als Anna diese Liste aufzählte, da ging ein breites Grinsen über die Gesichter der Alten und Jungen, denn alle erinnerten sich an die Streiche der beiden Strolche Tom Sawyer und Huckleberry Finn und an die stummen Verbeugungen des Kalif Storch und an das geheimnisvolle Zauberwort »Mutabor«.

Dann nannte Anna ein paar Namen: Beethoven, Schubert, Grieg, Shakespeare, Edison, Verdi, Walt Disney und andere. Bei jedem dieser Namen ging ein Leuchten über die Gesichter. Und als sie gar noch »Stille Nacht, heilige Nacht« erwähnte und das Lied vom Tannenbaum und das von der Loreley, da sah man allen an, die da im Westen Amerikas versammelt waren und einer Deutschen zuhörten, dass sie am liebsten sofort angefangen hätten, diese Lieder zu singen.

Zum Schluss erzählte Anna noch ihre Begegnung mit einem farbigen Professor. Er hatte irgendwo in Amerika einem ihrer Vorträge beigewohnt. Mit einem unbeschreiblichen Strahlen seiner runden schwarzen Augen hatte er am Schluss zu Anna gesagt: »Oh, ich libben deutsches Land! Ich libben Schopenhauer und Waltz vom Wald in Wien.«

Diese Zusammenstellung hatte Anna damals zu verlegenem, fast gönnerhaftem Lächeln verleitet. Aber nach eines Gedankens Länge war ihr klar geworden, dass diese ungewohnte Paarung tatsächlich zwei der liebenswertesten Eigenschaften deutschen Wesens kennzeichnet: den Drang zu philosophischer Tiefe und die heitere Musikalität vieler ihrer Landsleute.

Das Anna-Haag-Haus baut an

Als Anna von Amerika nach Hause kam, überraschten die tüchtigen Frauen der Arbeitsgemeinschaft Stuttgarter Frauen sie mit der Nachricht, dass ein Anbau an das Anna-Haag-Haus für weitere hundert Bewohnerinnen im Bereich der Möglichkeit liege. Sie hatten die meisten Vorplanungen schon geleistet. Mit dem Bauen konnte sofort begonnen werden, und es wurde begonnen. Im Sommer 1954 war in der Tat für weitere hundert berufstätige unverheiratete Frauen Wohnung geschaffen.

Anna baut ein Haus für sich selbst

Anna hat noch einmal gebaut. Das war im Jahre 1954. Die Freunde prophezeiten, Anna werde auf der Strecke bleiben, sie werde sich die Gelbsucht anärgern über Behörden und Handwerker, die allzumal Buchstabenreiter, eigensinnig, ja hinterhältig seien. Höchstens einem Mann würden sie parieren. Kurz, Anna werde keine sorgenfreie Stunde mehr haben. Sie hörte nicht auf das Geunke.

Das Abenteuer begann mit der Jagd nach einem Bauplatz. Das könne nicht schwierig sein, meinte Anna. Aber sie meinte falsch. Die freien Plätze waren entweder in festen Händen oder sie lagen nicht an einer Baulinie oder sie waren noch nicht »umgelegt«. Umgelegt? Anna wusste, dass man einen Widersacher umlegen konnte, wofür man an den Galgen kam. Auch die Kosten für ein Fass Bier konnten umgelegt werden, was eine sympathische Angelegenheit bedeutete. Sie erfuhr nun, dass ein bislang harmlos daliegendes Äckerchen oder Wieslein, wenn es »umgelegt« wurde, über Nacht zu einem Bauplatz avancierte. Anna kaufte einen solchen Bauplatz, und sie baute. Ihr Eheliebster, der

Mathematiker Albert, hatte zu seinen Lebzeiten oft behauptet: »Das einzig Sichere auf Erden sind die Zahlen.« Anna hatte ihm alles, auch das geglaubt. Aber nun zweifelte sie daran. Wer baut, hat nämlich viel mit Zahlen zu tun. Anna hatte das ja schon einmal schmerzhaft durchexerziert. Es sind Zahlen über die Finanzierung, Tabellen über Zins- und Tilgungsbelastung, Berechnungen über Rentabilität, endlose Leitern über die so genannten »reinen« Baukosten, das waren die handwerklichen Leistungen und das Baumaterial. In die »unreinen« Baukosten waren die unerschöpflichen Variationen von Gebühren einzukalkulieren, auch die Anliegerleistungen, das waren die Kosten für Straße und Gehweg, die Aufwendungen für den Garten, das Honorar für den Architekten und anderes mehr. Auch bei dieser Rechnerei ging es Anna um kein Haar anders als seinerzeit: Das Resultat lautete immer verschieden. Auf jeden Fall war ihr, seit sie baute, die Unwandelbarkeit der Zahlen und Rechenoperationen höchst fragwürdig geworden. Ein wehmütiges Lächeln schlich sich auf ihr Gesicht, wenn sie an ihren an die Majestät der Zahl glaubenden Mathematiker-Eheliebsten dachte.

Im Jahre 1954, als Anna das Bauabenteuer wagte, gab es für Bauplätze einen gesetzlichen Stopppreis. Niemand aber dachte daran, zu diesem Preis zu verkaufen. So begann ein komisches Theater zwischen Verkäufer, Käufer und Behörde. Jeder log jeden an. Mit ernsthafter Amtsmiene trug der Beamte in dem Kaufvertrag den amtlich festgesetzten Preis, den Stopppreis, ein. Dann fragte er Anna unschuldig über seinen Folianten herüber: »Wieviel haben Sie bezahlt für den Quadratmeter?«

»Sie tragen es ja eben ein, Herr Notar«, antwortete Anna.

Er lächelte, Anna lächelte zurück. »Ich würde mich nur interessieren, wie die Plätze heute gehandelt werden«, sagte er beiläufig. Anna verriet es nicht, wenigstens nicht während der Amtshandlung, aber sie fragte sich, warum sich der Vater Staat die Einnahmequelle einer dem wirklichen Preis angepassten Grunderwerbssteuer entgehen ließ.

Heiter, aber seltsam war es auch, dass der amtliche Kaufpreis nur bei den Behörden galt, bei den Banken zählte der wirkliche Preis. Das war gut, denn je höher der Preis des Objekts war, um so höher lag seine Beleihungsgrenze. Anna ging also auf die Bank und sagte freundlich: »Guten Morgen, meine Herren, ich möchte 20 000 Mark als erste Hypothek auf meinen Neubau von Ihnen haben.«

Ach du meine Güte! Offenbar hielt man sie wieder mal für reichlich naiv. Man wolle ihr Gesuch prüfen, sagte man. Beizubringen habe sie Lageplan, genehmigten Bauplan, Baukostenberechnung, Wohnflächenberechnung, Baubeschrieb, Finanzierungsplan, verbindliche Zusage der anderen Geldgeber, Nachweis der eigenen Vermögenslage und so weiter. Wann Anna denn beginnen wolle mit dem Bauen, fragte man noch.

»Wann?«, sagte Anna. »Ich habe bereits ausgebaggert, meine Herren.«

»Ja«, so fragten diese, »haben Sie die Baugenehmigung?« Das war eine widerliche Frage.

»Ich werde sie schon bekommen, mit der Zeit«, antwortete sie.

Die Jagd nach Geld ging weiter. Anna eilte zur Bausparkasse. »Guten Tag, meine Herren«, sagte sie wiederum sehr freundlich, »ich möchte um die Zwischenkreditierung meines Bausparvertrages bitten.«

Dem Mann hinter dem Schreibtisch rutschte die Brille von der Nase weg auf seine waagrecht gefurchte Stirn. »Sie müssen Ihr Gesuch schriftlich einreichen«, sagte er. »Dann kommt es zu den Akten und gelegentlich in die Sitzung.«

Es galt, die Baugenehmigung durchzudrücken. Anna sauste von Behörde zu Behörde. »Wann wollen Sie denn beginnen mit dem Bauen?«, fragte der entscheidende Herr.

»Verzeihen Sie«, sagte Anna kleinlaut, »übermorgen wird das Dach gedeckt.«

Der Mann schien Kummer gewöhnt zu sein. Er brummte nur: »Dann besorgen Sie den Umlauf am besten selbst.«

Den Umlauf? Wieder bekam sie ein dickes Bündel Papiere in die Hand gedrückt: eine Akte für das Tiefbauamt, eine andere für das Hochbauamt, für das Vermessungsamt, für die Technischen Werke, das Wasser, den Strom, die Kanalisation, das Liegenschaftsamt und wie die Ämter alle hießen. Damit lief sie nun *um*.

Als bereits die Gipser in Annas neuem Haus waren, sagte ein Beamter mit jener so wohltuenden wirklichkeitsfremden Stimme zu ihr: »Sind Sie sich bewusst, dass Sie noch nicht alle Voraussetzungen erfüllt haben, mit dem Bauen also noch nicht beginnen können?«

Natürlich war sich Anna dessen bewusst. Aber sechs Wochen hernach zog sie ein. Sankt Bürokratius beruhigte sich. Bald summte die erste Fliege an ihrem besonnten Fenster. Sie hätte nie gedacht, dass man sich sogar über eine Fliege freuen könnte.

Gespräch mit einem Politiker

Abgesehen von der Mitverwaltung des Anna-Haag-Hauses hatte Anna sich zwei Aufgaben gestellt: die Arbeit für den Frieden und für die Teilnahme der Frauen am politischen Leben. Der Satz »Jeder Bürger halte Wache, denn der Staat ist seine Sache« sollte allen Frauen in Fleisch und Blut eingehen, dachte sie. Trotz mancher Beobachtungen, die sie nicht gerade ermutigten, hielt sie es im Interesse einer gesunden Zukunft für wichtig, die Frauen zum politischen Mittun anzuregen, ihren Willen zur Mitverantwortung zu stählen. Sie wollte versuchen, die Parteien zu ermuntern, für die verschiedenen Parlamente mehr Frauen zur

Wahl aufzustellen. Bei diesen Bemühungen hatte sie einmal folgendes, die Situation überhellendes Gespräch. Ein bekannter Politiker sagte auf ihre diesbezügliche Mahnung: »Aber wir suchen ja Frauen! Händeringend sogar! Natürlich« – so fügte er freimütig bei – »sollten die Vorgeschlagenen der Partei, dem Parlament, der Regierung zur Zierde gereichen.«

Damit war das Dilemma aufgezeigt. In dem Wort »Zierde« lag die Schwierigkeit. Das Gesetz der Ästhetik verlangt, dass Zierrat äußerst sparsam zu verwenden ist, wenn er verschönernd und nicht verschandelnd wirken soll. Trotzdem nannte Anna den händeringend Suchenden einige tüchtige, geeignete Frauen. Sie bekam erstaunliche Antworten: »Was, *die* Schraube? Die drehen Sie uns nicht an!« – »So eine Bohnenstange! Unmöglich!« – »Dieses Mannweib! Ausgeschlossen!« – »Eine Frau, zwei Zentner schwer, wollen Sie uns vorschlagen?« – »Die? Die hat ja mehr Frisur auf dem Kopf als Geist im Kopf!« So ging das weiter. Schuldbewusst hatte Anna erkennen müssen, dass bei Frauen sowohl strahlende Schönheit als auch deren Verbleichen dem Dienst in der Politik ernsthaft im Wege stehen. Zu wenig Haare, zu viele Locken, zu wenig Körperfülle, zu viel davon, zu große Sorgfalt hinsichtlich der äußeren Erscheinung als auch deren Nichtbeachtung konnten politische Parteien daran hindern, die Kandidatur einer Frau für ein politisches Amt in Erwägung zu ziehen.

Annas Feststellungen wären humorlos gewesen für sie, wenn sie sich nicht gleichzeitig im Kreise der gestrengen Herren Richter hätte umblicken können. Wo war eigentlich der politische Adonis? Vom lieben Gott nach Maß an Leib, Geist, Seele und Charakter eigens für das politische Amt zurechtgebastelt? Auch unter diesen Herren Männern gab es wahrlich zahlreiche mit zu wenig Haaren, zu viel Bauch, mit klappernden Porzellanzähnen, es gab welche (um mit Wilhelm Busch zu reden), die bucklig krumm und ungestalt waren, andere, die sich stutzerhaft elegant trugen, und solche, die auf nichts weniger Wert zu legen schienen als auf ihre äußere Erscheinung. Trotzdem zweifelte erstaunlicherweise kein Mensch an den Fähigkeiten dieser so unterschiedlich gestalteten Herren für das politische Geschäft. Kraft ihres Geschlechts waren sie berufene Politiker.

Wahlbier und Meerrettiche

Wieder war Anna in Amerika. Es war im Wahljahr 1956, als Stevenson gegen Eisenhower kandidierte. Mister Brown, Annas Gastgeber, nahm sie zum Abendbrot in eine ländliche Gaststätte mit. Es gab Backhendl und Bier. Köstlich war's. Unaufgefordert stellte die Kellnerin plötzlich vor jeden Gast eine weitere Flasche. Mr. Eisenhower spendete den Trank mit den besten Grüßen, sagte sie. Sie deutete auf einen älteren Herrn am Nebentisch.

»Würde ein Unsinn sein, wenn ich für Mr. Stevenson stimmen würde«, lachte Mr. Brown.

»Vernünftige Leute wie Sie werden das wohlweislich nicht tun«, gab der Spender heiter zurück.

Mr. Brown gestand Anna denn auch, dass er gar nicht daran denke, für den demokratischen Kandidaten zu stimmen. Warum auch? Jobs in Hülle und Fülle! Gute Löhne! Der Aktienmarkt ausgezeichnet und überdies – *sein* Kongressmann habe ihm auf seine schriftliche Anfrage die beste Sorte Meerrettich genannt, eine Sorte, die in seinem Garten und in Nachbargärten in der Tat ausgezeichnet gedeihe. Das sei der richtige Volksvertreter, der sich auch der alltäglichen Probleme seiner Wähler annehme.

Anna muss ziemlich ratlos geguckt haben. Jedenfalls erklärte ihr Mr. Brown, dass er und die meisten Amerikaner *ihrem* Kongressmann alle Fragen unterbreiten, deren Beantwortung sie nicht durch eigene Anstrengung finden können. Der Kongressmann habe keine Postgebühren zu bezahlen und könne darum an Tod und Teufel schreiben oder schreiben lassen, um die richtige Beantwortung einer Frage herauszufinden. Außerdem interessiere die Frage nach der besten Meerrettichsorte in dieser Gegend viele Leute und sooft man nun Meerrettich habe zum Dinner, gedenke man des »fellow« in Sympathie und mit dem Vorsatz, seine Partei das nächste Mal wieder zu wählen.

Bei Freunden in Seattle

Anna war zu Besuch in Seattle, im äußersten Westen Amerikas. Sie durfte helfen, das Dinner anzurichten. »Nimm die Television-Sets« (das Fernsehservice), sagte Mrs. Nelson. Sie deutete auf irdene Teller von beträchtlicher Größe, die eine Anzahl Einbuchtungen hatten: eine für das Fleisch, eine andere für das Gemüse, für die Kartoffeln, für den Nachtisch. Jeder bekam seine Portion in die einzelnen Vertiefungen. Damit setzte man sich in bequeme Sessel, zog ein kleines Tischchen vor die Knie, stellte den Teller darauf und speiste, während auf dem Fernsehschirm Mr. Eisenhower erschien, um eine Rede zu halten. Annas Bemerkung »Armer Mr. Eisenhower, er sieht krank und mager aus!« verursachte

a) eine Kontroverse des Hausherrn mit Anna und

b) eine eheliche Diskussion, die sich bis zum andern Morgen um vier Uhr fortsetzte. Denn *sie* war Demokrat und für Stevenson, und *er* war Republikaner und von einer uneingeschränkten Ehrfurcht für Eisenhower und der felsenfesten Überzeugung, dass die Republikaner *alle* die ehrenwertesten Menschen »in this country« seien und dass Schurken nur bei den Demokraten unterzuschlüpfen pflegen.

Seine Kontroverse mit Anna entsprang der Annahme, dass Adeline, seine Frau, Anna angestiftet habe, Eisenhower als kranken Mann zu stempeln, um dadurch aufzuzeigen, dass, wer Eisenhower wähle, Nixon wähle. Sein immer wiederkehrender Refrain war: »Sie brauchen mir gar nichts zu beteuern. Ich kenne Adeline, sie wäre eine wundervolle Frau, aber politisch ist sie ohne jedes Urteil, völlig blind und taub. Wenn es viele gäbe wie sie, Amerika wäre bald am Abgrund«, worauf natürlich Adeline antwortete: »Das ist es ja, was ich von dir und deinesgleichen behaupte.«

Es waren nicht nur diese und viele andere Worte, mehr noch war es das spöttische Lächeln Adelines, das den guten John auf die Palme brachte. Und als sie so gegen vier Uhr morgens schließlich sagte: »Ihr Republikaner glaubt, die Russen haben Hörner und Schwänze«, da sprang der sechzigjährige John auf, wie von der Tarantel gestochen: »That's too much« (das ist zu viel), sagte er, verließ das Zimmer, wetterte die Türe zu und ging zu Bett. Adeline aber tröstete die erschreckte Anna: »Don't worry, morgen ist er wieder der beste Mensch. Er wäre überhaupt der beste Kerl, wenn, na ja, wenn er nur nicht Republikaner wäre.«

Als John sich am andern Morgen anschickte, in sein Amt zu fahren, flüsterte er Anna zu: »Adeline wäre wirklich eine Idealfrau, wenn sie nur keine so stupide Demokratin wäre!«

Es geht wieder heimwärts

Eines Tages bestieg Anna ein Schiff, die »America« und reiste heimwärts. Dieses Schiff hatte keinen Hurrikan zu bestehen wie die »United States«, auf dem sie ausgereist war. Viele Deutschamerikaner waren an Bord. Auch sie waren Heimreisende, aber solche, die nach 20, 30, 40 oder gar mehr Jahren Lebenszeit in Amerika die alte Heimat noch einmal sehen wollten. Als junge Burschen und Mädel waren sie ausgereist, um in der Neuen Welt ihr Glück zu versuchen. Sie hatten es gefunden, wenn man unter »Glück« verstehen will, dass man Arbeit findet und dafür reichlichen Lohn erhält. Jahrzehntelang hatten diese Menschen Heimwehgefühle verbannt. Es hatte für sie ja vor allem gegolten, die neue Heimat zu erobern und sich zu Eigen zu machen oder sich ihr zu Eigen zu geben. Aber nun auf dem Schiff, das in Richtung alte Heimat fuhr, stieg bei vielen doch mit Macht herauf, was sie so lange in die Tiefe ihres Herzens verbannt hatten: das Heimweh. Nicht dass sie mit dem Gedanken geliebäugelt hätten, für dauernd heimzukehren. Sie wussten, dass sie nicht mehr in die alte Heimat passen würden, so weich es ihnen auch ums Herz wurde, wenn sie an sie dachten. Aber noch einmal heimkommen, dorthin, wo man seine Bubenstreiche ausgeführt, seine Liebste gefunden hatte, wo die Eltern in altväterlicher Weise gelebt hatten und der gestrenge Herr Lehrer seinen Tatzenstock hinter dem Rücken zu drehen pflegte, jederzeit bereit, einem kleinen Sünder eine rüberzumessen. Wie schön musste dieses Heimkommen, dieses Nacherleben einer Fülle fast versunkener Erinnerungen sein!

Die Bordkapelle berücksichtigte die Anwesenheit so vieler deutscher Reisender und spielte vorwiegend alte, fast vergessene deutsche Weisen und Schlager aus der vorletzten Generation. Von der »Krone im tiefen Rhein«, dem »Rattenfänger«, »Gold und Silber lieb ich sehr«, »Du kannst nicht treu sein« bis hinüber zu den Straußschen Walzern reichte das Repertoire. Und als das Schiff Helgoland passierte, da spielte die Kapelle »Nach der Heimat geht es wieder« und »In der Heimat ist es schön«. Dabei setzten viele Stimmen, die zuerst mitgesungen hatten, plötzlich aus und manche Träne rollte verstohlen über die faltigen Wangen.

Ein Orden

Anna war nun siebzig Jahre alt, eine gewaltige Zahl. Die Kinder waren herbeigeeilt: Isolde mit ihrer Tochter aus dem Westen Kanadas, Sigrid mit dem Baby aus ihrer zweiten Ehe, Rudolf, Professor der theoretischen Physik, aus Amerika. Blumen, Berge von Telegrammen, Briefe, Besuche und Pressefotografen. Sie kamen mit dem Herrn Oberbürgermeister, denn dieser kam nicht nur, um zu gratulieren, vielmehr überbrachte er Anna das Bundesverdienstkreuz I. Klasse.

Anna fühlte sich unbehaglich bei dieser Ehrung. Sie hatte so wenig Talent für Feierlichkeit und Würde. Und zu einem Orden gehört doch zweifellos die Fähigkeit, jemanden darzustellen. Nie in ihrem Leben hätte sie sich träumen lassen, einmal Ordensträgerin zu sein. Sie nahm die Auszeichnung in Vertretung der Arbeitsgemeinschaft Stuttgarter Frauen an, deren Mitgliedern diese Ehrung mindestens im gleichen Maße gebührte wie ihr selbst.

Muss man denn alles gehört, gesehen, gerochen haben?

Kurz vor Anna Haags 70. Geburtstag erschien in der »Stuttgarter Zeitung«* ihre Betrachtung über die erfreulichen Züge des Alterns. Sie markiert einen Einschnitt in ihrem Leben. Zum ersten Mal verspürte sie das Gefühl der Freiheit, aus verschiedenartigsten Verantwortlichkeiten entlassen zu sein. Zugleich entwarf sie ein Bild für die Gestaltung ihres nächsten Lebensjahrzehnts. R. H.

Lob des Alters oder: Schmäht mir das Alt-Sein nicht

Man soll das Alt-Sein nicht ohne Einschränkungen schmähen. Es gibt viele Menschen, die diesen Abschnitt ihres Lebens ganz besonders genießen. Und es gäbe noch viel mehr, wenn es nicht zum unantastbaren Wissensbestand der meisten Leute gehörte, dass das Alt-Sein eo ipso etwas Unerfreuliches ist, dass man sauer dreinzublicken, auf alle seine Wehwehchen sorgsam acht zu geben hat und sich im Übrigen ausgeschaltet fühlen muss.

Unter Wehwehchen sind nicht Erkrankungen ernsthafter Natur gemeint. Das Alt-Sein kann man natürlich nur genießen,

* Wieder abgedruckt in: Anna Haag: Zu meiner Zeit, Stieglitz Verlag, Mühlacker 1978, Seite 166–172.

wenn man relativ gesund ist. Und auch nur dann, wenn man genügend Geld hat, um seine Tage unabhängig gestalten zu können. Man braucht dazu nicht gerade viel Geld, schon darum nicht, weil zahllose Wünsche, die in der Jugend im Herzen brennen, im Alter keine Macht mehr über einen haben. Ein alter Mensch braucht nur so viel Geld, dass er frei ist und unabhängig von Kindern oder entfernten Verwandten leben kann. Freiheit schätzen wir Alten noch mehr als die Jungen ... wenngleich wir wohl einen anderen Gebrauch davon machen oder vielleicht sogar etwas völlig anderes darunter verstehen.

Schon das Alt-Sein an sich schenkt einem ein Maß von Freiheit, wie man es nie zuvor in seinem Leben hat genießen dürfen. Als alter Mensch darf man vergessen, dass es »Stopp-Uhren« gibt. Sogar Wecker-Uhren existieren nur noch für den Fall, dass man einen Zug erreichen will, der das Abenteuer einer Reise ermöglicht.

Missgelaunte Chefs? Neidische oder eifersüchtige Kollegen? Du lieber Gott! Es ist, als habe es das nie gegeben.

Wie wohltuend ist es auch, dass es »die Leute« nicht mehr für der Mühe wert halten, sich mit einem zu beschäftigen, sich über einen aufzuregen. Man ist nicht mehr interessant, es wird nicht mehr als selbstverständlich von einem erwartet, dass man sich gesellschaftlichen Rücksichten unterwirft. Mit einem Male darf man eine Persönlichkeit sein und zwar seine allereigenste Persönlichkeit.

Man darf sich auch kleiden, wie man will. Niemand ärgert sich mehr darüber, weil man etwa zu elegant oder zu salopp oder nicht standesgemäß oder übertrieben angezogen ist. Und wenn sich zwischendurch doch mal jemand darüber ärgert, dass »die Alte« sich nicht geniert, noch eine rosa Weste zu tragen, nun ... dann ärgert sich »die Alte» nicht mehr darüber, dass sich andere über ihre allerpersönlichsten Angelegenheiten ärgern. Sie lächelt. Man ärgert sich so selten, wenn man alt ist.

Ah! Was für ein Vorzug des Alt-Seins! Man kann über so vieles lächeln, auch über sich selbst, wenn man rückschauend sich unter die Lupe nimmt. Über Wichtignehmereien und Wichtigtuereien! Wie komisch war man doch! All das und vieles andere ist abgefallen von einem wie dürres Laub vom Baum. Ohne Lärm, ohne Schmerzen. Man wundert sich über seinen früheren Ehrgeiz, von dem man viel zu viel Kraft hat aufzehren lassen.

Damit ist nun wiederum nicht gesagt, dass der alte Mensch nicht mehr den Drang hätte, noch etwas zu leisten. Er will noch etwas tun, aber er will nichts mehr gelten, er will nicht mehr »vorwärts kommen«.

Er ist zwar dankbar, sehr dankbar, wenn ihm Liebe und Verehrung entgegengebracht werden. Aber er wartet geduldig, ob ihm dies zufällt oder nicht. Das Warten ist ohne Angst. Eine schöne Ruhe ist in dem alten Menschen.

Zu den großartigen »Freiheiten« des Alt-Seins gehört auch, dass man seinen Umgang nach eigenem Geschmack wählen kann, ohne Rücksicht auf eine dadurch etwa gefährdete oder zu fördernde »Karriere«.

Seine Gäste kann man des Nachts beizeiten zum Haus hinauskomplimentieren, denn man ist ja alt, man muss zu Bett. Niemand nimmt es einem übel, wie es auch niemand übel vermerkt, wenn die Bewirtung denkbar einfach und arbeitssparend ist. Kurz gesagt: Gäste zu haben ist eine Freude, wenn man als Entschuldigung für alles sein Alter ins Treffen führen kann.

Man darf auch »so frei« sein, einen Jugendfreund, dem man zufällig noch einmal begegnet, herzhaft abzuküssen. Er ist ja inzwischen auch ein alter Mensch geworden. Niemand wird dabei etwas zu lästern finden.

Ach, man darf viele Male so »frei sein«, etwas zu tun, wozu man vor zwanzig, ja vor zehn Jahren die innere Freiheit noch nicht gehabt hätte.

Zum Lob des Alters muss auch gesagt werden, dass viele Dinge nicht nur ihre Schrecken verloren haben, sie existieren nicht mehr für sie. Die Begriffe Masern, Scharlach, Diphterie, Keuchhusten ... Du lieber Gott, in welche Panik haben sie uns gestürzt, als wir jung waren und unsere Kinder davon bedroht sahen! Das Leben war voll unberechenbarer Gefahren und Ängste, sowohl was das leibliche Wohl der Kinder anbelangte als auch hinsichtlich ihrer geistig-seelischen Entwicklung. Man lebte ja nicht nur sein eigenes Leben, man lebte und litt die Leben seiner Familie mit. Ist man einmal alt, dann darf man zu sich selbst zurückkehren, man darf sich selbst gehören. Wer wollte bestreiten, dass das Vergnügen bereitet! Man ist losgebunden von Verantwortung und darf auch in dieser Hinsicht noch einmal den glücklichen Zustand eines Kindes durchleben.

In den Sechzigerjahren

Ein bisschen anders als das »Kinderglück« ist das »Altersglück« ja schon. Als alter und darum aus der Verantwortung entlassener Mensch lebt man aus der Ferne doch mehr oder weniger das Leben seiner erwachsenen Kinder noch mit. Der Grad des Altersglücks steigt und fällt mit dem Auf und Ab im Leben der Kinder und Enkel. Auch findet man im Alter, so gerne man das möchte, nicht mehr ganz zu der kindlichen Gläubigkeit an die Güte der Menschen zurück. Das Altersglück lässt sich darum nur annäherungsweise dem völlig unbefangenen Kinderglück vergleichen.

Natürlich ist man nicht automatisch glücklich dadurch, dass man alt ist. Ein bisschen was muss man schon auch selber dazu tun. Das Altersglück vieler Menschen zerschellt zum Beispiel an der Klippe, die erwachsene Kinder darstellen. Die Alten regen sich auf über das Finanzgebaren der Jungen, ihre Haushaltsführung, ihre Kindereziehung. Sie haben ganz vergessen, dass auch sie in ihrer Jugend all diese Aufgaben anders gelöst haben, als ihre Eltern es in deren Jugend taten. Man muss als alter Mensch es fertig bringen, Zuschauer zu sein und zwar möglichst ein heiterer Zuschauer, wenn der Sohn oder die Schwiegertochter ihr Geld anders einteilen, als wir es gewohnt waren, wenn die Schwiegertocher den Braten anders würzt, das Gemüse anders zubereitet, den Kuchen anders bäckt.

Es ist wahr, dass die Sinne bei allen alten Leuten nachlassen. Aber auch das ist nicht nur negativ zu werten. Muss man denn alles gehört, gesehen, gerochen haben? Es gibt viele Dinge, die man lieber nicht so genau sieht, hört oder riecht. Man spart Nervenkraft und schläft besser bei Nacht.

Auch wenn seine Sinne zugegebenerweise nicht mehr so scharf sind, so wird es dem alten Menschen doch nie langweilig, obwohl er in der Regel aufpeitschende Erlebnissen wie Boxkämpfen, Fußballspielen oder Rock-'n'-Roll-Tänzen aus dem Wege geht. Er erlebt trotzdem noch genug. Und zudem hat er ja das bis zum Rande gefüllte Reservoir seiner Erinnerungen, aus dem er zu Zeiten der Flaute hinsichtlich neuer Erlebnisse schöpfen kann.

Dieses Schöpfen aus dem Born der Erinnerungen ist ein ganz besonderes Vergnügen für den alten Menschen auch dann, wenn er manche Episode seines Lebens, manche einstige Fehlentscheidung nur mit Kopfschütteln über sich selbst zur Kenntnis nehmen kann. Aber er ist ja alt genug, um gelernt zu haben, dass kein Mensch sein Leben vollendet, ohne sich gelegentlich als unzulänglich erwiesen oder dann und wann eine Torheit begangen zu haben. Um seines Altersglückes willen darf er seine Altersweisheit, die zu neunzig Prozent aus Milde allem menschlichen Irren gegenüber besteht, auch auf sich selbst anwenden. Er braucht seine »shortcomings«, seine Fehlleistungen und Irrwege nicht wegzuleugnen. Aus der Freude an geistiger Ehrlichkeit, wiederum ein Vorzug des Alt-Seins, kann er zu seinem Leben, gewoben aus Freuden und Leiden und durchschossen von Irrtümern und Fehlleistungen, sagen: Trotz alledem: ja!

Nochmal nach Amerika

Im Sommer 1962 entdeckte Anna verschiedene Gründe für die Notwendigkeit einer weiteren Reise nach Amerika. Vor allem war es Käthe, Rudolfs Frau, die ein Baby erwartete. Nichts war für Anna selbstverständlicher, als ihre Dienste anzubieten. Sie fühlte sich noch rüstig genug, den sechsköpfigen Haushalt so lange zu betreuen, bis Käthe selbst das Zepter wieder würde in die Hand nehmen können. Vor der Entbindung würde sie in den Westen Amerikas reisen, die Weltausstellung in Seattle und Freunde, die sie dort hatte, besuchen. Dann würde sie nach Kanada hinüberwechseln, Isolde und ihre Familie wiedersehen, zum großen Ereignis in den mittleren Westen zu Rudolf zurückfliegen, dort sechs Wochen die Rolle einer Oma übernehmen und dann, sozusagen als Belohnung, mit Base Pauline Mergenthaler an einer mehrwöchigen Omnibusfahrt durch die herbstliche Farbenpracht von sechs südlichen Staaten teilnehmen.

Sie wollte dieses Mal aber nicht per Schiff den Ozean überqueren. Sie wollte mit der Zeit gehen, deren Merkmal es bekanntlich ist, keine Zeit zu haben: Sie wollte mit dem Flugzeug reisen. Allerdings nicht mit einem ganz schnellen. Es durfte ihrethalben ein bisschen langsamer fliegen. So buchte sie in einem Propellerflugzeug, das sich 18 Stunden für den Flug gönnte. So viel Zeit müsste man sich als Oma doch wohl nehmen dürfen.

Fliegen aber bedeutete Beschränkung des Gepäcks. Könnte Anna etwa ihre Hausapotheke einpacken, ohne sich lächerlich zu machen und ohne das erlaubte Gepäck von 20 Kilogramm zu überschreiten? Beispielsweise die Salbe gegen den so unberechenbar auftretenden Hexenschuss? Die rosa Pillchen gegen innere Unruhe, die Tröpfchen gegen den Husten? Das Anti-Grippe-Säftchen, die Pillen gegen eine Rebellion der Galle? Die Büchse mit den Tabletten gegen das lästige Sodbrennen? Die Augentröpfchen? Salben und Pillen gegen allergische Zustände? Und die Mixtur gegen den in amerikanischen oder kanadischen Freibädern sich so leicht zu erwerbenden juckenden Pilz zwischen den Zehen? Wie viel braucht der Mensch doch, insbesondere ein alternder Mensch, auch wenn er es in Wirklichkeit meist nicht braucht. Wird also Oma Anna all diese Tröster kurzerhand zurücklassen und sich sozusagen in einen unbekannten Raum ohne Hilfe oder Handreichung hinausbegeben?

Das Wort »zurücklassen« schmeckt bitter. Und da war ja Omas Balkon, war der Rasenplatz mit dem dazu gehörenden bequemen Liegestuhl und dem riesigen, aus Italien stammenden weichen blauen Strohhut, das liebevolle Geschenk Sigrids. Als Oma in diesem Auf und Ab und Für und Wider sich nachts in ihr so wundersame Geborgenheit und Tröstung garantierendes Bett schmiegte, da wurde sie von jener Feigheit befallen, die Hunde zur Schau tragen, wenn sie, den Schwanz einziehend, von weitem eines angriffslustigen Artgenossen ansichtig werden.

Aber dann saß Anna schließlich doch im Flugzeug, und sie hatte das wunderbare Gefühl, das der Mensch vor einer Operation hat: Trotz aller Beklemmung fühlt er sich völlig frei von jeglicher Aufgabe. Jedes, auch das kleinste bisschen eigener Verantwortung ist ihm abgenommen. Wie gut das der Oma Anna tat, die ein Leben lang mit Verantwortung überbürdet gewesen war! Es war wie ein samtenes Kissen, in das ihr nun völlig ruhiges Herz sich schmiegen konnte.

Wieder in Seattle

Nun hatte Anna die Weltausstellung in Seattle besucht und war geblendet und verwirrt und ernstlich besorgt, ob die Menschheit wohl in der Lage sein würde, sich all der ungeheuren, durch die Technik und ihre geistigen Schrittmacher ermöglichten Veränderungen des menschlichen Daseins anzupassen.

Aber ein Erlebnis hatte ihr bewiesen, dass die Menschen sich trotz allem merkwürdig gleich geblieben sein mussten: Es war die gewaltige Ehrfurcht vor dem Adel. In ihrer Kindheit hatten die Worte »König«, »Prinzessin«, »Graf« auf alle eine magische Wirkung ausgeübt. Auch auf sie. Aber da waren sie Kinder gewesen. In Bukarest hatte Anna den Besuch des Prinzen August, eines Kaisersohnes, erlebt. Die deutsche Kolonie war damals wie aus dem Häuschen gewesen und die Dame, der er die Hand gedrückt hatte, war sehr beneidet worden und viele hatten ihr nahe gelegt, den weißen Lederhandschuh doch einrahmen zu lassen und unter Glas aufzubewahren.

Dann war das mit der Amerikanerin Mrs. Johnson gewesen. Sie war nach Stuttgart gekommen. Anna war die Aufgabe zugeteilt worden, die Dame zu unterhalten. Sie hatte dazu unter anderen die damalige Leiterin des Stuttgarter Frauenfunks, eine Gräfin, zu sich eingeladen. Als Mrs. Johnson aus Annas Auto ausstieg, flüsterte sie Anna in gespannter Neugier ins Ohr: »Is she a real countess?« (Ist sie eine echte Gräfin?), und als Anna genickt hatte, zückte sie eiligst ihre Kamera, um die richtige Gräfin bestimmt aufs Bild zu bekommen und mit nach Amerika nehmen zu können.

In Seattle hatte Anna nun – wie ihre amerikanischen Bekannten sagten – das unverschämte Glück, die Ausstellung am selben Tag und vor allem den Aussichtsturm zur selben Stunde zu besuchen wie Prinz Philip, der Gemahl der Königin Elizabeth von England.

Wo immer Anna nachher hinkam, wurde sie mit den Worten vorgestellt: »Denken Sie nur, Mrs. Anna war am selben Tag auf der Ausstellung wie Prinz Philip.« Unweigerlich kam natürlich dann die Frage: »Haben Sie ihn gesehen?« Oder gar: »Haben Sie mit ihm gesprochen?«

Anna war in großer Versuchung gewesen zu schwindeln, denn die Enttäuschung, die sie den freundlichen Amerikanern durch ihr Nein machte, war augenscheinlich sehr schmerzlich,

Was für merkwürdig kindliche Menschen sind wir doch auch heute noch rundum auf unserer lieben Erde!

Eine Einladung zu Emigranten

In Seattle war Anna zu jüdischen Emigranten eingeladen worden. Sie waren zu einer Zeit aus Wien geflohen, als es ihnen noch erlaubt gewesen war, ihre bewegliche Habe mitzunehmen Von außen sah das Haus ganz amerikanisch aus, innen jedoch war es ein Stück vom alten Europa. Die Räume waren mit altertümlichen Möbeln ausgestattet und die Wände mit kostbaren Bildern behangen. Als Anna das Haus betrat, hörte sie, wie jemand die Mondschein-Sonate von Beethoven spielte.

Von ihren Fenstern sahen die Bewohner das beseligende Blau des Pazifischen Ozeans mit den Schiffen und Booten und am

Saum der Meeresbucht steil aufsteigend die schneebedeckten Gipfel der Olympics.

Es war ein seltsames Erlebnis für Anna.

»Wir leben in Gedanken noch oft in der alten Heimat, obwohl unsere Seelen dort tödlich verwundet worden sind«, sagte die Frau des Hauses mit einem wehen Lächeln.

Als Anna, überwältigt von der grandiosen Schönheit der vor den Fenstern ausgebreiteten Landschaft, ein Ausruf des Entzückens entfloh, sagte die Dame: »Sie haben Recht, es ist grandios. Aber wissen Sie«, fügte sie mit einem stillen Lächeln hinzu, »man kann nicht du sagen zu dieser großartigen Welt.«

Ob sie nicht zurückwandern wolle, fragte Anna nach einer kleinen Pause. Die Frau schüttelte den Kopf. Sie sagte: »Wir waren drüben. Im vergangenen Jahr. Aber wir sind gern zurückgekehrt. Nach allem, was geschehen ist, ist für uns die alte Heimat nur in der Erinnerung schön.« Später schenkte diese seltene Frau Anna einen Band selbst geschaffener Gedichte. Der Titel hieß »Vom Wienerwald zum Mount Rainier«. Anna blätterte und las:

Am Wiesenabhang ruh ich aus
wie einst daheim, wie einst zu Haus.

Die Augen, halb geschlossen, sehn
dort die geliebten Menschen gehn.

Dann naht ein Nebel grau und feucht,
der die Gestalten mir verscheucht.

Kein Vogellied, das lockt und wirbt,
die Grille nur im Grase zirpt.

Von einer Axt fällt fern ein Hieb.
Wer kennt mich hier? Wer hat mich lieb?

Gespräch im Auto

Anna fuhr mit Rudolf in ihrem kleinen Auto. Dieses Stübchen auf Rädern bedeutete nicht nur ein angenehmes Beförderungsmittel für sie, es verschaffte ihr zuweilen auch die Möglichkeit völliger Entspannung, es schirmte sie ab gegen das Telefon, es entführte sie so freundlich den kleinlichen Zwackereien des Alltags. Manches Mal hatte sie, derart losgelöst, auch geruhsame oder gar wichtige Gespräche mit Isolde, Sigrid oder Rudolf führen können. So fragte sie den Sohn auch heute: »Sag mal, was habe ich eigentlich falsch gemacht in meiner Aufgabe, euch Kinder zu erziehen?«

Diese Frage an Rudolf war nicht so abwegig, denn er war ja selbst vierfacher Vater. Vermutlich hatte Anna die spontane Antwort erwartet: »Fang doch keine Grillen, Mama! Was wirst du falsch gemacht haben! Deine Kinder sind doch alle ganz passabel geraten. Oder bist du nicht zufrieden mit uns?« Rudolf sagte das aber nicht. Nach einigem Nachdenken und verschiedenen bedächtigen Zügen an seiner Zigarette antwortete er: »Weißt du Mama, wenn ich mir das so überlege, kannst du froh sein, dass keines deiner Kinder einen Komplex bekommen hat.« Anna musste das Lenkrad fester fassen und ein paar Mal schlucken »Wie meinst du das?«, stammelte sie. Anna erfuhr, dass sie viel zu streng gewesen, von Prinzipien nie abgegangen sei und von ihren Kindern absoluten Gehorsam erwartet habe. Sie habe auch aufreizend selbstverständlich vorausgesetzt, dass ihre Kinder Musterschüler seien und sich von Allotria jeglicher Art fern halten. Das sei oft sehr lästig gewesen und habe ihr – der Kinder – Ansehen bei den Schulkameraden nicht gestärkt. Von Partys oder einem Tanzvergnügen hätten sie um elf Uhr auf die Minute pünktlich zu Hause sein müssen, gleichgültig, ob alle anderen noch länger blieben und die Sache vielleicht gerade erst angefangen habe, ge mütlich zu werden. Anna habe sie eindringlich genug wissen lassen, dass sie nie schlafe, eh nicht alle ihre Schäfchen unter Dach und Fach seien. Begütigend fügte Rudolf bei: »Das soll dich heute nicht mehr grämen, Mama. Ich dachte nur darüber nach, weil du mich gefragt hast und weil du ja Schönfärberei ums Leben nicht leiden kannst. Im Übrigen«, sagte er zärtlich und streichelte ihre Wange, »wenn das Beispiel der beste Erzieher ist, dann *muss* ja aus uns Kindern etwas geworden sein. Außerdem«, fügte er nach einer kleinen Pause bei, »wissen wir ja gar nicht, wie die Resultate unserer viel freieren Erziehungsmethode einmal aussehen werden.«

Nein, das wissen sie freilich noch nicht. Aber wenn Annas Beobachtungen sie nicht trügen, dann haben Rudolf und seine Frau an dieser freiheitlichen Erziehung bereits einige Abstriche gemacht und haben sich auf den altmodischen Weg größerer Konsequenz geschlichen. Diese Beobachtung weckte Heiterkeit in ihr, aber sie entband sie nicht davon, Einkehr bei sich selbst zu halten und wieder einmal festzustellen, dass auch das beste Wollen eine negative Seite haben kann und dass ihre Kinder, abgesehen von den Schatten, die das Dritte Reich über ihre Kindheit und Jugend gebreitet hatte, vielleicht durch die Art ihrer Erziehung noch mehr eingeengt worden waren, als dies notwendig gewesen wäre. Wenn sie doch die Zeit rückwärts schrauben könnte! Wie vieles würde sie dann anders machen! Nicht nur in der Erziehung ihrer Kinder. Es wollte Anna oft dünken, als ob sie auf ihrer Wanderung durch die Jahrzehnte viel ungelebtes Leben achtlos am Rande ihrer Straße habe liegen lassen.

Da kam ein Tag – Anna wanderte schon mehr als ein Dreivierteljahrhundert auf Erden – als ein Krankenwagen sie aus ihrem geliebten Daheim entführte. Sofortige Operation, riet der freundliche Doktor und fügte bei: »Sind Sie einverstanden«? Anna sagte ja. Da fasste der Arzt in ihren Haarschopf und fragte: »Wie ist es Ihnen nun zu Mute, nachdem Sie ja gesagt haben?« Anna versuchte zu scherzen, aber es klang etwas kläglich. Sie meinte: »Genauso, als wenn ich in ein Flugzeug stiege und auch nicht wüsste, ob ich wieder lebendig auf der Erde abgeliefert werden würde.«

Zehn Minuten später war ihr das Bewusstsein schon entflohen. Wie viele Stunden war sie der Wahrnehmung ihres Selbst entrückt gewesen? Endlos lange, wollte es sie dünken. Es war, als ob es ein Vorher überhaupt nicht gegeben hätte. Als das Bewusstsein wieder heraufzudämmern begann, zog zuerst ein nicht abreißender Reigen aus Farben, Tönen, Bildern und Worten vorbei Oh, es war so anstrengend, die Assoziationen zu allem herauszufinden.

Die paar Töne? Was meinten sie? Ach ja: »Wollte Gott, wollte Gott ... Was wollte Gott?« Hatte diese Worte nicht irgendwer gesummt? Richtig. Ein junger Mann wirbelte in dem Reigen: Nietzsche-Bart, Grübchen in der rechten Wange. Was soll's mit ihm Und wieder ein paar Töne! Und wieder der Nietzsche-Bart. Und die Worte: »Wollte Gott, ich wär heute bei ihr ...« Natürlich, der mit dem Nietzsche-Bart, der Albert hatte sie gesummt!

Es ist zu vermuten, dass Annas todblasses Gesicht bei der geglückten Zusammenfügung von Ton, Wort und Person flüchtig von unirdischem Glück überleuchtet war, aber dass es sich dann jäh in Schreck verzerrte, denn aus dem vorbeiwirbelnden Reigen schrie es: »Die Gans! Die Gans!« Was für eine Anstrengung war die Einordnung dieses sinnlosen Schreis. Obwohl die Gans dem noch immer betäubten Geist wieder und wieder entschlüpfte, gelang es dem erwachenden Bewusstsein schließlich doch, sie einzufangen, festzuhalten und zu koordinieren und zwar mit einer relativ jungen Frau, einer gewissen Anna in einem kleinen Auto. Ein lächelnder Fahrlehrer saß neben ihr und da war eine Gans, die ohne Ehrfurcht vor der Autofahrerin über die Straße watschelte. Und nun? Was wollten die schwarzen Buben-Hiasl-Hosen mit der grünen Bänderverschnürung, die in dem Reigen flatterten? Grübeln ohne Ende. Aber ja, da war ja ein kleiner Bub mit rötlichblonden Locken. »So schwarze mit grünem Bänderzeug dran möcht ich haben!«, bettelte er.

Jetzt verband sich die grüne Farbe in dem Reigen mit Samt, mit Kinderkleidchen, mit zwei kleinen Mädchen, sonnige Geschöpfe. Die gewisse Anna hatte die samtenen Kleidchen selbst gebastelt. Das Wort »Mama« tanzte vorüber. Und da schob sich – völlig zusammenhanglos – der Kopf einer Bauersfrau durch das Fenster: »Unsere Kühe geben keine Milch!«, rief sie und schlug das Fenster zu.

Mit der Zeit wurden die Bilder konkreter, Annas Bewusstwerden ihres Selbst kehrte in sie zurück. Sie wurde zwar noch künstlich ernährt und war noch schwach, ihr Geist ließ sich treiben. Situationen, ja ganze Perioden ihres Lebens zogen wie ein Filmstreifen an ihr vorüber. Ein merkwürdiges Leben. Anna musste sich viel wundern. Wie ein Kahn auf still-heiteren Gewässern schien es zuweilen hinzugleiten, umdroht von tückischen Gefahren ein anderes Mal, aber immer erfüllt von Aufgaben, die zu meistern waren und denen man oft so schwer gerecht werden konnte. Hatte sie das Beste aus allem gemacht? Nein. Vieles war da, was sie hätte besser machen können und was als ewig mangelhafte Leistung zurückbleiben müsste, wenn es einmal galt, Abschied zu nehmen. Das Leben gewährte ja keine Repetition.

Anna weinte in ihr Kissen über so viel mangelhaft gelebtes, ja ungelebt gebliebenes Leben. In ihr wundes Herz schlich sich wieder der Refrain des Liedes:

»Kämst du nochmal zurück, Gott, welch ein Glück, welch Glück!«

Ermahnungen

Es war unverkennbar, dass das Blatt sich gewendet hatte, dass Anna von dem Status der Erziehenden allmählich wieder zum Erziehungsobjekt wurde. Da war zum Beispiel ein Brief von Isolde aus Kanada mit dem Vermerk »Über den Schreibtisch zu hängen«. Auf einem Kärtchen, bunt bemalt von der Enkeltochter, war das Wort Gulbranssens zu lesen:

»Gott hat uns die Zeit gegeben, von Eile hat er nichts gesagt«.

Rudolf schien es offenbar ebenfalls für notwendig zu erachten, ins gleiche Horn zu blasen. Auch er schickte einen Spruch, »Über den Schreibtisch zu hängen«. Er hieß:

»Meine Ruhe ist mir heilig, nur Verrückte habens eilig.«

Alle drei Kinder meinten auch, es wäre vielleicht ein Gebot der von Albert und Anna so hochgepriesenen Ratio, nun das Autofahren zu lassen. Es sei doch zu bedenken, dass man nicht mehr die Jüngste sei.

Ferner solle Anna eisern an der mittäglichen Siesta festhalten und an einer Stunde täglichen Spaziergangs. Und unissimo mahnte der dreifache Nachwuchs, Anna solle endlich das lächerliche Sparen lassen, sie habe lange genug gespart in ihrem Leben. Zweifellos hatte sie das und sie erinnerte sich an die ihr ganzes Leben lang unerfüllte Sehnsucht, dann und wann »über die Stränge hauen« zu dürfen. Anna musste bei diesen Überlegungen mit Betrübnis feststellen, dass das Talent, über die Stränge zu hauen, mit der

Mit Isolde, 1978

Ansammlung von Lebensjahren leider merklich nachgelassen hatte.

Da waren auch noch die Ermahnungen der Töchter, sich doch eleganter zu kleiden. Als Isolde einmal zu Besuch von Kanada gekommen war, hatte sie gesagt: »Wer nichts aus sich macht, wird ausgelacht!«, und hatte es zuwege gebracht, dass Mama Anna sich einen Pelzmantel zugelegt hatte. Sigrid erinnerte die Mutter an ein Wort, das diese ihren heranwachsenden Töchtern bei Nachlässigkeiten in deren Kleidung gelegentlich vorgehalten habe, nämlich: »Wie du kommst gegangen, so wirst du auch empfangen.« Die Mutter, so sagte Sigrid, sei doch eine allgemein bekannte Frau, eine Respektsperson. Sie habe darum nicht nur das

Recht, sondern sogar die Pflicht zur Eleganz. Ach du liebe, liebe Zeit! Anna – warum sollte sie das leugnen? – sah zwar noch immer gern hübsch aus, aber sie hatte nicht das geringste Talent zur »Dame«. »Nein, das meine ich auch gar nicht«, wehrte Sigrid. »Ich meine nur, du sollst nicht betont unelegant sein, nicht altbacken herumlaufen, keine Gleichgültigkeit solchen äußeren Dingen gegenüber demonstrieren. Das ist nämlich auch eine Art Eitelkeit, Mama.«

Zärtlich überredend fügte sie hinzu: »Du kannst es dir doch jetzt leisten, Mamale.«

Ja, da war Anna nun an einem wunden Punkt angelangt. Sie könnte sich freilich nun dies und das leisten, und nicht ohne Wehmut dachte sie wieder zurück an die Zeiten, da ihr ihre Phantasie tausend zauberhafte Möglichkeiten in den Zustand des Sich-etwas-leisten-Könnens hineinprojiziert hatte und dass sie, nun sie diesen Zustand erreicht hatte, ohne Albert als fröhlichen Mitgenießer nicht allzu viel damit anzufangen wusste.

Für die Kinder, ja. Für die Enkel auch. Und Urenkel hatte sie ja auch schon! Wie das Leben saust!

Rudolf Haag

Ausklang

»Es gibt viele Menschen, die diesen Abschnitt des Lebens (das Alter) ganz besonders genießen.« So hatte meine Mutter um die Zeit ihres 70. Geburtstags geschrieben und lange war ihr vergönnt, dies im eigenen Leben zu bestätigen. Es machte ihr Vergnügen, mit ihrem Alter zu kokettieren und die allseitigen Komplimente ihrer Umgebung über ihr jugendliches Aussehen, ihren jugendlichen Schwung zu genießen. Von Kindheit an war sie gewohnt, rasch zuzupacken. Gleich, ob es sich um das Abräumen des Tischs nach einer Kaffeegesellschaft handelte oder ob eine Nachbarin sie um Rat fragte oder sie bat, an geeigneter Stelle ein gutes Wort für ihren Sohn einzulegen oder die Stadtverwaltung darauf hinzuweisen, dass an der Straßenbahnhaltestelle dringend ein Unterstand erforderlich sei, stets wurde das Problem ohne Aufschub angegriffen.

Die Neugier war Anna geblieben, die Freude an neuen Erfahrungen, am Beobachten des Treibens der Menschen und des Nachsinnens über alle Wunderlichkeiten. Und dies tat sie im Alter mit mehr Wohlwollen und Verständnis für menschliche Schwächen als in den Jahren, in denen sie selbst Entscheidungen treffen und Verantwortung hatte übernehmen müssen. Dabei habe ich oft ihre Unvoreingenommenheit bewundert, die seltene Fähigkeit, lange gehegte Meinungen zu korrigieren.

Ministerpräsident Hans Filbinger überreicht Anna Haag die Urkunde zur Verleihung der Verdienstmedaille des Landes Baden-Württemberg.

Nun waren fast zwanzig Jahre vergangen seit ihren Betrachtungen zum »Lob des Alters«. Ihr Aktionsradius war auf wenige Meter geschrumpft. Meist saß sie in ihrer Sofaecke und die Gedanken weilten in der fernen Vergangenheit. Manchmal spielte sie mit Besucherinnen Rommé um Pfennigeinsätze. Lieber aber ließ sie sich das Tonband vorspielen, auf das sie vor Jahren ihre Erzählungen »Zu meiner Zeit« gesprochen hatte. Sie konstatierte: »Nun muss ich wohl noch die Hefe des Lebens auslöffeln.« Es war eine nüchterne Feststellung. Sinnlos zu widersprechen. Es klang auch keine Note des Jammers darin an. Anna war zufrieden mit ihrem Los, auch wenn die Zeichen sich mehrten, dass die Reise zu Ende ging. Das Schicksal hatte ihr ein reiches, erfülltes

Leben gegönnt, mit einem goldenen Herbst, in dem sie viel Zuneigung und Anerkennung erfahren durfte. Das Land Baden-Württemberg hatte ihr die goldene Verdienstmedaille verliehen, die Stadt Stuttgart die Bürgermedaille. Eine Neuausgabe ihres Erinnerungsbuches war gerade, zehn Jahre nach seinem ersten Erscheinen, im Druck.

Sicherlich, die täglichen Beschwernisse wuchsen und die Kräfte nahmen ab. Das war nicht zu ändern. Was sie selbst tun konnte – sich dem Lauf der Dinge anzupassen –, das hatte sie getan. Vor Jahren hatte sie ihren Führerschein abgegeben und dabei großes Lob von der Kraftfahrzeugbehörde geerntet. Stolz erzählte sie, wie ihr der Beamte die Hand geschüttelt habe mit den Worten: »Wenn alle so wären ...«

Auch ihr geliebtes Haus hatte sie aufgegeben zu einem Zeitpunkt, als sie sich noch rüstig genug fühlte, in einer neuen Umgebung, einem Altenheim, heimisch zu werden. Das war nicht zu früh. Wenige Monate später fand man sie bewusstlos in ihrem Zimmer. Nach längerem Krankenhausaufenthalt kam sie in die Pflegeabteilung des Heims. Sie war dankbar für das außerordentliche Entgegenkommen der Heimleitung. Man hatte ihr zwei Zimmer genehmigt; im Wohnzimmer hatte sogar ihr Klavier Platz. Nun musste sie entscheiden, ob sie bei ihrem Erinnerungsbuch noch immer den Titel »Das Glück zu leben« beibehalten wolle.

Sie schreibt im Nachwort der Neuausgabe*:

Ein rundes Jahrzehnt ist schon vergangen, seit »Das Glück zu leben« seine Reise angetreten hat.

Zehn Jahre sind eine lange Zeit, sagt man Anna und fragt sie, ob sie bei der Neuausgabe des Buches nicht genügend Grund

* Anna Haag, Das Glück zu leben, Steinkopf Verlag, Stuttgart 1978, S. 259–261.

Mit Rudolf in Hamburg, 1972

sähe, den jubilierenden Titel zu ändern oder abzuschwächen, ihn etwa mit einem Fragezeichen zu versehen. Sieht Anna denn nicht die verhängnisvollen Zeichen: das lawinenartige Anwachsen der Menschheit und ihrer Ansprüche an das Leben; die Zerstörung der Natur; die Erschöpfung der Rohstoffquellen; das zwangsweise uferlose Wachstum der technischen Möglichkeiten, die es einer kleinen Zahl verblendeter Fanatiker leichter und leichter machte, ein ganzes Staatswesen zu lähmen? Anna lebt ja jetzt in einem Altenheim. Natürlich – so sagt man – werden die kleinen und großen Schrecken heutigen Lebens nicht durch dessen Mauern dringen.

Das lässt Anna nicht gelten. »Die Bewohner von Altenheimen«, antwortet sie, »haben genauso ihre Medien – Radio, Fernsehen, Zeitung – wie andere Leute. Sie können genauso gut unterrichtet sein. Nebenbei gesagt: Viele dieser ›Altenheimler‹ haben das Privatwirtschaften mit der Versorgung in einem Heim getauscht, um mehr Zeit zu haben. Zeit zum Nachdenken über Welt und Leben, vielleicht auch Zeit für einen behaglicheren Le-

bensstil. Sie sind, mit Ausnahmen natürlich, noch sehr wohl in der Lage, zu der vielfachen Unvernunft auf Erden Vernünftiges zu sagen.«

Auch Anna ist keineswegs blind gegenüber dem, was vorgeht. Sie hat zum Beispiel voller Entsetzen und Sorge das Drama der Terroristenaktionen verfolgt, die Entführung des mit 87 Passagieren besetzten Flugzeugs nach Mogadischu und die Entführung und Ermordung Hanns-Martin-Schleyers. Angesichts solcher Erlebnisse fällt es ihr schwer, ihren Grundsatz »So wenig staatliche Macht als möglich« aufrechtzuerhalten. Wie, wenn wir in jenen Tagen keine starke Regierung und keinen entschlossenen Kanzler gehabt hätten? Wäre dadurch nicht das Vertrauen in unseren Staat aufs Tiefste erschüttert worden? Hätte ein Nachgeben die Terroristen nicht zu immer neuen Erpressungen ermutigt? Wäre unser Staat nicht ein Spielball in den Händen einer Hand voll Gangster geworden? – So sinniert Anna in ihrem neuen Zuhause.

Zugegeben: Es ist Anna nicht leicht gefallen, die durch ihr Denken und Werten geprägte Atmosphäre ihres lieben Hauses zu verlassen. Aber dank ihrer noch immer grundsätzlichen Hochschätzung der Ratio hat sie es geschafft und sie wüsste nicht, warum sie mit der neuen Behausung unzufrieden sein sollte. Die kleine Wohnung im Altenheim mit dem bezaubernden Blick in ein stilles Wiesental und doch am Rande der Großstadt bietet ihrem Wesen alles, was sie braucht. Natürlich würde sie sich zuweilen das eine oder andere anders kochen. Das ist traurig, aber nicht zu ändern. Immerhin: Anna hat genügend Zeit und Raum, um zu denken und denkend zu erfahren, dass sie ist. »Ich denke, also bin ich« – sie weiß nicht mehr, welcher Philosoph diesen lapidaren Beweis des Seins geprägt hat. Aber eben weil sie denkt, bestimmt sie, trotz der vielen Unglücksmöglichkeiten, der unleugbaren Vielfältigkeit an Leiden auf Erden: Der Titel »Das Glück zu leben« soll bleiben.

Sigrid und Rudolf besuchen ihre Mutter im Altersheim, Juni 1978

Denn – so stellt sie fest – gleichlaufend zu den vielen Leidensmöglichkeiten auf Erden gibt es ja tausend Chancen glückvollen Erlebens für uns. Sie sind einfach da, laufen ab, ob wir sie an uns nehmen oder nicht. Was hindert beispielsweise junge Liebespaare daran, sich zu den eifrig wuselnden Ameisen an den Frühlingshügel zu setzen und sich die uralte, ewig neu bleibende Melodie der Liebe ins Ohr zu flüstern? Und wer kann die tiefe Zugehörigkeit älterer Eheleute leugnen, deren einst jugendliche Zuneigung durch das gemeinsame Meistern der vielfachen, oft nicht leichten Aufgaben während ihrer Wanderung durchs Leben zur unverbrüchlichen Freundschaft geworden ist? Wer bestreitet das Glücksgefühl über berufliche Erfolge, über sportliche Leistungen, über gelöste Denkaufgaben? Über das animalische Wohl-

behagen in einer bei Winterkälte wohl durchwärmten Stube, über eine Wärmflasche im kalten Bett oder über die Gefühlinnigkeit eines Volksliedes?

Auch für Anna gibt es immer noch Möglichkeiten, Glück zu erleben. Da sind zum Beispiel mehrere jüngere Frauen, die Anna gern besuchen, um – wie sie scherzend sagen – Lebensweisheit zu tanken. Oder die Tatsache, dass ein alter Herr ihr jeden Morgen die Zeitung vor die Tür legt. Oder die Tröstungen der Musik, die sie umso dankbarer annimmt, als die Sehkraft ihrer Augen nachlässt. Oder gar die Anerkennung eines achtjährigen Knirpses, der ihr seinen Fußball versehentlich vor die Füße gekickt und eine Strafpredigt erwartet hat. Anstatt der Strafpredigt kickt Anna den Ball zurück, worauf der Junge verblüfft stehen bleibt und stammelt: »Nee, soooo eine Oma!«

Den Titel ändern? Nein, Anna lässt sich nicht irremachen.

Die Möglichkeiten, Glück an sich zu nehmen, sind für Alt und Jung unerschöpflich.

So viel zum Glück. Die Summe des Lebens zog Anna im folgenden Gedicht, das sie um 1978 ihren Kindern widmete:

Abschied

Ich bin hinweggegangen.
Was wollt ihr darum bangen?
Und trauern, weinen, klagen?
Mein Weg ist aus.
Ihr müsset auf ihm schreiten,
das Gute leben, und auch für es streiten!

Was ich gehabt von meinen Tagen?
Ein Ringen wars, die Aufgab wohl zu lösen,
die mir vom Leben war gestellt.
Wenn unvollkommen vieles daran blieb:
Es ist nur Menschenwerk, was ich getan.

Ein Häuflein Glück auch war mir zugefallen!
Ich macht im Leben dankbar mirs zu Eigen
und preis dafür von Herzen Gottes Güte.

Viel wartend Hoffen auf das Wunderbare
– ihr wisst es – lebte Tag für Tag in mir
und gab mir Schwung und Jugendfrische
in einem Alter, da es sonsten nicht mehr üblich,
vom Leben Wunderbares zu erhoffen.

Doch auch an Sorgen wurde mir ein reichlich Anteil zugemessen.
Sie machten, dass die Bäume nicht mir in den Himmel wuchsen.
Auch hatt' ich Freunde, verlor auch Freunde,
durchs Leben mehr als durch den Tod,
und war oft traurig zum Verzweifeln.

Doch. Lieben, all das zusammen nennt man doch das Leben,
für das die Menschen, ach so gerne, alles geben!
Wohlan! Ich hab es gründlich ausgeschöpft.

Etwa 1980

Anhang

1945 erschien ein Heft von Anna Haag, »... und wir Frauen?«, herausgegeben von der »Gruppe Württemberg« der Internationalen Frauenliga für Frieden und Freiheit. Anna Haag leitete damals die Landesgruppe. Es war die erste Broschüre, die in Deutschland nach dem Krieg gedruckt wurde. Sie soll im Folgenden vollständig dokumentiert werden. Dazu gehört auch ein kleiner Beitrag von Betty Binder-Asch zur Geschichte der Frauenliga.

Verkaufspreis: 30 Pfg.
..und wir Frauen?
Von
Anna Haag
Herausgegeben
von der „Internationalen Frauenliga für Frieden und Freiheit",
Gruppe Württemberg

Denken wieder erlaubt!

Lasset uns darum d e n k e n! Zurückdenken! Nachdenken! Vorausdenken! Umdenken!

Zwei Wirbel hatten uns erfaßt, untergetaucht, uns die Besinnung geraubt!

Viele sind in diesen beiden Strudeln untergegangen, ganz oder vorübergehend, geistig oder leiblich.

Der erste Strudel, der sich über uns stürzte, war der Wasserfall Göbbels'scher Propaganda. Viele sind diesem Sturzbach erlegen. Das eigene Denken wurde hinweggespült. Die einen nahm's früher, die anderen später. Die letzten wurden mitgerissen in einer Zeit, da es dem Blinden offenbar geworden war, w o der Erfolg lag! Wer noch eine Abwehr in sich getragen hatte, der fiel 1940 mit den Festungen im Westen. In vielen Frauen brach der innere Wall nieder, als die dahinstürmenden Söhne und Gatten jubelnd von der Unwiderstehlichkeit der deutschen Heere berichteten und davon, was für ein befriedetes Europa unter deutscher Führung nach diesem Siegeslauf erstehen werde!

„Ein befriedetes Europa"! Das war ja nicht nur der „utopische" Traum der „verachtungswürdigen" Pazifisten! Zur Ehre vieler sei es gesagt: es war auch die Sehnsucht oder der kühle Wunsch einer großen Zahl anderer, die zur Erreichung dieses edlen Zieles von allen möglichen Wegen den f a l s c h e s t e n einschlugen.

Der zweite Strudel, der jedes eigene Denken auslöschte, das über den allbeherrschenden e i n e n Gedanken oder Urinstinkt, dem Tod zu entrinnen, hinausging, waren die sich in der Folge entwickelnden ungeheuren Kriegsereignisse: die Qual des Tages, die Angst der Nächte, das Entsetzen jeder Stunde, die Flucht vor der Gestapo.

Ueber die, die g a n z untergegangen sind, ist hier nicht mehr viel zu reden. Sofern ihr Leib versunken ist, ihr Geist aber bereit gewesen wäre, wieder emporzusteigen, neigen wir uns in Ehrfurcht und betrauern sie als unersetzlichen schmerzlichen Verlust.

Männer und Frauen aber, die zwar leiblich am Leben geblieben sind, geistig und seelisch trotz allem Geschehenen jedoch noch nicht wieder an den lichten Tag zurückgefunden haben, oder die sich nicht darnach sehnen, zurückzu f i n d e n , sind für die Zukunft verloren. Besser: sie sind für die Zukunft g e f ä h r l i c h !

Und nun wollen wir mit dem Denken beginnen, und zwar zuerst mit dem Z u r ü c k denken.

Wir gehen dabei nicht auf Friedrich den Großen, nicht einmal auf Bismarck zurück. Wir bleiben ganz in der Nähe, denn was wir selbst erlebt haben, das können wir am ehesten nachprüfen, am ehesten ü b e r denken. Wir können am meisten daraus lernen. Es wird uns bei dieser Rückwärtsschau nicht gehen wie Lots Weib, das zur

Salzsäule erstarrte, als es nach dem durch Gottes Zorn dem Untergang geweihten sündigen Sodom und Gommorrha zurückblickte. In unserer Schau nach dem Zurückgelassenen ist nichts von Bedauern, nichts von Heimweh nach dem, was untergegangen ist, untergehen mußte. Unser Zurückdenken bedeutet Vorbereitung des Zukünftigen, Besseren, Sichereren!

An was aber wollen wir nun zurückdenken, um den zähen Willen zum Neuen in uns aufleben zu lassen?

Wir denken an unseren Gatten, unseren Sohn, unseren Freund, unseren Bruder, die dem Moloch Krieg auf die glühenden Arme gelegt worden sind. In irgend einem fernen Land, dessen Namen wir kaum aussprechen können, oder gegen das Ende des Krieges räumlich vielleicht ganz nahe, so nah, daß eine Mutter ihren Sohn mit ausgestreckten Armen hätte auffangen können, sind die hingemähten Krieger fürchterlichen Tod gestorben.

Wir denken an unsere Söhne, blutjunge Burschen oft, die nach langer Zeit auf einige Tage zu uns in Urlaub gekommen waren, die, als die Abschiedstunde nahte, mit schwerem Herzen sich von uns losrissen, weil die Fratze des Krieges und all seine Sinnlosigkeit sie schaudern ließ! Wie in ihren Augen die mannhaft versteckte, dem Mutterblick aber doch offenbare Frage lag: „Mutter, kannst du mich denn nicht schützen vor all dem, was ich sehen, leiden und — — tun muß?"

Wir wollen daran denken, wie wir schmerz- und schamerfüllt ob unserer Ohnmacht die Augen senken und auf diese uneingestandene Frage die stumme beschämende Antwort geben mußten: „Ich kann nichts für dich tun! Ich hätte es viel, viel früher tun müssen! Ich hätte es tun müssen, als es noch Zeit dazu war!"

Wir wollen daran denken, wie wir nicht mehr Ruhe noch Rast hatten, als die Sirenen heulten vom frühen Morgen über den Tag und die Nacht bis wieder zum Morgen! Als wir hochbepackt, atemlos, keuchend wie gehetztes Wild dem Tod davon jagten! Als wir zu keiner Stunde am Tag wußten, ob nicht wir selbst oder das eine oder andere unserer Lieben im nächsten Augenblick zerschmettert, zerstäubt, verkohlt, grausamsten Tod würde erleiden müssen!

Wir müssen an die Zeit denken, wo es unter Umständen ein Abschied für immer war, wenn wir ein Kind zum Bäcker, zum Kaufmann schickten, wenn der Mann morgens zur Arbeit ging, wenn man selbst unterwegs sein mußte, fern von einem schützenden Stollen!

Wir müssen uns erinnern an die Tage und Nächte, da wir noch die lähmende Angst haben mußten, die SS jage uns beim Näherkommen des Feindes laut höchstem Befehl von Haus und Hof, zünde unsere Behausungen an oder befehle uns, unser Obdach selbst in Brand zu stecken.

Wir wollen an die Tage denken, da wir noch nicht wußten, ob unsere Stadt, unser liebes Dorf Kriegsschauplatz mit allem damit verbundenen Entsetzen werden würde! Wir müssen zurückdenken an die Zeit, da die Angst uns schüttelte vor dem, was die nächste Stunde wohl bringen konnte.

Wir müssen an die Millionen Männer denken, an unsere Väter, Gatten, Söhne, Brüder, Freunde, die — obwohl der Krieg längst zu Ende ist, infolge dieses irrsinnig falschen Weges, den unser Volk eingeschlagen hatte, der Heimat noch heute ferngehalten sind!

Wir denken zurück, wie Johannes Müller in seinen „Grünen Blättern" (1940) schrieb:

> „Und dann frage ich Sie einmal ernst und aufrichtig: Ist es denn wirklich so etwas Entsetzliches, wenn ein junger Mensch draußen fällt im Kampf gegen den Feind?" Und wie wir Mütter schweigen mußten, statt in einen Schrei auszubrechen, in den Schrei nämlich: „Ja, es ist etwas Entsetzliches, und wir haben unsere Kinder nicht geboren und groß gezogen, damit ihr Leben unvollendet sinnlos vergeudet werde!"

Wir denken daran, daß wir schweigen mußten, als dieser Herr Müller schrieb: „Ich finde es erbärmlich, unsachlich, opferscheu, stur darauf zu bestehen: „Unter keinen Umständen Krieg ...." Diese sentimentale und egoistische Auffassung ist niederträchtig und schimpflich!"

Oder: „Deshalb sollten wir uns freuen, wenn unsere Angehörigen daran (am Krieg) beteiligt sind. Sie sind dann jedenfalls nicht mehr sinnlos verwehende Blätter im Sturm der Zeit, die irgendwohin fallen und da so lange herumflattern, bis sie verfaulen, sondern eingegliederte Organe in dem großen Schöpfungsprozeß der Geschichte ....."

Wir müssen daran denken, daß wir auch dazu schweigen mußten, schweigen, schweigen! Und — — daß unsere Söhne „sinnlos verwehenden Blättern" gleich nun tatsächlich irgendwo in der Welt „verfaulen"!

Wir mußten schweigen, als eine Frau schrieb (Lydia Gotschewsky in „Männerbund und Frauenfrage"): „Es wird die Aufgabe der neuen Bewegung (nationalsozialistischen Frauenbewegung) sein, das Heldentum der Wenigen zum verpflichtenden Vorbild für alle zu machen. In Zukunft muß die Front der Frauen lückenlos und geschlossen sein; jedes Ausbrechen aus dieser Front, jedes „Miesmachen" und Jammerbriefe-Schreiben muß als Landesverrat gebrandmarkt werden!"

Oder: „Pazifismus in jeder Form wird von der Geschichte mit dem Makel belastet, die Zukunft des Volkes und dessen Kinder der Ruhe und Bequemlichkeit der Gegenwart zum Opfer gebracht zu haben!"

Oder: „. . . . jedes Blühen und Gedeihen eines Volkes ruht auf dem dunklen Grund zuvor geleisteter Opfer . . . ."

Als diese unmütterliche, unweibliche Frau das schrieb, mußten wir schweigen. Heute dürfen wir sie fragen: „Ist es nun auch dir genug der „Unruhe" und der „Unbequemlichkeit"? Ist auch dir der „Grund" für das „Blühen und Gedeihen" unseres Volkes nun „dunkel" genug gefärbt?"

Wir mußten auch still sein zu den unverhüllten Forderungen schrankenloser Paarung; und wir haben in Scham schweigen müssen, als Hanns Johst schrieb: „Man wird jede Sitte verneinen, die in irgendeiner Form die Möglichkeit einer Geburtsstunde verhindert oder auch nur erschwert!"

Und wer von uns erglüht nicht in jähem Erschrecken, und fühlt den Hammer seines Herzens unerträglich gegen die Brustwand schlagen, wenn vor seinem geistigen Auge plötzlich eine Frau auftaucht, gebeugt unter der für ihre Kräfte viel zu schweren Last, die sie auf dem Rücken schleppt! Außen auf den Riesensack war ein Kochtopf geschnallt, eine aufgerollte Decke festgebunden.

Heute wissen wir, wohin ungezählte solcher Frauen und Männer gingen! Sie mußten dahin wandern, von wo es für die Allermeisten keine Rückkehr mehr gab.

Bei diesem so notwendigen Zurückdenken an die vielen schrecklichen Dinge, gegen die wir uns nicht stemmen konnten, die über uns hereingebrochen sind, die wir — wenn auch aufgewühlten Herzens — geschehen lassen mußten, müssen wir Halt machen, wenn wir beginnen, uns in Haßgefühlen zu verstricken gegen alle die, die wir für das namenlose Elend unseres Volkes mitverantwortlich machen müssen. Es sind viele, gegen die wir Bitterkeit, ja Auflehnung und Haß empfinden würden, wenn wir uns nicht Zügel anzulegen vermöchten. Was haben sie aus unserem Leben gemacht? Diese Anklage hätten wir ihnen täglich, stündlich entgegenzuschleudern.

Aber — wo immer wir Menschen begegnen, die von dem verhängnisvollen Weg wegstreben, der unser Volk in die dicke Finsternis geführt hat, die uns umgibt, ziemt es uns nicht, uns in modernem Pharisäertum abzuwenden. Das wird uns nicht immer leicht fallen, denn wir sind Menschen, und allzu menschlich ist es, das eigene Unglück vermeintlich dadurch herabzumindern, daß man sich am Unglück der Urheber unseres Jammers weidet! Wenn wir jedoch daran denken, daß „Haß" eine nationalsozialistische Tugend war, wird uns diese Haltung leichter fallen. Ein Befehl Himmlers lautete: „Soldaten, werdet nie weich! Soldaten, werdet roh!" Und Hanns Johst schrieb: „Die Zeiten der Sentimentalitäten sind vorüber. Wer weich wird, ist schon vom Dolch des Hasses durchstochen!"

Unsere Aufgabe heißt — im Gegensatz zu der der nun abgeschlossenen trüben Epoche — nicht Haß, sondern Wachsamkeit!

Damit sind wir vom Zurückdenken bei unserer zweiten Denkpflicht, dem Nachdenken angelangt.

Der Krieg in Europa ist aus. Sind wir uns dieser Tatsache bewußt? Kaum! Wir bluten aus vielen Wunden; wir sind noch wie betäubt vom Durchlittenen, dem Unwahrscheinlichen, Schrecklichen. Wir wandeln wie ausgeblutete schemenhafte Träumer durch unsere mühsalbeladenen Tage. Wir sind noch belastet mit Kummer vielfacher Art. Wenige können die Augen schon wieder lichtwärts erheben. Nicht viele blieben unzerzaust von dem Orkan, der über uns hinwegbrauste, und können nun das Gewesene zurücklassen und Kraft für das Gegenwärtige und das Zukünftige aufbringen. Wir haben noch keine Distanz zu den Dingen, wir haben das Rüstzeug zum Nachdenken noch nicht! Wir haben keine Kraft, keinen Mut und keine Zuversicht!

Und doch müssen wir anfangen, darüber nachzudenken, wie wir das Leben wieder beginnen wollen. Das Leben, nicht das unbeteiligte Dahintaumeln! Das aktive, das unseren Anteil heischende Leben! Ein Leben, das wir beeinflussen, gestalten, dem wir ein freundliches Gesicht ohne drohende Wetterwolken auf der Stirne geben sollten! Wir haben noch keine Kraft, Bausteine für die Brücke in die Zukunft zu sammeln! In eine Zukunft, die von dem abhängen wird, was wir heute und morgen und übermorgen und in den sich anreihenden Tagen, Wochen, Monden und Jahren tun, reden, denken und fühlen werden!

Bald nach der Besetzung sagte ein amerikanischer Offizier zu mir: „Die deutschen Frauen müssen es machen! Wenn es die deutschen Frauen nicht machen, sehe ich keine Chance für Deutschland!"

Ein anderer aber meinte geringschätzig: „Ach, die deutschen Frauen! Wir haben in London oft von ihnen gesprochen. Sie interessieren sich ja für nichts anderes als für ihren Haushalt!"

Ist wirklich „nicht viel von uns zu erwarten?" Sollte dieser Amerikaner recht haben? Interessieren wir Frauen uns für nichts als für unseren Haushalt? Nicht dafür, wie die Welt aussehen wird, in der unsere Kinder einst ihr Menschenglück suchen werden? Ob sie Arbeit und Brot finden können und in einem friedenerfüllten, wohl geordneten Zeitalter ihr Teilchen beitragen dürfen zum Fortschritt der Menschheit, ihrer Kultur, ihrem Weiterschreiten im Moralischen, ihren menschlich-schönen Beziehungen, ihrer staunenswerten Zivilisation, die das Leben zu einer köstlichen Reise machen könnte?

Interessieren wir uns wirklich nicht dafür, ob wir unsere Kinder in eine Welt gesicherten Friedens hineingebären, oder . . . . ?

O doch! Wir interessieren uns! Wir werden das beweisen.

Gewiß: unser Haushalt muß uns heute notgedrungen über alles interessieren. Dabei handelt es sich nicht um Mätzchen und Firlefanz, es handelt sich um Leben und Sterben unserer Lieben: um Hungern und Frieren! Und wir sind müde! Nein, das Wort „müde" trifft nicht das Richtige! Zermürbt sind wir. Unsere Seelen sind wund. Es wird lange dauern, bis wir gesundet sein werden und dem Leben wieder mit jener Selbstverständlichkeit und heiteren Unbefangenheit werden

2

gegenübertreten können wie ehedem. Zuviel Angst hat uns geschüttelt! Zuviel Gejagtsein uns entnervt! Grenzenloses Preisgegebensein erbarmungslosen Gewalten gegenüber hat uns scheu gemacht wie verfolgte Tiere. Das Unfaßlichste haben wir erleiden, geschehen lassen müssen. Gram und Scham haben uns alle Lebenssicherheit genommen. Es gibt viele Stunden, in denen wir der beinahe unwiderstehlichen Sehnsucht kaum Herr werden können, jedem Kampf entrückt, friedvoll in der Erde zu ruhen.

Und doch! Wir dürfen nicht stehen bleiben! Wir Frauen werden „es" machen! Wir werden die deutsche Chance wahrnehmen, wir werden das Kommende gestalten helfen, wir werden zeigen, daß wir in der grausam harten Schule gelernt haben, daß wir uns unserer Aufgabe bewußt geworden sind, daß es nicht damit getan ist, unsere Lieben satt zu machen und sie zu kleiden! Daß wir darüber hinaus noch viel, viel Wichtigeres, Grundlegenderes für die uns Anvertrauten tun müssen! Daß wir das Wichtigste tun müssen, das wir — gestehen wir es mutig ein — nicht getan haben, als wir es hätten tun sollen, vielleicht noch hätten tun können!

Was ist nun das „Wichtigste"?

Ich brauche die Antwort darauf nicht zu geben. Jedes wird mir sagen: das Wichtigste ist, für Sicherheit zu sorgen! All unser Mühen um Nahrung, Kleidung, Schulung, um einen aussichtsreichen Start unserer Kinder ins Leben ist illusorisch, wenn wir es nicht zuwege bringen, wirtschaftliche und kriegerische Erschütterungen auszuschalten!

„Kriegerische Erschütterungen ausschalten!" Was für ein einfaches Rezept! In Wirklichkeit schließt es all das Schwere, das Mühselige, die gigantische Arbeit von uns Frauen in sich, die die Zukunft von uns fordert. Wir werden dieser Riesenarbeit nicht ausweichen! Wir wollen „es" schaffen! Wir werden mindestens beginnen, „es" zu schaffen!

Dazu müssen wir vor allem wachsam sein, sehr wachsam. Wohl wird es uns in nächster Zukunft nicht allzusehr beschäftigen müssen, wie wir eine erneute Aufrüstung verhindern können. Das besorgen bis auf weiteres andere Menschen für uns. Aber wir müssen diese Zeit nützen, um die innere Abrüstung unseres Volkes zuwege zu bringen! Davon sind wir noch himmelweit entfernt! Wenn sogar allgemein geliebte Autoritäten ein stehendes Heer, eine starke Militärmacht als ein wieder zu erstrebendes Ziel betonen, dann wissen wir, welche Arbeit wir zu leisten haben werden!

Wie wollen wir ihr zu Leibe rücken? Bei dieser Frage beginnt unser Vorausdenken, unser Umdenken!

Wir Frauen dürfen gottlob alles nicht nur vom politischen, sondern zunächst vom menschlichen Standpunkt aus werten. Die Männer dürften das auch, aber manche unter ihnen bilden sich ein, ihre Ehre verbiete es ihnen. Uns verbietet unsere Ehre nichts, als das Eine: zuzulassen, daß unsere Kinder, die Kinder aller

Mütter auf Erden, jemals wieder — und sei es infolge einer angeblich noch so „hochpolitischen Notwendigkeit" — sich in Haß gegeneinander verkrampfen und sich das Allerschlimmste, das unvorstellbar Unmenschliche zufügen!

Wir werden darum äußerst wachsam sein, damit die Erziehung unserer Jugend in einem neuen Geist erfolgt.

Wie ist nun dieser „neue Geist", von dem so viel die Rede ist, und von dem man noch so wenig spürt?

Der vom „neuen Geist" Erfüllte weiß nichts von Hochmut und Ueberheblichkeit auf Grund seiner Staats- oder Rassezugehörigkeit! Er weist es als lächerlich zurück, sich als besonders wertvoll zu fühlen bloß deshalb, weil er zu dem und dem Volk gehört! Er will *selbst* etwas sein!

Der „neue Geist" sagt: „Die *Erde* ist meine Heimat" und sucht darnach zu handeln. Jeder, der von diesem Geist erfüllt ist, wird — was die Befriedung seiner Heimat anbelangt — instinktiv das Rechte tun. Kein Mensch ist so entartet, daß er seiner *Heimat* schaden, sie mit Krieg überzogen sehen möchte!

Die „*Neugeistigen*" sind *Demokraten*, d. h.: sie lassen sich und ihr Land nicht regieren von einem *Auto*kraten, sie wissen sich *mit*verantwortlich für die Entwicklung, sie fühlen die Verpflichtung und den Mut, die Dinge zu beeinflussen.. Sie sind tolerant, d. h. sie bemühen sich, den Gedankengang anderer zu verstehen. Sie wissen (und handeln auch darnach), daß die *Ellenbogen nicht* der wichtigste Körperteil sind! Sie überprüfen, was man ihnen als „Tugenden" anpreist. Als Kriterium gilt ihnen jederzeit die Ueberlegung: „Nützt oder schadet das Angepriesene dem Gesamtleben?" Dann fällt ihnen die Entscheidung leicht. Die, die ihre Herzen diesem neuen Geist öffnen, wollen *Mut* beweisen, wirklichen, charakterlichen, geistigen Mut!

Wie erreichen wir, daß sich dieser „neue Geist" der Jungen und der Alten bemächtigt?

Wir Frauen müssen vor allem auf Dinge den Finger legen, die diesem neuen Geist widersprechen. Wir werden die Literatur aufmerksam beobachten, die Zeitungen, Zeitschriften, die Radiosendungen! Wir werden das Gedruckte nicht nur gewohnheitsmäßig „überfliegen", eine Erzählung nur nach ihrem Spannungsgehalt verschlingen, Radiodarbietungen nicht gedankenlos anhören! Wir werden uns bei allem, was wir hören oder lesen, *kritisch* einstellen! Unser oberstes Kriterium sei: „Wirkt dieser Aufsatz, diese Geschichte, dieses Gedicht im Sinne des „neuen Geistes" oder gegen ihn?"

Jede von uns — auch die im fernsten Ort — kann also aktiv sein, denn in jedes Dorf, auf jeden Hof kommen Zeitungen, Bücher, im entlegensten Haus ist in der Regel ein Radio. Wer immer etwas liest, etwas hört, der soll es kritisch hören. Er verwahre sich gegen alles, von dem er denkt, es sei wider den „neuen Geist". Wir brauchen Millionen aufmerksamer Augen und Ohren! Alle müssen helfen, jede muß Hüterin des „neuen Geistes" sein! Rückfälle in den „alten" Geist des Nationalsozialismus, Nationalismus, Chauvinismus, des Rassenhasses werden wir schnellstens zu heilen versuchen, wenn auch durch bittere Medizin. Wir Frauen der Welt — auch viele, viele deutsche Frauen! — sind zuvörderst Menschen geblieben! Wir sind Mütter, die jungen Frauen wollen Mütter werden! Eine Mutter gibt Leben, hegt es, bringt bei Tag und Nacht Opfer, um dieses neue Leben zu fördern. Eine Mutter kann auf den Schlaf verzichten, sich Essen versagen. Sie kann Strapazen ertragen und bis zur Selbstentäußerung anspruchslos sein! Alles, um ihr Junges zu fördern! Einer Mutter bedeutet Krieg Gefahr, Siechtum, Tod für ihr Kind. Der jüngst verflossene Krieg lehrte es, daß nicht nur die Krieger, also unsere herangewachsenen Kinder, bedroht sind, sondern daß diese Bedrohung in fast gleicher Weise für das kleine Kind, ja auch für die Mütter selbst, gilt. Wie erst würde dies für den nächsten Krieg gelten, der mit den wissenschaftlichen End-Errungenschaften beginnen würde! Und wo würde er enden? Wer will es voraussagen? — Frauen und Mütter bäumen sich darum instinktiv gegen alles auf, das uns einer erneuten Gefahr wieder nahe bringen könnte.

Wir Frauen sind uns völlig klar darüber, daß Kriege vielerlei Gründe haben können. In der Gegenwart oder noch mehr in der Zukunft werden es nicht mehr dynastische oder religiöse Ursachen, sondern hauptsächlich wirtschaftliche und soziale Wünsche oder Bedürfnisse sein, die einen Krieg auslösen können. Daß aber wirtschaftliche Wünsche oder vielleicht sogar wirtschaftliche Nöte allein nicht ausreichen, ein Volk kriegsbereit zu machen, das haben wir vor Ausbruch des jetzigen Krieges gesehen. Sogar für das deutsche Volk genügte die Aufstachelung bloßen Neides, nackter Habsucht nicht, um es bereit zu machen, in anderer Menschen Vaterländer einzubrechen. Man mußte dazuhin für moralische Entrüstung sorgen. Man inszenierte die „Propagandaleichen" und erreichte, was man brauchte: die von Göbbels späterhin noch des öfteren so dringend benötigte „Volkswut". Man erweckte dadurch in vielen Zweiflern die Ueberzeugung, für eine gerechte, ja für eine heilige Sache zu kämpfen.

Aber wir sind ja beim „Voraus denken", nicht mehr beim Zurückdenken.

Wir Frauen wissen also — obwohl wir „nur" Menschen und keine Politikerinnen sind, daß man dafür sorgen muß, die wirtschaftlichen Verhältnisse eines Volkes in Ordnung zu halten oder in Ordnung zu bringen. Gelingt dies nicht, dann wirkt die soziale Not als gefährlich günstiger Boden für jene Sorte Menschen mit der feinen Witterung für skrupellose „Geschäfte". Diese „Geschäftemacher" wiederum bedienen sich der Ehrgeizlinge und Hasardeure. Sie finanzieren diese dunklen Typen, die sich dazu hergeben, in einem Schwall großer Worte und propagierter falscher Ideale das dahinter lauernde Geschäft zu verhüllen.

Wir Frauen wissen auch, daß nicht nur die Wirtschaft unseres Volkes in Ordnung sein muß, wir wissen, daß diese Forderung für die Völker der Erde überhaupt gilt. Und wir wissen darüber hinaus, daß die Menschen (diesmal meine ich mit „Menschen" nicht nur die Frauen, sondern Männer und Frauen) eine so überragende Intelligenz besitzen, daß es ihnen ein viel leichteres sein müßte, diesen Weltwohlstand herzustellen, als solche Kriege zu organisieren, wie der verflossene es war, oder gar wie der zukünftige es sein würde.

Die wirtschaftliche Entwicklung eines Volkes spüren wir Frauen am allermeisten. Wir haben tagaus, tagein gewissermaßen Privatunterricht in Wirtschaftspolitik. Unser Geldbeutel ist in der Regel der beste Barometer. Die Tatsache, ob es das Notwendige zu kaufen gibt und wenn, ob wir es kaufen können, das zeigt uns, ob die Wirtschaft in Ordnung ist.

Wir sehen: „Politik" spielt in jeder Stunde unseres Hausfrauendaseins eine Rolle, ohne daß wir es wissen oder daß wir diese Erscheinungen unseres täglichen Lebens mit dem großen Wort „Politik" zu benennen pflegen. Wir nehmen sie mehr oder weniger gedankenlos oder mit mehr oder weniger Murren und Knurren und seelischer Verstimmung hin. Sobald wir uns darüber klar sind, daß gute oder schlechte Politik weithin die Tonart unseres Alltagslieds bestimmt, werden wir versuchen, uns damit auseinanderzusetzen und Einfluß darauf zu gewinnen. So viele von uns stellen sich unter „Politik" etwas Ungeheuerliches vor! Mindestens aber etwas, das mit viel Tabaksqualm und gewaltigen Bierhumpen verbunden ist!

Ich bin als Kind einmal in einem kleinen Landchaisle gefahren. Das Gefährt näherte sich einem Baum, an dem ein neues, in der Sonne glänzendes Rechenbündel aufgestellt war, die Stiele nach unten. Der Gaul, ein dünner, nervöser Springer, blickte scheel an seinen Scheuklappen vorbei nach dem hellen, höchst verdächtigen Etwas, stieg in die Höhe, raste dann davon, kurvte um eine scharfe Ecke, warf das Kütschlein um, brach die Deichsel ab und — — ward nicht mehr gesehen! So, wie dieser Gaul Angst hatte vor etwas Selbstverständlichem und vor ihm floh, so halten es viele von uns Frauen mit der Politik: wie ein „scheuer Gaul" gehen wir an diesem Ungetüm vorbei, das in Wirklichkeit gar kein Ungetüm ist, und lassen lieber die ganze Kutsche mit allem, was drinnen ist, vor die Hunde gehen, anstatt in ruhiger Vernunft das „Rechenbündel" einmal in Augenschein zu nehmen. Wie rächt sich die Tatsache, daß wir Frauen uns benommen haben wie jenes furchtsame Rößlein! Die ganze Menschheit zuckt vor Schmerzen wie ein mit Wunden bedeckter Leib. Und unser Volk? Es hat nun zwei Kriege verloren, ungeheure Kriege! Wird es sich erholen? Wird es endlich lernen, daß seine „Politik" schlechte Politik war? Wird es aus der jüngst erhaltenen, in ihrer Folge noch immer bitteren Lektion nun den einzig richtigen Schluß ziehen?

Die Antwort auf diese Frage klingt beklommen. Es scheint seltsamerweise für viele leichter zu sein, auf einem mit Nägeln bespickten Brett zu liegen, als frei und ehrlich zuzugestehen: „Es war falsch! Wir waren einem schrecklichen Irrtum unterworfen! Wir haben geglaubt, es sei das Rechte, was man uns zu tun befahl! Wir waren überzeugt, nur aus dem Grund Böses tun zu müssen, um noch Böserem zuvorzukommen! Wohl können wir nicht ungeschehen machen, was an Fürchterlichem geschehen ist, aber wir widerrufen alles, was wir aus einem falsch verstandenen Ehrbegriff heraus und aus Verstrickung in das dickste Lügennetz der Weltgeschichte zu tun veranlaßt wurden!

Was können nun wir Frauen, die wir so gar keine Politikerinnen, die wir „nur Menschen" sind, beitragen, um diese Umkehr oder Abkehr zu erleichtern?

Viel, wenn nicht alles!

Wir sind sechzig Prozent Frauen! Sechzig Prozent! Was bedeutet das?

Das bedeutet nicht, daß wir Frauen nun „herrschen" wollen! Aber es bedeutet, daß nichts in der Welt uns rechtfertigen könnte, wenn unser Vaterland erneut in eine Katastrophe hineingeriete!

Denkt daran: „Die Frauen müssen es machen!"

Was für ein Wort! Wieviel Verantwortung begreift es in sich! Was für Möglichkeiten schließt diese Ueberzahl von Frauen in sich!

Wenn wir Frauen zu unseren instinktiven Gefühlen der Mütterlichkeit auch noch richtig werten, richtig denken, richtig zurückdenken, nachdenken, vorausdenken würden, dann, nun — dann müßte es uns trotz allem nicht bange sein um die Zukunft unserer Heimat. „Lieb Vaterland, magst ruhig sein!" Nicht, weil die „Wacht am Rhein" steht, sondern weil landauf, landab die Frauen „fest und treu" stehen und alle Dinge unter dem einen Motto verfolgen: „Nie wieder Krieg!" Wir werden die äußerste Sorgfalt anwenden, um unsere Kinder in diesem Sinn zu erziehen! Darüber hinaus aber werden wir unermüdlich darauf bedacht sein, daß der „neue Geist" auch in Schulen und Hochschulen und überall im menschlichen Zusammenleben die richtungweisende Tonart wird! Millionen von uns werden die kulturelle Entwicklung mit kritischer Aufmerksamkeit verfolgen und ihr Veto einlegen, sobald sie entdecken, daß gefährliche Nebenwege eingeschlagen werden! Sie werden das „politische Wetter" außerdem am Wirtschaftsbarometer verfolgen und ihrerseits darauf bestehen, daß in wirtschaftlicher Hinsicht die Bahnen beschritten werden, die die größte Gewähr für eine friedliche Aufwärtsentwicklung zu versprechen imstande sind! Sie werden in Zukunft über den Begriff „Mut" ernsthaft nachdenken und jedem Mann ihre besondere Anerkennung zeigen, der im Gegensatz zum befohlenen

„Herdenmut" „Einzelmut" beweist. Sie werden den Beweis erbringen, daß s i e den neuen Geist der Duldsamkeit, der Demokratie, der Ablehnung von Gewalt, der Abkehr von lächerlicher Selbstüberheblichkeit täglich und stündlich s e l b s t zu leben bemüht sind!

Sie werden sich aus Müttern dem hilflos-zarten Einzelwesen gegenüber zu Müttern ihres Volkes, ja zu Menschheits-Müttern entwickeln! Zu Müttern, die alles Gute und Liebenswerte ihres „Kindes" dankbar anerkennen, es hegen und pflegen, die aber andererseits s t a r k und e n t s c h l o s s e n genug sind, auf F e h l entwicklungen den Finger zu legen und charakterliche Schattenseiten mit Licht zu überhellen, irriges Denken zurecht zu rücken und verhängnisvolle W e r t l e h r e n ihres Bombastes zu entkleiden.

Wir Frauen hier werden außerdem dem Ausland beweisen, daß sich im geschlagenen Deutschland ein Aufbruch der Frauen vollzieht! Daß diese Frauen es unternehmen, die fürchterliche Niederlage in einen S i e g umzuwandeln! In einen Sieg, der uns das Recht geben wird, unsere Augen bald wieder erfüllt von Zuversicht und gesundem, begründetem Stolz zu erheben und vor unsere Schwestern jenseits der Grenzen hinzutreten und zu sagen: „Das haben wir geschafft! In Deutschland lebt ein neuer Geist!"

Denkt immer daran: **Wir sind sechzig Prozent Frauen! Unsere Kinder und Enkel werden dereinst Rechenschaft von uns fordern! Sie sollen in Ehrfurcht und Dankbarkeit von uns reden können!**

J e t z t haben wir die Möglichkeit, den v e r l o r e n e n Krieg in einen g e w o n n e n e n Krieg zu wandeln! Jetzt oder nie können wir unserem Vaterland sein Gesicht — ein schönes, sympathisches, liebenswertes Gesicht geben!

Vergeßt es nie: „Die deutschen Frauen müssen es machen! Es liegt an uns!

„Internationale Frauenliga für Frieden und Freiheit"

Gruppe Württemberg, Stuttgart/Sillenbuch

Landschreiberstraße 19.

Rückblick und Ausschau zur Friedensarbeit der Frauen

Von Betty Binder-Asch

Als im Jahre 1914 die drohenden Gewitterwolken sich immer mehr zusammenballten und Mißtrauen, Haß und Feindschaft am Körper der Menschheit fraßen, waren es vor allem die Frauen, die warnend ihre Stimme erhoben. Aber man hörte sie nicht. Angefeindet und als Vaterlandsverräter bezeichnet, fanden sie trotz allem die Möglichkeit, sich im neutralen Auslande zu treffen, um gemeinsam zu beraten, wie dem Wahnsinn des Blutvergießens Einhalt zu gebieten sei.

Im Mai 1915 fand damals in Holland die Gründung der

Internationalen Frauenliga für Frieden und Freiheit

statt, die dann in fast allen Ländern Europas und in sehr vielen Ländern der anderen Kontinente ihre tapfere und unermüdliche Arbeit begann und nie erlahmte. Mitten im Toben des Krieges, entsandte die Liga ihre Delegierten von einer Regierung zur anderen, in die Vereinigten Staaten Amerikas, nach England, Frankreich, Deutschland, Belgien, Rußland, Skandinavien, zum Papst usw. Ihre Forderungen auf schnellste Beendigung des Weltkrieges wurden anerkannt aber leider war ihr Einfluß noch zu gering, es fehlte die Masse der Frauen zur Unterstützung.

Mit größter Dankbarkeit und Hochachtung gedenken wir der Frauen, die dieses Werk begannen und dann weiterführten, nie ruhend, nie verzagend. Nur wenige Namen können hier angeführt werden, aber doch seien einige hervorgehoben.

Da ist vor allem Jane Addams, die bis zu ihrem Tode die gesamte Internationale Frauenliga leitete. Diese außergewöhnliche, einzigartige Frau, die in ihrem Vaterlande, den Vereinigten Staaten Amerikas, vor allem für ihre soziale Arbeit (Hull House, Chicago) in der ganzen Welt, aber auch für ihre Friedensarbeit, bekannt war und tief verehrt wurde. Eine Frau von unerhörter Beweglichkeit des Geistes, von großer Güte, von umfassenden Kenntnissen, von Charme und Humor, dabei ruhig und anspruchslos, verstand sie es, wie keine, nicht nur zu führen, sondern auch alle Schwierigkeiten und Komplikationen zu meistern und auszugleichen. Für ihre großen Verdienste um die Verständigung der Völker erhielt Jane

Addams im Jahre 1931 den Nobelpreis und wir dürfen wohl sagen, daß damit auch die Internationale Frauenliga als solche mitgeehrt und ausgezeichnet wurde. Möge Amerika in diesen harten und traurigen Jahren der Welt wieder eine so segensreiche Persönlichkeit schenken!

In England war es Helena Swanwick, die spätere Vorsitzende der Liga, die wiederholt auch Mitglied der englischen Delegation zum Völkerbund war, und die in ihrem Lande zum "Companion of Honour" ernannt wurde, eine besondere Ehrung zum Danke für ihre unermüdliche Tätigkeit für den Weltfrieden. Ihre Landsmännin Mary Sheepshanks ist vielen bekannt, da sie mehrere Jahre das Generalsekretariat der Liga in Genf, das Maison Internationale leitete. In Frankreich waren es Gabrielle Duchesne und Mademoiselle Rolland, die Schwester des Dichters, in der Schweiz Clara Ragaz und Dr. Gertrud Woker. In Oesterreich Yella Hertzka, in Deutschland Dr. Anita Augspurg und L. G. Heymann. Nur an diese wenigen Namen sei hier erinnert.

Als die Welt ermüdet vom Blutvergießen war, da trat die Internatioale Frauenliga in Zürich 1919 zusammen, um wiederum zu beraten, wie dem alles zerstörenden Weltkriege ein Frieden folgen könne, der den Völkern Vertrauen zurückgebe, besonders aber Abrüstung, Sicherheit und friedliche Zusammenarbeit gewährleiste. Delegierte gingen von Zürich nach Paris und wurden von den Siegern des Weltkrieges empfangen. Mit den größten Hoffnungen wurde in allen Ländern die Arbeit aufgenommen, „denn nur wo Friede ist, kann Kultur, geistiger Aufstieg, wirtschaftliche Gerechtigkeit sich entfalten." Nur wo Freiheit ist, kann alles blühen und gedeihen. Daher kämpfte die Liga von nun an für vernunftgemäße Umgestaltung des Wirtschaftssystems, und für Völkerverständigung.

Als Vorbereitung zur Abrüstungskonferenz des Völkerbundes 1932 unternahm die Frauenliga eine Weltabrüstungsaktion unter der Devise: „Der Krieg ist geächtet, deshalb fordern wir die Aechtung der Kriegsmittel!" In 32 Ländern wurden dazu Unterschriften gesammelt. In Deutschland war die Arbeit sehr schwierig und auch der Erfolg trotz intensivster Propaganda recht schwach. Hervorzuheben ist dagegen der Riesenerfolg in der Schweiz, den diese Aktion dort hatte. Auch in anderen Ländern, so z. B. in Frankreich, Holland, Skandinavien war das Ergebnis sehr günstig. An der Spitze marschierte England. Hier waren es vor allem die hohen Vertreter der Kirche, hervorragende Führer sämtlicher Parteien und bedeutende Universitätsprofessoren, die öffentlich dafür sprachen.

Die letzte Tagung, von der wir deutschen Frauen wissen, fand in Grenoble 1932 statt. In 45 Ländern hatten die Frauen die Gewissen wachgerüttelt und gezeigt, daß nur die **totale Abrüstung der Weg zur Beseitigung von Unsicherheit und Kiegsgefahr sei.** Die Frauenliga forderte die Regierungen auf, ehe es zu spät sei, dem vereinten Ruf der Völker nach Frieden zu entsprechen durch Abschaffung von Armeen und Waffen und durch Einführung nationaler und internationaler Reformen. Aber ach! — man wollte die SOS-Rufe nicht vernehmen! Auch der Schrei in der Zeitschrift der Deutschen Sektion: „Der Zeiger steht auf zwölf, entsagt der Gewalt auf ganzer Linie", verhallte ungehört.

Und nun stehen wir vor Trümmern, und obgleich die Welt überreich an Gütern ist, sterben Millionen den Hungertod. Mahnend erheben die Millionen Toter und Verstümmelter aller Länder ihre Stimme, die Verschleppten und zu Tode gemarterten, das Elend der Kinder, sie rufen die Frauen, sie rufen die Mütter: **Nie wieder Krieg!**

16

Unter den Würdigungen von Anna Haags Lebenswerk greifen wir hier den kurzen Beitrag von Elisabeth Zeile heraus, der 1978 in der Zeitschrift »Berliner Freie Information« erschien. Er vermittelt etwas von der Atmosphäre bei dem Kampf um das Recht auf Kriegsdienstverweigerung.

Anna Haag – eine Unbekannte?

Anlässlich des 90. Geburtstages von Anna Haag am 10. Juli 1978 gratulierten Vertreter der Stadt Stuttgart, des Landes Baden-Württemberg und der SPD der betagten Jubilarin und würdigten sie als »Seniorin der Sozialarbeit« und als »Politikerin der ersten Stunde«. Auch ihre schriftstellerische Arbeit fand Anerkennung, ebenso wurden auch ihre Verdienste um den Wiederaufbau der zerstörten Stadt Stuttgart erwähnt. Im Oktober 1978 erhielt Anna Haag die hohe Auszeichnung der Bürgermedaille der Stadt Stuttgart für ihre großartigen Leistungen.

Keine Erwähnung fand jedoch ein Verdienst von Anna Haag das von weit größerer Bedeutung war – und weiterhin sein wird – als alle anderen Initiativen der engagierten Frau und Mutter.

Als Landtagsabgeordnete brachte Anna Haag nach dem Zwei ten Weltkrieg den Initiativgesetzentwurf über die Kriegsdienst verweigerung ein, der am 22. April 1948 vom Landtag Württem berg-Baden angenommen wurde.

In der zweiten Beratung über den Entwurf wandte sich Frau Haag mit folgenden Worten an die Abgeordneten:

»Ich habe mir gedacht, dass dieser Gesetzentwurf angesicht der zahllosen Leidensstationen, die unser Volk durchwandern musste und die von vielen noch nicht endgültig durchschritten sind, keines Kommentars bedürfe. Aber einige Mitglieder unsere Landtags sind durch diesen Gesetzentwurf offenbar in einen inn

ren Zwiespalt gekommen. Ich möchte diesen Kollegen sagen, sie möchten noch einmal jene Lazarette besuchen, wo die Menschenwracks, unseren Augen entrückt, lebendig begraben sind, jene Überbleibsel junger, schöner Menschen ohne Gesichter, ohne Rücken, menschliche Stümpfe ohne Arme und ohne Beine, aber mit dem lebendigen Bewusstsein, das sie zwingt, in jeder Minute ihre Qual wahrnehmen zu können. Sie sehen dort, was Menschen angetan werden kann ...«

Das Gesetz wurde mit folgendem Wortlaut am 20. April 1948 verkündet:

»Niemand darf zum Kriegsdienst mit der Waffe gezwungen werden.«

Bei der späteren Übernahme in das Grundgesetz (Artikel 4 Absatz 3) wurden die Worte hinzugefügt: »gegen sein Gewissen«.

Auf diese Weise war die gesetzliche Grundlage geschaffen worden für die Bewegung der Kriegsdienstverweigerer. Eine neue Gesinnung im Geist Albert Schweitzers (Ehrfurcht vor dem Leben) konnte sich Bahn brechen und die ethische Haltung der jungen Generation beeinflussen. Der Widerstand gegen den Wahnsinn des weltweiten Wettrüstens formierte sich und mobilisiert das Verantwortungsbewusstsein der Mitbürger gegenüber den Bedrohungen unserer Zukunft.

Anna Haag gehörte schon vor dem Zweiten Weltkrieg als Mitarbeiterin zur Internationalen Frauenliga für Frieden und Freiheit. Nach dem Zweiten Weltkrieg gründete sie die Zeitschrift »Die Weltbürgerin« und als Pazifistin und Mitglied der DFG-VK trat sie stets für die Ziele der Friedensfreunde ein.

Kleine Beobachtungen im Alltag gaben oft den Anstoß zu sehr grundsätzlichen Überlegungen, aus denen Anna Haag wieder Konsequenzen zur praktischen Nutzanwendung zog. Ein markantes Beispiel ist die folgende Betrachtung. Der Anblick einer Urkunde führt sie zu einer Revision, oder besser Präzisierung, früher geäußerter Überzeugungen.

Gedanken über eine Urkunde

Vor einigen Wochen stattete ich einem großen Bauernhof einen Besuch ab. Fragen Sie nicht warum; es ist selbstverständlich. In der Stube fiel mein erster Blick auf eine Urkunde:

Das Deutsche Volk ehrt seine alteingesessenen
Bauerngeschlechter.
Die Familie Zipfeldörfer, die seit 1600 auf eigener Scholle
für Deutschland arbeitet ...

Ich musste mich einen Augenblick lang sehr beherrschen, um ernst zu bleiben. Es heißt aber: Man lacht über Dinge, die man nicht versteht. In der Tat, ich habe inzwischen nachgedacht, und als ich verstand, war mir nicht mehr zum Lachen.

Ich stand plötzlich vor jenem tiefen Riss, der seit Generationen durch die Menschheit geht und dem wir für so manches Unheil zu danken haben. Sie fragen, ob ich Gespenster sehe? Ich glaube nicht. Lassen Sie mich etwas weiter ausholen.

In allen Fragen, oft bei den geringfügigsten Entscheidungen des täglichen Lebens, werden wir auf die Tatsache gestoßen, dass es uns nicht gelungen ist, den alten Gegensatz zwischen verstandesmäßiger und gefühlsbetonter Anschauung zu überbrücken. Es hat nämlich nur dann Sinn, das Für und Wider bei irgendeiner

Einzelfrage zu erwägen, wenn grundsätzlich Klarheit herrscht, was unsere Aufgabe ist und was nicht. Und hier scheiden sich die Geister.

Da sind diejenigen, Verstandesmenschen genannt, die die Welt gestalten wollen, wie sie sein soll. Ihr Wahlspruch: Wir haben die Lande gemessen, die Naturkräfte gewogen, die Mittel der Industrie berechnet, und siehe, wir haben ausgefunden, dass diese Erde groß genug ist, dass sie jedem hinlänglich Raum bietet, die Hütte seines Glücks darauf zu bauen (H. Heine). Zur Durchführung dieser Aufgabe rufen sie den menschlichen Verstand.

Und da sind diejenigen, die anderer Ansicht sind. Sie kommen aus verschiedenen Lagern. Aber sie treffen sich in dem Grundsatz: Es gibt Dinge, an die man mit dem Verstand nicht herantreten darf. Sie nennen sich Gefühlsmenschen, und ihrem vereinten Ansturm ist es gelungen, den Verstand so lächerlich zu machen, dass er ohne Scham nur noch im Bereich der Naturwissenschaften seine Existenz fristen kann. Wie naiv ist doch das Unterfangen der Weltverbesserer angesichts der unabänderlichen Gesetze der Weltgeschichte, nach denen Kulturen wachsen und vergehen wie Pflanzen und Tiere. Was für ein Größenwahn des Menschen, bewusst eingreifen zu wollen in Verhältnisse, die in jahrtausendelanger Entwicklung organisch gewachsen sind, und welcher Frevel, dabei traditionelle Gefühlswerte zu opfern, weil sie in der Stromlinienkonstruktion eines Idealzustands keinen Platz mehr finden.

Ist es nicht möglich, zwischen diesen beiden polaren Auffassungen zu vermitteln? Wir müssen es, wollen wir nicht weiterhin zwischen den Extremen des Irrationalismus und des Zweckmäßigkeitsdenkens hin- und herpendeln und in den kurzen Zwischenzeiten verständnislos aneinander vorbeireden.

Dieser Versöhnung steht aber ein Missverständnis im Weg, nämlich die Ansicht, dass der Verstand selbst es sei, der die

Schuld trage an der manchmal farblosen, nüchternen Weltanschauung der Verstandesmenschen.

Ich kenne niemand, der seine letzten Wertungen auf Grund scharfsinniger Überlegungen gewonnen hätte. Sie entspringen stets dem unmittelbaren Gefühl, dem Instinkt des Menschen. Was aber der Verstand (im Verein mit der Erfahrung) tun soll und tun kann, ist, die Beziehung solcher Grundwerte zueinander und zu den Einzelfragen des täglichen Lebens zu klären. Hier handelt es sich nicht mehr um Dinge, an die man mit dem Verstand nicht herantreten darf.

Das Schulbeispiel des Intellektuellen zeichnet sich durch eine gewisse Gefühlsleere und Blutarmut aus. Seinem Gegenstück aber müssen wir innere Unehrlichkeit vorwerfen. Der typische Gefühlsmensch verwendet nämlich im Allgemeinen auch seinen Verstand. Er weigert sich jedoch immer dann ihn anzuerkennen, wenn ihm seine Folgerungen unbequem erscheinen. Und das ist eine gefährliche Haltung. Wer jemals eine Frage beraten musste mit einem Menschen, der die Logik nicht anerkennt, der weiß dass diese Qual nur mit der des Sisyphus zu vergleichen ist. Jedes Mal, wenn man meint, einen Punkt ganz klar beleuchtet zu haben, kommt die gelassene Entgegnung: Dies lässt sich nicht verstandesmäßig beurteilen.

Jeder Versuch, durch eine Aussprache etwas zur Klärung des Problems beizutragen, muss an einer solchen Haltung scheitern Wir können es uns nicht leisten, die Vernunft verächtlich zu machen. Sie ist das einzige Werkzeug, das uns helfen kann, Ordnung zu bringen in die ungeheure Vielfalt der Einzelentscheidungen in unserem Leben.

Allerdings kommen wir andererseits nicht aus ohne eine gewisse Bereitschaft und Fähigkeit, uns in die Welt anderer Menschen einzufühlen und wenigstens die Existenz all der Gefühlswerte wahrzunehmen, die für ihr Leben von Bedeutung sind

Ein Beispiel eines derartigen Wertes brachte ich zu Beginn. Der Großstadtmensch wird die Verwurzelung des Bauern mit seiner Scholle verständnislos als Dummheit aburteilen. Und doch ist sie zweifellos ein starkes Gefühl, wenn uns auch die Blut- und Boden-Literatur der deutschen Nachahmer Knut Hamsuns etwas Widerwillen dagegen eingeflößt hat. Oder denken wir an die Berufstraditionen. An den alten Kapitän, der es nicht überleben will, sein Schiff abgewrackt zu sehen. Denken wir an die vielfältigen Gruppeninstinkte, angefangen von verschworenen Gemeinschaften verschiedenster Art bis hin zum Patriotismus.

Sie werden vielleicht sagen, dass mit Ausnahme des letzten all diese Motive etwas nach zweitklassiger Filmtragödie schmecken und ich weiß wohl, dass im Normalfall keines so stark ist, dass es der Probe auf Leben und Tod standhalten würde. Trotzdem dürfen wir nicht darüber lachen. Sie sind vorhanden und ihre Stärke zeigt sich immer dann, wenn man sie achtlos beiseite schieben möchte.

Ich bitte, hieraus nicht die Folgerung zu ziehen, all diese Werte seien unantastbar. So sehr man bestrebt sein muss, sie wahrzunehmen und zu respektieren, so dürfen sie doch nicht bedeutungsvolleren Werten den Weg versperren.

Ein Beispiel: Man sollte nicht leichtfertig darüber reden, den Boden nach praktischeren Gesichtspunkten aufzuteilen. Sollte sich jedoch herausstellen, dass ohne eine Bodenreform die gesunde Weiterentwicklung unserer gesamten Wirtschaft in Frage gestellt würde, so dürfte uns die Rücksicht auf die dabei verletzten Gefühle nicht von der Durchführung abhalten.

Ich habe weiter oben die weit verbreitete fatalistische Stimmung erwähnt, nach der es nur der menschliche Größenwahn ist, der uns glauben macht, wir könnten irgendwie den Lauf der Geschichte beeinflussen. Nur so viel hier dazu: Es ist einer der Grundinstinkte jedes gesunden Menschen, an der Gestaltung seiner Umwelt teilzunehmen. Und seine Kultur wird bestimmt durch das Zusammenwirken der Formungskraft und des Formungswillens sehr vieler Menschen. Sie ist ebenso gesund oder krank wie ihre Träger, das heißt wir selbst. In Gefahr wäre sie nur, wenn sehr viele von uns von der Krankheit der Teilnahmslosigkeit, des Verzichts auf den Gestaltungswillen, befallen würden. Dann aber wäre nicht die Ahnung des kommenden Verfalls die Ursache für schlimme Entwicklung, sondern die fatalistische Stimmung die Ursache des Verfalls.

Es ist zu hoffen, dass solche Stimmungen in dem Augenblick verfliegen werden, in dem es möglich sein wird, unserem Wollen eine objektive Grundlage zu geben. Dies setzt aber voraus, dass wir einerseits den Verstand rehabilitieren, das heißt anerkennen, dass wirklich logische Schlüsse stets und für alle bindend sind; dass wir aber andererseits bereit sind, uns in die Gefühlswelt anderer Menschen zu versetzen und zu verstehen, dass Meinungsverschiedenheiten ihren Ursprung in den zugrunde liegenden Gefühlwerten haben können.

Bibliografische Auswahl

Als Bücher erschienene Werke von Anna Haag

Die vier Roserkinder. Geschichten aus einem Waldschulhaus. Eugen Salzer Verlag, Heilbronn 1926. Neuausgabe: Schlichenmaier Verlag, Auenwald 1988.

Renate und Brigitte. Otto Uhlmann Verlag, Berlin 1932.

Zum Mitnehmen. Ein bisschen Heiterkeit. Verlag Adolf Bonz & Co., Stuttgart 1967, 2. Auflage 1967, 3. Auflage 1967, 4. Auflage 1969, 5. Auflage 1970.

Das Glück zu leben. Erinnerungen an bewegte Jahre. Verlag Adolf Bonz & Co., Stuttgart 1968, 2. Auflage 1968, Neuausgabe: J. F. Steinkopf Verlag, Stuttgart 1978.

Gesucht: Fräulein mit Engelsgeduld. Ein vergnüglicher Roman. Verlag Adolf Bonz & Co., Stuttgart 1969.

Der vergessene Liebesbrief und andere Weihnachts- und Silvestergeschichten. Verlag Adolf Bonz & Co., Stuttgart 1970, 2. Auflage 1970. Unter dem verkürzten Titel »Der vergessene Liebesbrief« als Toncassette im Verlag Erich Schumm, Murrhardt 1979 (Schumm sprechende Bücher), gelesen von der Autorin.

Zu meiner Zeit. Stieglitz-Verlag, Mühlacker 1978. Als Toncassette im Verlag Erich Schumm, Murrhardt 1979 (Schumm sprechende Bücher), gelesen von der Autorin.

Über Anna Haag

Gallasch, Christa: Anna Haag. Pazifistin und Weltbürgerin. In: Frauen im deutschen Südwesten. Herausgegeben von Birgit Knorr und Rosemarie Wehling. Kohlhammer-Verlag, Stuttgart/Berlin/Köln 1993 (Schriften zur politischen Landeskunde Baden-Württembergs, herausgegeben von der Landeszentrale für politische Bildung, Band 20). Seite 217–221.

Kuntz, Regine: Anna Haag, Schriftstellerin und Politikerin. In: Geschichte und Geschichten aus unserer Heimat Weissacher Tal. Herausgegeben von Roland Schlichenmaier. Selbstverlag Roland Schlichenmaier, Auenwald. Band 2 (1987) und Band 3 (1988).

Riepl-Schmidt, Maja: Anna Haag, geborene Schaich. Die Friedensfrau. In: Wider das verkochte und verbügelte Leben. Frauenemanzipation in Stuttgart seit 1800. Silberburg-Verlag, Stuttgart 1990, 2. Auflage: Silberburg-Verlag, Tübingen 1998. Seite 247–254.

Dieselbe: »Ich werde die blaue Frühlingsluft in mich trinken«. Anna Haag und ihre Sillenbucher Zeit. In: Christian Glass [u. a.]: Sillenbuch und Riedenberg. Zwei Stadtdörfer erzählen aus ihrer Geschichte. Schmetterling Verlag, Stuttgart 1995. Seite 158–161.

Zeittafel

1888 Am 10. Juli wird Anna Pauline Wilhelmina Schaich in Althütte (Oberamt Backnang) geboren. Sie ist das dritte Kind des Dorflehrers Jakob Schaich, der sie später auch unterrichtet, und seiner Frau Karoline, geb. Mergenthaler. Mit drei Brüdern und zwei Schwestern wächst sie im Schulhaus ihres Geburtsortes auf.

1898 Annas Onkel kommt zu Besuch, der in den USA zu Reichtum gekommene Erfinder der Zeilensetzmaschine (»Linotype«), Ottmar Mergenthaler (1854–1899), zu dem die Familie sonst keinen Kontakt hat.

1901 Die Familie zieht nach Dettingen an der Erms.

1905 Anna lernt den Mathematikstudenten Albert Haag (1885–1951) kennen und verlobt sich im Spätsommer mit ihm.

1909 Im September heiraten Anna Schaich und Albert Haag. Sie ziehen nach Schlesien, wo Albert – noch vor seinem letzten Examen – eine Stelle als Mathematiklehrer an einem Internat erhält.

1910 Albert schließt sein Studium ab.

Im August wird die Tochter Isolde geboren. Die Familie zieht nach Treptow an der Rega (Pommern); Albert Haag nimmt dort eine Stelle an einer städtischen Schule an.

1912 Die Familie zieht nach Bukarest, wo Albert als Mathematik-Professor an den deutschen Schulanstalten unterrichtet.

1913 Annas erste Veröffentlichung: Eine Berliner Zeitung druckt eine Plauderei über eine Donaufahrt.

Ihr Vater stirbt.

1914 Die Familie macht Urlaub in Deutschland, als der Erste Weltkrieg ausbricht. Albert Haag wird eingezogen. Er muss zwei Jahre an der Westfront kämpfen.

1915 Im Frühjahr wird Tochter Sigrid geboren.

Annas Bruder Emil fällt in Russland.

1916 Auf Betreiben des Auswärtigen Amts wird Albert aus dem Militärdienst entlassen; die Familie kehrt nach Bukarest zurück. Nach dem Kriegseintritt Rumäniens wird Albert interniert. Anna verdient als Leiterin eines Flüchtlingsheims, dann eines Helferinnenheims den Lebensunterhalt der Familie.

1919 Die Familie kehrt nach Deutschland zurück, Albert unterrichtet in Nürtingen.

1922 Im August wird Sohn Rudolf geboren. Anna beginnt ihr »Tagebuch einer Mutter«. Verschiedene Tageszeitungen drucken es in Fortsetzungen ab.

1924 Albert Haag promoviert an der Universität Wien mit einer Arbeit über »Das Verhältnis der Relativitätslehre Einsteins zur Philosophie der Gegenwart mit besonderer Berücksichtigung der Philosophie des Als Ob«, die er als Einsendung zu einem philosophischen Wettbewerb verfasst hatte.

1926 Annas Buch »Die vier Roserkinder« erscheint.

1927 Umzug von Nürtingen nach Feuerbach bei Stuttgart.

1934 Albert Haag wird ans Mädchengymnasium Ludwigsburg strafversetzt, nachdem er im Unterricht zum Thema »Heldengedenktag« von den Schrecken des Ersten Weltkriegs berichtet hatte.

Tochter Sigrid bricht das Studium der Philologie ab und wird Fremdsprachenkorrespondentin. Sie verbringt ein Jahr in der französischsprachigen Schweiz und geht dann nach England, wo sie heiratet.

1939 Die Familie verkauft das Haus in Stuttgart-Feuerbach und baut ein neues Haus in der Silberwaldsiedlung in Stuttgart-Sillenbuch.

1940 Anna Haag beginnt ihr Kriegstagebuch, das sie bis zum Kriegsende im Mai 1945 führt. Ihre Aufzeichnungen versteckt sie im Kohlen- und Kartoffelkeller ihres Hauses.

1945 Unmittelbar nach Kriegsende initiiert Anna die Wiedergründung der deutschen Sektion der Internationalen Frauenliga für Frieden und Freiheit (IFFF) und übernimmt die Leitung der Gruppe Württemberg. Herausgegeben von der IFFF, erscheint das von ihr verfasste Heft »... und wir Frauen?« als erste deutsche Druckschrift nach dem Krieg.

Am 12. Oktober wird Anna Haag in den ersten »Städtischen Beirat« berufen, einen Vorläufer des Gemeinderats. Doch erst als die »Stuttgarter Zeitung« ein Spottgedicht Anna Haags über das Gremium druckt, nimmt es seine Arbeit auf.

1946 Am 30. Juni wird Anna Haag für die SPD in die Verfassunggebende Landesversammlung, am 24. November in den ersten württemberg-badischen Landtag gewählt.

1948 Am 25. Februar bringt Anna Haag den Initiativgesetzentwurf zur Kriegsdienstverweigerung ein: »Niemand darf zum Kriegsdienst mit der Waffe gezwungen werden.« Er wurde von vier weiblichen und 13 männlichen Abgeordneten unterzeichnet und wird am 22. April vom Landtag angenommen. Außerdem setzt sie sich für eine neue Festlegung der Richtsätze der sozialen Fürsorge ein und für die einstweilige Aussetzung von Strafverfahren im Zusammenhang mit dem Abtreibungs-Paragraphen 218.

1949 Von Februar bis Mai bereist Anna zusammen mit sechs anderen deutschen Frauen im Rahmen eines Programms der

Besatzungsmacht die Vereinigten Staaten; dabei lernt sie auch Eleanor Roosevelt kennen.

Am 23. Mai wird das Grundgesetz für die Bundesrepublik Deutschland verkündet. Artikel 4 Absatz 3, »Niemand darf gegen sein Gewissen zum Kriegsdienst mit der Waffe gezwungen werden«, stützt sich auf das von Anna Haag im Jahr zuvor eingebrachte württembergisch-badische Gesetz. Zum ersten Mal in der Geschichte wird Bürgern eines Staates das Recht zur Kriegsdienstverweigerung zugestanden.

Anna gründet die »Arbeitsgemeinschaft Stuttgarter Frauen«, die sich die Errichtung einer Heimstätte für obdachlose junge Mädchen – das spätere Anna-Haag-Haus – zum Ziel setzt.

1950 Am 19. November finden turnusmäßig Landtagswahlen statt. Anna Haag hatte sich nicht mehr als Kandidatin aufstellen lassen.

1951 Albert Haag stirbt im Februar an Krebs.

Tochter Isolde wandert mit ihrem Mann nach Kanada aus.

Am 19. Juli wird das Anna-Haag-Haus in Stuttgart-Bad Cannstatt eingeweiht. Das Haus wird heute von einer Stiftung getragen, die von der Stadt verwaltet wird, und wird als Mehrgenerationenhaus mit Kindertagesstätte, hauswirtschaftlicher Bildungsstätte für Mädchen mit Lernschwierigkeiten, Gästehaus für pflegebedürftige Senioren in Kurzzeit- und Dauerpflege sowie als Servicezentrum für stadtteilbezogene hauswirtschaftliche Hilfen geführt.

1952 Anna hält an einigen US-amerikanischen Universitäten Vorträge zum Thema »Strömungen im heutigen Deutschland« sowie einen Vortrag an der Universität Vancouver zum Thema »Meine Stadt vor, während und nach dem Kriege«.

1954 Der Erweiterungsbau des Anna-Haag-Hauses wird eingeweiht.

Anna zieht von Stuttgart-Sillenbuch in das Haus, das sie sich in Stuttgart-Birkach, Franziskaweg 7, gebaut hat.

1956 Erneut in Amerika.

1958 Anna Haag erhält das Bundesverdienstkreuz I. Klasse.

1962 Letzte Reise nach Nordamerika.

1963 Anna bekommt einen Herzschrittmacher.

1967 Annas Buch »Zum Mitnehmen« erscheint. Bis 1970 werden fünf Auflagen der erlebten und beobachteten Geschichten gedruckt.

An der Gründung der Psychotherapeutischen Klinik Stuttgart-Sonnenberg ist auch Anna Haag beteiligt.

1968 Die Autobiographie »Das Glück zu leben« erscheint. Noch im selben Jahr erlebt sie eine zweite Auflage.

1976 Der Soziale Arbeitskreis Anna-Haag-Haus e. V. gründet sich. Er kümmert sich um den Betrieb des Anna-Haag-Hauses und sucht praktische Lösungen für soziale Probleme, die aus dem gesellschaftlichen Wandel resultieren.

1978 Anna erhält die selten vergebene Bürgermedaille der Landeshauptstadt Stuttgart.

Der J. F. Steinkopf Verlag bringt eine Neuausgabe ihrer Autobiographie »Das Glück zu leben« auf den Markt.

Annas Buch »Zu meiner Zeit« erscheint.

1979 Anna Haag zieht von ihrem Haus in Stuttgart-Birkach ins Altersheim »Lothar-Christmann-Haus« in Stuttgart-Hoffeld.

Die Toncassetten »Der vergessene Liebesbrief« und »Zu meiner Zeit« erscheinen. Die Texte werden von ihr selbst gelesen.

1980 Anna Haag erhält die Medaille für Verdienste um die Heimat.

1982 Am 20. Januar stirbt Anna Haag im Alter von 94 Jahren in Stuttgart.

Ehrungen nach ihrem Tod:

Die heimatgeschichtliche Sammlung im alten Schulhaus Althütte (Rems-Murr-Kreis), in dem Anna Haag aufgewachsen ist, zeigt in einer Dauerausstellung Erinnerungsstücke an Anna Haag.

Das »Wohnhaus Anna Haag« in Stuttgart-Sillenbuch, Landschreiberstraße 19, ist von der Stadt Stuttgart offiziell als Sehenswürdigkeit ausgewiesen.

In Backnang (Rems-Murr-Kreis) erinnert die Anna-Haag-Schule, eine hauswirtschaftliche Schule, an das frauenpolitische Engagement von Anna Haag.

In Mühlacker (Enzkreis) ist der Anna-Haag-Ring nach ihr benannt.

Ein Verbindungsweg beim Friedhof in Stuttgart-Birkach, auf dem Albert und Anna Haag die letzte Ruhe gefunden haben, wurde 2001 »Anna-Haag-Weg« benannt.

Im selben Jahr erhielt der Platz von dem Lothar-Christmann-Haus in Stuttgart-Hoffeld, in dem Anna Haag 1982 gestorben ist, den Namen »Anna-Haag-Platz«.